全面预算管理

案例与实务指引

第2版

龚巧莉 —— 编著

机械工业出版社
China Machine Press

图书在版编目（CIP）数据

全面预算管理：案例与实务指引 / 龚巧莉编著 . —2 版 . —北京：机械工业出版社，2020.2（2023.1 重印）

（财务知识轻松学）

ISBN 978-7-111-64673-0

I. 全… II. 龚… III. 企业管理 – 预算管理 IV. F275

中国版本图书馆 CIP 数据核字（2020）第 022877 号

本书作者是预算管理领域的专家，本书是其多年来从事教学和咨询工作的精心总结。书中以作者曾经做过的一个大型咨询项目为案例原型，对预算管理的基本理论、实务和执行要点做了全面的介绍。

全书内容分为四篇。第一篇是企业预算管理总论，主要阐述预算在企业管理控制系统中的地位；第二篇是预算管理前馈控制技巧，主要包括预算前期准备实务、企业组织流程优化整合实务、预算标准的制定等内容；第三篇是预算编制、执行控制技巧，主要包括预算启动实务、预算管理制度制定、预算管理编制实务、预算调整与追加实务等内容；第四篇是预算控制、考评与激励操作指南，主要包括预算管理责任网络的建立、预算反馈分析报告实务、预算与绩效管理的协同等内容。

本书第 1 版深受好评，被数十所大学院校选为教材，被数百家公司作为企业培训用书使用。第 2 版做了重要更新。书中提供了大量现成的案例、制度、图形、表单，可供读者直接修改使用，是预算工作者和学习者的好帮手。

全面预算管理：案例与实务指引（第 2 版）

出版发行：机械工业出版社（北京市西城区百万庄大街 22 号　邮政编码：100037）

责任编辑：石美华　　　　　　　　　　　　　责任校对：李秋荣

印　　刷：河北宝昌佳彩印刷有限公司

版　　次：2023 年 1 月第 2 版第 5 次印刷

开　　本：170mm×242mm　1/16

印　　张：26.75

书　　号：ISBN 978-7-111-64673-0

定　　价：79.00 元

客服电话：(010) 88361066　68326294

版权所有·侵权必究
封底无防伪标均为盗版

前　言

　　财政部于2017年9月颁布了《管理会计应用指引第200号——预算管理》。作为构成企业管理控制体系的核心要素，预算管理是沿着企业业务流程和管理流程，完整反映资源配置过程与预计配置结果的一个闭环系统。预算兼具的计划、协调、控制、激励、评价等功能使其在帮助企业战略落地中发挥着超强作用，从而也使预算处于企业管理控制系统的核心位置。著名管理学教授戴维·奥特利（David Otley）认为，全面预算管理是为数不多的几个能把组织的所有关键问题融合于一个体系之中的管理控制方法之一。从现有预算管理文献来看，注重预算管理制度制定的企业较多，但将预算与组织架构梳理、业务流程梳理整合的企业较少；注重预算编制管理的企业较多，但是注重从前馈控制角度研究预算管理的企业较少；注重绩效考评的企业较多，但将预算考评融入经营目标责任考评和部门绩效考评中的较少。有感于上述问题，在我担任财务顾问的单位的支持下，我将近二十年来从事企业预算管理咨询工作的经验和体会写入本书。我对预算管理在企业中的应用操作技巧进行了系统的研究和深化，本书展现的就是这些年我为不同企业做预算管理工作的研究成果。

　　本书以实务案例的形式将我从事预算管理咨询工作的经验做了全面的介绍。全书分为四篇，第一篇是企业预算管理总论，主要阐述预算在企业管理控制系统中的地位；第二篇是预算管理前馈控制技巧，主要包括预算前期准备实务、企业组织流程优化整合实务、预算标准的制定等内容；第三篇是预算编制、执行控制技巧，主要包括预算启动实务、预算管理制度制定、预算管理编制实务、预算调整与追加实务等内容；第四篇是预算控制、考评与激励操作指南，主要包括预算管理责任网络的建立、预算反馈分析报告实务、预算与绩效管理的协同等内容。

第 2 版与第 1 版的主要区别在于：第 2 版删除了第 1 版中 ERP 预算系统以及预算管理信息系统的设计与实现等内容，删减了预算发展历程、预算管理存在的问题、预算编制实务中的部分报表；增加了 BOM 的制定、预算行动方案制定、预算差异分析案例、预算管理与绩效管理的协同等内容。

在写作本书的过程中，我得到了机械工业出版社的大力支持和帮助，是策划编辑的不断鼓励才使本书得以面世。在写作的过程中，家人的关爱和帮助给了我很大的安慰和继续写作的勇气。我服务过的企业的财务总监郭新文同志、财务部长綦淑云同志也给予了大力支持，在此表示衷心的感谢。在写作本书的过程中，我还得到了学生们的大力帮助，他们帮我整理了多年来咨询服务过的企业预算案例资料，部分地参与本书各个章节的撰写工作。按照他们完成的内容在本书的前后顺序，他们是杨帆、金灿灿、朱泽众、焦媛媛、彭钰轲等，在此表示衷心的感谢。

多年来我一直坚持认为，预算要从企业组织架构、业务流程梳理着手来进行，这也是当前强调的业财融合的管理需求。实务中将预算管理与企业组织架构、业务流程整合以及成本定额制定结合在一起，特别是将预算分析考评与部门绩效考评及经营者目标责任考评结合在一起进行研究，还有一定的探讨性。由于作者水平有限，本书难免存在一定的不足，希望读者批评指正。

龚巧莉

2020 年 1 月

目 录

前言

第一篇 企业预算管理总论

第1章 预算在企业管理控制系统中的地位……2
- 1.1 关于预算管理……3
  - 1.1.1 预算管理系统的原理……3
  - 1.1.2 预算管理系统及实施流程……4
  - 1.1.3 预算管理的真实目的：培养团队看向未来的能力……11
- 1.2 预算管理控制与战略管理控制的关系……12
  - 1.2.1 预算管理控制在战略目标与战略执行之间起到桥梁作用……12
  - 1.2.2 预算管理控制是战略目标实现的合理保证……12
  - 1.2.3 预算管理控制体系是一种市场导向的战略控制方法……13
  - 1.2.4 预算管理为整合企业管理控制系统提供了基础……14
- 1.3 预算管理在企业管理控制系统中的地位……15
  - 1.3.1 管理控制系统中预算管理功效的理论分析……15
  - 1.3.2 管理控制系统中预算管理的功能定位……17
  - 1.3.3 以预算管理为导向构建管理控制系统模型的特点……19
  - 1.3.4 构建以预算管理为导向的企业管理控制系统的具体措施……20
  - 1.3.5 案例的进一步思考：以预算管理为导向的管理控制体系的构建环节……24

第二篇　预算管理前馈控制技巧

第2章　预算前期准备实务 ……28
2.1　企业管理诊断概述 ……29
2.1.1　企业管理诊断的内容及框架 ……29
2.1.2　企业管理诊断基本方法 ……31
2.1.3　企业管理诊断实务 ……34
2.2　预算管理诊断方法 ……46
2.2.1　预算管理诊断基本框架 ……46
2.2.2　预算管理诊断实务 ……47
2.3　企业预算管理的解决之道 ……56
2.3.1　预算组织保障：构筑预算有效性的第一道屏障 ……57
2.3.2　预算过程控制：夯实预算的基础 ……61

第3章　企业组织流程优化整合实务 ……77
3.1　企业组织架构梳理 ……78
3.1.1　企业组织架构概述 ……78
3.1.2　组织架构梳理流程 ……80
3.1.3　组织架构梳理实务 ……80
3.2　企业岗位职责制定方法 ……81
3.2.1　岗位职责的含义 ……82
3.2.2　岗位职责的构建方法 ……82
3.2.3　公司部门岗位职责制定案例 ……84
3.3　企业业务流程优化方法 ……89
3.3.1　业务流程概述 ……89
3.3.2　业务流程优化案例 ……91
3.4　细化财务核算及管理流程 ……114
3.4.1　财务核算细化 ……114
3.4.2　案例分享：企业内部财务核算及管理流程制定 ……116

第4章　预算标准的制定 ……138
4.1　生产成本定额的制定方法 ……139

   4.1.1 生产成本定额制定与组织架构的选择 ………… 139
   4.1.2 生产成本定额制定的方法 ……………………… 140
   4.1.3 案例分享：企业生产成本定额的制定 ………… 143
  4.2 物料清单（BOM）的制定 ……………………………… 145
   4.2.1 BOM 的准备 …………………………………… 145
   4.2.2 BOM 的制定案例 ……………………………… 146
  4.3 期间费用定额的制定方法 ……………………………… 147
   4.3.1 制定期间费用定额的基本方法 ……………… 147
   4.3.2 案例分享：企业费用管理制度的制定 ……… 149

第三篇 预算编制、执行控制技巧

第 5 章 预算启动实务 …………………………………………… 164
  5.1 预算启动内容概述 ……………………………………… 165
   5.1.1 预算启动 ………………………………………… 165
   5.1.2 预算启动的范围 ………………………………… 165
   5.1.3 预算启动的内容 ………………………………… 165
  5.2 预算启动会议基本制度范例 …………………………… 168
  5.3 预算启动会议流程说明 ………………………………… 170
   5.3.1 预算启动会议前的准备 ………………………… 170
   5.3.2 预算启动工作流程责权分工 …………………… 170
   5.3.3 预算启动流程图 ………………………………… 172

第 6 章 预算管理制度制定 ……………………………………… 173
  6.1 预算管理组织机构的构建 ……………………………… 174
   6.1.1 预算管理委员会 ………………………………… 174
   6.1.2 预算专职机构 …………………………………… 175
  6.2 预算管理基本制度示例 ………………………………… 177
   6.2.1 预算管理制度的保障 …………………………… 177
   6.2.2 预算管理基本制度范本 ………………………… 178
  6.3 预算管理实施细则制定示例 …………………………… 187
   6.3.1 预算管理实施细则制定的重要性 …………… 187

　　　　6.3.2　预算管理实施细则制定范本 ……………………188
　　6.4　专项预算管理制度制定示例 ………………………………200
　　　　6.4.1　资金预算管理制度制定 ………………………200
　　　　6.4.2　滚动预算管理办法的制定 ……………………205

第7章　预算管理编制实务 ……………………………………………210
　　7.1　建立共同的愿景：预算目标制定流程实务 ………………211
　　　　7.1.1　预算目标确定与分解的目的 …………………211
　　　　7.1.2　预算目标设定的原则 …………………………211
　　　　7.1.3　预算目标确定及流程 …………………………212
　　　　7.1.4　企业重点预算目标列示及分解 ………………217
　　　　7.1.5　从预算目标到行动落实 ………………………218
　　7.2　让预算更精确的依据：预算编制策略的制定
　　　　实务 ……………………………………………………………220
　　　　7.2.1　预算编制策略 …………………………………220
　　　　7.2.2　预算编制策略内容 ……………………………220
　　　　7.2.3　预算编制策略实例 ……………………………222
　　7.3　让预算更具有实操性：预算编制说明书的
　　　　制定 ……………………………………………………………225
　　　　7.3.1　预算编制的基本假定 …………………………225
　　　　7.3.2　预算编制说明 …………………………………233
　　7.4　预算管理表单的设置 ………………………………………245
　　　　7.4.1　预算编制的十步法 ……………………………245
　　　　7.4.2　几种预算的编制实例 …………………………249
　　　　7.4.3　预算管理表单的设置 …………………………263
　　7.5　预算管理编制流程图 ………………………………………263
　　　　7.5.1　预算SOP：预算管理编制流程 ………………263
　　　　7.5.2　预算SOP管理流程图制定 ……………………264
　　7.6　综合案例分享：某集团公司的预算管理
　　　　实例 ……………………………………………………………264

第8章　预算调整与追加实务 …………………………………………305
　　8.1　预算调整权限及审批表 ……………………………………306

　　　　8.1.1　预算调整概述…………………………306
　　　　8.1.2　预算调整控制…………………………307
　　　　8.1.3　预算调整流程…………………………309
　　　　8.1.4　预算调整审批权限……………………310
　　　　8.1.5　案例分享：预算调整权限分配………311
　　8.2　预算追加权限及审批表………………………313
　　　　8.2.1　预算追加简述…………………………313
　　　　8.2.2　预算追加程序…………………………314
　　　　8.2.3　预算追加审批程序……………………315
　　8.3　预算调整与追加审批流程图…………………315
　　8.4　案例分享：预算调整与追加管理办法
　　　　制定……………………………………………316

第四篇　预算控制、考评与激励操作指南

第9章　预算管理责任网络的建立……………………320
　　9.1　预算责任的分解落实…………………………321
　　　　9.1.1　责任中心…………………………………321
　　　　9.1.2　责任预算…………………………………323
　　　　9.1.3　案例分享：预算目标责任分解案例…326
　　　　9.1.4　责任预算的执行………………………329
　　　　9.1.5　内部转移价格与责任预算执行………330
　　　　9.1.6　预算执行与监控………………………331
　　9.2　预算差异分析流程图的制定…………………333
　　　　9.2.1　预算控制…………………………………333
　　　　9.2.2　预算差异分析…………………………335
　　　　9.2.3　预算差异分析的程序及流程图的制定…338
　　　　9.2.4　案例分享：预算执行监控及差异分析
　　　　　　　流程……………………………………339
　　9.3　预算差异分析表单的制定……………………341
　　　　9.3.1　预算差异分析表单概述………………341
　　　　9.3.2　预算差异分析表单的制定实务………342

第 10 章 预算反馈：预算分析报告实务 352

10.1 预算分析会议与经营分析会议的融合 353
- 10.1.1 预算反馈 353
- 10.1.2 预算分析会议 353
- 10.1.3 经营分析会议 354
- 10.1.4 公司预算分析会议与经营分析会议之间的关系 356
- 10.1.5 公司预算分析会议与经营分析会议之间的融合 357
- 10.1.6 案例分享：预算差异分析 357

10.2 如何撰写预算差异分析报告 358
- 10.2.1 预算差异分析报告概述 358
- 10.2.2 预算差异分析报告的基本内容 359
- 10.2.3 编写预算差异分析报告时应注意的若干问题 364
- 10.2.4 编写预算差异分析报告的基本方法 365
- 10.2.5 案例分享：预算分析报告完整案例 367

10.3 案例分享：内部责任报告撰写 374
- 10.3.1 责任报告概述 374
- 10.3.2 内部责任报告撰写方法 374
- 10.3.3 内部责任报告撰写案例 381

第 11 章 预算与绩效管理的协同 384

11.1 目标、绩效与预算的关系 385

11.2 年度经营目标责任书的制定 385
- 11.2.1 制定经营目标责任书的意义 385
- 11.2.2 经营目标责任书制定范例 386

11.3 预算考评制度与绩效评价的融合范例 393
- 11.3.1 预算绩效考评的基本要求 393
- 11.3.2 案例分享：预算考评与经营目标考核实施办法及实施细则融合的范例 394

  11.3.3 案例分享：预算考评与绩效考评实施办法融合的范例……401
  11.3.4 绩效考评的申诉管理办法及申诉流程……406
 11.4 预算激励的方法……409
  11.4.1 员工的激励方法……409
  11.4.2 有效激励的方法和技巧……412

参考文献……414

第一篇
企业预算管理总论

第 1 章　预算在企业管理控制系统中的地位

第1章
预算在企业管理控制系统中的地位

 **精彩抢先读**

进入20世纪90年代中期,管理会计的应用和发展更多的是强调对战略性价值的创造,强调对股东价值的贡献。预算管理作为管理会计中的一种方法,其功能从最初的计划、协调生产发展,到现在的兼具控制、激励、评价等功能的一种综合贯彻企业战略方针的经营机制,从而处于企业管理控制系统的核心位置。著名管理学教授戴维·奥特利认为,全面预算管理是为数不多的几个能把组织的所有关键问题融合于一个体系之中的管理控制方法之一。本章以XJRQ集团的预算管理控制为案例,向读者展现构建以预算管理为导向的管理控制体系的方法。

以战略为导向、以公司整体经营目标为基础的预算,已经成为企业不可或缺的管理手段,在公司的经营管理中起着目标激励、过程控制及有效奖惩的重要作用。在竞争无处不在的大环境下,企业应怎样通过全面预算更好地实现发展?答案是我们必须实施战略性的预算管理控制策略。预算管理控制的关键不是简单地降低成本、削减费用,而是通过强制的预算管理,在开源的同时,控制费用总额,通过精细化管理降低隐性成本,优化流程,合理配置资源,从而有效地全面降低企业运营成本,顺利持续发展。

1.1 关于预算管理

预算管理作为管理会计中的一种方法，其功能从最初的计划、协调生产发展到现在的兼具控制、激励、评价等功能的一种综合贯彻企业战略方针的经营机制，从而处于企业管理控制系统的核心位置。著名管理学教授戴维·奥特利认为，全面预算管理是为数不多的几个能把组织的所有关键问题融合于一个体系之中的管理控制方法之一。实施以预算管理为导向的企业管理控制系统整合，会更容易实现企业的使命。

1.1.1 预算管理系统的原理

控制论认为，一切控制系统所共有的基本特征是信息的交换和反馈过程，利用这些特征可以达到对系统的认识、分析和控制的目的。在企业的管理活动中运用控制论，是指管理对象按照预定的计划和预期的目标运行并保持某种状态，系统在确定整体目标之后，必须通过控制来调整运行机制，纠正偏离整体目标及违反计划的差异，以保证系统运行的最佳适应状态，实现其应达到的目标。企业的预算控制系统有着控制系统的一般结构（见图1-1）。

企业在预算控制的各个环节中

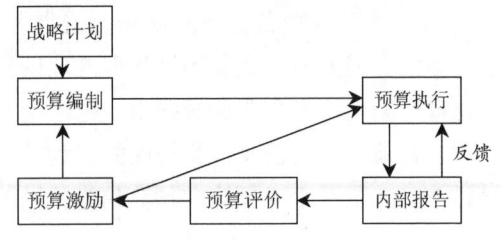

图1-1 预算控制系统的一般结构

充分体现了闭环反馈系统的一般结构。预算执行过程是企业预算控制系统的控制对象，预算编制过程既是对预算执行的一个输入过程，它对企业的生产和经营过程进行资源的分配，也是产生生产经营、管理等关键环节的控制标准。预算评价系统是一个测量系统，它要鉴定和识别预算执行系统产生的输出信息并检查实现值和目标期望值之间的偏差，并将这一偏差作为反馈信息传输到控制机构。预算控制系统的控制机构由激励系统和执行系统完成，激励系统对偏差信息产生的调节机制作用于预算执行系统，执行系统采取具体措施制约、激励、协调以使得预算执行回到期望的标准。如此，预算控制系统完成了一个反馈闭环的控制过程。

预算管理是一种新的管理控制模式，是企业的整体"作战方案"，通过预算管理的实施，可以让全体员工明确责任，了解预算和战略以及经营计划之间的关系，明确预算绝不是"管、卡、压"。预算是管理的一种手段，但绝不是管理的目的。预算是公司战略执行的有效工具，是资源合理配置的手段，是指导业务流程的行为规范，同时也是企业绩效管理的依据。预算的实质是要让企业的全体员工通过责任预算的分解和落实，学会思考与学习，学会承诺与负责，学会自觉与自律，最终积淀为企业的核心竞争力。因此，预算管理涉及企业的全部资源和重要经济活动，而不只是生产经营领域。预算管理应该由财务部门、人力资源部门和业务部门共同制定，不能由财务部门一手包办，不能把预算当作一种单纯的操作层面的东西来看待。通过预算管理，企业可以找出战略目标实现的差异因素，对形成差异的动因进行分析并提出改进方案，从而为公司战略的实现提供客观的数据支持。

1.1.2 预算管理系统及实施流程

预算管理作为国际上大企业通用的一种先进的企业管理方法，是对现代企业经营决策的具体化和数量化，是企业生产经营管理中不可缺少的方法，它对明确企业预算经营目标、协调各部门之间的关系、控制日常经营活动、评价实际工作业绩等都有极其重要的作用，对完善法人治理结构、建立现代企业制度、提高公司核心竞争力都具有重大意义。正是基于这种考虑，很多企业决定在企业内部推行信息化预算管理，运用先进的管理理念，有效整合现有的各种资源，实现把企业集团做大做强的目标。

国内外许多知名企业的成功经验也证明了预算管理是行之有效的现代企业管理方法。随着国外企业预算管理的理论和方法被不断地引进，政府有关部门积极推动，国内诸多企业积极探索，越来越多的企业管理者认识到预算管理的重要作用。目前，国内企业预算管理的实践呈现两个特点：一是从财务预算向全面预算过渡；二是从手工预算向预算信息化过渡。

1. 预算管理概述

预算管理作为一种科学的企业管理手段，它是围绕企业预算而展开的一系列管理活动，是个动态的过程。因此，要想使预算管理顺利实施，必须对全面预算的体系及实施流程有一个清楚的认识。

预算管理是在预算目标的基础上进行的管理，是一套由预算的编制、执行、监控、评估与激励组成的管理控制系统。预算管理具有如下特点：①企业本部作为战略规划者，根据市场环境与企业战略提出企业的战略目标；②采用上下结合式预算编制方式，强化预算审批权；③重点审核各二级单位的业务预算，对获准通过的业务预算进行全方位监控；④加强对各二级单位预算执行情况的评估与考核；⑤注重信息的及时反馈和严格控制预算调整。

（1）预算管理体系

1）**预算的决策机构**。由于预算管理是对企业的决策目标及资源配置加以量化，并使企业的整个经营活动进行协调运转的控制系统，因而必须设立一个权威性和独立性较强的预算管理委员会作为预算管理的最高权威机构。其主要部门及职能设置如下：

- 预算管理委员会的主任一般由企业总经理担任,负责预算管理的重要事项,以保证预算管理的权威性;
- 预算管理委员会下设办公室,由企业财务部负责人担任主任,以财务部为主导,负责预算管理的日常工作;
- 预算管理委员会分别吸收营销、生产、采购、技术、信息、质检、内审、人事部门的最高负责人担任委员;
- 在预算管理委员会之下,设立价格委员会、业绩考评委员会和内部审计委员会。价格委员会负责制定供销价格和内部转移价格的政策;业绩考核委员会负责业绩考核,制定和实施奖惩制度;内部审计委员会除负责预算执行结果的审计外,还应在预算执行过程中对各二级营运单位进行审计。

2)**预算管理的内容**。预算按其涉及的内容分为业务预算、财务预算和专门预算。业务预算主要反映企业从事生产经营活动而发生的收入和费用方面的预算,也称营业预算。企业生产经营的全面预算是以企业经营目标为出发点,以市场需求的研究和预测为基础,以销售预算为主导,再"以销定产",逐步对其他相关方面进行预算,并落实到生产经营活动对企业财务状况和经营成果的影响,最后以预计财务报表作为终结。财务预算主要反映企业在计划年度内有关现金收支、财务状况和经营成果方面的预算,它通常包括现金预算、预计利润表、预计资产负债表和预计现金流量表。专门预算是反映企业某一方面经济活动的预算,可分为资本支出预算和一次性专门预算两种。资本支出预算是对企业的长期投资活动所做的预算,是反映长期投资项目的投资计划和预期费用的金额及支付时间等的预算,其预算涵盖期常常在一年以上。一次性专门预算反映不与长期投资决策直接相关的资金投放和筹措的预算,常常包括借款和归还借款、发放股票红利等。全面预算的各项预算并不是孤立的,而是相互联系的,如图1-2所示。

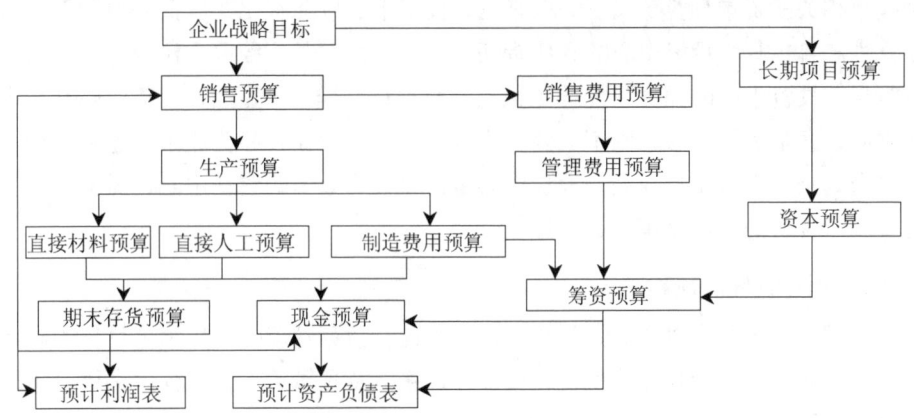

图1-2 全面预算的内容体系

（2）预算管理的责任体系

企业预算必须由相应的责任体系来执行，预算责任体系是以企业的组织架构为基础，本着高效、经济、权责分明的原则来建立的，一般由投资中心、利润中心、成本中心组成。确定责任中心是预算管理的一项基础工作，责任中心是企业内部成本、利润、投资的发生单位，这些内部单位被要求完成特定的职责，其责任人同时被赋予一定的权力，以便对该责任区域进行有效的控制。根据不同责任中心的控制范围和责任对象的特点，可将其分为三种。

1）成本中心。成本中心是成本发生单位，一般没有收入，或仅有无规律的少量收入，其责任人可以对成本的发生进行控制，但不能控制收入与投资，因此，成本中心只需对成本负责，无需对利润情况和投资效果承担责任。成本中心又可以分成两种：标准成本中心和费用中心。标准成本中心必须是产品稳定而明确，并且熟悉单位产品所需投入的责任中心。

2）利润中心。利润中心是既能控制成本，又能控制收入的责任单位。因此，它不但要对成本和收入负责，也要对收入与成本的差额即利润负责。利润中心属于企业中的较高层次，同时具有生产和销售的职能，有独立的、经常性的收入来源，可以决定生产什么产品、生产多少、生产资源在不同产品之间如何分配，也可以决定产品销售价格、制定销售政策，它与成本中心相比具有更大的自主经营权。利润中心有两种类型：一种是自然的利润中心，它直接向企业外部出售产品，在市场上进行购销业务。另一种是人为的利润中心，它主要在企业内部按照内部转移价格出售产品。

3）投资中心。投资中心是指不仅能控制成本和收入，而且能控制占用资产的单位或部门。也就是说，在以目标利润为导向的企业预算管理中，该责任中心不仅要对成本、收入、利润预算负责，而且还必须对其与目标投资利润率或资产利润率相关的资本预算负责。一般来讲，投资中心应具有比其他责任中心更大的独立性和自主权，投资中心的具体责任人应该是以厂长、经理为代表的企业最高决策层，投资中心的预算目标就是企业的总预算目标。很显然，投资中心既是成本中心，又是利润中心，它不仅要从成本、收益来考核其经营成果，还要从投入的资金效果来考核工作成绩。投资中心是控制投资效率的责任中心，通常用增长的盈利对投资的比率来衡量其业绩。

2．预算管理的流程

管理是一个社会过程，预算管理同样如此。预算管理既包括预算目标的确定和预算编制，也包括预算的执行、监控、调整以及预算的考评。具体来讲，预算管理的流程包括以下几方面。

(1) 预算目标的确定

企业的战略目标是预算管理的导向，企业实施预算管理是为企业战略目标的实现服务的，因此，预算的编制必须以企业的战略目标为基础，根据企业的战略目标提出企业的长短期计划，确定预算的长短期目标。企业领导应明确整个组织的目标，并以此作为一切工作的中心，指导资源分配，激励员工努力工作和评价经营成效。在战略目标下，企业总目标包括根据企业宗旨和责任确定的本年度关键指标，如报酬率、销售收入、利润、成本、质量、新产品开发等。总目标建立在分析和判断的基础上，要考虑企业面临的优势、劣势、机会、威胁（SWOT）等。这些目标同时要转化为分公司、部门和单位的目标，一直到底层的目标。

(2) 预算的编制与安排

预算编制的主要工作是将年度预算目标具体化并分解到各个预算单位。预算编制包括明确预算原则、编制预算草案、预算协调、复议和审批等环节。

(3) 预算的执行与监控

细化的预算为预算在管理中发挥作用奠定了基础，但要使预算真正成为企业行为的"硬约束"，关键是要用强制的力量去执行预算。准确合理的预算本身并不能改善企业经营管理、提高企业经济效益，只有认真严格执行预算，使每一项业务的发生都与相应的预算项目联系起来，才能真正达到预算管理控制的目的。

预算的执行和监督是紧密联系的，有力的监督是有效执行的重要保证。为加大监督力度，并保持审计的独立性，审计委员会不参与预算的编制工作，只负责预算执行过程与结果的监督，直接对总经理负责。内审部门一方面可以借助网络系统在预算执行过程中对各二级单位实施突击性审查，另一方面也可以在期末根据财务部门汇总结果的评估定期审查。

(4) 预算的考核及评价

如果没有以预算为基础的考核，预算就会流于形式，失去控制力。预算考评，从整体上看是对企业调配资源适应市场变化能力的评价和检验，从局部看是对企业各组成部分对企业的贡献的评价和检验。

(5) 信息反馈与预算调整

信息反馈是预算管理实现企业整合的关键所在，只有做到信息的及时反馈，才能确保预算控制的准确性和预算调整的及时性。反馈的信息一方面可作为预算调整的依据，另一方面又可作为下一年度预算编制的依据。反馈的信息要在遵循重要性原则的基础上予以简化。信息反馈的方式主要是责任预算报告，责任预算报告的内容包括本期预算、本期实际、差异、差异分析、纠正偏差拟采取的措施等。为确保责任预算反馈的及时性，须借助网络系统来传递信息。通过高效的网络信息系统确保企业决策层所要做的事情主要是确定预算水平、阅读反馈报告、必要时调整预算。企业在实施预算管理时应采用"例外管理原则",使企业决策层将主要精力用在考虑企业的整体发展战略上,以大大提高工作效率。

预算在执行的过程中,当反馈的信息表明预算需要调整时,预算可适当调整。但预算的调整要严格按照权限与流程进行,同时应对调整范围、调整程序、调整权限进行严格规范,才能在出现难以预料的新情况时,使预算调整有序进行。信息反馈对企业的信息系统要求比较高,为此要求企业提高信息化水平,加强企业预算信息系统的建设,规范预算流程。

总之,预算管理是基于预算目标开展的实施、控制、考评、修正的全方位管理模式。预算管理有其自身的体系与流程,战略目标是预算管理的导向与起点。基于这一理念,预算管理体系的流程模式如图1-3所示。

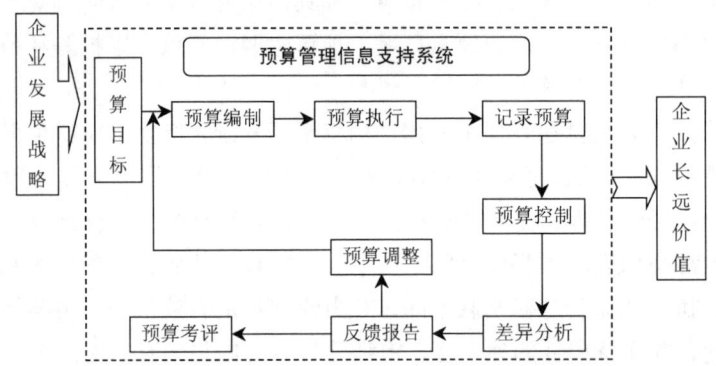

图1-3　预算管理体系的流程模式

3. 预算的编制方法

预算项目不同,预算管理采用的编制方法也不同。根据预算编制所依据的业务量是否可变,可将预算编制方法分为固定预算法和弹性预算法;根据预算编制的时间是否固定,可将预算编制方法分为定期预算法和滚动预算法;根据预算编制的基础数据是否确定,可将预算编制方法分为增(减)量调整预算法和零基预算法。编制预算时应按照先编制经营预算、资本支出预算,后编制财务预算,最后编制预计现金流量表、预计利润表和预计资产负债表的流程进行。

（1）经营预算的编制方法

经营预算的编制方法主要采用因素分析、实证对比和预测等。因素分析指在经营预算的编制过程中考虑企业自身的发展需要、目标市场定位、业务结构、支撑措施、配套考核等相关因素;实证对比和预测主要是依据行业数据分析、竞争者分析、宏观经济指标、价格变动分析、经营统计数据等,对预测年度业务收入进行预测,在预测基础上与各专业部门进行深入细致的确认和调整,进而确定预算年度的业务收入预算数。具体编制预算时，应对企业发展环境、各类业务市场需求、产品价格和业务拓展能力及各类业务毛利水平进行分析，明确预算编制参数与相关因素，依据"市场占有率""人均拥有水平""各类业务平均单价及走势""用户构成及变化"等相关参数进行编制。

（2）成本费用预算的编制方法

成本费用预算是财务预算的核心部分，主要采用零基预算和弹性预算。根据不同成本费用项目的特点，固定成本一般采用零基预算编制，变动成本遵循零基预算的方式，结合企业标准定额、相关参数以及同类业务的平均水平和历史最好水平，按配比原则分析编制。

（3）几种主要预算编制方法的比较分析

1）**传统预算编制法**。传统预算编制方法往往采用固定预算加定期及调整预算。所谓固定预算，也叫静态预算，是指以预算期某一固定业务量水平为基础所编制的预算；增（减）量调整预算则是在上期实际的基础上，结合预算期的可能变化，增加或减少某些金额后调整编制而成的预算。显然，传统预算编制方法具有简便易行的优点，多数企业均采用此法编制预算。但是，我们应该清醒地认识到传统预算编制方法存在诸多不足，其主要表现为：

- 由于传统预算采用固定预算的方式，因而不能实时反应市场状况变化对预算执行的影响。当实际业务量偏离预算编制所依据的业务量时，预算便失去了其作为控制和评价标准的意义。尤其是成本预算，它们涉及项目多，各成本费用项目对于业务量的变动又有不同的反映，按固定预算方法编制预算，会使预算变得呆板僵化，不能适应管理的需要。

- 采用传统预算编制方法，上下级之间往往处于对立面。考虑到下级有可能"宽打窄用"，上级通常会过于简单地采用"迎头痛击"的做法，即对所有项目均提高或删减同样的百分点。上有政策，下有对策，为了应付上级的"迎头痛击"，下级往往在上报预算时就大大地留有余地，高估预算。在传统预算编制方式下，上下级之间的这种"对抗"可能愈演愈烈，从而导致一种恶性循环，使预算的客观性、准确性越来越差。

- 由于传统预算的定期性特征，容易导致预算执行中的突击行为，即在临近预算期末时，将尚未消化的预算额度，无论需要与否，尽可能花光耗尽，以防下期预算被砍，同时也为下期留有余地做准备，其结果则可能是资源的无谓浪费。

2）**弹性预算法**。所谓弹性预算，是指按照预算期内可预见的多种业务量水平而编制的、能够适应不同业务量情况的预算。这种方法正是针对固定预算的主要不足而设计的，其预算编制的依据不是某一固定的业务量，而是一个可预见的业务量范围，因此预算具有伸缩弹性，增强了预算的适应性。

理论上说，所有预算都可采用弹性预算的方法。但在实际工作中，从经济的角度出发，弹性预算多用于成本、费用、利润预算的编制。显然，弹性预算的适应性更强，但其工作量也较大。弹性预算的主要优点是可以反映一定范围内各业务量水平下的预算，为实际结果与预算的比较提供了一个动态的基础，从而能更好地履行其在控制依据和评价标准两方面的职能。

3）零基预算法。零基预算比之传统的预算编制的不同之处在于，它不以现有费用水平为基础，而是如同新创办一个机构时一样，一切以"零"为起点，对每项费用开支的大小及必要性进行认真反复分析、权衡，并进行评定分级，据以判定其开支的合理性和优先顺序，并根据生产经营的客观需要与一定期间内资金供应的实际可能，在预算中对各个项目进行择优安排，从而提高资金的使用效益，节约费用开支。这种预算编制方法是相对于传统预算中的增量预算的不足而设计的。增量预算以前期的实际执行结果为基础，充其量不过是对以前预算的增增补补，定然会使新的预算受到既成事实的影响，并容易使某些不合理因素得以长期沿袭。

仅从字面上理解，零基预算即以零为基础编制预算的方法，或者说零基预算是彻底摒弃现有的既成事实，一切从零开始，对所有业务都重新开始进行详尽的审查、分析、考核，从而据以编制预算的方法。应该注意的是，简单地将零基预算理解为就是一切从零开始是不恰当的。零基预算的深层含义是建立在对预算年度中意欲实施的所有事项进行严格审核、评估基础上的编制预算的方法。

零基预算采用的是一种较典型的上下结合式预算编制程序，充分体现了群策群力的精神，便于预算的贯彻、实施。而且，这种方法打破了固有的束缚，既能促使人们充分发挥其积极性、创造性，又能迫使人们精打细算，将有限的资源运用到最需要的地方，从而提高全部资源的使用效率。

4）滚动预算法。滚动预算也称为连续预算或永续预算，是指将预算期始终保持一个固定期间、连续进行预算编制的方法。其预算期通常以一年为固定长度，每过去一个月或一个季度，便补充一个月或一个季度，永续向前滚动，因此而得名。

滚动预算的优点在于遵循了生产经营活动的变动规律，保证了预算的连续性和完整性，长计划、短安排的具体做法，使预算能适时反映实际经营状况，从而更增强了预算的指导作用。当然，采用滚动预算的方法编制预算，也会加大预算的工作量。

综上所述，各种预算方法均有所长，也有所短，各单位（含企业、事业单位）应该根据自身的业务特点和需要，选择适应的方法进行预算编制，尤其应该注意各种方法的结合应用。

（4）预算编制方法的选择

预算编制方法的选择应视不同部门、下属企业性质及费用形态而定。

1）**固定预算法**。将上年度的预算加减本年度预计变动因素而得。

特点是编制简单省力，但不合理之处积重难返。

适用于业务平稳、变动幅度不大的企业。

生产部门可采用标准成本法。

2）**弹性预算法**。以正常情况为基准，分别设计在其70%~120%幅度内变动的预算方案。

具体可用列表法、图示法、公式法。

适用于市场变化快、前景不明朗的情况。

3）**零基预算法**。不考虑上期情况，而根据现状分析。每次都推倒重来，从零开始推算。零基预算程序：推敲每项收支项目有无必要；根据收支目标编制不同水平的预算方案；分析、比较各预算方案，排出优先次序；选择恰当预算方案。

其特点是预算合理、效益高，但编制烦琐耗时。

研发部门可采用零基预算法。

4）**滚动预算法**。其特点为近细远粗，逐期细化，滚动修订。

若企业决定每个季度都滚动修订年度预算，具体是修订下三个季度的预算（先前已编制的预算）和编制第四个季度的预算，五个步骤的工作为：

- 根据市场变动修订销售预算；
- 把销售预算变成工厂生产和运输计划；
- 编制生产、分配、销售和一般管理部门的成本费用预算；
- 合并各部门和工厂的预算，并把预算结果与战略计划进行对比；
- 编制整个母公司的预算计划。

注意，在实际预算编制时，企业可按照实际需求将两种或两种以上的预算方法混合应用，且每隔几年实施一次全面的零基预算，以消除预算费用虚假增长。

1.1.3 预算管理的真实目的：培养团队看向未来的能力

巴顿先生有句名言："按照战略去执行的作战计划可能会使你全军覆没。所以，有一个详细的计划很重要，只有详细组织过，出现变化时，我们才能够及时修正。"艾森豪威尔补充了这句话："计划本身没有价值，规划的过程最重要。"即我们通过预算这种工具，可以培养企业如何在运作过程中增加团队的能力——一个团队看向未来的能力！这种能力来自于我们通过预算目标分解与达成的不断的努力过程。

1.2 预算管理控制与战略管理控制的关系

企业预算管理对实现企业战略起着举足轻重的作用。首先，围绕战略规划进行预算管理，可以规范企业各项基础管理工作，完善内部控制机制，加强成本费用控制，优化整合企业资源，保障战略目标实施，全面提升综合管理水平和市场价值。其次，通过预算建立一种有效的资金管理模式，合理投资，使资金有效使用。再次，通过预算建立激励机制，进行有效的激励，使整个企业都充满竞争意识，长此以往，整个企业的实力必然壮大。最后，通过预算管理系统整合实现财务管理转型，使财务工作向"事前计划、事中控制、事后分析"转变；通过ERP系统对信息进行充分整理、有效传递，使企业的资源在购、存、产、销、人、财、物等各个方面能够得到合理地配置与利用，从而实现企业经营效率的提高，帮助企业提升管理水平，增强市场竞争力。

在企业整个管理控制系统中，预算与战略和经营绩效之间实质上是一种以因果关系为逻辑主线、首尾相连的循环过程。预算管理控制与战略管理控制的关系主要表现在两个方面：一方面，在战略管理的前提下，围绕着战略目标的实现来进行预算管理控制，为预算提供了一个可供遵循的框架。另一方面，预算作为一种在公司战略与经营绩效之间联系的工具，可以将既定战略通过预算的形式加以固化与量化，以确保最终实现公司的战略目标。同时，以预算管理确定的标准为依据来衡量管理者的经营绩效，而经营绩效又反过来决定着下一步战略目标的制定和企业是应当采用既有战略，还是实施新战略。企业将制定、执行预算同公司的战略结合起来，有助于调整公司策略，得到有关机遇和挑战的反馈，最终提高公司战略管理的水平。

1.2.1 预算管理控制在战略目标与战略执行之间起到桥梁作用

通过对企业的战略目标的层层细化而形成的预算，有助于企业战略目标的实现。通过对战略执行情况的跟踪及评价分析，可以及时察觉企业内外部环境的变化，并对企业的战略目标及战略进行重新评审，及时对企业的战略做出调整。因此，企业战略与预算管理之间表现为相辅相成的关系。

1.2.2 预算管理控制是战略目标实现的合理保证

企业的预算管理控制通过事先制定计划来防范和管理风险，以合理保证战略目标的最终实现。预算目标的制定和分解必须考虑内部环境的变化，是管理者制定企业的战略目标，选择战略并确定其他与之相关的目标，然后将预算目标在企业内层层分解和落实，是对企业风险容量的确定。预算控制活动，是帮助保证经营预算目标实现中风险应对方案得到正确执行的相关政策和程序,是针对企业经营活动中控制风险设置的控制程序。预算差异分析及预算反馈报告,是按照企业管理控制的需求对预算执行质量的监控反馈,是对企业经营目标风险控制的保障。因此,企业战略管理与预算管理控制的关系密不可分。不管从战略执行的内在要求看还是从预算管理控制的发展方向看,战略与预算管理控制的有机结合是企业预算管理控制发展的必然趋势。战略与经营计划、预算之间的逻辑关系如图1-4所示。

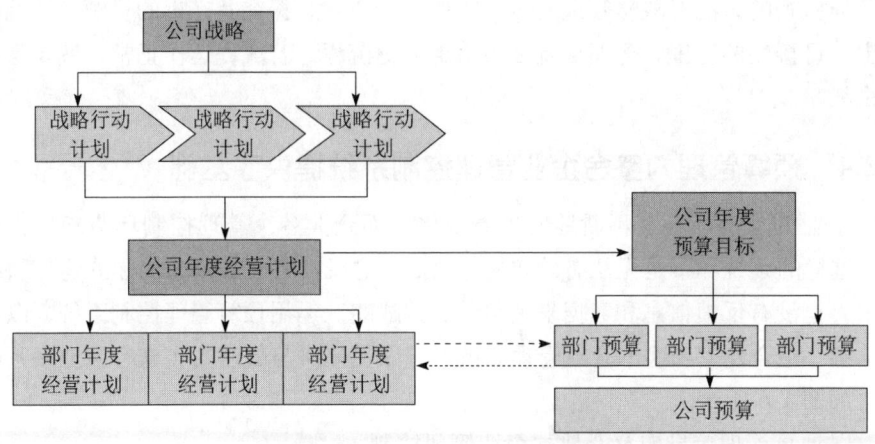

图1-4 战略、经营计划与预算的关系

1.2.3 预算管理控制体系是一种市场导向的战略控制方法

一项战略是否成功要通过战略目标的一些可衡量属性来评价,在预算管理控制体系中,这些可衡量的战略目标属性称为预算控制指标。它是判断公司是否成功地实施战略,获取期望的未来竞争地位的标志。预算控制指标包含了质量、时间、成本降低、收益增长、管理创新以及顾客服务或产品性能提升等一些能长期为公司创造盈利的要素,这些要素使公司区别于其他竞争对手,并以此建立起与市场之间积极、稳定的关系。预算控制指标是一种市场导向的战略控制手段,它更关心公司所处战略环境中与顾客偏好相关的不确定性。在预算管理控制系统中,使命、战略评估是预算管理方法的出发点。正式的战略控制体系通过识别制定战略规划的基础的变化,发出需要进行战略修正的信号。对变化的迟钝反应将导致战略无效,而战略控制体系可以通过有效实施预算控制体系建立起来。每个层级的预算管理控制都对应着一套预算管理绩效考评指标,将预算管理绩效指标与其目标价值进行对比,就可对相应的管理绩效进行评价,从而对战略进行评价和控制。运用预算管理控制体系进行战略控制的模型如图1-5所示。

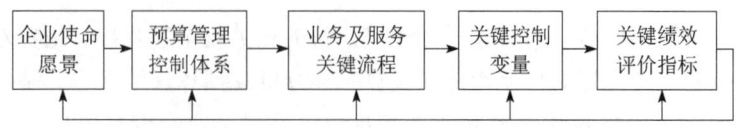

图 1-5　预算管理控制与战略控制及绩效关系模型

预算管理控制体系是一种战略性控制方法，这个体系的一个优势在于它是一个直接与市场相联系的衡量体系，能够对市场是否发生变化、何时发生变化迅速做出反应。如果在预算标准与实际指标之间出现了实质性差异，管理层就要用预算差异检查的方法对战略管理的各个阶段进行检讨，探究其产生的根源。若偏差超出了可接受的范围，管理层就必须检查关键流程。若流程运作正常，就要重新审视战略。

1.2.4　预算管理为整合企业管理控制系统提供了基础

企业的外部环境在不断地发生着变化，而企业各个管理控制环节却静止不变。这样的系统环节是无法有效实施战略的，它既没有将战略与实际的运作联系起来，也没有反馈信息和数据来调整、支持战略。运用预算管理控制系统，以它为基础，整合建立新型的企业管理系统，可以使战略与战略的实施有效地联系起来，如图1-6所示。

以预算管理为导向整合建立企业管理控制系统的有效性表现在以下几个方面：首先，预算责任分解将战略和战略实施联系在一起。通过预算管理目标和衡量指标将概括性的、鼓舞人的战略与严谨的预算计划联系起来。其次，使战略得到不断的调整，形成战略学习圈。以预算管理为导向的企业管理控制系统为战略提供了一个反馈系统。由于预算管理中的衡量指标之间存在着因果联系，因此，当企业发现某项指标在运作过程中未达到预期目标时，便可以根据因果关系层层分析引起这项指标变动的

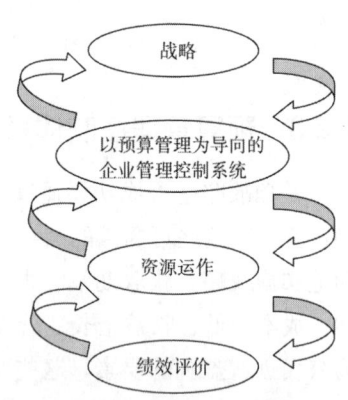

图 1-6　战略成为一个持续的过程

其他指标是否合格，如果不合格，则能找出相关的原因并进行调整；如果均已合格，那么就应对企业内外部环境重新分析，检查据以确定战略的环境因素是否已发生变化，是否需要调整战略。另外，利用预算管理控制系统的概念框架来完成有关战略实施情况的报告和举行定期的以战略为核心的管理会议，通过及时的反馈和持续的关注，使战略得到不断的实践、学习和调整。以预算管理为导向的管理控制系统使企业的战略能够随着外部环境的变化而不断调整，并逐渐成熟。预

算管理控制为战略成为一个持续的过程提供了基础。预算是绩效考核的基础，运用预算管理控制系统，将企业的愿景和战略转化为一整套全方位的绩效量度，使科学的预算目标值可以成为公司与部门绩效考核指标的比较标杆。理论研究已经证明，高水准的预算目标对管理者的态度和业绩存在积极影响，预算管理在为绩效考核提供参照值的同时，管理者也可以根据预算的实际执行结果去不断修正、优化绩效考核体系，并清楚、明确地解释企业内各层面工作与成果之间的因果关系，确保考核结果更加符合实际，使各层面相辅相成，最终转化为战略真正的具体落实，真正发挥评价与激励的作用。

1.3　预算管理在企业管理控制系统中的地位

1.3.1　管理控制系统中预算管理功效的理论分析

管理控制系统（MCS）是指一种管理过程中所形成的权责结构，这种权责结构相应地表现为一定的决策结构、领导结构和信息结构。管理控制体系的决定变量有两种分析思路，一是战略主导观。这种观点认为"战略决定结构，结构跟随战略"，应将战略视为决定组织构架的唯一变量。二是信息支持观。这种观点强调其理论上的纯粹性，难以指导具体的组织实践。而预算管理在企业中的实践证明，通过预算管理可以分解落实战略思想，整合优化资源配置，将控制渗透到公司的各个业务单元，从而带动公司整体管理控制水平的提升。

根据组织构架理论，企业组织管理是由分派决策权的系统、业绩评价系统和业绩奖惩系统的体系构成的。从本质上说，预算的编制是预算目标的分解过程，预算目标的分解过程实际上就是根据企业的战略目标，从全局出发，在充分认识企业自身资源的基础上，对未来进行预测并对企业各级管理层次的权利和责任进行分解的过程。而预算体系中另一个重要过程——预算考评，是将预算执行的实际业绩与预算目标相比较，并以比较结果为依据对责任主体进行评价和奖惩。这说明，全面预算管理体系包括了企业组织所必需的分权、评价和考核机制，因此说，全面预算管理构成了企业组织管理的重要部分，其中全面预算管理与企业信息、财务、人事等职能部门的关联程度尤其大。

企业管理层担负着计划和控制两方面的职能，它们都离不开预算。预算管理在整个企业管理控制系统中占据着核心地位，科学有效的预算管理本身就蕴含着企业的管理控制思想和经营理念，预算是行动计划的量化，它帮助管理层协调计划、贯彻计划和完成计划。通过系统的预算管理设计引导企业进行事前、事中及事后的控制，带动企业整体的制度创新及管理变革，只有当企业有效的预算管理体系具有管理控制整合的功能时，才能够经受市场、竞争、成本条件的考验，才能发挥控制系统应有的作用。

　　市场经济不仅带来了市场运作规则，而且要求企业尽可能地去适应市场规则与了解市场信息。信息职能部门在全面预算管理中起着至关重要的作用，首先，预算指标的设置就建立在信息职能部门广泛收集行业走向、市场行情、竞争对手策略的基础上；其次，在预算考评中信息职能部门需提供有关外部因素的变动信息和相应外部市场的可比信息，用以进行差异原因分析。而在那些预算失败或者预算不理想的企业中，信息职能部门往往没有在全面预算管理中发挥以上的职能，对于预算指标的设置基本上以上年数或者历史最好水平为基础进行编制，在预算考评环节，信息职能部门以外部信息难收集或者收集不准确为理由不参与预算考评等都削弱了信息与全面预算管理的紧密程度。

　　在我国大多数企业的组织机构中尚无预算职能部门，一般都将预算管理中的大多数事务性工作交由财务部来执行，一方面是全面预算的编制、执行、监督、报告等环节需要财务部的参与及协调，另一方面是财务部本身的工作特性，使得其在预算控制中起着重要的作用。但有的企业是强化了财务部在预算管理中的作用，将全面预算等同于"财务预算"，定位于"财务方面的预算"甚至是"财务部门的预算"，这显然是不合理的。全面预算管理是涉及全方位、全过程、全员的一种整合性管理系统，具有全面控制力和约束力，绝不仅是财务部门的事情。一个行之有效的预算，往往要经过各部门的反复推敲、协调一致才能推出。一个企业是否实行预算管理的首要标志是该企业的预算执行结果是否与奖惩制度挂钩；只有这两者挂起钩来，才算真正踏上了预算管理的轨道。道理很简单，如果预算完成与完不成一个样，而且完成预算还要付出更多的努力，那恐怕大多数责任主体都选择不完成预算，因此预算管理没有人事部门的评价与考核，只能是徒有其表。定期或不定期检查、考评各职能部门的预算完成情况，并进行相应的奖罚，是人事部门的一项重要工作，也是预算管理工作的重要组成部分，而预算指标也为考核评价各部门及员工的工作业绩提供了依据。

　　有效的管理控制系统作用的发挥还体现在管理层运用预算功能实现规划和控制目标上。管理层通过制定战略并利用预算贯彻实现目标的各种行为，通过实际与预算的对比来评价经营活动。同时，业绩评价反馈的信息有助于管理层控制当前的活动并协调好计划程序。预算管理的战略性体现在它沟通了企业战略与经营理财活动的关系，使企业战略意图得以具体贯彻，长短期预算计划得以衔接。企业战略是经营发展的总方针，体现在长期预算中，而短期预算作为一种行动的安排，使企业战略部署与经营理财活动得以沟通，形成了具有良好循环的预算系统。在具体实施预算过程中，预算管理通过"全员、全过程、全方位"的综合控制，架起了战略、管理控制及业绩评价的沟通桥梁。

1.3.2 管理控制系统中预算管理的功能定位

1. 将企业战略付诸实施

预算管理与控制是企业管理的"龙骨",预算管理控制必须和企业管理流程结合起来付诸实施,让目标成为现实。战略愿景只有通过不断地行动计划,才有可能逐步实现。预算的功效表现在预测、决策、规划、控制、报告及评价等方面,通过构建以预算管理为导向的管理控制系统,发挥预算的管理控制作用。

(1) 寻求长期稳定的可持续发展

现代企业管理面对来自各个方面的挑战,特别是管理人本化、信息化、知识化、民主化和高效化等深刻变化和创新理念,促使现代企业的发展总体上已从传统企业走向新型企业,从经验决策走向科学决策。企业要提高竞争力,不仅需要及时把握企业外部环境的变化,从而制定出正确的企业战略,然后再科学地实施战略,同时也需要优化企业内部资源的配置,以达到内部资源和外部环境的动态平衡与协调,实现企业的新发展。战略管理也是企业领导者在对企业外部环境和内部资源条件进行分析、预测的基础上,通过制定企业战略并付诸实施,从而保障企业生存和长期稳定发展的过程。它强调对企业外部市场环境的变化及趋势的把握,强调企业的长远利益,着眼于企业的战略发展方向,其目的是寻求企业长期稳定的可持续发展。同时,战略管理寻求企业内部资源和外部环境的协调,通过对外部环境因素的分析,对环境变化的预测,辨明机遇和威胁,并通过调整、优化等措施,寻求在未来时期企业与环境的协调。

(2) 持续不断的过程

在战略实施的过程中,未来是很不确定的。当一个新的方法被应用于新的环境中,战略只是关于未来是怎样的和怎样才能实现的一个假设而已。当你实施战略时,战略的方位时刻不停地变化,所以预算管理系统把战略假设放在了整个组织的中心,持续不断地检验它,在需要的时候加以改变。这样就使得战略成为一个持续的过程,而不是一个简单的年度预算。

(3) 让战略成为每一个人的目标

在"知识经济"的今天,知识型员工越来越是一个组织最核心的资产。因此,战略信息决策不能只属于高层管理人员,要通过预算责任的落实,使基层的生产人员、销售人员或者服务人员了解战略,并自愿接受控制。所以,战略必须在高层制定而在底层实施和检验。预算管理作为管理控制的关键战略流程必须保证公司每一个员工理解公司战略,以战略为准而且能够实施战略。

2. 培养战略支持型企业文化

战略管理就是围绕战略目标有重点地进行资源配置,创造良好的战略实施环境。

最主要的是培养战略支持型文化，倡导结果导向与追求卓越的精神，保证薪酬制度与战略业绩的紧密结合，制定有助于战略实施的政策和程序，建立预算管理控制机制以保证战略方向不偏离预定的目标，发挥战略管理的领导作用，营造支持战略管理的组织氛围，适时地进行战略调整。战略管理就是从长远的角度去认识、理解和解决企业问题，并持续贯穿整个企业的过程，而不是只强调阶段性的战略规划、战略目标等。

3. 转变企业管理方式

企业预算管理的出发点和归宿是企业战略，为逐渐趋近战略愿景，在年度经营计划的分解落实中，企业高层管理者主要是通过科学、合理的预测制定企业的年度目标利润，并对预算的实施情况进行严格的考评。目标利润通过预算编制得到具体的落实，预算目标的约束作用与企业的激励机制相配合进一步激发预算执行者的工作主动性。一般情况下，预算一旦编制完成，是不能随意修改的，具有一定的刚性。在实施过程中，预算是限制和约束执行者行为的标准，推行该模式使高层管理者从事无巨细的管理事务中摆脱出来，拿出更多的精力来考虑企业的发展战略，把握企业全局。预算是管理控制体系的载体，管理者通过对年度目标利润的控制实现了对企业进行全面管理的间接控制，管理方式由直接管理变为间接管理，使管理者既能把握全局又不失控制，收到事半功倍的管理效果。

4. 强化企业管理中的控制工作

管理控制系统中的预算管理是一种闭环管理。实施企业预算管理，控制贯穿于管理的全过程，是一种全员、全过程、全方位的控制。经营目标利润的预测、确定与预算的编制是管理者对企业资源如何利用进行的事前控制，预算执行是管理者进行的事中控制，预算的差异分析、考评是一种事后控制。预算本身就是一种硬性约束。该控制过程主要包括预算编制、经济活动的状态计量、实际与预算的比较以及两者差异的确定和分析、制定和采取调整经济活动的措施等。预算一经确定，就必须付诸实施，各部门都对实际执行情况进行计量，并将计量结果与预算进行对比，及时揭示实际执行情况偏离预算的差异，分析其原因，以便采取必要措施，保证预定经营目标的实现。

必须强调的是，预算管理绝不仅是财务部门的工作。预算管理控制系统的构建应当是全员参加、战略统筹的过程；应当按照责任和权力相对等的原则，分清责任部门和责任人。凡是对于企业战略和目标实现具有影响作用的部门或个人，应该赋予其相应的权力，并承担相应的责任，在相关部门充分参与制定并符合企业整体战略发展的前提下要实行严格预算控制。

预算管理控制系统的构建要实行绩效管理控制的创新。建立与预算管理控制相对应的绩效管理机制，首先要反映员工所创造的企业价值，应强调企业的长期业绩，而不是短期效益；其次要具有足够的激励作用和吸引力，充分发挥员工的创造性和主动性；最后还要注意激励中的约束问题，对于没有实现预算目标而需要承担责任的相关部门和个人应采取严厉的惩罚措施，以促进企业组织内部的横向竞争。

5．提高资源整合配置功能

企业只有获利才有生存与发展的可能。一个企业所拥有的资源总是有限的，对有限的资源在各种不同用途方面的配置预先做出合理的规划，把涉及企业目标利润的经济活动连接在一起，使影响目标利润实现的各因素都发挥出最大潜能，避免因出现"瓶颈"现象而影响企业的整体运营效率，是企业管理者所必须考虑的。实施企业预算管理，就要求企业管理者在确定企业战略时，必须把握市场动向，着眼企业全局，科学地进行预测，使现有的资源在各种不同的交替运用中，选出一种最佳的预算方案，减少决策的盲目性，降低决策风险，合理地挖掘现有资源潜力，努力使决策达到科学化，使企业的行为符合市场的客观需求，更进一步地提高企业的综合盈利能力。

6．实现整合管理控制的功能

预算管理是将企业的《财务手册》和各种规章制度融入程式中，因此，它将内部控制的功能固化在预算管理系统中，任何一个独立的个人，无法脱离该系统进行任何活动。在企业预算管理执行过程中，战略实施是由不同层级的业务单元及职能部门来共同实现的，战略的实施被逐级分解到各业务部门及职能部门，由此分解的各个分预算目标是考核各级各部门工作业绩的主要依据及准绳，通过实际与预算的比较，便于对各部门及每位员工的工作业绩进行考核评价，以此为依据进行奖惩和人事任免，有利于调动员工的积极性，使他们在今后的工作中更加努力。这种考核评价方法，在当今科技迅速发展、市场竞争激烈、企业环境多变的情况下，比本期实际与上期实际相对比的方法，更为科学合理。

1.3.3 以预算管理为导向构建管理控制系统模型的特点

以预算管理为导向的管理控制系统（见图1-7）有助于促进企业的长远发展。全球经济一体化进程的加快，知识经济时代的到来，网络化的形成，信息传递程度的增加，使得国内企业面临着科技革命、互联网革命、信息革命的重大挑战。同时，在建立现代企业制度和深化

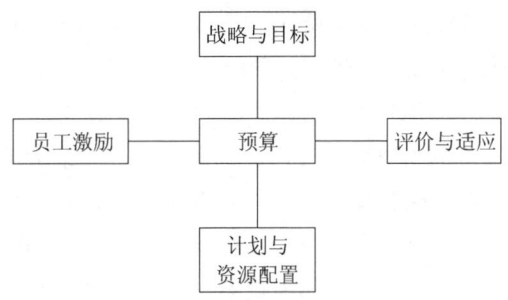

图1-7　以预算管理为导向的管理控制系统

企业改革的进程中,还将面对多元化的产权关系和多样化的人文环境。所有这些外部环境的种种变化,都需要我们对以往的管理和企业的长远发展进行重新定位,这些从根本上体现了对企业实施管理控制的必然性。企业管理控制系统注重对企业未来总体方面的谋划,着眼于机会与趋势,而不是针对企业的个别困难与问题。它着重于企业的长期业绩与前途,而不是眼前的短期利润,其立足点是谋求提高企业的市场竞争力,使企业立于不败之地。

以预算管理为导向的企业管理控制系统模型的特点:

第一,战略导向原则。对企业来说,努力使下属业务单位成为企业整体战略的有机组成部分,以战略指导企业创造更大的整体价值和整体竞争优势往往是其成功的重要基础。以预算为导向的管理控制能够提升企业的整体价值,但要保证实施过程中,企业和下属业务单位的监控体系一致,通过建立有效的企业预算管理控制体系,贯彻企业战略意图,实现战略目标。总之,战略管理就是企业开展生产经营的重要前提,它纲领性地将企业内所有的资源囊括其中,真正实现步调一致。

第二,及时反馈信息。控制总是和信息直接相关,任何单位的管理控制活动都是信息传递和转换过程,以预算管理为导向的企业管理控制模型,能够充分利用信息方法,揭示单位系统的共同属性及系统活动的规律性,提高系统的可靠性,调整人的行为并充分发挥人的主观能动性。

第三,具有动态性。以预算管理为导向的企业管理控制模型能够保持动态的调整。一般认为战略立足于长期规划,从而具有超前性,但战略是环境分析的结果,环境变动是经常性的,因此战略的作用在于以变制变。这种以变制变的结果表现在,当环境出现较小的变动时,一切都按照战略行事,分解并落实责任预算,体现战略对行动的指导性;当环境出现较大变动并影响全局时,战略会相应地做出调整,从而预算管理控制也不会僵化不变,这是一个动态调整的过程。

1.3.4 构建以预算管理为导向的企业管理控制系统的具体措施

笔者在对企业咨询服务工作中,接触过较多的企业,主持或参与过多家公司的预算管理体系设计。下面将通过笔者主持的 XJRQ 集团公司的预算管理案例来具体说明以预算管理为导向的管理控制体系构建过程,并论证其所具有的推广价值。

XJRQ 集团公司是国内一家控股集团公司旗下的大型市政能源、环保领域的公用事业型集团公司,也是中国西北最大的城市燃气企业,20X4 年由原公司出资及各控股集团投资共同组建而成,核心业务以城市管道天然气、液化气、车用燃气及燃气设施配套工程建设为主。为规范经营管理,调动各经营单位的积极性,节约过程控制等相关成本,集团于 20X4 年年末开始积极探索适合本企业的预算管理模式,迄今为止已积累了很多经验,取得了显著成效。

XJRQ 集团的全面预算管理大致经历了四个阶段：财务计划阶段、目标利润预算管理阶段、全面预算管理阶段及以预算管理带动企业管理控制系统整合的深入实施阶段。经过近十年的预算实践，XJRQ 集团已成功搭建了以预算管理为龙骨的企业管理控制系统，带动了企业综合竞争力的提升。

1. 建立预算管理的前馈控制机制，夯实控制基础

要让预算管理发挥有效管理控制的功能，在预算编制前的前期控制中，必须首先梳理企业现有的组织架构，将那些设置重叠、职能交叉的部门重新组合变更，通过预算从组织管理角度合理设置部门机构，降低管理成本，达到管理控制的目的。同时，为防止各部门、各单位相互推诿扯皮，在预算前期就要在人力资源部门的牵头领导下，花大力气梳理部门岗位职责，做好定岗定编，明确各部门及人员的岗位职责，为预算的责任分解和考核打下良好的基础。

2. 建立以预算为主导的集团整体控制框架

20X7 年以后，XJRQ 集团明确要求根据公司战略目标，确定公司年度经营目标并组织实施。在实现与管理控制系统的对接中，建立了一系列的以预算、控制、协调、考核为内容，将各个经营单位经营目标同公司战略发展目标联系起来，对其分工负责的经营活动全过程进行控制和管理的整体控制架构，以促使公司的各项经营活动更好地体现管理控制的要求，提高核心竞争力。其基本架构如图 1-8 所示。

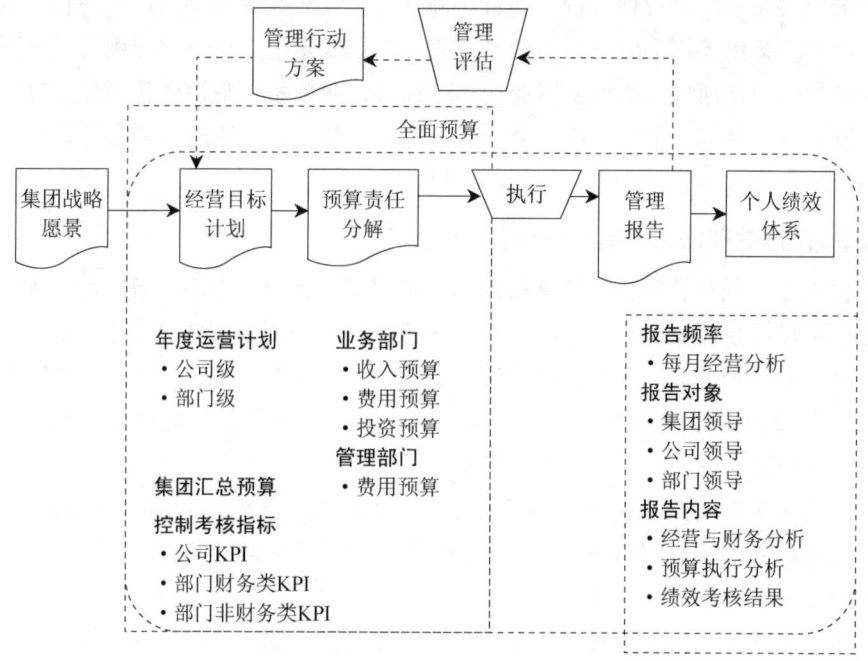

图 1-8 以预算为主导的集团整体控制框架图

3. 建立系列预算管理制度，支撑起企业管理控制系统

XJRQ 集团在预算管理实施中，制定了以下标准和制度规定，包括：全面预算管理制度、全面预算管理制度实施细则、全面预算编制说明及策略、全面预算编制流程及责任分工、全面预算考核指标及说明、公司绩效考评管理制度、公司各部门（或员工）绩效考评申诉办法及流程和各部门各单位经营目标责任书、收费稽查管理内部控制制度、风险管理控制及合同管理控制制度、特种作业人员管理标准、管理控制报告制度，等等。其中，全面预算管理制度及预算管理实施细则作为集团基本管理制度原则上不再调整，而预算编制策略和编制说明则可以根据对市场的需求分析做一些调整，对预算的考核指标的选取及权重的设计也允许根据企业管理的侧重点在每一年度进行变动。

4. 制定成本费用定额标准，分别落实责任

XJRQ 集团为使预算成为集团管理控制的主导，集团公司对采购物资采用邀请招标的方式实施统一采购，将燃气工程专用设备材料以及各种用于生产、基建、办公的设备和材料均纳入统一采购的范围，以此降低采购成本，提高资金的使用效率。同时，集团投入人力和物力制定了燃气检修成本定额、燃气管道工程成本定额及费用管理办法。其中，燃气检修成本定额又分为日常小修、中期维护、大修及抢险排险成本定额标准等。对气化站及管网的建设等基建、技改投资项目的预算管理从立项、可行性分析、项目实施进度及其效果等方面予以全方位监管。在职能部门费用控制上以部门为控制单元，严格制定了办公费分配到人、电话费包干到每部固定话机、车辆使用费按小时计费、业务招待费按分管领导打包分配等控制措施，将每一个部门都划分为一个费用责任中心，通过编制责任预算并进行考核的方法来加强对成本和费用的控制。

5. 适应管理需求，细化内部会计核算

精细化的预算管理要求做到按部门分解费用，按责任中心分解产品成本，采用这种管理体系需要建立一套与企业管理特点相适宜的内部核算体系，从而可以全方位、全过程地对企业经营活动进行监控及实施绩效考核。XJRQ 集团以往的企业财务会计核算都是按会计科目核算的，看不出所花费的费用出自哪一个部门，企业销售部门的营销费用也很难看出是为哪一种产品而支出的。为改变这种状况，集团按战略业务单元（SBU）划分核算单位，把公司内部的车间和班组、销售公司的各办事处（各班组）、管网和供气公司的站点（各班组）等基层组织都作为基本核算单位，在收入、成本、费用的明细科目下，按发生部门分别设置部门明细账归集，消除了月末预算与实际对比差异无据可查的现象，使会计处理既满足了核算要求，又满足了管理需求。

6. 实行预算编制方法的"多元统一",改革预算编制模式

为了避免单一预算编制方法的缺点,提高预算的可控性和准确性,可采取零基预算、滚动预算、弹性预算以及概率预算相结合的编制方法。如在研发部门的预算编制中采用零基预算,在生产经营单位的预算编制中采用弹性预算和滚动预算相结合的方法,在职能部门预算编制中采用固定预算与弹性预算相结合的方法,在采购预算中采用滚动预算方法,在其他业务收支预算编制中采用概率预算等方法来编制预算,实现预算编制方法的多元结合,达到提高预算编制质量的目的。同时,逐步改变目前从上到下或从下到上制定预算的模式,代之以"上下信任、上下结合"的预算编制模式。下级主体和上级主体之间的利益最终是一致的,必须在互相信任的基础上编制预算,才能使预算更加贴近实际,符合经济运行的规律。

7. 建立完善的责任中心管理报告及审计体系

XJRQ 集团以责任中心为报表设计单位,按月编制预算管理报告。预算报告体系特别要求多维度分析战略实施、适时监控业务战略的执行、重点分析责任中心预算完成情况、重点开展行业分析和标杆比较及改进措施等。为强化监督机制,集团建立了责任中心审计制度,要求审计部门对各责任中心以多维度的战略综合审计、监督规划与预算的完成度、监控业务战略的执行力、确保信息系统的质量为核心开展审计。

8. 实现预算与业绩评价的有效整合,强化预算的激励约束作用

为发挥预算为导向的管理控制作用,应实施预算考评与业绩评价相结合的考评制度,将预算执行作为业绩考评的一个重要组成部分,纳入企业整体绩效考评体系中,在原有的 KPI 或 BSC 考评指标中加入预算考核指标,防止出现考评体系的两张皮现象。企业应认真研究不同层次、不同性质的激励需求,制定鼓励实现目标的薪酬激励制度,激发每一个企业和员工的积极性,体现预算的刚性控制和柔性控制的结合。为防止预算在管理控制功效发挥上的负面作用,防止出现预算刚性考评带来的消极影响,企业应建立预算考评的申诉管理办法,以便发现可能存在的问题并及时解决。在评价指标的选择上,应将关键业绩的评价指标紧扣战略导向,以评价结果来检讨战略的执行,同时决定整个战略业务单元(SBU)的奖惩,通过有效惩罚推动战略执行力的提升,从而使预算管理成为一个战略管理控制系统。

9. 加速构建企业资源计划系统,实现预算管理与其他管理的对接

企业资源计划系统(ERP)是一种可以提供跨地区、跨部门、跨公司整合实时信息的企业管理信息系统。它在企业资源最优化配置的前提下,整合企业所有

的经营活动，包括财务会计、管理会计、经营计划及管理、物料管理、销售等企业管理的全部活动，以达到效率化经营的目标。通过构建ERP，可以在目前财务信息系统、购销存业务信息系统的基础上，实现信息系统的整合和跨越式发展，实现预算管理的信息化，也达到预算管理与企业管理控制系统整合的目的。

1.3.5 案例的进一步思考：以预算管理为导向的管理控制体系的构建环节

要构建以预算管理为导向的管理控制体系，必须得到企业高层领导的认同和支持，必须要有各部门和全体员工的共同努力。在具体设计和实施中，其关键环节为以下几点。

1. 以控制为出发点，梳理整合企业现有组织架构

要让预算管理发挥有效管理控制的功能，在预算的前馈控制中，必须首先梳理企业现有的组织架构，将那些设置重叠、职能交叉的部门重新组合变更，通过预算从组织管理角度合理设置部门机构，降低管理成本，达到管理控制的目的。

2. 以控制为先导，梳理整合企业内部现有岗位职责

预算管理控制功能的发挥，还有赖于企业各部门各单位以预算为准绳，各司其职，通力合作。为防止各部门、各单位相互推诿扯皮，在预算前期就要在人力资源部门的牵头领导下，花大力气梳理部门岗位职责，做好定岗定编，明确各部门及人员的岗位职责，为预算的责任分解和考核打下良好的基础。

3. 以控制为核心，划分责任中心，完善公司内部管理制度

预算管理是全员、全过程、全方位的综合管理，要让预算发挥管理控制的功效，必须以责任中心为管理控制单元，将战略构建、落实、监控和执行的各个环节都落实到不同层次的责任中心，实施分层次管理，做好并细化到企业采购管理、资产管理、人事管理、合同管理、投资管理及考评管理等相关管理制度中，做到事事有人管，时时有控制。

4. 以控制为主线，核定产品标准成本定额及费用分配标准

现代企业管理的发展将企业视为一个整体，在战略目标的指导下从事企业内部管理控制的综合协调，强调企业计划、组织、控制等职能一体化。因而，在预算的前馈控制中，企业技术部门、生产管理部门及财务部门应通力合作，下车间、下班组了解工艺，核定成本流程，制定合理的产品成本定额标准。在职能管理部门应灌输成本费用节约的理念，将办公费、电话费、业务招待费等极易上升的费用，以部门或个人为单位，实施定额管理，为预算实施差异分析及责任考评奠定基础。

5. 以控制为手段，实现预算、业绩评价的有效整合

为发挥预算为导向的管理控制作用，应实施预算考评与业绩评价相结合的考评制度，同时，为防止预算在管理控制功效发挥上的负面作用，防止出现预算刚性考评带来的消极影响，企业应建立预算考评的申诉管理办法，以便发现可能存在的问题并及时解决。在评价指标的选择上，应将关键业绩的评价指标紧扣战略导向，以评价结果来检讨战略的执行，同时决定整个战略业务单元的奖惩，通过有效惩罚推动战略执行力的提升，从而使预算管理成为一个战略管理控制系统。

企业核心竞争力的差异更多地表现在战略执行能力上，在以预算管理为导向的企业管理控制体系中，通过预算管理对企业管理控制系统整合，可以使企业管理控制系统更加完善，更有利于管理者从企业价值最大化角度出发来进行控制决策。

第二篇
预算管理前馈控制技巧

第 2 章　预算前期准备实务

第 3 章　企业组织流程优化整合实务

第 4 章　预算标准的制定

第2章
预算前期准备实务

 **精彩抢先读**

企业管理诊断作为现代企业提高内部运营管理水平、规避经营风险、提升核心竞争力、谋求长远发展的有效方式，能够促进企业形成权力制衡机制，保证预算趋于有效控制。预算管理诊断更集中于预算执行与预算效果的诊断，侧重于在企业管理诊断的基础上针对预算管理控制系统进行诊断，分析的目的是帮助企业查找预算执行中存在的问题，从而改善经营管理水平，提高经济效益。

本章以案例的形式，向读者介绍企业管理诊断报告和预算诊断问卷及报告的撰写。

2.1 企业管理诊断概述

管理诊断的本质是发现企业管理控制中的问题，其核心是判断企业价值增值的效率。从积极的角度出发，企业管理诊断可以强化企业素质，作为未来规划的依据，而从被动的角度出发，企业管理诊断也可以了解自身管理上的盲点，找出问题的症结，以便能够对症下药。

2.1.1 企业管理诊断的内容及框架

实施企业管理诊断，企业经营战略以及影响企业战略达成的要素是核心内容。诊断过程要始终围绕这个核心，突出企业利用机会和威胁，评价现在和未来的环境，用优势和劣势评价企业现状，进而选择和确定企业的总体、长远目标，制订和抉择实现目标的行动方案，即经营战略的能力和程度。

1．企业管理诊断的内容

企业管理诊断按诊断的内容可分为基础诊断、综合诊断、部门诊断及专项诊断。其中，基础诊断包括管理活动诊断及作业活动诊断；综合诊断包括营利能力诊断、稳定能力诊断、活动力诊断、成长力诊断以及生产能力诊断；部门诊断包括针对各部门的业务规划、执行能力以及员工士气、团队精神等各方面因素的诊断分析，以判断各部门业务绩效的好坏；专项诊断是针对企业的专案计划或投资，予以研究分析及判断是否具有经济效益，以决定该计划或投资是否执行或停止所进行的诊断。

按诊断项目划分，企业管理诊断包括企业文化现状诊断、战略管理现状诊断、组织管理现状诊断、人力资源管理现状诊断、业务流程管理现状诊断、员工职场感受诊断、企业员工满意度调研诊断以及管理者管理风格诊断等。

按诊断的要点和重点，企业管理诊断可以分为企业经营战略诊断、企业组织管理诊断、人事管理诊断、市场营销管理诊断、财务管理诊断等。

(1) 企业经营战略诊断	
● 是否有明确的、长期的战略目标	● 企业战略划分几个阶段
● 战略目标的内容是什么	● 战略措施预计收益有多大
● 战略目标有没有较强的针对性	● 战略措施代价大小
● 经营战略是如何制定的	● 战略措施群众基础
● 战略措施是否有利于提高和发挥企业优势	● 战略的贯彻效果
● 有没有明确的战略措施	● 实施战略的能力

(续)

(2) 企业组织管理诊断	
● 企业业务程序	● 各级职权是否明晰
● 企业组织采用何种形式	● 企业决策素质
● 经营组织的内部管理层次	● 企业的计划能力
● 企业组织的管理幅度	● 管理者的素质、领导方式
● 管理者的授权程度	● 内部信息沟通
(3) 人事管理诊断	
● 人职是否匹配,是否做到精简	● 人才的使用情况
● 工资和福利制度是否起到激励作用	● 员工的满意程度
● 选人、用人方式	● 人才流失情况
● 是否有完善的绩效考核体系	
(4) 市场营销管理诊断	
● 新产品开发的能力	● 企业对新产品的推广能力
● 本企业的分销渠道是哪种类型的	● 企业对促销员的考核和奖惩制度
● 影响本企业的分销渠道的典型因素是什么	● 企业如何培训促销员
● 企业对渠道的控制力	● 企业是否有明确推广目标
● 企业解决渠道冲突的能力	● 企业如何考核产品推广效果
● 企业考核和激励渠道成员的方式	● 营销手段是否符合产品生命周期
● 企业能否根据外部环境的变化来改变分销渠道	● 是否有明确的广告促销预算
	● 广告预算是如何制定的
● 企业价格策略合理性	● 企业确定广告的出发点
● 企业人员促销的规模有多大	● 企业如何衡量广告效果
(5) 财务管理诊断	
● 企业的财务制度是如何制定的	● 资金流动性
● 账面是否清晰	● 资金利润率
● 财务预算在企业中的运用	● 企业负债比率
● 是否有资金使用计划	● 成本核算是否准确
● 是否做到专款专用	

2. 企业管理诊断的基本框架

企业管理诊断模式以实现企业目的和目标为核心内容,促进企业解决管理和经营问题,识别和抓住机遇,加强学习与成长和实施变革。为此,其框架思路应突出如下主要内容。

(1) 解析诊断企业目前整体状况

诊断企业目前状况是实施管理诊断的前提,它包括被诊断企业的背景、基本情况、经营理念、业务环境、经营环境以及核心业务状况等。

(2) 确立管理诊断的内容

在对被诊断企业进行充分、客观的剖析后,应盘点取得的综合信息,明确拟定诊断内容和整体框架，以便卓有成效地开展全面管理诊断活动。

（3）确定诊断要素衡量标准

确定诊断要素衡量标准，是预算管理诊断成功的关键。评价被诊断企业管理是否科学、有效，是否能够达成经营战略的实现，关键是要确定企业相关管理要素是否科学、合理，发现企业当前最迫切、最需要的改进，这就要求在实施管理诊断前寻找、确定促进企业经营战略达成的管理要素评价标准。

（4）提出管理诊断改善建议

依据管理诊断结论涉及影响企业战略达成因素，提出有针对性、可操作的改善建议，促进被诊断企业管理水平的提高和经营目标的实现。

2.1.2 企业管理诊断基本方法

诊断问题的方法主要集中在发现、分析问题的方法上，归纳起来，主要有以下几种。

1．比较分析法

比较分析法是对两个或多个有关的可比数据进行对比，解释差异和矛盾的一种方法。按比较对象可细分为横向比较法、纵向比较法、标杆比较法、预算比较法；按比较内容又可分为总量比较法、比率比较法、结构百分比比较法等。

2．因素分析法

因素分析法是依据指标与驱动因素之间的关系，从数量上确定某个因素对指标影响程度的一种方法。敏感性分析法、连环替代法便是因素分析法的代表方法。

3．系统分析法

系统分析法又称"黑箱法"，是把企业或其中的某一部门或者一个事项相关的各个方面看做一个独立的系统，通过输入因素和输出结果来判断内在结构与运行情况是否存在问题的方法。系统分析法，是基于对企业现状的需求获取、需求规范和需求分析，根据企业生产经营总目标，诊断出企业在生产管理方面的瓶颈问题，发现企业现有功能和业务流程的缺点，提出系统的优化需求，最终确定未来管理解决方案的方法。

4．模块分析法

模块分析法是将整个系统划分为一个个相互联系的子系统，结合运用解析分析法和系统分析法分析各子系统之间的纵横向联系的方法。

5．多层次指标诊断法

多层次指标诊断法是选取若干个财务指标，并形成逻辑性较强的层次结构，通过指标计算，全面地分析企业的经营状况，并有针对性地提出管理建议的诊断分析方法。该体系既具有横向的广度，即强大的包容性，又具有纵向的深度，即层次包括综合层、指标层、因素层，可以较全面地反映一个企业的经营状况。多层次指标诊断法如图 2-1 所示。

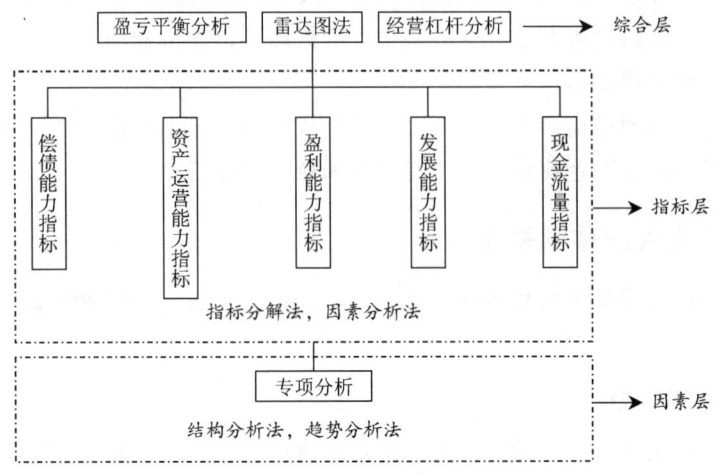

图 2-1　多层次指标诊断法

6．盈亏平衡分析法

盈亏平衡分析法又称"本—量—利"分析法（CVP 分析法），成本—业务量—利润间的关系是成本管理中一组最基本的、最重要的核心关系，而"本—量—利"分析法是解析这一组关系的最有力工具。盈亏平衡分析法是以变动成本为基础，对企业的产销量、销售收入、成本、利润进行综合分析的一种经济分析技术。它借助收入、成本、利润的内在联系，帮助管理者认识和把握产品价格、业务量、单位可变成本、总固定成本、产品销售组合间的相互影响和相互作用，进而为合理地调整生产能力、选择最佳的产品品种结构进行生产、销售等方面提供决策信息，提高企业的经济效益。

盈亏平衡分析法具有简便有效、实用性强、适用范围广等特点，能够从多个角度及各种假定条件下对企业的计划、决策等提供丰富的财务诊断分析资料，具有良好的诊断切入角度。

7．企业价值诊断方法

企业价值诊断的对象为企业的日常经营活动。从价值角度看，这些活动可以理解为价值经营活动。按价值实现过程分类，价值经营活动可以分为价值发现活动、价值创造活动、价值流转活动、价值分享活动。其中，价值发现活动指在企业价值最大化的指引下，识别创造价值的机会、领域和路径的过程；价值创造活动顾名思义即实现价值增加的活动，行为是价值创造的载体，价值创造最终要落实到人的行为上；价值流转活动指价值在企业各个作业活动之间流动、转化的实现过程；价值分享活动是指由所有者、经营者、员工、供应商、渠道商、顾客等利益相关者共同分享企业的价值创造结果。从发现到创造，再到流转，最后到分享的过程，构成了一条完整的价值实现路径。

在价值发现诊断中，重点研究价值驱动诊断，因为识别关键价值驱动因素是价值发现的重要内容之一。价值发现（驱动）诊断，可以帮助企业实施基于关键价值驱动因素的管理。在价值创造诊断中，则将深入研究价值创造的载体——行为，通过诊断行为来实现对价值创造的诊断。价值创造（行为）诊断，可以为企业实施行为价值管理提供支持。价值流转诊断，则将通过价值链的诊断来实现，可以为战略成本管理服务。战略成本管理，并不是单纯的降低成本，而是应通过价值链的分析，获取竞争优势。在价值分享诊断中，重点研究公司治理诊断，为企业提高公司治理水平、设计激励方案提供客观依据。企业价值诊断体系如图 2-2 所示。

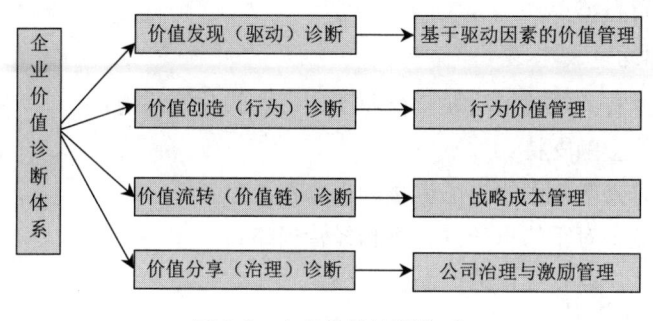

图 2-2　企业价值诊断体系

8．基于模型的诊断方法

基于模型的诊断方法是将企业抽象为一个可以计算化的模型，通过该模型将被诊断系统的内部结构和行为方面的深层知识应用于企业诊断，通过检测诊断系统所对应的模型状态，得到更可靠的诊断结果，并提供对系统处理结果更深刻、更详细的解释。基于企业模型的诊断方法论，主要研究企业现状调查方法与过程、企业诊断模型的建立方法与过程、企业模型性能评价体系、企业诊断规则的表示与管理、企业诊断过程与优化方法、企业需求确定过程以及企业诊断与企业需求分析过程管理等。首先，建立企业的现状模型，并由此提取企业的诊断模型，主要描述企业的目标、功能分解和信息流，运用通用规则和企业业务规则，从诊断模型中发现企业功能划分、信息流动以及生产计划中存在的问题。另外，通过对模型仿真结果的分析，还可以发现企业经营过程中关于时间、成本和设备负荷的问题，最终达到企业诊断、满足企业建模需求的目的。

基于模型的企业诊断过程是，从企业模型中抽取诊断模型，结合诊断方法与诊断规则，发现并分析企业经营过程中存在的问题，提出改进意见。对企业特性的诊断和分析是改进企业性能、确定企业需求的基础，而建立相应的企业模型又是进行企业分析的前提。例如，为了对制造系统进行性能分析，需要建立企业现状模型与诊断模型，对模型的性能进行分析与诊断；对企业动态性能的分析与诊断，需要在模型仿真的基础上，对仿真结果进行综合分析，从而确定企业需求，优化企业模型。

此外，企业管理诊断的方法还有前景分析法、因果比较法、解析分析法、趋势分析法、图表比较法、归类比较法、树形分析法等，在此不再一一列举。

2.1.3 企业管理诊断实务

1．搜集资料清单

（1）外部环境状况

1）与企业有关的政策法规及企业所处行业的政策法规；

2）可能的金融支持；

3）估计未来两年内的市场容量和市场覆盖率；

4）主要竞争对手的市场占有率和经营战略；

5）主要供应商及提供的产品。

（2）企业内部状况

1）**经营者**。文化程度和受过的训练，主要经历，近两年内提出的方针战略、理念或口号等，近两年内公开发表的言论，媒体的报道评论，最近两次主持项目的过程记录，是否拟定接班人，接班人在企业的作为。

2）**企业概况**。企业发展历程，产权制度，企业价值观，经验理念，企业长期和近期目标，股东成员，资本构成，资产和负债状况，企业最有利的资源，对企业最大的威胁，各级员工对企业的看法。

3）**财务状况**。近两年的资产负债表、利润表、现金流量表，近一年的资金预算、成本核算表，近两年内的融资数额、方式及使用情况。

4）**经验战略**。是否有战略目标，企业近两年内制定的战略，这些战略制定过程的记录，这些战略实施的计划书，战略实施整个阶段的记录，指导战略的战略思想，基层员工对企业战略的认识，各层领导者对企业战略的看法。

5）**人事管理**。员工的构成（年龄、性别、文化程度），各级管理人员的素质（文化、工作业绩），各部门人员配置状况（每个部门岗位及岗位的人员），职位说明书，工资福利制度，员工培训制度，激励约束方法制度，绩效考评制度及其他相关的人事制度，人员流动状况，员工对薪酬的满意状况调查报告。

6）**管理组织**。新旧组织架构图，组织内管理者职务和权责范围，管理人员考核表，主要信息沟通渠道，近两年内发生的组织冲突及解决过程，最近一次重大问题决策过程，近一年内企业会议记录。

7）**市场营销**。产品状况：品种，组合，寿命周期，细分市场，核心产品，是否有新产品开发；市场定位：各产品市场占有率、市场覆盖率、市场覆盖地区，最近两年市场调查资料；近两年内营销计划：预计销售额，预计销售成本，主要营销手段，主要销售渠道，新增销售渠道，计划扩展地区；分销模式：分销渠道图，渠道成员激励方式，近两年内渠道冲突及其解决；销售促进：近一年内进行的销售促进活动，促销的预算和费用，近一年企业所做的广告（广告内容、所用媒体、广告预算和费用）；销售人员：销售人员培训情况，促销人员考核表，促销人员激励方式，销售人员对企业产品和营销的看法。

2．问卷设计和问卷调查

企业管理诊断工作小组可以根据诊断需求，设计各种调查问卷，发放到企业内部不同部门和人员手中，通过问卷的方式，掌握企业管理现状，了解员工工作状态。设计的调查问卷可包括战略目标描述调查表、企业内部管理调查表、员工意见调查表、领导管理方式测定调查问卷、销售市场调查及评分表、决策能力调查及评分表和组织行为能力调查及评分表等，具体见表2-1～表2-7。

战略目标描述调查表设计的目的是要让高层管理者掌握下属分（子）公司及部门领导以及员工是否对公司战略清楚了解，是否知道责任范围内每年应做的工作，部门负责人是否能够清晰地描述出本部门所做工作对企业战略的贡献，能否事先发现实现目标潜在的风险并提出解决的策略，如果每一个分（子）公司的经理人员或部门经理都能在风险出现前就做好风险防范措施，那么企业就一定会有好的发展。

表2-1 战略目标描述调查表

A．请详细描述你所在单位或部门对集团公司的战略的理解：

_____

_____

_____

B．请根据具体情况，比如你所在的部门（如提供劳务、生产一线、研发部门等）和企业特点（如集团公司、职能部门、子公司、分公司等），描述为实施战略，你所在的单位或部门今年所要实现的最重要的五个目标：

目　　标	具体描述
1.	
2.	
3.	
4.	
5.	

C．请根据你所在单位或部门所要实现的目标，评价其对实现战略的关键性（或对实现战略的作用）：

目　　标	评价关键性（或对实现战略的作用）
1.	
2.	
3.	
4.	
5.	

D．请根据你所确定的目标，合理预计可能出现的困难或风险，提出可行的应对措施并综合提出你的见解：

目　　标	风险（困难）	应对措施
1.		
2.		
3.		
4.		
5.		

表2-2 企业内部管理调查表

评价\一级指标	二级分解指标	评分		问题诊断		
		分数	权重	表现	程度	责任方
文化层面	a. 规章制度是否建立			1.		
	b. 领导层是否身先示范			2.		
	c. 奖惩措施是否落实			3.		
	d. 核心价值观是否形成			4.		
	……			……		
效率层面	a. 生产能力利用率			1.		
	b. 组织资源利用率			2.		
	c. 财务资源利用率			3.		
	d. 整体价值增值率			4.		
	……			……		
个体层面	a. 现金创造能力			1.		
	b. 利润创造能力			2.		
	c. 价值增值能力			3.		
	d. 范围效应			4.		
	……			……		
总体评价	总　分			问题小结		

问题产生根源：

1.

2.

3.

4.

问题解决思路：

1.

2.

3.

4.

填制人		填制日期	

注：1. 分数按照每个指标的权重计算，权重大小由企业根据自身情况决定。
　　2. 总分为9分。0~2分为差，3~4分为较差，5~6分为中等，7~8分为较好，9分为好。
　　3. 问题诊断程度分高、中、低三种情况填列。

表2-3 员工意见调查表

调查项目	回　　答
1. 在工作中，当遭遇干涉或埋怨时，是否感到不愉快？	① 经常感到不愉快 ② 时常感到不愉快 ③ 没有什么不愉快
2. 你对工作前途和今后生活是否担心？	① 非常担心 ② 有点担心 ③ 不担心

（续）

调查项目	回　　答
3．现在的工作与你的能力是否相适应？	① 虽然超出我的能力，但决心加油 ② 基本可以 ③ 工作太简单，自己的能力难以发挥
4．是否在相互信任的基础上开展工作，团结互助的气氛是否很浓？	① 是的 ② 一般 ③ 感觉不出来
5．当工作成果得到正确评价时，你感觉如何？	① 非常满足 ② 一般 ③ 不满
6．上下左右间相互沟通情况、相互了解程度如何？	① 很圆满 ② 一般 ③ 感觉有些死寂
7．当你接受重大任务，或独自完成工作时，通过工作是否得到很大的锻炼？	① 得到很大锻炼 ② 得到一些锻炼 ③ 感觉不明显
8．你对企业和现在所做工作有何想法？	① 能够在工作中感受快乐，激发劳动热情 ② 一般 ③ 还是适当做点工作，多享受享受好
9．你知道通过你的努力给企业带来多大效益，做出多少贡献吗？	① 非常清楚，因此干劲十足 ② 大体知道 ③ 不知道
10．你所在部门的努力与全企业的方针、方向是否一致？	① 为了完成整体目标，齐心协力积极工作 ② 似乎考虑本单位要比全厂多 ③ 各单位很松散，宗派主义强
11．你能够参与研究工作计划与工作安排吗？	① 能，上级听取我们的意见，鼓励我们参与这些工作 ② 能，上级虽征求我们的意见，但不告诉重要的问题 ③ 不能，上级只告诉我们已决定的结果
12．当进行一项新工作时会有风险，大家对此有何反应？	① 不惧怕风险的气氛很浓 ② 反应不明显 ③ 担心
13．积极主动地提合理化建议的想法如何？	① 非常强烈 ② 一般 ③ 很淡漠
14．你所在企业各抒己见的气氛如何？	① 很浓 ② 一般 ③ 几乎没有
15．当分配你做你过去未干过的工作时，你持什么态度？	① 主动适应，在新工作中努力提高自己 ② 虽然想积极适应，但没那种机会 ③ 还是继续干老工作好

表 2-4 领导管理方式测定调查问卷

调查项目	回答	评分标准
1. 关心自己的下属吗？	① 经常是那样	4
	② 大体上是那样	3
	③ 有时是那样	2
	④ 偶尔是那样	1
	⑤ 可以说没那回事	0
2. 凡下属决定的事，不论巨细都必须请示报告吗？	① 必须请示报告	4
	② 除个别情况外，必须请示报告	3
	③ 要求时常报告	2
	④ 要求偶尔请示报告	1
	⑤ 不报告也可以	0
3. 即使拖期也不深究吗？	① 只要无太大问题，一般不予深究	1
	② 通常不予深究	2
	③ 有时不予深究	3
	④ 偶尔不深究	4
	⑤ 必定深究	5
4. 当与下属意见对立时允许下属辩解吗？	① 总是允许辩解	4
	② 有时允许辩解	3
	③ 基本上可以辩解	2
	④ 偶尔允许辩解	1
	⑤ 根本不允许辩解	0
5. 能让下属自行选择工作方法吗？	① 只要没有太大问题，都能让自己解决	4
	② 基本上可以自由选择	3
	③ 有时允许自由选择	2
	④ 偶尔允许自由选择	1
	⑤ 不允许自由选择	0
6. 为提高本单位的工作成绩，能为下属做出牺牲吗？	① 总是为下属做出牺牲	4
	② 经常为下属做出牺牲	3
	③ 有时为下属做出牺牲	2
	④ 偶尔为下属做出牺牲	1
	⑤ 不会为下属做出牺牲	0
7. 当下属没有取得预期成果，就要给予严厉批评吗？	① 总是那样做	4
	② 基本那样做	3
	③ 有时那样做	2
	④ 偶尔那样做	1
	⑤ 可以说没有那样做	0
8. 对下属私人问题也尽量帮助解决吗？	① 经常那样做	4
	② 基本那样做	3
	③ 有时那样做	2
	④ 偶尔那样做	1
	⑤ 以前从未那样做	0

（续）

调查项目	回答	评分标准
9. 敢让下属做超过自己能力的工作吗？	① 始终那样做	0
	② 往往那样做	1
	③ 有时那样做	2
	④ 偶尔那样做	3
	⑤ 不敢那样做	4
10. 下属有异议时是否仍能按照自己的计划开展工作？	① 总是那样做	4
	② 基本那样做	3
	③ 有时那样做	2
	④ 偶尔那样做	1
	⑤ 不那样做	0
11. 不和本人商量就改变下属的工作任务吗？	① 经常	0
	② 这种情况比较多	1
	③ 有时那样做	2
	④ 偶尔那样做	3
	⑤ 没有这种事	4
12. 对来自下属的建议，认为没有意义就束之高阁吗？	① 是的	0
	② 基本那样做	1
	③ 有时那样做	2
	④ 偶尔那样做	3
	⑤ 绝不那样做	4
13. 经常检查下属是否按计划进行工作吗？	① 经常检查	4
	② 基本上能时常检查	3
	③ 有时检查	2
	④ 偶尔检查	1
	⑤ 只要没问题，就听其自便	0
14. 能向下属说明自己的日常行动吗？	① 若无特殊情况，就不一一说明	0
	② 偶尔说明一下	1
	③ 有时说明	2
	④ 基本上要说明	3
	⑤ 经常说明	4
15. 即使很小的差错，也要严厉地查明责任吗？	① 始终如此	4
	② 基本如此	3
	③ 有时如此	2
	④ 偶尔如此	1
	⑤ 不那样做	0
16. 是自己亲自制订计划让下属执行吗？	① 始终如此	4
	② 多半如此	3
	③ 有时如此	2
	④ 偶尔如此	1
	⑤ 以前没有那样做	0

(续)

调查项目	回　　答	评分标准
17. 即使下属有点越权行为也能宽容吗？	① 只要无大问题就能宽容	0
	② 基本上宽容	1
	③ 有时宽容	2
	④ 偶尔宽容	3
	⑤ 不宽容	4
18. 能耐心听下属申辩吗？	① 只要没有大问题，就不听	0
	② 基本不听下属申辩	1
	③ 有时能听其申辩	2
	④ 基本上能听	3
	⑤ 能耐心听其申辩	4

表 2-5　销售市场调查及评分表

企业是否掌握市场和竞争者及自己的优劣势情况？能否随市场变化、技术发展和资源供应等情况进行预测？

序　号	评分标准	评　分
1	企业尚未配备市场调查的专职人员，对当前市场和竞争者的情况心中无数	1
2	企业刚刚配备了市场调查的专职人员，对当前市场和竞争者的情况了解不够详细	2
3	企业配备了市场调查的专职人员，对当前市场和竞争者的情况较为熟悉	3
4	企业有经验丰富的市场研究专职人员，并对市场情况作了科学预测	4
5	企业在市场研究方面有一套成熟的班子，对市场变化、技术发展和资源供应等情况作了较长期预测	5

表 2-6　决策能力调查及评分表

序　号	评分标准	评　分
（一）	企业是否制定了一套全面的经营战略和策略	
1	缺乏长期发展战略，近期经营目标不明确，或虽有明确目标，但无措施保证	1
2	缺乏长远战略目标，但有一系列明确的近期经营目标和措施	2
3	对企业长远发展有所设想，并有一系列明确的近期经营目标和措施	3
4	有一套长远发展战略，但缺乏具体经营策略上的保证	4
5	有一套长远发展战略和较为具体的经营策略	5
（二）	企业近年来在经营决策上有过哪些失误？在今后发展上存在哪些危险	
1	曾有过严重失误，企业产品方向存在严重问题	1

(续)

序号	评分标准	评分
2	曾有过严重失误,企业产品方向问题不大	2
3	曾有过小的失误,企业产品方向无问题	3
4	曾有过小的失误,企业产品方向大有前途	4
5	不曾有任何失误,企业产品方向大有前途	5

表2-7 组织行为能力调查及评分表

序号	评分标准	评分
(一)	企业规章制度是否健全?其执行情况如何	
1	企业许多工作无章可循	1
2	企业规章制度不够健全,或者基本健全,但许多规章制度未认真执行	2
3	企业规章制度基本健全,但有一部分规章制度未认真执行	3
4	企业规章制度相当健全,但对某些规章制度执行不够严格	4
5	企业规章制度非常健全,并且能够严格照章办事	5
(二)	企业内部组织机构是否协调	
1	企业组织机构臃肿,相互扯皮现象非常严重	1
2	企业组织机构设置过多,或有较多相互扯皮现象	2
3	企业组织机构不够精干,或缺乏横向协调	3
4	企业组织机构比较精干,扯皮现象较少	4
5	企业组织机构精干,责权一致,无扯皮现象	5
(三)	企业组织机构工作效率如何	
1	人浮于事的现象非常严重	1
2	工作效率不高,人浮于事	2
3	工作效率属一般水平	3
4	工作安排较紧,工作效率较高	4
5	工作紧张,效率很高	5

3. 分析问卷,形成管理诊断报告

通过对上述调查问卷的回收整理以及对企业中高层管理者、普通员工的访谈记录的汇总整理,分析企业存在的问题,形成企业管理诊断报告。

【案例2-1】 企业管理诊断报告

下面以笔者为 XJRQ 集团公司下属分公司所做的管理诊断报告为例,说明诊断报告的内容。

管理诊断报告

一、诊断概述

（一）单位概况

A 公司隶属于 XJRQ 集团，下设行政监察部、人力资源部、财务部、综合科、事业拓展部、网络覆盖部、大客户业务部、客户服务部、层级制团队、外联部、业务一部、业务二部、南北办事处等。

目前，A 公司为业务拓展的需要，分别成立了管道输送分公司、销售运营分公司等几个地市级公司。

在业务领域，A 公司在本地市场取得成功后，其业务范围已逐步扩大到该省各地、市（县）级，积极整合各地区资源，以销售业务为主，尝试进入了商贸、运营等行业，但目前规模都不大。

（二）经营管理现状

A 公司管道输送分公司负责上游资源和长输、中游燃气市场及下游燃气应用的全产业链的发展，经营业务已从民用管道燃气发展到负责燃气调运、天然气市场开发与销售、天然气储运设施建设管理等诸多领域。其业绩增长迅猛。通过访谈及综合分析，发现管道输送分公司的经营管理有如下特征：

1. **公司跳跃式成长速度较快。** A 公司作为集团下属企业，面对新的经济形势，通过对现有业务流程优化和改造，利用自身资源，自主发展了商贸经营业务。在不断关注有效提升品牌效应、深度服务客户需求的前提下，实现了深度开发优势资源，形成了与客户共赢的良好格局。

2. **市场空间巨大，业务需求量稳步增长。** A 公司业务属于技术进入壁垒相对较高的行业，目前公司已整合了几个地级燃气资源，为将来发展奠定基础。公司利用 XJRQ 的品牌能力和管理模式开拓国内城市燃气经营市场，推动企业实现长远发展目标，持续发展成长为管理先进、技术领先的现代城市清洁能源运营企业。

3. **行业内竞争呈上升态势，竞争强度越来越大。** 众多企业的价格战、宣传战、服务战和品牌战已成为首选竞争策略。同行业的 SZ 燃气、BJ 燃气等也在大力推动企业的管理创新、经营创新、科技创新和服务创新。作为 XJRQ 下属的 A 公司面对竞争环境，清醒认识到只有进一步优化管理模式，不断提升科研技术能力，以创造客户价值为导向塑造燃气服务文化，不断提高优质服务水平，确保安全高效供应，才能使公司长远发展。

二、管理中存在的主要问题

通过对 A 公司的访谈，我们的总体感觉是，这个企业有着极强的民营企业才有的进取精神和市场意识，有着民营企业所共有的务实态度和灵活机制，这是 A 公司管理的优点。同时，A 公司在发展中也存在着一些隐患。

（一）内部组织机构设置不尽合理，业务模块部分交叉

A 公司管道输送分公司经过近几年的快速发展，业务范围不断扩大，为适应发展需求，先后在几个地级市以承包的形式出资设立了分公司，参与当地燃气的经营运作，但其组织机构设置并不十分完整，存在管理相对弱化的现象。在访谈中发现，公司后期工作饱和度相对不足，前期人员较少，对员工人性化管理较多，制度执行效果不明显。在组织机构的设置上，大客户部与外联部、业务一部、业务二部的业务活动存在交叉工作的现象。南北办事处的职责与业务一部、业务二部的职责有冲突，存在相互压价的问题。从财务角度看，存在着成本核算相对薄弱、财务监控弱化的现象。同时，由于在各地区只设办事处，各地承揽业务产生的现金流无法快速反馈到公司，现金流回收较慢。

（二）业务流程不十分规范，业务拓展深度不足

公司业务流程不十分规范，例如，基本实行分地域、分片区的经营管理体制。对于公司的业务，事业拓展部、南北办事处、各分公司等都有权承揽，然后交有关部门进行后期设计开发，具体实施。这样的流程会形成多头指挥和越级汇报并造成指挥系统的混乱。在公司的燃气业务方面，当地需求市场较小；通往外省的输气管道工程量大，资金需求量大；天然气主要分布地区开发环境恶劣，地形多样，施工难度大，其利润的提升空间已很窄，而对新的利润增长点扩展不足。

（三）信息沟通不畅，管理控制力度有待加强

公司主要采用分块型的管理体制，即总经理承包制。这种管理体制，在一定条件下起着十分重要的作用：一是更能得到集团总部的扶持和优惠政策；二是得到社会力量的支持；三是发挥了各承包主体的积极性。但随着经营业务的发展，其局限性凸显，主要表现在：一是有系无统，权力分散，管理脱节；二是主管领导对中层授权不足，专业对口人才缺乏；三是管理手段落后，缺乏系统的、规范的、行之有效的管理标准和管理制度；四是在隶属领导关系和利益分配上，上下左右矛盾协调困难，难以达成共识；五是部分部门的管理幅度过大或过小，不能对下属进行有效监督或出现职位虚设指挥。

（四）综合管理人才相对短缺，薪酬制度在考核中执行不力

在人才储备和培养上，开发、培养人才不够，重使用、轻开发，综合管理人才相对短缺。随着高科技在 A 公司发挥的作用逐渐增大，综合管理人员、专业人员及复合型人才缺乏的问题日益突出。但由于地方经济等原因，并没有从根本上解决问题，该问题不解决好，也是制约公司发展的一个重要因素。

在薪酬和激励机制上，我们认为在企业发展的前期是好的，与它的发展速度是匹配的。但当公司发展到今天，分配制度滞后，无法形成有效的激励，同时分、子公司间的权责不清，"凭能力上岗、凭贡献取酬"没有得到很好的体现。在物质激励方面，没有建立以岗位性质或技能要求为基础的薪酬体系和长期激励与短期激励相结合的激励机制，薪酬体系与绩效管理脱钩，员工感受不到自己的努力与薪酬的联系。在精

神激励方面，没有建立完善的培训体系，员工在企业得不到快速成长。此外，部分员工对工作没有热情，存在消极怠工的现象，而相当一部分员工也不能从工作中获得价值感和成就感。

三、问题的成因分析

（一）组织架构问题

A 公司各机构设置在业务功能模块上存在交叉的现象，这种设置既有历史的原因，也有政策和法律的原因。但无论如何，过于复杂的组织架构对公司的发展不利，对改善企业管理水平和理顺利益关系不利。组织架构方面的问题表现在，首先，公司的管道输送分公司以承包的形式出资设立分公司，销售公司内部分片承包抽取提成没有在集团公司备案通过。其次，在与各地市的燃气输送合作中，只签订了承包合同，没有确定与地市燃气输送的投资控股关系，为将来的业务拓展埋下了隐患。

（二）内部管理体制问题

公司内部职能分工不十分科学，财务成本核算薄弱，缺少客观的、理性的、量化的因素，内部竞争机制尚未真正形成，不能完全实现优劳多得、多劳多得。当管理机制无法有效地整合资源，资源就缺乏了开发利用和保值增值的活力。如果真正能做到物尽其用、人尽其才，资源利用的整体水平将迅速提升。特别是当公司发展较快的时候，没有相应的科学指标体系和激励机制，就会使更多的部门和人员感到不公平，就会挫伤各部门的积极性，导致控制管理失效的情况发生。

（三）内部财务监控制度问题

目前，公司管理在转型格局不明朗的情况下，下属分支机构财务机构设置不健全，资金监控难以正常发挥作用。成本核算体系不健全，如销售费用成本，分产品、分项目的核算对象、成本项目的确定、费用的归集与分配；节目成本的计算；成本计划的编制，分析与考核等，都没有形成统一规范的方法。

（四）人力资源管理问题

公司实际的人力资源管理，问题较为突出的主要方面在于公司没有完全建立人力资源管理的框架体系，从而使得许多人力资源管理的功能远未完善，整个人力资源管理系统中的各个模块之间存在相互矛盾或不一致，难以有效发挥人力资源管理的整体效能。比如，人力资源部门与其他业务部门沟通困难；人力资源部的实际工作停留在主管层以下，造成考核体系不完善、激励机制不健全、继任计划不完整等问题；公司高级领导层受业务困扰，对人力资源重要性认识不够；各模块之间存在的潜在矛盾，使得各自对公司所经营的业务缺乏深入了解，缺乏对整个公司走向的洞察力；激励机制和绩效考评方面的问题使得员工在一定程度上对薪酬福利现状不满，不能有效激励员工努力工作，"凭能力上岗、凭贡献取酬"没有得到很好的体现。

四、解决问题的基本思路

（一）构建合理的组织体系架构，对各地市燃气输送实施分公司管理模式

从管理体制和组织架构上进行一定的变革，逐步将原有组织架构和经营布局调整成以客户、行业、地区和产品为线索的网状矩阵式组织和经营架构，集中营销资源，按照客户类型和市场需求进行排布，以最大限度地适应市场和客户需求变化，形成前期营销、中间风险控制和后期产品处理既有区别又紧密联系的三大序列。

（二）建立健全完善的内部财务管理制度，强化内部控制，强化现金流的监控措施

从内部财务管理的权力控制入手，把好权力配置、运用、批准关，真正做到没有不受制约的权力；从内部经济责任体系的控制落实，建立和完善企业各级经济责任制体系，对重大经济活动各司其职，各负其责，通过责任体系完善财务内控制度。

（三）整合人力资源，强化绩效评价措施，完善公司内部激励机制

建立科学、系统的绩效评价和激励机制。对人才资源进行开发与整合，关键是提供员工个体价值实现的多元取向，创造职工多元发展的空间，以及建立广纳群贤、人尽其才、能上能下、充满活力的用人机制。健全以在职学习为主的多种培训制度，给员工知识技能水平的提高创造良好的条件。

2.2 预算管理诊断方法

2.2.1 预算管理诊断基本框架

预算管理诊断是一项专项诊断，是针对企业预算目标、预算编制、预算执行、预算控制等活动，利用会计、统计、经营管理等资料，运用科学的方法，分析现状，揭示问题，提出改进措施，并帮助指导企业改善经营管理、提高经济效益的一种科学管理方法。预算管理诊断与企业管理诊断的区别在于，预算管理诊断更集中于预算执行与预算效果的诊断，侧重于在企业管理诊断的基础上针对预算管理控制系统进行诊断。预算管理诊断采用的方法可以是财务分析方法、统计分析方法、财务预警方法等，分析的目的是帮助企业改善经营管理水平从而提高经济效益。

预算管理诊断的基本框架：
- 企业历史延革和经营现状
- SWOT 分析法
- 企业管理现状诊断
- 企业财务状况诊断
- 全面预算管理的建议

2.2.2 预算管理诊断实务

预算管理诊断应是企业常规的行为，年度预算或季度预算执行后，为掌握预算执行有无差错、检验预算管理效果，都应该做自我预算管理诊断。

1．预算管理诊断内容

预算管理诊断应从目标—组织—方法—流程几个维度加以分析，每个维度细化为几个关键因素深入思考，最后进行综合诊断分析，如图 2-3 所示。

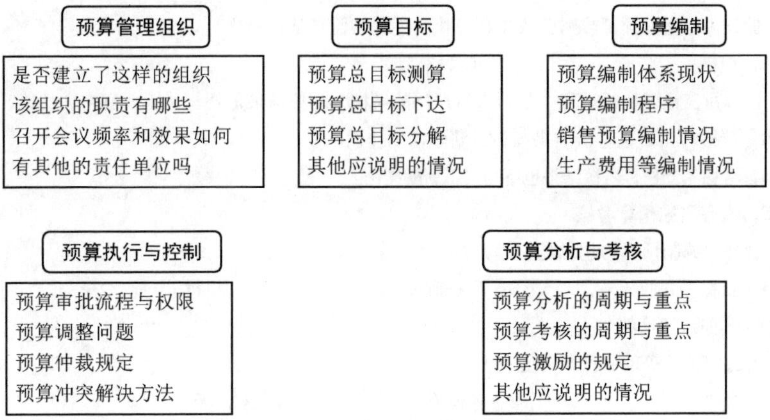

```
┌─────────────────────┐  ┌─────────────────────┐  ┌─────────────────────┐
│     预算管理组织     │  │      预算目标       │  │      预算编制       │
├─────────────────────┤  ├─────────────────────┤  ├─────────────────────┤
│ 是否建立了这样的组织 │  │ 预算总目标测算      │  │ 预算编制体系现状    │
│ 该组织的职责有哪些   │  │ 预算总目标下达      │  │ 预算编制程序        │
│ 召开会议频率和效果如何│ │ 预算总目标分解      │  │ 销售预算编制情况    │
│ 有其他的责任单位吗   │  │ 其他应说明的情况    │  │ 生产费用等编制情况  │
└─────────────────────┘  └─────────────────────┘  └─────────────────────┘

┌─────────────────────┐                           ┌─────────────────────┐
│    预算执行与控制    │                           │    预算分析与考核    │
├─────────────────────┤                           ├─────────────────────┤
│ 预算审批流程与权限   │                           │ 预算分析的周期与重点 │
│ 预算调整问题         │                           │ 预算考核的周期与重点 │
│ 预算仲裁规定         │                           │ 预算激励的规定      │
│ 预算冲突解决方法     │                           │ 其他应说明的情况    │
└─────────────────────┘                           └─────────────────────┘
```

图 2-3　预算管理诊断的维度

2．设计预算管理诊断调查问卷

预算管理诊断调查问卷的内容，如表 2-8 所示。

表 2-8　预算管理诊断调查问卷

××公司预算管理诊断调查问卷
一、企业全面预算管理的普及和应用程度调查
1．你认为需要在贵公司实行全面预算管理吗？ 　　A．需要　　　　　　　　B．不需要
2．贵公司了解财政部 2017 年 9 月发布的《管理会计应用指引第 200 号——预算管理》的有关内容吗？ 　　A．非常清楚　　　　　　B．一般了解　　　　　　C．不了解
3．贵公司是否有负责全面预算管理工作的专门机构？ 　　A．有　　　　　　　　　B．没有
4．贵公司负责全面预算管理工作的机构是？ 　　A．预算管理委员会　　　B．预算专职部门　　　　C．财务部门　　　　D．其他部门
5．贵公司从哪个月份开始编制全面预算或财务收支预算？ 　　A．9 月　　　　　　　　B．10 月　　　　　　　　C．11 月 　　D．12 月　　　　　　　E．其他月（请注明 ＿＿＿）
6．贵公司主要采取下列哪种方法来编制全面预算或财务预算？ 　　A．零基预算　　　　　　B．弹性预算　　　　　　C．概率预算 　　D．滚动预算　　　　　　E．固定预算

（续）

7. 贵公司全面预算或财务预算的实施主要采取下列哪种预算编制程序？
   A．由上至下　　　　　　　B．先自上而下，后自下而上，上下结合
   C．由下至上　　　　　　　D．先自下而上，后自上而下，上下结合

8. 贵公司全面预算或财务预算在执行过程中是否进行预算调整？
   A．调整　　　　　　　　　B．不调整

9. 贵公司年度终了后是否编制全面预算或财务收支预算的年终决算分析报告？
   A．编制　　　　　　　　　B．不编制

10. 贵公司对全面预算或财务收支预算执行过程的监督是否严格？
    A．严格　　　　　　　　　B．不严格

11. 贵公司在预算执行过程中是否进行严格的考核？考核结果是否与员工薪酬密切挂钩？
    A．严格考核，且考核结果与员工薪酬密切挂钩
    B．考核不严格，考核结果也不与员工薪酬挂钩
    C．没有实施预算考核

12. 贵公司编制预算的起点是？
    A．目标销售收入　　　B．目标利润　　　　　C．目标产量
    D．其他（请注明 ____）

13. 贵公司预算管理制度是否健全？
    A．健全　　　　　　　B．不健全　　　　　　C．无

14. 贵公司所采用的预算编制方法是否适用？
    A．适用　　　　　　　B．一般　　　　　　　C．不适用

15. 贵公司制定全面预算或财务预算时各部门的信息是否能够得到满足？
    A．能满足　　　　　　B．不能满足

16. 贵公司是否采用管理软件来进行预算管理？
    A．采用　　　　　　　B．未采用

二、企业实行全面预算管理取得的主要成效调查

1. 贵公司预算管理的效果如何？
   A．很好　　B．较好　　C．一般　　D．较差　　E．不明显

2. 贵公司认为全面预算管理或财务预算发挥的作用大吗？
   A．作用大　　　　　　B．作用一般　　　　　C．无作用

3. 贵公司实行全面预算管理取得了哪些主要成效？
   A．公司收入增加　　　B．公司成本降低　　　C．公司费用下降
   D．公司效益提高　　　E．公司管理水平提升　F．公司经营目标更明确
   G．职能部门工作目标更明确　H．员工劳动积极性更大　I．员工业绩考核更具体
   J．员工薪酬更合理

三、企业实行全面预算管理遇到的难点及外部环境对预算的影响调查

1. 贵公司实行全面预算管理遇到的难点问题是什么？
   A．领导认识不足，不支持　　　　　B．职能部门认识不统一，不配合
   C．人员素质不高，做不好　　　　　D．市场可变因素太多，预算难以准确

(续)

2．贵公司只编制财务预算而没有实行全面预算管理的主要原因是什么？
    A．作用不大　　　　　　　　　　　　B．领导不重视
    C．管理难度太大　　　　　　　　　　D．不知道如何进行全面预算管理

3．环境竞争性对预算的影响。

根据贵公司所在行业的实际情形，评价下列各项的竞争强烈程度，采用 A～E 级回答，A 表示可忽略，B 表示较弱，C 表示一般，D 表示较激烈，E 表示非常激烈。

  （1）所用自然资源竞争程度　　　　　（2）所用人力资源竞争程度
  （3）价格竞争程度　　　　　　　　　（4）争夺客户的竞争程度
  （5）推出新产品或服务的竞争程度

4．环境动荡性对预算的影响。

如果 A 表示变化很慢，B 表示变化较慢，C 表示变化一般，D 表示变化较快，E 表示变化很快，贵公司所在行业最近几年，下列各项的变化程度如何？

  （1）行业规模变化情况　　　　　　　（2）新进入本行业的企业的数量
  （3）退出本行业的企业的数量　　　　（4）行业所用主要技术的变化情况
  （5）行业盈利水平变化情况　　　　　（6）政府对本行业政策的变化情况

5．环境可预测性对预算的影响。

根据贵公司所在行业的实际情形，评价下列各项，采用 A～E 级回答，A 表示很容易预测，B 表示较容易预测，C 表示容易预测，D 表示较难预测，E 表示很难预测。

  （1）在过去的几年，公司主要竞争对手的市场活动的可预测性
  （2）在过去的几年，公司客户的品位和偏好的可预测性
  （3）在过去的几年，公司所在行业规模变化的可预测性
  （4）在过去的几年，公司所在行业使用的主要技术变化的可预测性
  （5）在过去的几年，政府对公司所在行业政策变化的可预测性

6．根据下列项目与贵公司实际情况的相符程度，按 A～E 级回答，A 表示最不相符，E 表示最相符，B～D 处于它们之间。

  （1）预算编制过程中采用概率预算方法　　　（2）预算编制过程中采用弹性预算方法
  （3）预算编制过程中采用滚动预算方法　　　（4）预算执行过程中允许预算调整
  （5）预算考评过程中可以剔除例外因素的影响　（6）不完全以预算完成情况来评价业绩

7．内部单位负责人对预算系统的满意度。

请站在所在内部单位负责人的角度回答以下问题，按 A～E 级回答，A 表示满意度最低，E 表示满意度最高，B～D 处于它们之间。

  （1）现行预算系统有助于管理本单位　　　（2）现行预算系统有助于短期经营决策
  （3）现行预算系统有助于长期战略决策

8．与主要竞争者相比的单位业绩。

将下列项与贵公司的主要竞争者相比，按 A～E 级量度确定你单位的业绩，A 表示远远差于你单位的主要竞争者，E 表示远远好于你单位的主要竞争者，B～D 处于它们之间。

  （1）与外部主要竞争者相比，公司盈利水平如何
  （2）与外部主要竞争者相比，公司发展速度如何
  （3）与外部主要竞争者相比，公司市场份额如何
  （4）与外部主要竞争者相比，公司内部流程如何

(续)

9. 请站在所在内部单位负责人的角度回答下表中的各项问题,只需在各选项中按你的认识相应打√。

序号	项 目	程度分布						
		非常同意	较为同意	稍微同意	中立态度	稍不同意	较不同意	很不同意
1	预算标准的设定,会提高生产力							
2	在我的管辖范围内,预算可以安全实现							
3	因为预算约束,我不得不小心翼翼地监督成本							
4	在我管辖范围内,预算管理并没有特别高的必要性							
5	预算目标并没有导致我对提高管辖范围效率的关心							
6	预算目标是很难实现的							
7	为了单位利益,我一般会提交容易实现的预算							
8	我一般会对上级和下属建立两种预算标准							
9	在经济形势较好的情况下,我可以接受下属合理的双重预算标准							
10	对于不能通过正式手段批准的事项,我会根据单位内部的需求自主想办法实现							

附:为了便于我们的统计分析,请提供个人信息:

1. 你的性别: (1) 男 (2) 女
2. 你的学历: (1) 高中以下 (2) 高中、中专 (3) 大专 (4) 本科 (5) 硕士及以上
3. 你在企业工作已有(　　)年
4. 你的级别: (1) 高层 (2) 中层 (3) 基层
5. 你所在的部门: (1) 财务 (2) 人力资源 (3) 业务部门 (4) 其他

本次调查问卷结束,麻烦你再检查是否有遗漏的题目,衷心感谢协助!

预算工作组

年　月　日

3. 分析整理回收的问卷,形成预算管理诊断报告

在我们预算工作小组面向 XJRQ 集团某下属分公司不同部门发放预算管理调查问卷后,企业各层级员工均能积极配合参与。我们回收了近千份调查问卷,经

过整理归纳问卷问题（见表 2-9 和表 2-10），形成了该公司的预算管理诊断报告。下面就以该公司为例分析说明预算管理诊断报告的撰写规范。

表 2-9 预算管理问题分析汇总

项 目	问题分析
预算体系	高层领导重视不够，缺乏全员参与，预算体系不健全
预算目标	预算目标与战略脱节，预算目标测算方法不科学，出现预算松弛现象
预算编制	基础数据和制度基础较差，预算编制不全，上下协商困难，预算编制方法不恰当
预算控制	例外审批过多，缺乏预算调整机制，预算考核体系不健全
信息技术	会计核算软件不支持预算管理体系

表 2-10 预算管理的误区分析表

误 区	分 析
形式上的预算	与战略执行力结合，抓落实
视为财务任务	高层领导亲自抓，各部门配合
编制方法模式化	针对不同预算指标采用不同方法
预算急于求成	真实诱导法的应用
按领导意图报预算	预算管理委员会的作用
预算考核强调节约	将费用与活动考核相结合
以不变应万变	预算调整

【案例 2-2】 预算管理诊断与建议报告

预算管理诊断与建议报告

A 公司经过 20 年的经营和打造，基本建立了稳定的市场、良好的品牌及较完善的经营管理体制，各项经营指标取得了突破性的进展。公司综合业务运行支撑系统的建成，为实现公司战略思想奠定了基础，也为下一步××业务的发展奠定了基础。然而，随着公司网络规模、用户规模和业务规模的迅速扩张，网络资源、用户服务、业务管理的科学化、高效化问题日益突出。根据公司的精细化管理的要求，预算管理咨询课题组进行了为期三周的走访座谈，形成报告如下。

一、预算管理取得的成效

公司从 20X5 年开展预算管理工作，成立了公司预算管理委员会，预算管理的常设机构在财务部，预算编制采用以现金预算为控制重点的管理模式，公司各部门及分公司每年根据公司的经营目标采用自下而上的方式编制预算，预算管理委员会以控制现金流为核心审核预算，在预算管理上取得了很大成绩。

1. 预算管理理念深入基层，各部门对预算的作用认可度较高。从本次调查的反馈中可以看出,各部门对预算管理的理念和作用已有较好的认识,对于"公司是否需要实行全面预算管理",回答"需要"的占94%(见图2-4);对于"预算管理的效果"的回答中,近90%的被调查者认为是"有实效"。[注]

2. 预算管理初现成效。从问卷反馈统计(见图2-5)可以看出,公司实施预算管理以来,各部门均对预算提高了认识,有22%的部门认为实施预算带来了成本的下降,有22%的部门认为公司经营目标更加明确,另有19%的部门认为预算的实施带来了公司费用的下降。

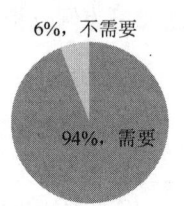

图2-4 对"公司是否需要实行全面预算管理"的调查结果

3. 各部门对以现金流预算为控制模式的预算有较高的认知。从本次调查中反馈的信息得知,公司各部门对实行以现金流预算管理为重点的模式有较好的认可度,认为控制现金收支对公司当前的管理非常重要,普遍认为"有钱用在刀刃上"非常必要。

4. 财务部作为预算常设机构,在费用管理控制上形成了以部门为责任单位的控制模式。

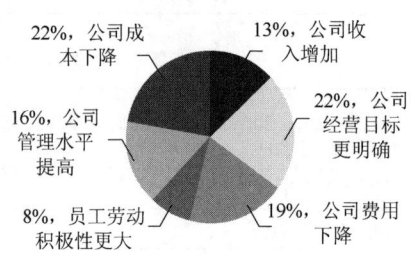

图2-5 对"实行全面预算管理取得的主要成效"的调查结果

办公经费、人员工资等均形成以人员为单位的定额标准。这种做法使公司对采购等大项支出做到预先计划,心中有数,通过认真测算,层层把关,进一步提高了预算编制的准确性。

5. 公司加强了预算执行的管理。通过走访座谈,大家普遍反映20X8年,根据公司的预算批复,各部门对资金的使用严格执行贯彻了"先有预算后有支出"的原则,各部门严格控制经营费用,能及时检查预算执行情况,使预算与实际执行紧密结合,进一步严格了预算执行。

二、预算管理存在的问题

由于公司只做了现金预算控制,预算管理体系尚不完善,虽然每年公司都在制定、下达和检查预算,但预算实施的效果并不理想,预算管理的作用未能充分有效地发挥。通过与公司中、高层管理人员的实地访谈及回收的有效预算管理调查问卷来看,预算管理主要存在以下几个方面的问题。

(一)预算管理基础薄弱

预算管理客观上能起到提升公司管理水平的作用,但前提是公司经营管理的各环

[注] 资料来源:部门调查问卷。

节都能做到规范化、制度化,一切以规范化的制度为依据,真正实现制度化管理。企业近几年一直在强调规范经营和管理,制度建设也取得了一定的成果,但总体感觉管理基础工作不牢(见图 2-6)。一是缺乏统一的长远规划,工作的前瞻性不够,对未来可能出现的各种情况缺乏应变措施,导致工作较为被动,行动随意性较为明显;二是制度管理执行力欠缺,现有的制度要么主观上不愿意执行,要么被动执行,导致制度执行不力。⊖

(二)预算编制过程中沟通不足

在对"企业的预算编制程序"的选择中,86%的部门选择了"先自下而上,后自上而下,上下结合"的方式,但在访谈中我们发现实际工作中相互沟通和协调工作做得不够(见图 2-7)。预算上报后,一般先由财务部门进行适当的调整,提交预算管理委员会审批,预算管理委员会审批后就直接下达,没有一个相互沟通和协调的过程。由于总公司对预算总目标的确定及分解较晚,导致每年预算的执行期实质上集中在每年的 3 月至 10 月。由于各部门害怕被考核,各基层单位报预算时均站在自身的角度,对收益类预算少报,对成本费用类预算多报,以便给自己留有余地,利润预算也是在上年的基础上"适度"

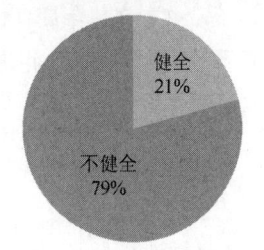

图 2-6 对"预算管理制度是否健全"的调查结果

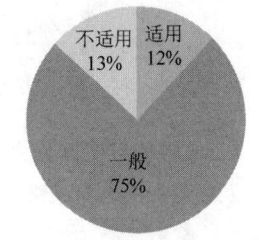

图 2-7 对"预算编制方法是否适用"的调查结果

增长,即保持利润逐年增长而增幅不大,违背预算先进性原则,不利于基层单位盈利潜能的发挥。在对工程施工成本及改造成本的控制上,没有严格预算管理控制,各经营预算成本在上年的基础上进行一定的调整,特别是没有考虑成本费用开支的必要性和必然性,导致成本费用居高不下和资源的严重浪费,使预算缺乏准确性。⊜

(三)预算目标分解不到位

预算总目标确定后,应当按照自上而下的顺序层层分解并逐步细化,直至将预算目标落实到每个员工,这是预算管理全员性的主要表现。只有每个员工都了解总目标、本部门目标和本人目标,才能保证预算总目标的顺利实现。企业在预算总目标确定后,只将预算目标分解落实到各子公司及各部门,各部门预算仅由部门领导和财务部门掌握,其他业务部门也只有主要负责人掌握本部门预算,没有再对下属单位和个人进行层层分解,如办公室下设车队,预算没有对下属的车队运营成本进行分解,更不用说落实到员工个人。由于具体执行预算的责任部门不清楚甚至不知道本部门预算管理的权利

⊖ 资料来源:部门调查问卷。
⊜ 资料来源:部门调查问卷。

和责任，导致部门权责不明，而权责不明的直接后果就是预算执行不力。①

（四）预算考核基本失去意义

企业在制定的年度目标计划实施与考核方案中，虽然将预算管理纳入考核，但并没有真正起到预算考评的作用，考核不严格，考核结果也不与员工薪酬挂钩（见图2-8）。在整个考核系统中，预算管理起不到约束与激励作用，预算考核基本失去意义。②

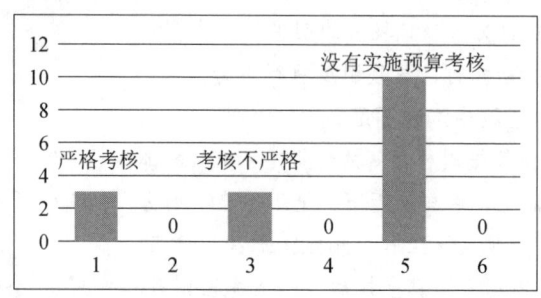

图2-8 对"是否实行了严格的预算考核及考核是否与薪酬挂钩"的调查结果

（五）市场可变因素太多、预算难以准确是公司实行全面预算管理遇到的最大困难

从预算的具体对象来看，预算管理包括实物量预算和价值量预算两个方面。实物量预算包括服务量预算、物资采购量预算、耗用量预算、用工量预算等；价值量预算包括以权责发生制为基础的预算（如收入预算、费用预算等）和以收付实现制为基础的预算（如现金收支预算）。在市场经济条件下，无论是实物量预算还是价值量预算，都会受到市场可变因素变动的直接影响。因此，如何保证预算的准确性就成了公司实行预算管理过程中难以解决的一道问题。我们认为，预算执行的偏差虽然不是或不完全是人为因素造成的，但是可以在一定程度上予以实施控制。这种控制需要公司具备两个方面的能力：一是对市场信息的获取和利用能力，二是对公司内部经济运行过程和预算执行过程的监控能力。只要具备了这两方面的能力，要做到预算的相对准确就不是一件难事。但在调查的21份问卷中，有81.92%的公司认为环境竞争性和可预测性可变因素太多，预算管理难以准确。③

（六）其他

在对"预算目标与战略的衔接性"和"部门目标描述"的回答中，各部门对自己的部门目标和实现过程可能存在的风险有一定的认识，但是总体来看，大多数部门的目标描述都是定性的，缺乏明确的量化数据。在风险应对上，也只是泛泛而谈，并没有实际的有针对性的可行性建议。④

---

① 资料来源：内部访谈。
② 资料来源：员工调查问卷。
③ 资料来源：部门调查问卷。
④ 资料来源：目标描述调查问卷。

三、建议

（一）针对预算管理基础薄弱的问题，首先应加强制度化建设

对各项管理制度要进行修订和完善，特别是公司定岗定责的修订工作，确保制度的有力执行，为预算管理奠定良好的基础。

（二）规范预算编制流程

针对目前编制程序的弊端，企业采取的上下结合式的编制程序要经历自上而下和自下而上的多次往返，才能有效地保证预算总目标的实现。企业应在每年的10月通过经济运行分析会制定下一年度的经营计划，确定各项经营指标和利润目标，在目标利润的指导下编制年度预算。

（三）综合运用多种预算编制方法

1. 对于利润预算、业务经营预算和成本预算，可采用弹性预算编制方法。这样不仅能够适应不同经营情况的变化，扩大预算范围，更好地发挥预算的控制作用，避免了实际情况发生变化时，对预算作频繁的修改，还能够使预算对实际情况的评价和考核建立在更加客观可比的基础上。

2. 在现有费用控制的基础上，进一步核定费用定额与项目工程定额。在编制招待费、办公费、宣传费、差旅费等管理费用预算时，采用零基预算法。在本年度能够完成工作的前提下，各项费用开支进行清查、分析，可节省的尽量节省，能不花的坚决去掉，以零为基础重新核定标准，杜绝浪费。在工程项目成本管理上，采用分段实施的做法，先由总工办制定定额标准，再由施工部门根据实际提出修订建议，总工办经综合平衡，制定项目施工成本定额。

（四）精细化手段层层分解落实预算目标

在分解预算目标时，努力坚持做到两个细化。一个是项目细化，即把经营过程中的所有工作都用预算加以明确，大到项目投资、资本运作，小到办公室的笔墨纸张，都制定详细的预算，并将预算指标分解落实到每个员工，即谁花钱，花多少钱，花钱干什么，什么时间花，都十分明确，用预算进行量化，并有具体责任人。另一个是时间细化，即将预算由年度分到季度，由季度分到月度，再由月到天，每位员工、每个部门每天的工作量都由预算来进行规范。

（五）划分责任中心，完善预算考核机制

预算考核遵循公开、公平、公正的原则分层考核，除对各预算责任部门考核外，预算责任部门还要对本部门预算责任人考核，责任单位主要负责人依据公平的考核结果有二次利益分配的权力。预算奖惩方面实行奖惩并存，奖罚分明，通过奖罚兑现来引导员工的日常行为，告诫员工有所为和有所不为。

（六）加强对现金流入流出的动态管理与控制

在编制现金预算表的基础上，企业还应从现金流入量与现金流出量两方面入手抓

好对现金流量的动态管理与控制。

抓现金流入量就是要开源，不断扩大销售渠道，提高市场占有率，千方百计提高营业收入，并尽快收回应收账款，不断降低应收账款占销售收入的比重，否则，即使有很高的销售收入，企业一样会陷入财务困境。

抓现金流出量就是要节流，要千方百计节约开支，不断降低成本费用支出。比如储备存货不但会增大进货成本、储存成本，而且会由于占用大量储备资金而造成资金短缺，使流动资金失衡。所以在日常的企业管理中，应努力将存货与销售成本的比重保持在一个合理的水平上，并力求使这个比重降低。

在现金流量的管理中，企业必须坚持现金流入量与现金流出量"两手同时抓，两手都要硬"。在开源节流的同时，必须注重加快各种形态资金的周转速度，以不断降低资金成本，提高资金的使用效率，实现企业现金平衡和企业价值最大化。

（七）做好公司现金流量分析与考核

掌握公司生存命脉的是经营活动产生的现金流量，它可以不断增加企业内部的资金积累，为企业扩大再生产、开拓新市场、偿还债务提供了坚实的资金支持。只有良好的经营活动现金流入才能增强企业的盈利能力，使企业保持良好的财务状况。此外，企业的发展也不能仅依赖外部筹资实现，厚实的内部积累才是企业发展的基础。如果经营活动的现金流量出现问题，就像我们人体正常的造血功能出现障碍，再多的输血也难以恢复到先前的身体状况一样，公司的财务状况最终肯定恶化。因此，经营活动产生的现金流量是整个现金流量表分析的重点。一旦经营活动的现金流入出现异常，公司的账面利润再高，其财务状况依然令人怀疑。

公司不仅应对经营活动现金流量总体情况进行分析，而且应进一步对经营活动现金流量结构的合理性进行分析。经营活动现金流量结构可以考察企业经营性债权债务管理产生的现金流量对经营活动现金流量的贡献。如果企业营业现金流量主要来源于主营业务收入收现能力的提高，说明现金流量质量较好；反之，如果营业活动现金流量主要得益于存货、经营性应收项目和经营性应付项目的贡献，则企业现金流量质量应当引起警惕。

2.3 企业预算管理的解决之道

预算管理真正有效实施在于全员共同努力，同时，没有好的企业机制也无法发挥出预算管理的效力。预算管理作为管理控制的一种方法，已成为公司战略执行的有效工具，也是企业对有限资源合理配置的一种手段。预算的编制实施可成为指导企业业务流程的行为规范准则，并在实际业绩评价中成为企业绩效管理的依据。预算管理作为新的管理控制模式要想获得成功，必须实施闭环管理，强调从基础管理入手，整合公司资源、业务流程、人力资源等进而实现预算管理控制的目标。

企业预算管理应追求"理性化、数据化"管理，而不应由高层管理者个人决策。谁应该负责企业的预算？如何进行预算管理？这也是我们必须认真思考的问题。通常情况下，企业的预算是一种闭环管理系统。在这个系统中，首先，为保证预算的实施，应有组织保障；其次，在组织保障的前提下，加强预算的前馈控制机制；其后才应该是预算的编制、预算执行与控制、预算反馈、预算报告及分析等预算管理方法及手段。一个完善有效的预算管理结构框架至少应包括如图 2-9 所示的基本内容，只有构筑组织保障—预算前馈控制—预算执行控制—预算反馈控制的控制机制，才能真正使预算成为管理控制的有效方法。

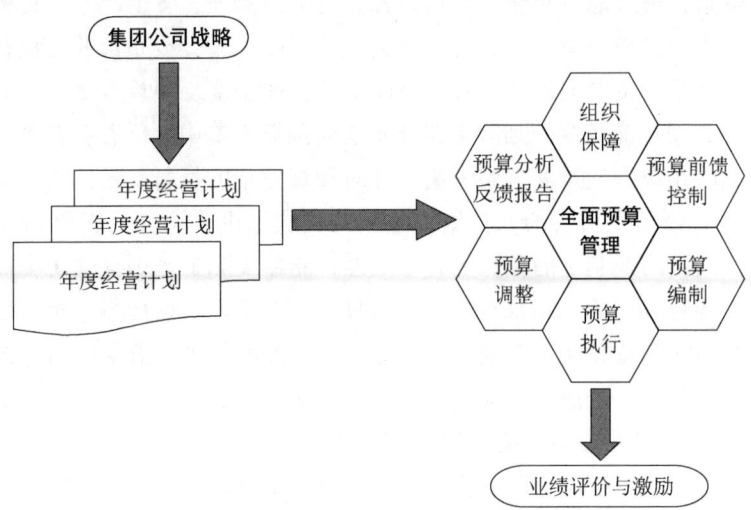

图 2-9　预算作用发挥机制

2.3.1　预算组织保障：构筑预算有效性的第一道屏障

企业实施全面预算管理，首要问题是设计预算组织体系，这一组织体系必须体现出企业各层次之间的权力制衡，使决策机构、组织机构、执行机构和控制机构能够发挥各自在预算管理组织中的作用。预算管理作为一种管理控制系统，需要有相应的组织机构才能在企业内部得以顺利实施，组织机构在全面预算管理中起主导作用，它是全面预算管理实施的主体。

企业预算管理的组织体系自上而下由预算决策机构、预算组织机构、预算编制机构和预算执行主体四个部分组成，主要包括董事会、总经理（董事长）、全面预算管理委员会、全面预算管理办公室及全面预算责任网络。

1. 预算决策机构：董事会

董事会是全面预算管理的最高决策机构，董事会依据公司的发展战略，结合股东的期望收益、经营环境、经营计划等因素审议、批准公司上报的年度预算方案及其调整方案，并通过总经理授权全面预算管理委员会组织制定、下达正式年度全面预算方案及其调整方案。

2. 预算组织机构：全面预算管理委员会

（1）全面预算管理委员会的含义及构成

全面预算管理委员会是专门为全面预算管理而设置的机构，这一专门机构是预算管理运行所必不可少的。全面预算管理委员会一般由包括公司总经理（董事长）在内的领导班子组成：委员会主任由公司总经理担任，委员会副主任由总经理办公会成员、财务总监担任，委员由各职能部门经理、各生产厂厂长担任。全面预算管理委员会设秘书一名，由委员会主任安排，并经委员会其他成员认可。总经理（董事长）负责组织制定公司全面预算管理制度及预算方案，负责将董事会的决议和公司年度经营计划落实在公司全面预算方案中，负责组织实施经董事会批准通过的预算方案及其调整方案，并对预算方案的执行负最终责任。

全面预算管理委员会的人员组成应坚持权威原则、全面代表原则和效率原则。权威原则指的是制定的预算要有权威性，能在实际工作中得以切实贯彻，其成员也要对各自部门的活动具有绝对控制权。全面代表原则指的是能全面代表各部门、全层面的利益并使其在预算中都能得到合理的体现。效率原则是指要保证委员会的工作效率。这决定了成员数量不宜过多，要做到精干、高效、统一。

全面预算管理委员会协调各部门信息的共享，使各部门就基础假设达成一致。从根本上说，不经过全面预算管理委员会的审批，不能接受任何预算或预测数据。这一预算管理组织形式的职能不仅仅是预算的制定，还包括预算的实施、调整、监督等后续环节。例如，解决预算实施过程中出现的各部门矛盾（类似于内部仲裁委员会）；随时发现企业活动与预算的偏差并分析原因，如果某些基本假设已发生重大变化，应尽快组织对预算进行调整。

全面预算管理委员会是实施公司全面预算管理的最高决策咨询机构，以预算会议的形式审议各项预算事项，为非常设机构。

（2）全面预算管理委员会的主要职责

全面预算管理委员会的主要职能是审定预算管理制度；提出集团预算管理发展方向及改进要求；提出年度生产经营目标并报董事会；确定年度预算编制的重大前提条件；审查集团年度预算草案并上报董事会；听取预算执行情况和预算管理工作进展的汇报并上报董事会；批准各单位、各部门的预算调整方案；完成董事会交办的其他预算管理事项。从本质上讲，全面预算管理委员会是预算的综合审定机构，是企业内部全面预算管理的最高权力机构。

全面预算管理委员会在董事会授权下行使以下职责：

1）组织拟定公司预算管理办法及相关制度、年度预算基本假设、预算目标（包括总目标和目标分解体系）、预算编制方针和预算编制程序、预算执行监控方法，报总经理（董事长）批准。

2）组织召开质询会，对全面预算管理办公室提交的各部门预算草案和公司整体预算草案提出质询，并就必要的修改与调整提出建议。

3）审议全面预算管理办公室提交的公司全面预算草案、各部门年度预算草案和调整草案，经总经理审批后上报董事会审批。

4）审议全面预算管理办公室提交的公司季度滚动全面预算草案和各部门季度滚动预算草案。

5）审查、分析预算执行分析报告，提出改善措施。

6）在总经理（董事长）授权下协调、裁定公司预算编制、执行过程中各部门发生的重大冲突。

7）审议与全面预算执行情况挂钩的考核及奖惩办法。

3．预算编制机构：全面预算管理办公室

（1）全面预算管理办公室的含义

全面预算管理办公室是企业集团全面预算管理的日常机构，通常设在财务部。全面预算管理办公室主任一职可由财务部长担任，其他成员可依据工作需要适时增减调整。

（2）全面预算管理办公室的职能

全面预算管理办公室的主要职能是起草有关预算管理制度和实施办法；组织预算的编制工作，并根据集团公司批准的预算，组织各责任单位予以执行；协调和处理各预算责任单位在预算编制及执行中的矛盾；跟踪、监督预算的执行过程；定期向全面预算管理委员会报告预算的执行情况，实行预算考核；对预算执行过程中出现的问题和偏差及时进行修订和调整，确保集团总预算的实现。

具体来说，全面预算管理办公室是在全面预算管理委员会直接领导下行使以下职责：

1）拟定和修改公司预算管理办法及相关制度、年度预算基本假设、预算目标（包括总目标和目标分解体系）、预算编制方针、预算编制程序、全面预算编制手册（编制说明、编制表格）、预算执行监控方法等，报全面预算管理委员会审议。

2）根据年度经营计划，将全面预算管理委员会提出的全面预算总目标进行分解下达。

3）组织各部门编制预算或调整预算，对分厂、部门编制的预算草案或预算调整方案进行初步审查、协调和平衡、汇总后编制公司预算草案或预算调整方案，上报全面预算管理委员会审议。

4）向公司各部门下达经批准的全面预算方案，监督各部门预算执行情况，定期进行预算执行情况的分析评价和反馈。

5）组织预算管理的培训工作，向预算编制、执行单位提供技术支持，提出改进预算管理工作的意见。

6）遇有特殊情况时，向全面预算管理委员会提出预算修正建议，或接受并初步审查各部门提出的预算调整申请。

7）监督全面预算执行情况，并组织对全面预算执行结果进行分析评价和反馈，在规定的权责范围内处理相关问题，向全面预算管理委员会提交本预算年度全面预算管理工作的分析报告。

8）协助全面预算管理委员会协调、处理预算执行过程中出现的一些问题。

（3）全面预算管理委员会与全面预算管理办公室

在企业集团里，首先，母公司应设立全面预算管理委员会作为整个企业集团全面预算管理的决策机构，还应设立全面预算管理办公室作为企业集团全面预算管理的日常机构，负责协调预算的编制、调整、执行、分析和考核。其次，各二级经营单位设立独立的预算部，负责组织编制和审查批准本企业预算方案并协调预算的编制、调整、执行、分析和考核。依此类推，直至集团内所有层级的单位都设立相应的全面预算管理机构。企业集团母子公司预算管理网络如图 2-10 所示。

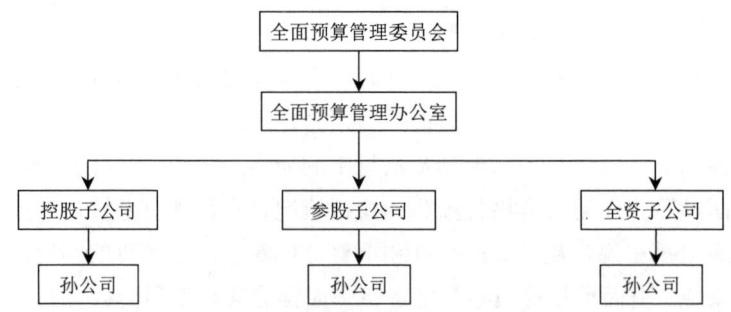

图 2-10　企业集团母子公司预算管理网络

4. 预算执行主体：全面预算责任网络

预算管理涉及面广、业务交叉点多，各有关部门必须做到分工协作、职责明确、充分沟通、密切配合。为确保预算管理工作的顺利进行，成立全面预算责任网络。

全面预算责任网络是各级预算执行主体，根据其在组织内部具有的一定权限和承担的相应经济责任划分为不同的责任中心，以承担不同的预算目标责任。

全面预算责任网络是以企业集团的组织架构为基础，本着高效、经济、权责分明的原则来建立的，是预算的责任主体，由成本中心、利润中心、投资中心组成。这些责任中心是企业内部成本、利润、投资发生的单位，被要求完成特定的职责，其责任人被赋予一定的权力，以便对该责任区域进行有效的控制。确定责任中心是全面预算管理的一项基础工作。企业集团全面预算管理责任中心的结构是与其组织架构相对应的，组织架构的类型决定了全面预算责任网络的布局。企业集团组织架构一般可分为纵向组织架构和横向组织架构两种，在这两种不同的组织架构下，全面预算责任网络也有不同的形式。

（1）纵向组织架构下的全面预算责任网络

纵向组织架构即直线职能制组织架构，其特点是以整个企业集团作为投资中心，总经理对企业的成本、收入、投资全面负责，集团所属各部门及下层预算单位均为成本中心，只对各自的责任成本负责。这种组织架构权力较集中，下属单位自主权较小。

在纵向组织架构下，企业预算自上而下逐级分解为各责任中心责任预算，各成本中心的责任人对其责任区域内的责任成本负责。基层成本中心定期将成本发生情况向上级成本中心汇报，上级成本中心汇总下属成本中心情况后逐级向企业集团全面预算管理机构研究汇报，直至最高层次的投资中心。投资中心定期向全面预算管理委员会汇报情况。

（2）横向组织架构下的全面预算责任网络

横向组织架构即事业部制组织架构，其特点是经营管理权从企业集团最高层下放，各事业部具有一定的投资决策权，成为投资中心。其下属分公司对成本及收入负责，成为利润中心。分公司下属的基层预算单位均成为成本中心，对各自的责任成本负责。

在横向组织架构下，企业预算也逐级分解为各责任中心的责任预算。最基层的成本中心定期、逐级地将实际成本发生情况上报给上级成本中心，直至汇总到利润中心，利润中心则将成本中心责任成本与收入汇总上报至上级投资中心，各投资中心将责任预算完成情况汇总报告至最高投资中心——总公司，由总公司的预算管理专门机构——全面预算管理办公室向全面预算管理委员会汇报。

不论是纵向组织架构还是横向组织架构，基层单位都应在企业预算管理机构的指导下，负责本单位责任预算的编制、控制和分析工作，并接受企业的检查和考核，基层单位负责人对本单位预算的执行结果承担责任。

2.3.2 预算过程控制：夯实预算的基础

预算前馈控制是预算过程控制机制作用发挥的资源性支持系统。有了预算的这种支持系统的存在，预算执行能力的指导性纲领实际上可称为预算的"圣经"。企业预算的两本"圣经"，一是预算管理手册，二是预算流程操作手册。这两本"圣经"是企业预算制胜的法宝。许多企业的预算在很大程度上不成功，关键的原因是没有制定相应的与预算配套的可供实际执行的预算流程操作手册及预算管理手册。

1．预算管理手册

预算管理手册是预算执行中的规范性文件，从制度建设来说，应包括战略制定及流程、企业预算管理制度、预算管理实施细则、预算分析及考评制度等。从内容来说，应包括预算管理体系的组织架构及职责分工（预算决策机构、预算执行机构以及预算考评机构）、预算目标制定及分解、预算说明书、预算编制方法及流程、预算执行标准及调整审批流程、预算差异与分析、预算考评方法等。通过预算管理手册，让全体员工了解掌握本部门或本工作流程中的关键控制点、预算控制内容，清楚本职工作职责，分清各责任单位的责任、权利和义务。

预算管理制度手册应视企业性质及规模等情况来制定。企业规模越大，层级越多，预算管理制度手册应该越详尽，以避免由于层级过多所出现的预算打折或预算流失的现象，使预算能真正让每一位员工做到权责明确，流程清晰。同时，预算管理制度手册的制定也为今后工作做了充足准备，解除了大家的后顾之忧，使企业各部门减少相互推诿扯皮的现象，从而实现企业价值的增长。

2．预算管理的 SOP 流程

SOP 即标准操作流程（standard operation procedure），就是对某一程序中的关键控制点进行细化和量化，将某一事件的标准操作步骤和要求以统一的格式描述出来，用来指导和规范日常的工作。

管理分解来说就是"管"+"理"，SOP 就起到了"理"的作用。一个企业越庞大，就越需要制定自己的 SOP。SOP 的精髓，就是将细节进行量化，梳理流程，让员工有标准可依，有流程可走。SOP 制定得越详尽，企业的运作力量就越大。预算管理要做到有据可依、有理可说，最好的也是最直接的办法就是制定标准化的操作流程。标准操作流程包含了每天在企业里大大小小的应执行事项，企业各个层级的部门负责人以及员工在日常工作中如果都能够知道自己每一天所负责的事项，都依据标准流程来做事情，并且知道每件事的处理方式，那么企业的运转才能进入正常的轨道。

SOP 是巩固管理的成果，然后不断优化，再巩固的过程。余世维先生在他的讲座中特别提到，一个公司要有两本书，一本书是红皮书，是公司的策略，即作战指导纲领；另一本书是蓝皮书，即标准操作流程，而且这个标准操作流程一定要做到细化和量化，让企业每一个部门都有完善的操作流程，让每个人都能熟悉流程内容与细节，就算是新来的员工，也可以在短时间内了解自己的工作职责，那么这样的企业一定会有好的发展。当新入职员工遇到问题不会处理，不知道怎样处理，那么高层管理者就要反思，是否给了员工完善的工作流程？是不是仔细地培训过里面的细节？是不是流程里的内容都很完善？是否能够涵盖他的工作中可能发生的所有的事，并包含解决的方式？是不是里面已经有一套每日的工作项目，让他可以按照规定去执行而避免遗漏？如果没有，检讨自己！

3．SOP 的制定案例

标准操作流程是企业的一种规范性文件，通过流程的制定，让每一位参与预算的责任人都能够清楚地知道在每一阶段自己的工作目标、工作职责、工作流程及关键控制点。

制定标准操作流程应考虑的因素包括：

1）本项工作的目标、关键管理环节。

2）本项工作的协作部门、工作的勾稽关系、工作职责的界定。

3）本项工作管理审批部门、监管环节、相关责任部门及责任人。

4）结合企业基本管理制度及预算管理制度，制定各预算工作流程。

本书以 XJRQ 企业集团下属工程公司的建设项目管理制度及流程、招投标管理 SOP 以及合同管理预算控制 SOP 制定为例，介绍预算 SOP 的制定。

【案例 2-3】 建设项目管理制度及流程

建设项目管理制度及流程

1．目的

确保建设项目合理科学，有效控制各项成本；确保资金使用有效合理；确保建设项目保质、按期完成。

2．职位分工

职位具体分工，如表 2-11 所示。

表 2-11 职位分工表

职位	职责	不相容的职责
总经理	权限范围内的投资决策 负责对权限范围内建设项目招标活动进行管理、指导、监督，对投标单位投标过程、评审结果有仲裁权和否决权	干预职能部门及投标委员会意见
董事长	权限范围内的投资决策 负责对权限范围内招标活动进行管理、指导、监督，对投标单位投标过程、评审结果有仲裁权和否决权	干预职能部门及投标委员会意见

（续）

职　位	职　责	不相容的职责
项目负责人	负责招标、工程项目全过程的推进及管理	建设项目投资决策
招标委员会	招标工作的开展及过程管理 监督、检查、考核，对投标单位或评标结果有否决权	建设项目投资决策
投资副总	招标委员会核心成员 组织项目论证 组织工程预决算审核及监督	建设项目投资决策
财务总监	招标委员会核心成员 负责项目资金筹措	建设项目投资决策
总工办	根据工程项目建议书负责对建设项目进行论证 负责建设项目前期工作及项目建议书的编制 负责建设项目在行业主管部门及政府职能部门的申报及批复 负责建设项目的组织、实施及验收工作 负责建设项目资料收集、整理，保管建设项目文件原文	建设项目投资决策
财务部	负责建设项目资金的筹措 对建设项目资金的使用进行审计和拨付	建设项目投资决策
审计部	根据建设项目设计概况计算标底 对建设项目的投标单位、投标过程及投标结果进行监督 对建设项目的预算、合同签订、工程实施、工程决算等项目实施过程进行监督审计	建设项目投资决策

3．建设项目投资审批控制

3.1　建设项目论证。

（1）建设工程必须符合公司战略发展及年度经营投资计划要求。

（2）总工办对建设项目进行论证，论证包括投资对象背景分析、预计收益、预计成本、所需资金、设计的其他社会公益、法规等方面的内容，并出具建设项目论证分析报告报主管副总审批。

（3）总工办在市场调研基础上编制项目建议书报主管副总审批。

3.2　建设项目审批。

总经理办公会在汇总各部门意见后对建设项目进行审批，报董事会决策。

3.3　建设项目授权。

总经理确定建设项目负责人，并与项目负责人签订项目责任书。项目负责人对建设项目进度推进、设备及工程招标工作推动、项目管理等工作负责。项目责任书应明确建设项目期限、工程质量、施工安全、工程付款进度等责任指标，各项考核和奖惩措施，双方的权利和义务。

4．建设项目过程实施控制

4.1 设备招标。

（1）为确保设备采购质量及降低采购成本，所有建设项目设备采购一律实行招标方式。公司成立招标委员会，内部人员分工职责清晰，确保招标过程的公平、公正、公开，提高招标的透明度。

（2）招标委员会筛选供应商资料，并编制设备招标书。设备招标书应含技术文件明细、商务条款明细、资质文件明细，必须经过专业人员的论证后才能向筛选后的设备供应商发出投标邀请书。

（3）设备供应商按规定时间投标，投标书必须按投标时间和标书要求进行一次性报价，不得涂改，并做好密封工作。大额设备应缴纳履约保证金。

（4）招标委员会应组织专业人员对投标的设备供应商进行尽职调查，并出具书面调查报告。招标委员会审批后方能开标。

（5）开标需在招标委员会人员准时参加及投标资料密封完好情况下进行。评标应做好评标记录，参评人员不得私自保管投标资料，不得擅自离开评审现场或与外界联系。中标原因应有评标人员书面签字记录，招标委员会现场评审设备供应商是否中标。

（6）根据需要，招标委员会履行一定的汇报程序后，向中标设备供应商发出中标通知。设备采购合同及合同附件由招标委员会组织专人进行评审会签，按合同审批流程签订采购合同，签订的合同在工程管理部、财务部、审计部备案。

（7）招标工作完成后，招标委员会将招标资料正式移交总工办。

4.2 工程施工招标控制。

（1）为确保工程质量及降低采购成本，所有建设项目工程施工一律实行招标方式。公司成立招标委员会，内部人员分工职责清晰，确保招标过程的公平、公正、公开，提高招标的透明度。

（2）招标委员会筛选施工企业，并编制工程施工招标书及相关说明文件。总工办（审计部）负责编制工程造价预算，委员会核心人员确定工程造价标底，即可向施工单位发出投标邀请书。

（3）施工企业按规定时间投标，投标书必须按投标时间和标书要求进行一次性报价，不得涂改，并做好密封工作。大项施工工程应缴纳履约保证金。

（4）按设备招标的相关程序及要求，对施工工程项目进行开标、评标、中标、签订中标合同等工作。签订的合同在总工办、财务部、审计部备案。

（5）招标工作完成后，招标委员会将招标资料正式移交总工办。

4.3 未履行招标程序的零星设备采购由需求部门提出申请，经相关领导审批后方可采购。

4.4 未履行招标程序的工程施工项目按以下程序进行：

(1) 总工办提出申请及相关工程预算，主管副总审批。

(2) 总工办（审计部）审核预算，主管副总审批。

(3) 按审批权限报董事长及总经理审批。

(4) 按合同审批流程签订合同。

4.5 建设项目预算的编制。

(1) 公司整体技术规划由总工办统一汇总，编制项目计划书（内容含项目编号、项目名称、项目金额、项目内容描述、项目负责人、项目启动时间、完工时间、项目方案），并报财务部及人力资源部备案。

(2) 项目启动时点以发标书为起点。

(3) 项目启动后，所有内容要由项目负责人签字，并按照项目计划书如实填写项目内容。

(4) 每月项目负责人要编制项目执行情况表（内容包括项目执行日期、前期费、项目签订的合同额、项目付款额）。

(5) 分公司项目按照20X8年1月15日下发的《分公司财务管理流程规范》（XJRQ[20X8]3号）文件执行，由综合管理部按月考核汇报并编制项目执行情况表。

4.6 建设项目资金管理控制。

(1) 建设项目审批后，总工办将立项报告及建设项目资金预算报送财务总监及财务部备案。

(2) 前期开发费合同或协议及各项施工合同均应在财务部、审计部备案，作为支付款项的根本依据。

(3) 总工办每月编制资金预算、工程付款进度表、建设项目月度计划表，报送财务总监、财务部、审计部及其他相关部门备案。

(4) 每笔工程款严格按以下程序支付：

A．现场工程管理人员复核工程进度及质量——总工办经理审核——主管工程副总审核——项目负责人审批。

B．根据审计部审核工作量及预算结果，主管审计领导审批。

C．根据财务部审核结果，财务总监核准。

D．按权限报总经理、董事长审批。

5. 本制度自发布之日起执行，原项目管理规定废止。

【案例2-4】 合同管理制度及审批流程

企业合同管理制度

1. 总则

1.1 为了规范公司的合同行为,防范经营风险,根据《中华人民共和国合同法》及建设工程有关法规,特制定本管理制度。

1.2 合同是指公司对外签订的规范有关各方具体责任、权利、义务的法律文件,其形式除合同外还包括协议等其他形式的契约性文件。

1.3 公司与其他自然人、法人及其他组织所发生的经济业务原则上应以书面合同形式约定双方责任、权利、义务。

1.4 起草合同应优先使用公司的标准合同文本,签订合同必须符合有关法律、法规和规定。

1.5 合同的签署权限根据"总经理工作条例"的有关规定,分别由公司总经理/常务副总经理和公司董事长签署。合同管理以公司成控部为主。

1.6 本管理制度主要针对工程类合同的管理,非工程类合同的管理可参照本制度。

1.7 公司签订的合同类文件必须进行统一编号。

1.8 因相关责任人未执行本合同管理制度的行为而给公司造成损失的,按照公司相关制度给予处罚。

2. 合同管理流程(见图2-11)

3. 合同编号

3.1 根据成本管理的科目及工程类别,将合同分为七大类:行政、开发、工程、设计、营销、财务、其他。

3.2 成控部的合同管理员负责对公司合同编号进行管理。

3.3 编号方法:公司的合同采用统一的编号方法。

3.4 合同号码的编制:合同号码由代码和序号组成。

4. 合同的起草

4.1 合同的起草均由经办部门会同成控部负责,招投标专项小组为其工作提供支持。

4.2 起草的合同文件草本,由招投标专项小组提出修订意见。

4.3 成控部在必要时可以要求工程部、设计部、财务部等部门提供协助,以上部门有义务协助成控部完成合同的起草和编制工作。

4.4 合同的起草应优先采用公司标准合同文本。

4.4.1 使用标准合同文本的注意事项。

(1) 标准合同文本仅提供基本参考范例,适用于一般的工程,不可能涵盖所有工程遇到的具体情况,合同经办人应结合实际情况,灵活应用标准合同文本,针对工程特点、承包商特点、合同谈判的成果对合同进行不断补充和完善。

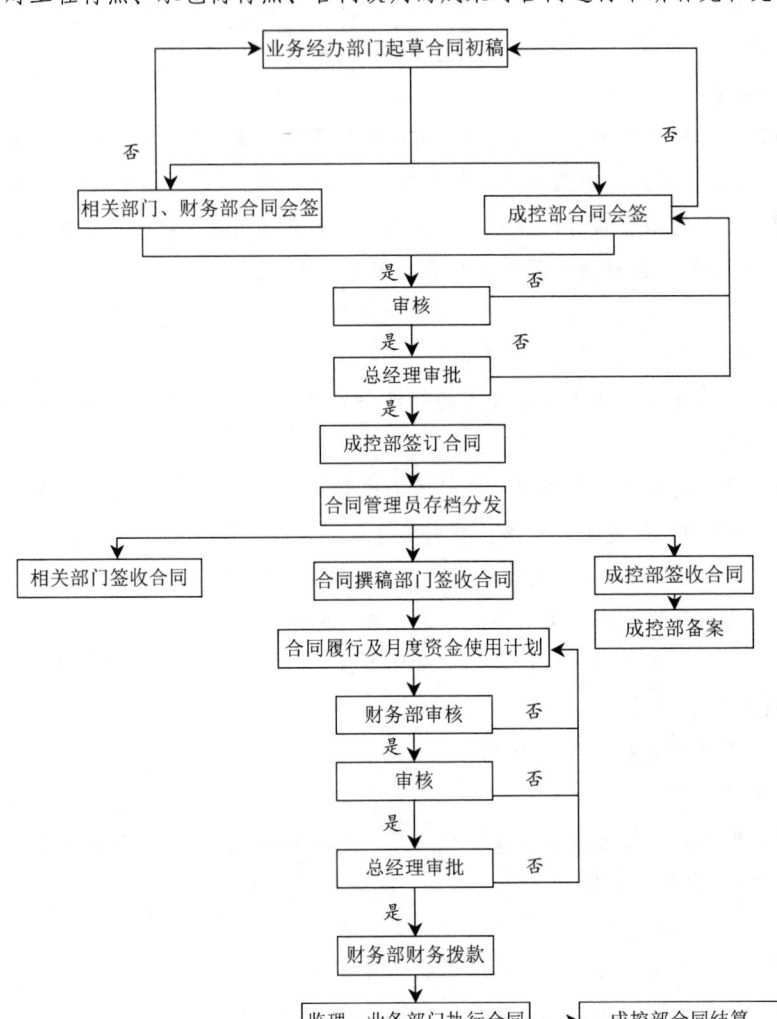

图 2-11 合同管理工作流程图

（2）由于目前大市政类工程多由有特殊背景的企业或公司垄断，房地产公司在此类合同上谈判力度较弱，在选择合同版本上也缺乏主动权。大市政工程的合同在条款谈判中可适当借鉴小市政工程，也可采用国家部委颁布的标准示范文本，具体情况可由经办人、合同评审人员灵活掌握。

（3）标准合同文本已充分考虑了作为甲方的房地产公司的风险，因此，在合同语言的运用上，有不可避免的倾向性。在合同谈判过程中，合同谈判人和经办人应采取措施说服对方接受合同。对于一些谈判难度较大的条款，可在谈判过程中采取一些措施，如在发放招标文件时，可以同时提供标准合同文本和拟定的付款方式及工程款计价方式，或让对方先就主要条款做出书面承诺等。

（4）标准合同文本的编制建立在防范外来风险的基础上，条款更注重对甲方利益的保护。

（5）标准合同文本的一些条款为合同经办人提供了一个谈判和起草的基础，合同谈判人和经办人在工作过程中应尽可能维护公司范本的要求，但特殊情况下，对一些条款必须进行修改才能使谈判成功时，合同经办人可对范本进行适当删改，所有删改部位在合同评审中应注明，并说明原因，根据公司的合同评审程序，评审通过后方可签署。

（6）对零星工程合同，经办人在起草和谈判时，可根据工程特点借鉴类似的拆迁工程、土建工程或装饰工程标准合同文本。

（7）标准合同文本中有关于详见附件、附图、附表的提示性文字，适用于在合同正文中无法用文字清楚表述的情况，合同经办人和审核人应根据提示性文字来补充附件、附图和附表，如果不需要附件、附图和附表，则经办人应删除正本中的相应文字。

（8）标准合同文本中的总承包工程招标文件沿用国家部委颁布的标准示范文本的统一格式和语言，在实际进行招投标工作时，应结合项目的具体情况和招标代理机构对招标文件的措辞进行仔细研究，制定出既符合法律，又能最大程度地保护我方利益的招标文件。

（9）标准合同文本是根据公司目前开发项目特点进行编制的，以住宅工程为主，也可应用于一般中小型公建项目，合同经办人可对部分条款进行适当调整，同时应根据具体公建的特点，进行合同条款和合同文件的补充。

4.4.2　标准合同范本编制说明。

（1）如小区内各单位工程主体结构、精装修、常规水电安装由 1~2 家总承包施工企业分别完成，出建筑物管线由总承包单位施工到建筑物外墙皮 1.5 米处。

（2）施工总承包单位进场前的原建筑物拆迁、地基基础工程和小区内的园林绿化、道路、小市政工程由甲方另行分包。

（3）专业性较强的单项工程，如消防工程、电梯工程、装饰工程、外窗和幕墙工程由甲方直接分包。

（4）施工图设计工作由甲方委托的设计单位完成，施工总承包单位承担施工图不完善的细节设计补充工作（注：并非指二次设计或施工图设计工作），精装修、消防、电梯、外窗及幕墙工程的二次设计可由专业分包商完成。

（5）如果实际发包范围与上述划分有冲突，如由施工总承包方一揽子承担了二次设计工作、地基基础工程或一些专业性较强的分包工程，则合同经办人在起草合同时，必须将专业分包合同中的某些条款补充到施工总承包合同中。

4.5 合同起草的注意事项。

4.5.1 对方主体必须合格。不得签订对方情况不明、超越经营范围、标的过多超过其注册资本的经济合同。

4.5.2 采购合同必须保证对方业务代表具有相应经营权或代理权，不得接受其超越权力的行为。

4.5.3 必须按公司经营范围、资金状况、履约能力签订合同，确保公司的信誉。

4.5.4 必须根据《合同法》和有关法规、公司规定和实际履约能力，按照便于处理纠纷的原则，完整、准确地填写合同所有项目。

4.5.5 产品名称、商标、型号、厂家、数量、金额和供货时间，填写时必须与实际情况完全相符，交（提）货时间必须写明"年""月""日"或具体时限。

4.5.6 质量要求、技术标准、供方对质量负责的条件和期限：质量要求和技术标准按国家标准、部颁标准、行业标准或厂商质保书和书面证明为准，或者以确实可靠的方式规定具体标准；质量负责的条件和期限按有利于公司履约的原则填写。

4.5.7 在拟定合同时，要按双方商定的意见封存样品，签署样品质检单，双方各执一份样品质检单。封样材料由工程部、监理工程师签字确认。封存的样品应由工程部统一保管，样品质检单应作为合同附件，列入合同文件。

4.5.8 交（提）货地点、方式：按有利于公司履约和诉讼管辖、防止地方保护主义和便于处理纠纷的原则填写。

4.5.9 运输方式、到达站的费用负担等按有利于公司履约和诉讼管辖的原则填写。

4.5.10 合理损耗及计算方法：按有利于公司合法利益的原则填写。

4.5.11 验收条款中需注明按封存样品或质检单验货。

4.5.12 验收标准、方法及提出异议期限：合同中应有明确的验收标准、验收方法、提出异议的方式、期限，并按有利于公司履约和有利于公司合法利益的原则填写。

4.5.13 随机备品、配件、工具数量及供应办法：根据具体情况决定是否附清单，按有利于公司履约的原则填写。

4.5.14 合同价款及支付形式：在拟订合同时，要明确合同价款，合同总价以暂估价的形式出现时，单价必须明确。在订立合同支付条款时要充分考虑到合同履行过程中我方的风险性，一般性合同支付定金或预付款应控制在5%以内，不得超过20%~25%。合同执行过程中可根据不同类型的合同，按月、按进度或按双方约定的其他方式进行付款，但必须严格履行公司规定的合同支付手续和公司职责授权管理制度的规定。

4.5.15 结算方式及期限：按有利于公司合法利益、少占用公司资金、有利于公司履约的原则填写，结算方式必须确实可靠，期限应明确。

4.5.16 提供担保，另行签订担保合同书，作为本合同附件。公司不接受非营业性法人和无经济担保能力单位出具的担保书；公司不为其他单位提供担保。

4.5.17　违约责任：按有利于公司合法利益的原则填写，具体比例由双方商定并在合同中注明。同时，违约责任必须是双向的，确保合同的合法性。

4.5.18　解决合同纠纷的方式：按有利于公司诉讼管辖的原则与对方协议选择被告住所地、合同履行地、合同签订地、原告住所地、标的物所在地人民法院管辖。

4.5.19　其他约定事项：填写合同以上条款中双方未尽事宜和双方同意的附加条件及要求。

4.6　授权内合同的拟定程序。

4.6.1　对于已进行招投标的工程项目，根据招标时及议标过程中形成的各种文件资料及最终审定的中标结果，由成控部形成合同文件草本。

4.6.2　招标专项小组根据该工程的实际要求，对合同草本提出修订建议。

4.6.3　在草拟合同时，如政府部门有强制性规定，可按政府标准合同执行，但必须通过补充条款充分表达公司的意图、明确双方的责任，以维护公司利益，体现合同的公平、公正。

4.6.4　合同经办人在草拟合同前，需收集公司成控部、开发部、工程部等相关部门及主管领导的建议。相关部门应在收到合同草本2日内提出意见，必要时可以采用会签的形式。

4.6.5　合同经办人根据反馈的意见修改合同初稿后，开始与对方进行谈判。合同初稿应在发出招标文件后7个日历天内编制完成。

4.6.6　在合同谈判中涉及重大经济利益的事项，合同经办人应事先向上级主管领导请示，不得擅自向对方做出承诺。

4.6.7　在合同谈判过程中，应随时将谈判的阶段性成果向上级主管领导汇报。

4.6.8　合同双方对合同条款达成一致意见后，填制合同审批会签单（合同审批会签单样本见附表），并履行合同审批流程。

4.7　授权外合同的拟定程序。

4.7.1　公司经办部门会同成控部负责起草工作，对于已进行招投标的工程项目，根据招标时及议标过程中形成的各种文件资料及最终审定的中标结果，形成合同文件草本。

4.7.2　招投标小组根据该工程的实际要求，对合同草本提出修订意见。

4.7.3　公司成控部按照招标文件的要求，结合标准合同文本草拟合同草稿。

4.7.4　在草拟合同时，如政府部门有强制性规定，可按政府标准合同执行。但必须通过补充条款充分表达公司的意图、明确双方的责任，以维护公司利益，体现合同的公平、公正。

4.7.5　合同经办人在草拟合同前，需收集公司成控部、前期开发部、工程部等相关部门及主管领导的建议。相关部门应在收到合同草本2日内提出建议，必要时可以采用会签的形式。

4.7.6 合同经办人根据反馈的意见在 2 日内修改合同初稿后,上报公司专题讨论,公司需成立专题小组。

4.7.7 公司招投标专项小组根据讨论形成的意见,修改合同初稿后,开始与对方进行合同谈判。

4.7.8 合同双方对合同条款达成一致后,由合同经办人填制合同审批会签单,并履行合同审批流程。

5. 合同审批

5.1 授权内合同审批流程。

5.1.1 合同管理员编制合同编号并登记合同台账。

5.1.2 合同管理员在合同审批会签单中填写以下内容:

(1) 发包单位、合同名称、承包商全称、承包商联系人、联系电话、合同总价、开工日期、竣工日期、预付款、预付款回扣金额或回扣比例、质保金、保修期、经办人等。其中涉及金额的,要包括大写、小写两种形式。

(2) 合同摘要:需注明履约条件、时间、付款方式、结算方式、违约条款等分别对应合同的第几条款。

5.1.3 待审合同文件一般应由 6 份合同文本和附属资料组成,附属资料是指在招标投标和合同谈判等过程中形成的双方认可的文件资料,包括但不限于招标文件、投标文件、预算书、中标通知书、意向书、承诺书、前期协议、与合同有关的往来函件、授权委托书、担保书、担保函、会议纪要、备忘录、评标报告等。

5.1.4 合同管理员应根据待审合同文件的组成,将相关资料汇总,编制合同资料清单,对于短缺的资料,合同管理员需提交情况说明报告,一并上报经办部门经理审核,同时将有关资料送至执行部门经理、财务部总监、成控部主管领导、总经理/常务副总经理。

5.1.5 相关部门负责人在收到文件后 1 日内将意见以书面形式反馈至合同管理员。

5.1.6 合同管理员按要求修改合同后,持所有合同资料办理合同会签手续。

5.1.7 相关审核部门对合同初稿如仍有异议,需填制合同审核意见表,并附在合同资料中一并向上传递。

5.1.8 财务部需在合同审批会签单中对合同签署权限做出判断并标注,由合同管理员负责将合同文本转交给公司相关负责人审核会签,并将签署通过后的合同文件交给对方单位,由对方单位先行盖章签字,并返回给合同管理员,由其将合同文件上报总经理。

5.1.9 总经理根据项目整体状况,做出是否采纳合同审核意见表中提出的意见的决定,审定合同后在该合同的每一页右下方签字;如总经理认为合同仍需修改,由成控部重新组织合同谈判,谈判后修订的合同文本直接报总经理/常务副总经理审核。

5.1.10 行政人事部留存合同审批会签单复印件后,在对应的合同上加盖公司合同专用章,同时留存一份合同原件存档,并复印一份合同连同其余合同及资料退还合同管理员。

5.1.11 合同管理员将一份合同原件存档于公司成控部,另一份合同原件交于公司财务部。

5.2 授权外合同审批流程。

5.2.1 合同管理员编制合同编号并登记合同台账。

5.2.2 合同管理员在合同审批会签单中填写的内容同授权内合同审批流程。

5.2.3 合同管理员应自收到专题小组的合同修正稿后2日内将合同文本初稿、招标文件、投标文件、预算书、中标通知书、意向书、承诺书、前期协议、与合同有关的往来函件、授权委托书、担保书、担保函、会议纪要、备忘录、评标报告、合同审批会签单等有关资料汇总,编制合同资料清单,对于短缺的资料,合同管理员需提交情况说明报告,一并上报经办部门经理审核,同时将有关资料送至公司合同执行部门经理、财务部总监、成控部主管领导、总经理/常务副总经理。

5.2.4 合同管理员持所有合同资料办理合同会签手续。

5.2.5 相关审核部门对合同修正稿如仍有异议,需填制合同审核意见表,并附在合同资料中一并向上传递。

5.2.6 公司财务部需在合同审批会签单中对合同签署权限做出判断,并标注。

5.2.7 合同管理员在公司总经理签署意见同意后,将合同交由乙方签字、盖章。

5.2.8 合同管理员将乙方签字、盖章的合同及有关资料安排会签流转,各审核部门均需在1日内完成审核,如有异议,需填制合同审核意见表,并附在合同资料中一并向上传递。

5.2.9 董事长根据公司整体状况,做出是否采纳合同审核意见表中提出的意见的决定。

5.2.10 合同未通过董事长审批,由公司成控部重新主持合同谈判,修正合同后直接报董事长审批,董事长审定合同后转给公司合同管理员。

5.2.11 行政人事部留存合同审批会签单复印件后,在对应的合同上加盖公司合同专用章,同时留存一份合同原件存档,并复印一份合同连同其余合同及资料退还合同经办人。

5.2.12 合同管理员将一份合同原件存档于公司成控部,另一份合同原件交于公司财务部。

6. 合同履行

6.1 合同管理员(或专题小组)在合同订立之后应在3日内向相关部门的相关人员进行合同交底,并转交合同复印件。重要合同交底应有简明的书面资料,但也应该在合同订立一周内进行交底。

6.2 在合同履行过程中，执行部门的主办人员就合同中的疑问，应随时与公司成控部进行沟通，确保合同执行无误。

6.3 合同履行过程中，执行合同的主办人员必须负责跟踪合同相应条款的具体履行情况，保证合同按期优质完成。

6.4 合同付款时应检查对方票据的出票人、开户行、账号与合同是否相符，有疑问时不得付款。

6.5 合同无法履行或部分无法履行时，由执行合同的主办人员撰写合同履行情况报告，并以公文的形式将合同履行情况报告上报执行部门主管领导及总经理/常务副总经理。

6.6 执行部门主管领导及总经理应在2日内做出批示，并将批示文件转交公司成控部。

6.7 公司成控部将批示文件复印后转交报告部门。

6.8 公司成控部按总经理/常务副总经理的批示，履行合同变更程序。

6.9 公司成控部依据执行部门签署的竣工验收报告，按照公司合同结算管理有关制度进行结算工作。

7. 合同变更

7.1 公司成控部根据合同变更的原因，撰写合同变更申请报告。

7.2 公司成控部以公文的形式将合同变更申请报告上报公司成控部主管领导及总经理。

7.3 公司成控部主管领导及总经理应在2日内做出批示。

7.4 公司成控部根据合同变更的有关内容拟定补充合同，并按照合同拟定、审批的程序执行。

8. 合同管理

8.1 合同履行过程中的合同资料管理由公司成控部统一负责，合同履行终止后，所有合同文件资料应由相关责任人移交给公司合同管理员。

8.2 公司成控部合同管理员按合同资料的类别进行分类，分为：

(1) 合同文件。

(2) 图纸 [包括招标（合同）图纸、施工图纸及各次施工图纸的修正版]。

(3) 招标文件及投标文件。

(4) 设计变更、洽商变更资料。

(5) 往来信函。

(6) 结算资料。

8.3 公司成控部合同管理员根据合同资料的内容对合同资料进行二次分类，将同一项目的资料归类，并编制电子目录，目录中需有编号、归档日期、主要内容等项目。

附件 2-1 经济合同会签单

经济合同会签单（一）

经办部门		签约对方	
项目名称		项目内容	
总金额			
主要条款			
付款方式			
履行期限			
会签意见			
经办人 年　月　日	经办部门负责人 年　月　日		相关部门负责人 年　月　日
成控部负责人 年　月　日	财务部负责人 年　月　日		法律顾问 年　月　日
总经理 年　月　日	董事长 年　月　日		

经济合同会签单（二）

经办部门			签约对方	
项目名称			项目内容	
总金额				
主要条款				
付款方式				
履行期限				
会签意见				
经办人 年　月　日		经办部门负责人 年　月　日		相关部门负责人 年　月　日
成控部负责人 年　月　日		财务部负责人 年　月　日		主管领导 年　月　日
法律顾问 年　月　日		总经理 年　月　日		

第 3 章
企业组织流程优化整合实务

 **精彩抢先读**

业务流程与组织架构组成的管理架构是实现企业发展战略的支撑。高效的企业组织流程是预算管理的基石。预算目标的实现有赖于组织制度的保障，对企业组织流程的优化整合是提高管理效率的基础，也是预算流程控制的基点。预算管理功效的发挥不仅需要在企业设置预算组织机构，而且更应该建立高效的组织架构来满足预算管理的需求。通过企业组织架构的梳理优化，可以有效地降低管理的流程成本，尽可能地消除各管理部门之间的相互推诿扯皮，减少不必要的流程审批成本，从而为预算的编制执行以及预算考评奠定基础。企业部门及岗位职责的梳理为预算的责权界定提供了依据，业务流程的优化也为控制预算的不必要的流程管理成本提供了依据。本章以流程分析为主线，企业战略为导向，围绕公司经营战略，对企业流程进行分析，搭建企业的整体组织架构，使各职能部门和直线运作部门形成有机的协调统一体。同时，以工作分析、工作流程为出发点，以价值为导向，明确部门职能与职责、部门工作流及工作量；建立规范的员工岗位描述，明确企业对各岗位的内容、责任等的要求。企业组织架构、岗位职责及业务流程的梳理优化，其目的就是为预算的有效实施搭建一个管理平台，防止由于职责不明可能出现的预算考评流失。

3.1 企业组织架构梳理

3.1.1 企业组织架构概述

组织架构是指组织内部各部分之间的确立与关系。有效的组织架构是有效开发资源的第一个条件,组织架构是否合理直接关系到组织的高效运转与否。理论界长期以来认为企业的组织架构应该以控股型来规范。控股型是一种过分分权的组织架构模式,母公司仅仅对子公司的财务状况和资金调配进行控制,以及通过买卖子公司的股票对自身的业务规模进行调整。在这种模式下,母公司的资产规模难以确定和保证,子公司之间会产生市场和原材料方面的内部竞争。所以,企业应该将集权和分权进行组合管理,充分发挥下属企业的作用,以增强企业的整体实力,争取长远利益的最大化。

企业的组织架构一般包括四个层次:核心层、紧密层、半紧密层和松散层。核心层是具有母公司性质的集团公司,在企业集团中处于中心地位,起主导作用;紧密层由被集团公司控股的企业组成,每一个骨干企业都是法人企业,独立核算、自负盈亏,与核心层是子公司和母公司的关系;半紧密层由集团公司参股的企业组成,其特征是专业化程度高,与某个骨干企业有固定协作配套关系,经济上、法律上独立,是法人企业,与紧密层企业一般是子公司和母公司的关系;而松散层由承认集团章程、与集团公司有互惠性稳定协作关系的企业组成,集团很少甚至没有掌握协作企业的股权,集团与协作企业主要通过生产技术领域发生联系。

企业的组织架构设计应该符合目前各企业的产业多元化的实际情况,而不应单纯地采取集权或分权的管理模式,必须明确母公司的经营战略,组织架构是为组织目标服务的。针对目前企业及企业集团呈现产业多元化的发展趋势,组织架构设计可按业务板块和专业化程度进行权利划分,处理好集权与分权的关系,根据企业的主业与其他产业所处的战略地位及产业特点的不同,分别选择不同的管理模式。企业集团作为母公司,是财务、投资、战略的中心,母公司应把具体的生产经营管理下放到子公司,将重心转到协调公司的发展战略及指导子公司的经营方向上。执行力要有控制地下放,控制的手段就来自于组织架构设置的相互制衡,建立合理的交易授权和责任划分,确保通过设立不同的职能部门来增加管理决策的界面,提高内部控制的水平。

处于集团核心层的大公司,主要是混合控股公司而不是纯粹控股公司,就必然会在主体内部设立若干的直属工厂、事业部或分公司,这些都是不具有独立法人地位的内部单位。除了这些非法人单位外,集团公司作为兼具生产经营和资本经营功能的控股公司往往还拥有与其地位平等且同样具有独立法人地位但经由资本纽带联结的若干全资和控股的子公司（紧密层企业），以及一般参股的关联公司（半紧密层企业），此外还有经由契约联结而进入集团协作层的若干独立企业单位（松散层企业）。依照层次（核心层以外的层次统称为外围层次）各边界范围和规模的不同，企业集团内部管理结构也就表现出不尽相同的特点：

（1）核心层大、外围层次小的企业集团，其管理结构常表现为以事业部型为主。

（2）核心层大、外围层次更大的企业集团，其管理结构倾向于事业部型与控股型并重。

（3）核心层小、外围层次大的企业集团，其管理结构倾向于以控股型为主。

其关系如图 3-1 所示。

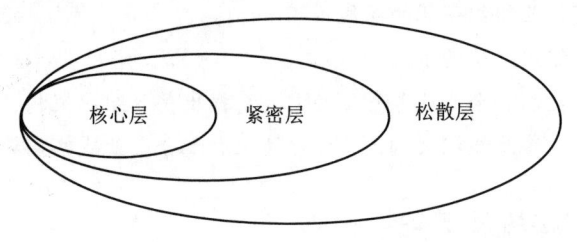

图 3-1　层次关系图

以控股型为例，其组织架构形式，如图 3-2 所示。

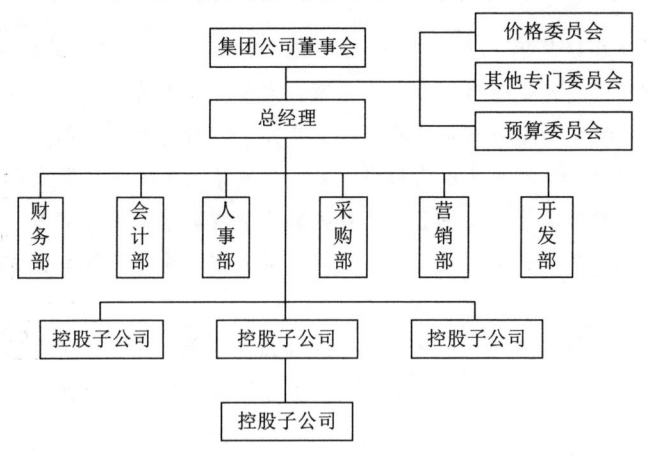

图 3-2　控股型组织架构图

这种组织模式适合于资本型企业集团的组织架构，母公司对子公司主要体现为出资功能，即对子公司实行对外投资、监督投资的使用和调整对外投资结构，实现资本收益的最大化。其投资层次为控股公司对下级子公司进行控股,形成多个二级控股公司或主体,同时二级控股公司或主体又对下一级经营实体进行控股,形成第三级控股公司或主体,这样由于资本控制的传递性,就自动形成了第一级控股公司对底层的经营实体的资本控制,发挥了资本对资产的天然控制力。

3.1.2 组织架构梳理流程

组织架构的梳理应以企业战略实现为前提,配合企业管理控制的需求来进行。企业不同时期的发展目标不同,组织架构的设置也会有所不同,即组织架构的梳理不是一成不变的,它会随着企业管理控制的需求,不断完善,不断调整。

通常,企业组织架构的调整流程可分为以下几个方面:
- 梳理现有企业组织架构的功能;
- 查找现有组织架构的不足;
- 按照管理控制和企业业务管理的需要,提出整合组织架构功能的建议;
- 通过论证,修改组织架构,使之能适应和配合企业战略实施的需求。

3.1.3 组织架构梳理实务

下面以笔者曾经服务过的一家公司为例介绍企业组织架构梳理方法。

【案例3-1】 XJRQ集团下属商贸企业的组织架构梳理

A企业是XJRQ集团下属商贸企业,在成长期只有三家超市,管理运作较为高效,企业后期快速发展,光是超市就有三十余家,由于资金较为充裕,公司股东决定发展房地产板块,同时利用超市充足的现金流,开办了典当行及豆制品厂,兼并了一家当地的建筑设计单位,至此业务板块形成了多元化的格局。决策高层在企业快速发展的同时也感受到了管理力不从心的滋味,业务部门管理职能的交叉重叠,造成了企业很多问题有人管但也都没人管的局面,出现问题难以追究责任,多头管理成为企业的管理弊端。企业原有的组织架构如图3-3所示。

A企业实行全面预算管理以来,为了配合预算实施,高层管理者决定以预算管理为契机,调整组织架构,理顺部门职责,经多方调研,重新归类业务类型,设置了新的组织架构。

A企业在印发调整后的组织架构图的文件中称:"随着公司业务规模的不断扩大,为了进一步理顺公司组织架构,明确各部门工作职能,清晰各岗位工作职责,理顺工作流程,公司决定对组织架构进行调整,现将调整后的组织架构图印发给你们,请各部门遵照执行。"

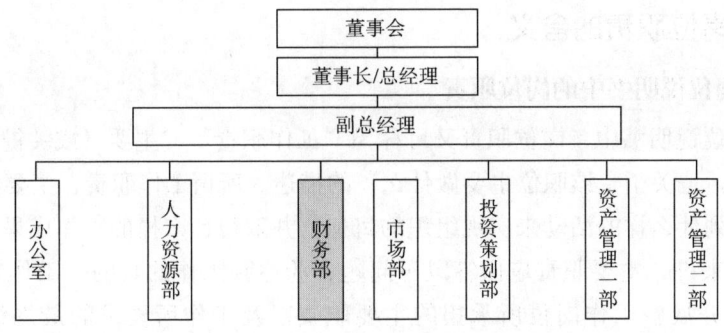

图 3-3　A 企业原有的组织架构图

调整后的组织架构如图 3-4 所示。

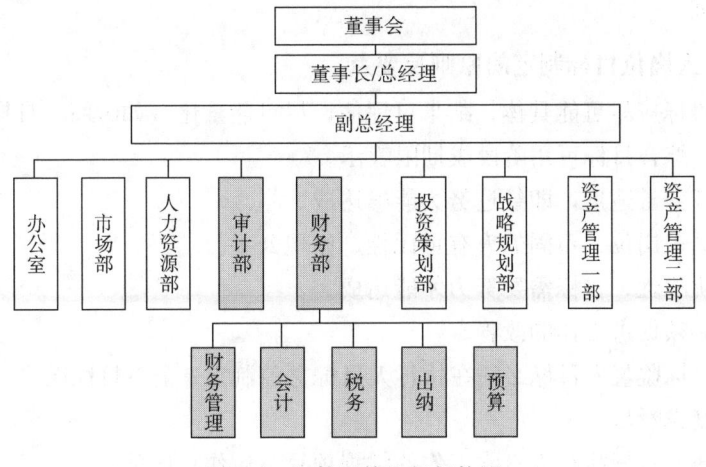

图 3-4　调整后的组织架构图

3.2　企业岗位职责制定方法

　　组织架构是部门、岗位、责任、制度等有机组合而成的网络结构。在制定岗位职责时，要与各部门主管及关键核心人员进行面谈，以了解下列事项：各部门的工作内容和特性；各部门的结构和工作流程；各部门的工作程序与规范；各部门内岗位设置及编制；各部门现有岗位的工作内容、责任等。

　　员工在岗位上完成业务工作所必须遵守的工作流程、操作规程及其注意事项，其主要内容都与各阶层员工的工作绩效管理有关，包括各职能部门、业务部门、生产部门的管理规定等，这些都是员工绩效管理的相关数据的来源。该阶段的结果是使企业管理规范化，形成企业管理制度文化。

3.2.1 岗位职责的含义

1．岗位说明书中的岗位职责

在岗位说明书中，岗位职责又可称为"工作职责""主要（或关键、重大）职责"等，是关于"该职位主要做什么"的描述。所谓工作职责，主要指该职位通过一系列什么样的活动来实现组织的目标，并取得什么样的工作成果。

一般来讲，主要职责应回答以下问题：为达到工作的目的，工作主要在哪些领域中开展？工作岗位所承担的主要职责以及工作所要求的最终结果是什么？需要提示的是，岗位说明书中描述的是该岗位的关键职责，没必要详尽和罗列所有的大小职责、任务或活动。一般来说，关键职责意指：设立该岗位需履行的职责；岗位长期及经常性的工作，而不是短期或临时性工作；该职责占用大量时间。

2．个人岗位目标制定的原则及要点

（1）目标应尽可能具体，结果可评估，尽可能量化（如时间、日期、金额、数量等），综合目标可用阶段或期限表示。

（2）任务量适度，即经过努力能够达成。

（3）同一岗位、不同的人有可比性，体现公平。

（4）挑战性，目标需要努力才能达成。

（5）必须促进工作的改善。

（6）目标监督人目标必须在执行人目标之前制定，上下目标保持一致性，避免目标重复或断层。

（7）属于目标执行人日常工作的常规项目不应作目标项目。

3．个人岗位目标制定的步骤

（1）目标监督人向目标执行人说明自己本季度的目标。

（2）目标监督人请目标执行人设立自己的重点目标。

（3）与目标执行人谈话，决定其目标，并按《季度目标书》格式填写，本目标书由员工个人保存，评估结束后交由人力资源部保存。

（4）目标监督人根据季度工作计划，于每季度第五个工作日结束前以书面的形式向目标执行人下达《季度目标书》。

3.2.2 岗位职责的构建方法

岗位职责的界定并非是简单地来自对职位任职者现行工作活动的归纳和概括，而是对基于组织战略的职位目的进行的界定。根据工作职责梳理的实践经验，我们将工作职责构建的工作方法归结为两种：下行法和上行法。

1. 下行法

下行法是一种基于组织战略，并以流程为依托进行工作职责分解的系统方法。具体来说，就是通过战略分解得到职责的具体内容，然后通过流程分析来界定在这些职责中，该职位应该扮演什么样的角色，应该拥有什么样的权限。

利用下行法构建工作职责的具体步骤：

第一步，确定职位目的。

根据组织的战略目标和部门的职能定位，确定职位目的。职位（设置）目的，说明设立该职位的总体目标，即要精练地陈述出本岗位为什么存在，它对组织的特殊贡献是什么。企业员工应当能够通过阅读职位目的而辨析此工作与其他工作目标的不同。

职位目的编写的一般格式为：工作依据+工作内容（职位的核心职责）+工作成果。举例来说，某公司计划财务部经理的职位目的总体可表述为：在国家相关政策和公司工作计划的指导下，组织制定公司财务政策计划和方案，带领部门员工，对各部门提供包括成本、销售、预算、税收等全面财务服务，实施财务职能对公司业务经营的有效支持作用。

第二步，分解关键成果领域。

通过对职位目的的分解得到该职位的关键成果领域。所谓关键成果领域，是指一个职位需要在哪几个方面取得成果，来实现职位的目的。

第三步，确定职责目标。

确定职责目标，即确定该职位在该关键成果领域中必须取得的成果。因为职责的描述是要说明工作岗位所负有的职责以及工作所要求的最终结果，因此，从成果导向出发，应该明确关键成果领域要达成的目标，并确保每项目标不能偏离职位的整体目标。例如，财务经理的八项关键成果领域要达到的目标（见下一节中的表 C-3）。

第四步，确定工作职责。

如上所述，我们通过确定职责目标表达了该职位职责的最终结果，那么本步骤就是要在此基础上来确定任职者到底要进行什么样的活动，承担什么样的职责，才能达成这些目标。因为每一项职责都是业务流程落实到职位的一项或几项活动（任务），所以该职位在每项职责中承担的责任应根据流程而确定，也就是说，确定应负的职责项就是确定该职位在流程中所扮演的角色。

在确定责任时，职位责任点应根据信息的流入流出确定。信息传至该职位，表示流程责任转移至该职位；经此职位加工后，信息传出，表示责任传至流程中的下一个职位。该原理体现了"基于流程""明确责任"的特点。

第五步，进行职责描述。

前面讲到了，职责描述是要说明工作持有人所负有的职责以及工作所要求的最终结果，因此，通过以上两个步骤明确了职责目标和主要职责后，我们就可以将两部分结合起来，对职责进行描述了，即，职责描述=做什么+工作结果。

2．上行法

上行法与下行法在分析思路上正好相反，它是一种自下而上的"归纳法"。具体来说，就是从工作要素出发，通过对基础性的工作活动进行逻辑上的归类，形成工作任务，并进一步根据工作任务的归类，得到职责描述。虽然上行法较下行法来说不是一种特别系统的分解方法，但在实际工作中更为实用，更具操作性。

利用上行法撰写职责的步骤：

第一步，罗列和归并基础性的工作活动（工作要素），并据此明确列举出必须执行的任务。

第二步，指出每项工作任务的目的或目标。

第三步，分析工作任务并归并相关任务。

第四步，简要描述各部分的主要职责。

第五步，把各项职责对照职位的工作目的，完善职责描述。

以公司董事会执行秘书的某项职责的撰写为例，工作要素项目构成了"打印董事会会议记录"这项工作任务，而把各项工作任务归并就形成了该项职责。

3.2.3　公司部门岗位职责制定案例

本节以 XJRQ 企业集团的岗位职责制定为例，介绍各部门岗位职责制定的经验。

制定各部门岗位职责汇总清单，按规定的部门代码，设置表头。如财务部代码为 C，表的题头一律以 C-1、C-2 顺序编号。我们以财务部岗位职责为例介绍，见表 C-1～表 C-8。

表 C-1　财务部岗位清单

序号	岗位名称	编制人数	现有人数	备　注
1	财务总监	1	1	
2	财务经理	1	1	
3	管理会计	1	1	
4	税务会计	2	2	含矿业、工贸、加油站
5	成本会计	2		
6	出纳	1	1	

表 C-2 财务总监岗位说明书

岗位名称	财务总监	管理部门	内部稽核、财务部	职级	总监
直接上级	董事长、总经理	任职人（签名）		时间	
直接下属	财务经理、内部稽核				

工作价值：代表董事会监督管理企业筹集资金、项目投资、营运资金、分配的财务活动；建立并规范财务管理体系，财务管理模式创新，协助制定企业资本运营计划；企业税收筹划

主要工作内容	职责	职权	关键业绩指标
1．对董事会批准的重大经营计划、年度预算的执行情况进行监督	主责	检查监督、审核权	真实、完整
2．定期向董事会报告企业财务状况	主责		按公司规定完成
3．协助总经理拟定公司年度预算方案、费用开支计划、筹融资计划、利润分配方案、亏损弥补方案	共责	审核、建议	按公司规定完成
4．参与资金使用计划、贷款担保、对外投资、产权转让、资产重组等决策活动	共责	建议	
5．审定企业财务管理、经营管理制度	共责	建议	
6．审定企业财务、稽核负责人员的任免、晋升、调动、奖惩事项	共责	审核、建议	
7．与总经理共同对财务报表报告质量负责	共责	审核、建议	
8．董事会规定的其他联签事项	全责	审核	

岗位接口关系			
企业内部关系	董事长、总经理、财务经理	企业外部关系	税务局等政府部门、银行

任职资格	专业经验	大专以上学历，在财务岗位工作 5 年以上，会计师以上职称，财务总监资格
	业务技能	熟练掌握办公软件、财务会计、财务管理、管理会计及税务知识
	综合素质要求	有协调部门间关系及外部关系的能力，有较强的责任心

表 C-3 财务经理岗位说明书

岗位名称	财务经理	管理部门	董事会、总经理	职级	经理
直接上级	财务总监	任职人（签名）		时间	
直接下属	管理会计、税务会计、成本会计、出纳				

工作价值：保证资金合理使用，为决策者提供信息

主要工作内容	职责	职权	关键业绩指标
1．审核会计报表	次责	检查监督、审核权	真实、完整

(续)

2．制定公司有关的财务制度	主责		按公司规定完成
3．负责公司预算的编制，监督预算执行情况	共责	审核、建议	按公司规定完成
4．部门间协调及沟通，对外财务、税务协调工作	主责	建议	协调、解决
5．组织财务人员学习提高业务水平	共责	建议	学习记录
6．监督检查各项财务工作的完成情况	主责	检查监督权	
7．合理安排使用资金	全责	批准	按计划付款
8．领导安排的其他工作	全责	建议	按时完成

岗位接口关系			
企业内部关系	总经理、总工、各部门经理	企业外部关系	税务局

任职资格	专业经验	大专以上学历，在财务岗位工作10年以上，中级以上职称
	业务技能	熟练使用办公软件，熟悉财务及税务知识
	综合素质要求	有协调部门间关系及外部关系的能力，有较强的责任心

表C-4 管理会计岗位说明书

岗位名称	管理会计	管理部门	财务部	职级	主管
直接上级	财务经理	任职人（签名）		时间	
直接下属					

工作价值：真实反映公司经营情况

主要工作内容	职责	职权	关键业绩指标
1．审核原始凭证、结算、编制会计凭证	主责	审核	正确无误
2．编制管理会计报表、编报说明、年报及财务状况分析	主责	审核	按时完成
3．账簿打印、装订凭证、报表及资料的归档保管	主责	建议	按时完成
4．对固定资产、材料物资的盘点进行抽查监盘	次责	监督、检查	按时参加
5．核对往来账	全责	审核	按时核对
6．对货币资金进行核对盘点	主责	监督、检查	按时完成
7．配合内部审计的工作	主责	建议	按要求提供资料
8．领导安排的其他工作	全责	建议	按时完成

岗位接口关系			
企业内部关系	税务会计、出纳、各部门结算人员	企业外部关系	各供货商

任职资格	专业经验	大专以上学历，在财务岗位工作5年以上，中级以上职称
	业务技能	熟练使用办公软件，熟悉财务及税务知识
	综合素质要求	有较强的责任心

表 C-5　税务会计岗位说明书

岗位名称	税务会计	管理部门	财务部	职级	主管
直接上级	财务经理	任职人(签名)		时间	
直接下属					

工作价值：根据税收政策合理避税

主要工作内容	职责	职权	关键业绩指标
1．编制会计凭证	主责	审核	正确无误
2．编制税务会计报表	主责	审核	正确无误
3．账套备份、账簿打印、装订凭证、报表	全责	建议	按时完成
4．购买并开具发票	全责	审核	按要求完成
5．编制纳税申报表，编制税源状况表，参加税务相关会议，汇算清缴，办理减免税事宜，办理资产报损的税务报批工作，办理税务变更	全责	建议	按规定完成
6．配合公司审计、税务查账	主责	建议	按公司要求完成
7．负责税务资料的归档及保管工作	全责	建议	按时完成
8．领导安排的其他工作	全责	建议	按时完成

岗位接口关系			
企业内部关系	管理会计、出纳	企业外部关系	税务局相关人员

任职资格	专业经验	大专以上学历，在财务岗位工作5年以上，初级以上职称
	业务技能	熟练使用办公软件，熟悉各项税收政策及财务税务知识
	综合素质要求	有较强的对外沟通能力，有较强的责任心

表 C-6　成本会计岗位说明书

岗位名称	成本会计	管理部门	财务部	职级	主管
直接上级	财务经理	任职人(签名)		时间	
直接下属					

工作价值：真实核算反映产品的各项成本，为管理者提供各项成本控制信息

主要工作内容	职责	职权	关键业绩指标
1．对产品现场进行盘点监督，并对燃煤登记台账	共责	监督、建议	按时完成
2．编制成本计算单并对成本进行正确核算	主责	审核、建议	按公司要求完成
3．编制各时段成本分析表及年度成本分析表	主责	审核、建议	按时完成
4．对物流公司进行结算	主责	审核	按时完成
5．审核编制成本类会计凭证	主责	审核	正确无误
6．财务软件维护及数据备份	全责	监督检查	按时完成
7．领导安排的其他工作	全责	建议	按时完成
8．每两天报一次收入	主责	审核	按时完成
9．对统计数据核对审核	主责	监督审核	按时完成

(续)

岗位接口关系			
企业内部关系	管理会计、出纳、各部门结算人员	企业外部关系	各供货商
任职资格	专业经验	大专以上学历，在财务岗位工作5年以上，中级以上职称	
	业务技能	熟练使用办公软件，熟悉掌握各种成本核算方法	
	综合素质要求	有较强的责任心	

表 C-7　内部稽核岗位说明书

岗位名称	内部稽核	管理部门	财务部	职级	主管
直接上级	财务总监	任职人（签名）		时间	
直接下属					

工作价值：对会计核算工作进行检查或审核，防止会计核算工作上的差错和有关人员的舞弊；通过稽核，对日常会计核算工作中所出现的疏忽、错误等及时加以纠正或者制止，以提高会计核算工作的质量

主要工作内容	职责	职权	关键业绩指标
1．审核会计凭证、会计账簿、财务会计报告和其他会计资料的内容是否真实、完整，计算是否正确，手续是否齐全，是否符合有关法律、法规、规章、制度的规定	主责	审核、建议	按财务制度审核，提出合理建议
2．对公司各内部机构、控股子公司的内部控制制度的完整性、合理性及其实施的有效性进行检查和评估	主责	审核、监督、建议	按内部控制规范提出整改建议
3．审核财务、成本、费用等预算指标项目是否齐全，编制依据是否可行，有关计算是否正确，各项预算指标是否互相衔接等。审核之后应提出建议或意见，以便修改和完善计划与预算	主责	审核、建议	按公司制度审核，提出合理建议
4．审核实际发生的经济业务是否符合财务制度的规定；对审核中发现的问题，及时予以制止或者纠正	主责	审核、建议	按制度执行，及时纠正
5．审核实际发生的财务收支是否合理，是否符合财务制度及公司有关制度的规定；对审核中发现的问题，及时予以制止	全责	审核、监督、建议	严格按资金的管理制度审核，制止相关不合规行为
6．审核公司财产物资的增减变动和结存情况，并与账面记录进行核对，确定账实是否相符；不符时，应查明账实不符的原因，并提出改进的措施	全责	审核、监督、建议	按资产的管理规定审核，避免公司资产损失

岗位接口关系			
企业内部关系	各财务岗位，资产管理部门	企业外部关系	
任职资格	专业经验	大专以上学历，在财务岗位工作5年以上，中级以上职称	
	业务技能	熟练使用办公软件，熟悉掌握公司财务核算流程、财务及公司的各项管理制度	
	综合素质要求	业务能力较强、概念清晰；有较强的责任心，工作效率高；有一定分析能力、综合能力	

表 C-8　出纳岗位说明书

岗位名称	出纳		管理部门		财务部	职级	
直接上级	财务经理		任职人（签名）			时间	
直接下属							
工作价值：保证资金的安全，真实反映资金流向							
主要工作内容				职责		职权	关键业绩指标
1．购买、保管支票、汇票，保管银行印鉴卡，保管开户许可证				全责		建议	安全完整
2．核对银行账务，编制余额调节表				全责		审核	按时完成
3．每周汇总资金计划及上周资金实际用量				全责		审核	按时完成
4．根据审核后的支票领用单、付款计划或付款通知及凭证签发支票、填开电汇凭单、填开承兑汇票				全责		审核	正确
5．及时清理票头，下发票头未回通知单				主责		监督、建议	按时完成
6．登记现金、银行日记账				主责		审核	按时完成
7．领导安排的其他工作				全责		建议	按时完成
岗位接口关系							
企业内部关系		管理会计、税务会计、各部门结算人员			企业外部关系		各供货商
任职资格	专业经验	大专以上学历，在出纳岗位工作 3 年以上，有会计资格证					
	业务技能	熟练使用办公软件，熟悉掌握各种银行支付结算方式					
	综合素质要求	有较强的责任心					

3.3　企业业务流程优化方法

3.3.1　业务流程概述

业务流程是企业管理体系中的重要组成部分，它是指企业为实现其经营目标或战略目标而进行的一系列活动。业务流程与组织架构组成的管理架构是实现企业发展战略的支撑。因此，必须在明确企业的战略发展目标的基础上进行业务流程优化，项目的设计实施必须和整个企业的目标与整体策略自上而下地保持一致，否则可能产生相反的效果。

企业的业务流程是一个全面的、系统的、整体的流程，包含着所有的经营活动和管理活动。根据美国国际标杆管理学会对企业业务流程的框架设计，它涉及企业的各个方面，如图 3-5 所示。

不论其所提供的商品或服务种类如何，每个组织都至少有三种类型的业务流程。

1．获取/支付流程

包括获取、支付和维持组织所需要的资源。这些活动的目标是获取组织所需要的且能够支付得起的资源（商品或服务），支付获得资源的款项，适当维护所获得的资源。

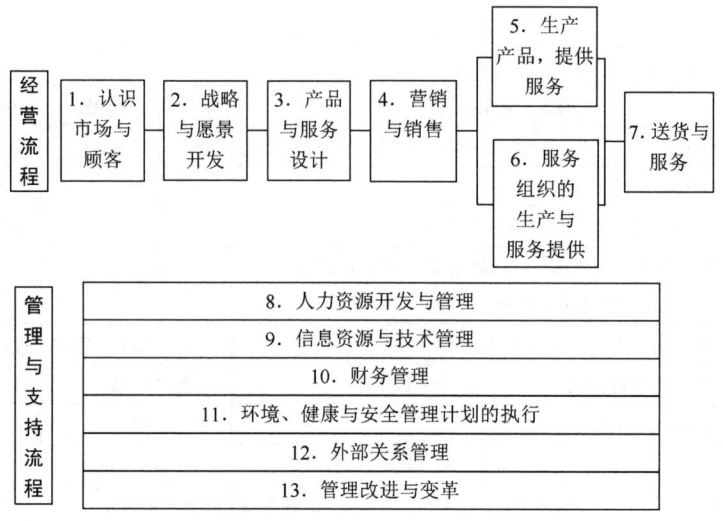

图 3-5　美国国际标杆管理学会的流程框架

资料来源：美国国际标杆管理学会，流程分类框架，1991。

2．转换流程

目标是将获得的资源通过转换变成客户需要的商品和服务。该流程贯穿于整个组织，形式多样：依赖于所提供商品和服务的类型，依赖于使用的技术和资源，依赖于管理者、政府、客户、社会的限制，依赖于客户和管理者的偏好。

3．销售/收款流程

包括一系列与支付商品、提供服务和收取款项有关的活动，其目的是通过销售/收款流程，将商品和服务作为输出提供给客户，并尽可能及早收回款项，保证资金回笼。

业务流程优化是一项非常具体而细致的工作，需要投入大量的时间和精力。因此，在业务流程优化工作中，为了能够确保工作的效率和效果，应当将重点集中在能够有效缩小指标现状与预期目标之间的差距的流程上，即通过20%的投入获得80%的效果。因此，在展开业务流程优化解决方案设计之前，应当在综合前三个阶段成果的基础上选择关键业务流程，确定优化工作的重点。本阶段的主要工作内容包括：① 通过调研描述业务流程的现状，采用定性与定量相结合的方法分析业务流程；② 综合企业业务流程预期与现状的差距、企业业务流程对企业经营的影响程度等因素,选择关键业务流程,确定流程优化重点。

作为企业的管理者,应从全局出发去协调各个流程、各个部门,使每一个部门都作相应的改造,然后将各个部门再结合成为整体,再次重新整合以达到业务流程的优化。而对于负责企业各个重要方面的各部门来说,应积极配合,主动找出传统管理流程中的不足和空白之处,对本部门系统进行整理,使之更好地配合企业流程优化的前进脚步,以达到使企业健康、快速发展壮大的目标。

本书在充分研究了学术界关于企业业务流程定义的基础上,提出企业业务流程的形式化描述的方法。通过对企业流程的构成及其特点的分析,认为企业在业务流程优化过程中,应将主要资源用于对企业核心业务流程的优化,并对核心业务流程的识别方法进行分析。

3.3.2 业务流程优化案例

在设计企业新的业务流程阶段,首先要在对现有流程分析的基础上,识别出企业的主要流程,结合市场情况和企业发展战略,确定需要改造的关键流程,对流程进行重新设计。然后根据流程的情况识别出涉及的有关功能,划分各个功能在流程中的责任和边界,进而确定出企业的职能部门的划分。对企业职能部门的划分是业务流程再造的关键部分,在划分明晰之后的主要工作是确立职能部门间的协调关系。

企业的基本业务流程包括产品流程、质量流程、服务流程、物流流程、资金流程等若干主流程,在这些主流程的层面上重新定义公司各职能部门在流程中的责任,划清各功能的界限,就比较容易理顺各职能部门之间的协调关系,避免协调成本的增加。在优化的实施阶段,应重点把握好以下几点,使优化落到实处:一是加强对员工的宣传教育工作。在员工中形成相互学习、相互尊重、相互竞争、相互理解和支持的企业文化,培养员工的主人翁精神,激发员工的积极性和创造性,使员工理解、支持、配合业务流程再造的开展。二是要取得高层领导的支持。因为他们的权力足以支配与业务流程优化有关的人力、物力和财力资源,取得他们的支持才能够为流程优化的实施创造良好的环境。三是选择合适的项目负责人。流程优化的实施涉及方方面面,必须有素质全面的人员来领导,同时也必须赋予他足够的权力,所以在项目负责人的选择上一定要慎之又慎。四是要利用信息技术,现代企业的流程优化实施离不开一定技术作为前提和支撑,业务流程优化作为一个全新的管理哲理,以计算机和现代通信技术为核心的信息技术,对其在企业改革中的成功运用起到了重要作用。

这里以制造业为对象,对工业企业进行业务流程优化分析。

【案例3-2】 制造企业业务流程优化

1. 公司简介

某公司是XJRQ企业集团下属的大型制造公司,是中国第一家能够大批量同时生产铝合金汽车轮毂和摩托车轮毂的现代化企业。该公司于1990年9月正式成立,占地面积达58 000平方米,现有员工多达1 200余人。经过多年的发展,企业累计完成固定资产投资2.95亿元,并建立起完善的研发机构、生产体系和营销渠道。公司自成立以来,密切关注市场变化和客户需求,不断开发新产品。在短短的10年里,公司成功地开发了超过30多种款式、400多种规格的汽车轮毂,形成比较全面的产品系列。除了满足国内市场的需求外,产品还远销美国、加拿大、日本、澳大利亚、欧洲和东南亚等国家和地区。该公司为一汽大众、神龙、吉普、夏利、长安汽车等十多家汽车厂,以及中国嘉陵、五羊本田、嘉陵本田、南方雅马哈、大长江、新大洲等20多家摩托车厂提供轮毂配套生产。

2. 业务流程优化

21世纪以来,我国市场经济已充分与国际市场的全面接轨,真正融入全球经济之中,我国的企业不可避免地要参与国际市场的竞争,该公司真正的竞争对手是国外同行企业。面对机遇与挑战,该公司将面临更为激烈的人才、技术、市场的竞争。公司要实现成为中国大陆行业内第一的宏伟目标,必须规范组织管理,建立科学合理的分配机制激励机制与约束机制,吸纳优秀人才,引进设备和实施技术改进,加强产品研制和开发,塑造品牌和营销网络建设等。

业务流程效率的高低直接影响企业的竞争力。但是,现实中的企业不可能对每一种可能的业务流程都进行实际验证,因为那样要花费大量的时间和资金,而且现实中的市场竞争也不允许企业去做这种试验。因此,为了对该业务流程的效果进行评价和分析,避免企业在实际运行中出现问题,该公司编制了人力资源体系核心模块逻辑图,专家咨询小组人力资源改善项目的思路逻辑如图3-6所示。

首先确定业务流程优化的目标、范围并以此作为最终衡量实施情况的标准。

对业务流程优化的具体操作分段进行。分段实施一方面降低了流程优化实施的困难性与复杂性,便于有重点地分别解决阶段性问题。另一方面遵循分阶段模式,企业可以在短时间内产生阶段性成果,从而为改革增强信心,便于进一步解决更大的问题。分阶段实施模式以多层次实施结构为基础,可将流程优化的整个实施过程分解为三个阶段,从准备到局部优化,直至全局优化,优化的深度和广度逐渐加大。

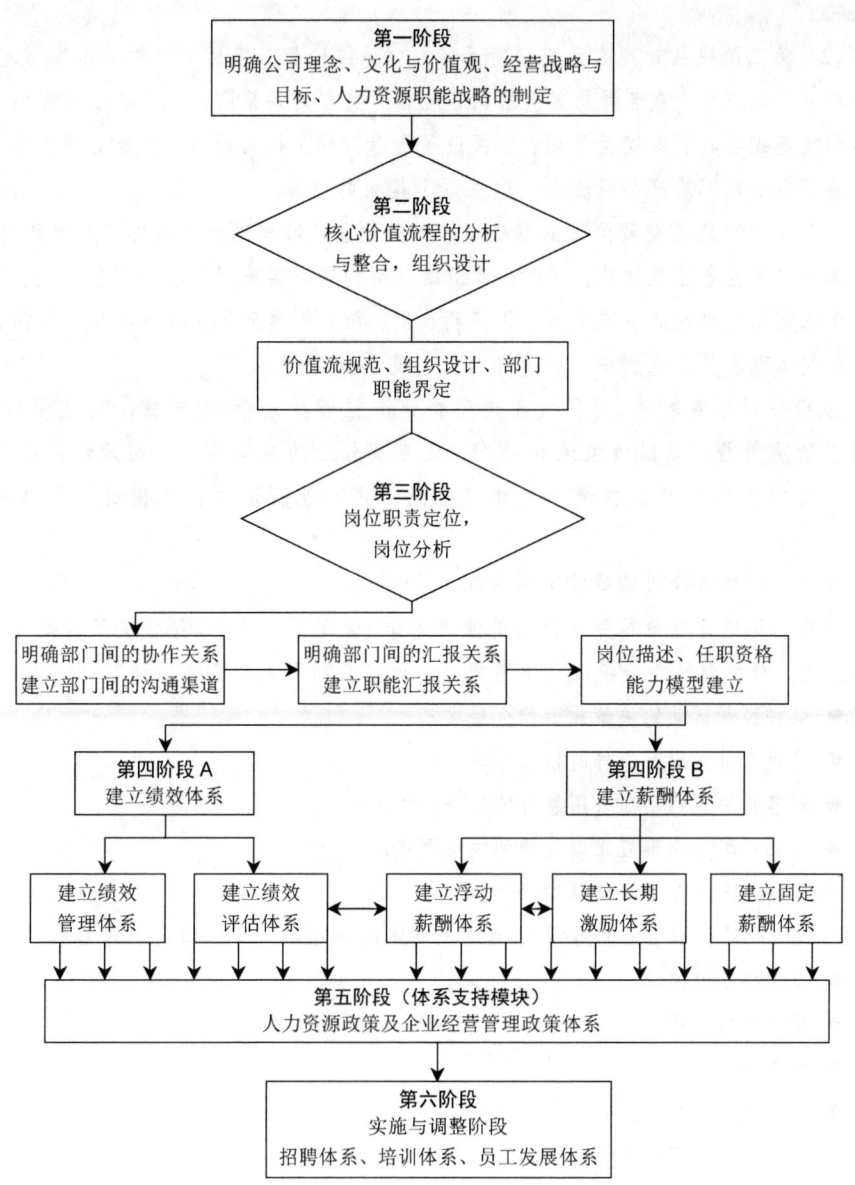

图 3-6 人力资源体系核心模块逻辑图

（1）第一阶段是业务流程优化的准备阶段。在观念上，重点是从保守到创新、从被动到主动的改造，以及合作与进取精神的培养。第一阶段注重的是操作自动化和独立功能的优化，而并未深入展开对流程的优化。严格来说，不改变流程的自动化并不属于业务流程优化的范畴，但对于不十分发达的企业，却是进行业务流程优化所不可缺少的前期准备，我国大部分企业已经实现了网络信息化，为业务流程优化打下了一定基础。

(2) 第二阶段从对现有系统分析开始，在系统诊断、目标定位和整体规划之后，改革部分局部流程。在选择局部流程时，应始终突出两条原则，一是必须对实现企业目标和既定战略具有关键性作用，这保证了所选流程是核心流程；二是必须能够有助于改善提供给顾客的产品或服务，这保证了其面向顾客。

(3) 第三阶段在前两阶段的基础上，对其他业务流程进行重新思考与重新设计，从整体上实现业务流程优化。同时，部门组织架构完全实施财务小组工作方式，而业务观念优化工作也在此阶段完成。许多新规则、新条例将列入企业规章中，新的企业文化不仅体现在员工意识中，也有相应的制度做保证。

围绕公司经营战略，对科技生产型企业流程进行分析，挖掘核心增值价值流，确认经营决策程序，以价值流为导向，以专业分工为基本原则，明确部门职能与职责、部门工作流及工作量；在此基础上，进行业务流程优化设计。具体步骤如下：

步骤一：理解公司的经营决策程序

该公司的经营决策程序对核心价值流运作、管理影响很大，经营决策应把握核心价值流程，放权非核心价值流。决策程序的理解有利于我们了解下面事项：

- 各种经营活动的决策放于什么层次？
- 决策人员应拥有怎样的权力与责任？
- 对各种决策活动应采用怎样的监督与约束？
- 不同种类的决策应采用怎样的决策形式？

步骤二：核心价值流的理解与分析

部门的职能、职责是由企业价值流来确定的，在这一步应确认下列事项：

- 定义核心价值流。
- 核心流程说明。
- 核心流程运作图。
- 流程责任与权力。
- 流程管理与保障措施。

步骤三：核心流程的分解

与该公司中高级人员进行沟通与研讨，以确定下列事项：

- 公司的核心流程在各部门间如何进行协调与沟通。
- 各部门在流程运行中的作用、权限、职责等。
- 各部门之间可以扩大和加强合作之处。
- 明确各部门的平衡与协作，消除部门间"真空"与"重叠"。

步骤四：部门职能与岗位配置分析

组织架构是部门、岗位、责任、制度等有机组合而成的网络结构。可以与各部门主管及关键核心人员进行面谈，以了解下列事项：

- 各部门的工作内容和特性。
- 各部门的结构和工作流程。
- 各部门的工作程序与规范。
- 各部门内岗位设置及编制。
- 各部门现有岗位的工作内容、责任等。

步骤五：设计优化业务流程

根据上述调研，找出流程中存在的缺陷，梳理流程，制定更能适合业务发展和管理的业务流程规划。

【案例3-3】 XJRQ企业集团下属的矿业公司业务流程优化实例

一、生产管理流程优化设计

生产管理流程优化设计如表3-1～表3-4所示。

表3-1 生产管理流程设计

流程名称	生产管理流程		编号	
流程负责人			受控状态	全面受控
流程目标	完成董事会下达的生产、品质目标，向一流企业要市场份额			
管理控制点		业务风险描述		
1. 总工审批后的配比单 2. 总工审批后的均化单 3. 电子计量单 4. 煅烧技术要求		1. 配比单不准确导致产品不合格，客户拒付货款或是卖不出去 2. 均化单不准确导致产品不合格，客户拒付货款或是卖不出去 3. 电子计量不准确，配比无效，配比单不准确 4. 操作工不按规范操作进行煅烧，导致产量低、品质低、成本高		
相关制度		主要的表单		
1. 生产管理制度及要求 2. 质量控制一览表 3. 质量管理办法 4. 生产管理考核制度 5. 煅烧技术要求作业指导书		1. 出灰工操作记录、窑炉运行情况 2. 配比单 3. 均化单 4. 计量单 5. 考核统计表 6. 配料记录单		
术语解释				
编制人/ 编制日期		审核人/ 审核日期		批准人/ 批准日期

表 3-2 生产管理流程

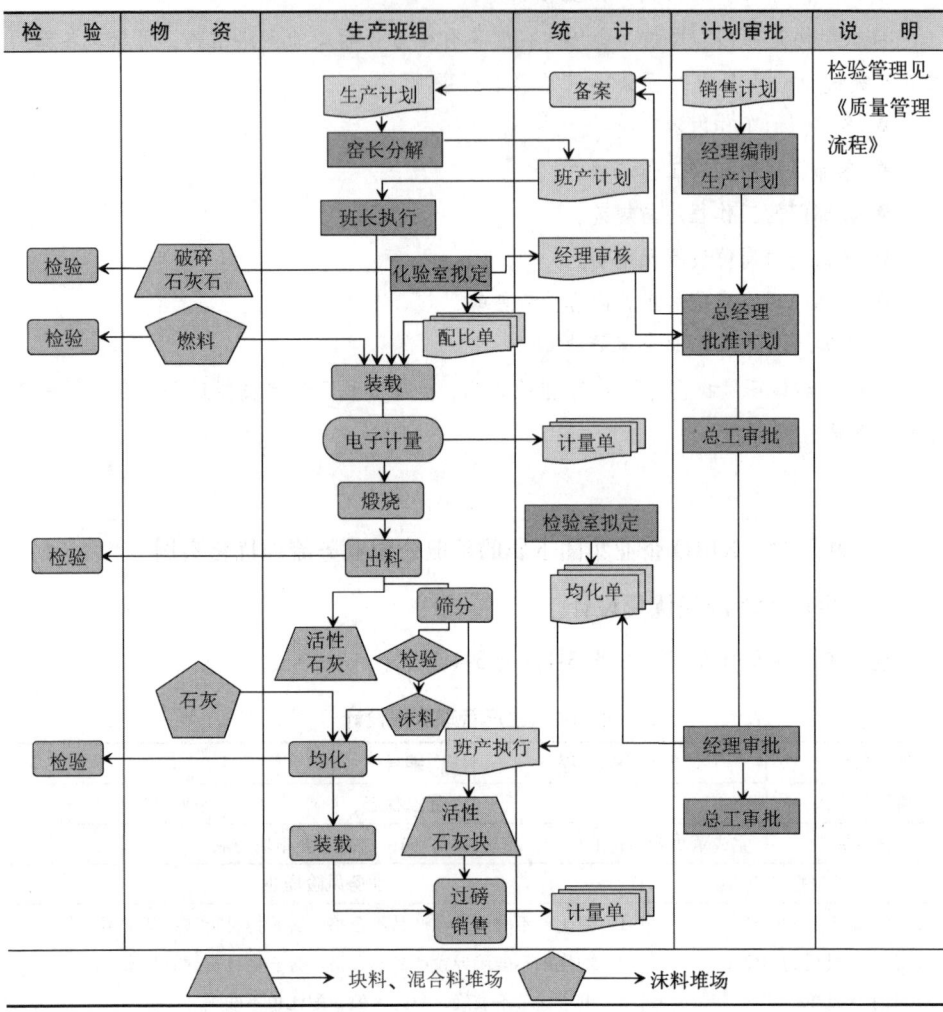

表 3-3 设备维护管理流程设计

流程名称	设备维护管理流程	编号	
流程负责人		受控状态	全面受控
流程目标	使机械发挥最大效率,保证机械的正常运转,不断进行技术改造,从而提高企业经济效益			
管理控制点	业务风险描述		
设备检修计划、设备技术改造计划	设备检修计划不落实,小毛病变为大毛病,会导致设备停止运转,直接影响生产。设备技术改造计划不落实,会导致产能降低,也直接影响生产		
维护、保养、指导、使用指导	如果维修工不进行维护、保养、指导、使用指导,会导致检修计划、技改计划不能落实		
监督检查	如无监督检查,则设备相关制度的落实可能出现缺失,会造成设备故障隐患,直接影响生产		

(续)

相关制度	主要的表单
1. 设备管理制度 2. 设备定修管理办法 3. 设备维修管理制度考核办法 4. 设备维护保养规程 5. 设备维护作业指导书 6. 设备维护点检管理办法	1. 设备检修计划单 2. 设备维修计划单、设备技术改造计划单 3. 考核统计表 4. 设备维修档案 5. 维护记录 6. 点检表
术语解释	点检：是指设备需要经常加油润滑的地方
编制人/ 编制日期	审核人/ 审核日期	批准人/ 批准日期

表 3-4　设备维护管理流程

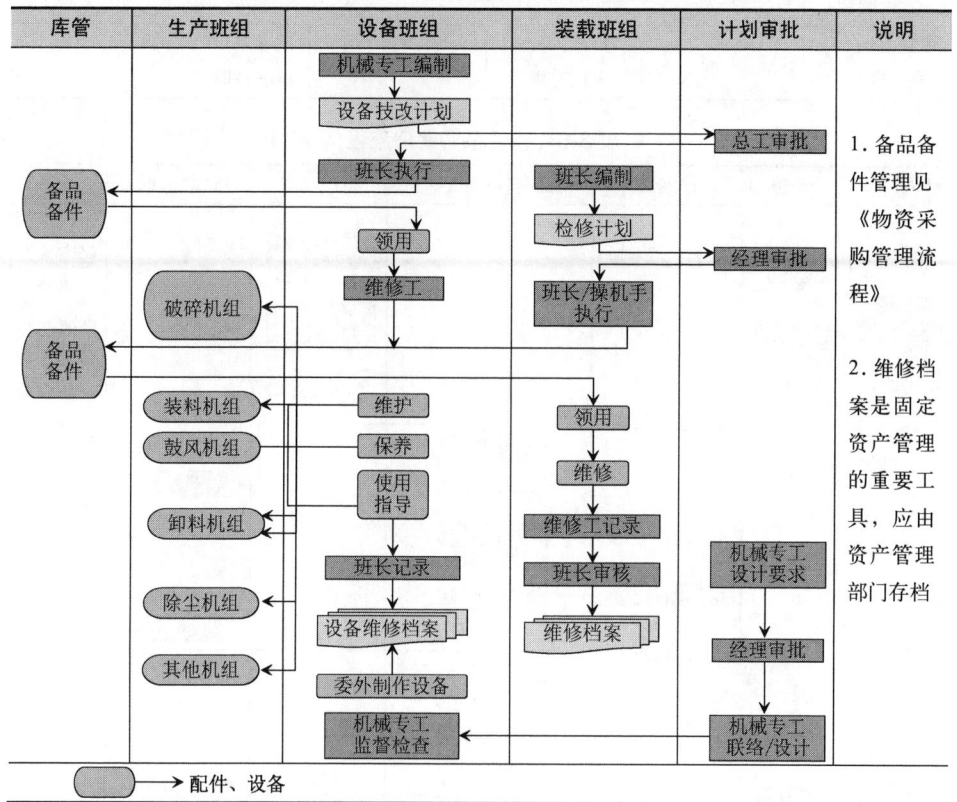

二、物资采购管理流程优化设计

物资采购管理流程优化设计如表 3-5～表 3-6 所示。

表 3-5　物资采购管理流程设计

流程名称	物资采购管理流程		编号	
流程负责人			受控状态	全面受控
流程目标	有计划地使用资金，减少库存备品备件，确保维修机械的备品备件			
管理控制点	业务风险描述			
1. 采购计划	1. 采购计划不及时、不准确导致公司原材料及辅料供给不及时、不准确，使生产不能顺利进行			
2. 寻价、比价系统	2. 采购价格控制不到位，导致产品成本直接增加，公司利润受到损失			
3. 需求部门验收确认	3. 需求部门若无验收则无法保证物资质量，导致公司受损			
相关制度	主要的表单			
1. 物资采购管理制度 2. 物资验收标准	1. 采购计划 2. 报价单 3. 验收单			
术语解释				
编制人/ 编制日期		审核人/ 审核日期		批准人/ 批准日期

表 3-6　物资采购管理流程

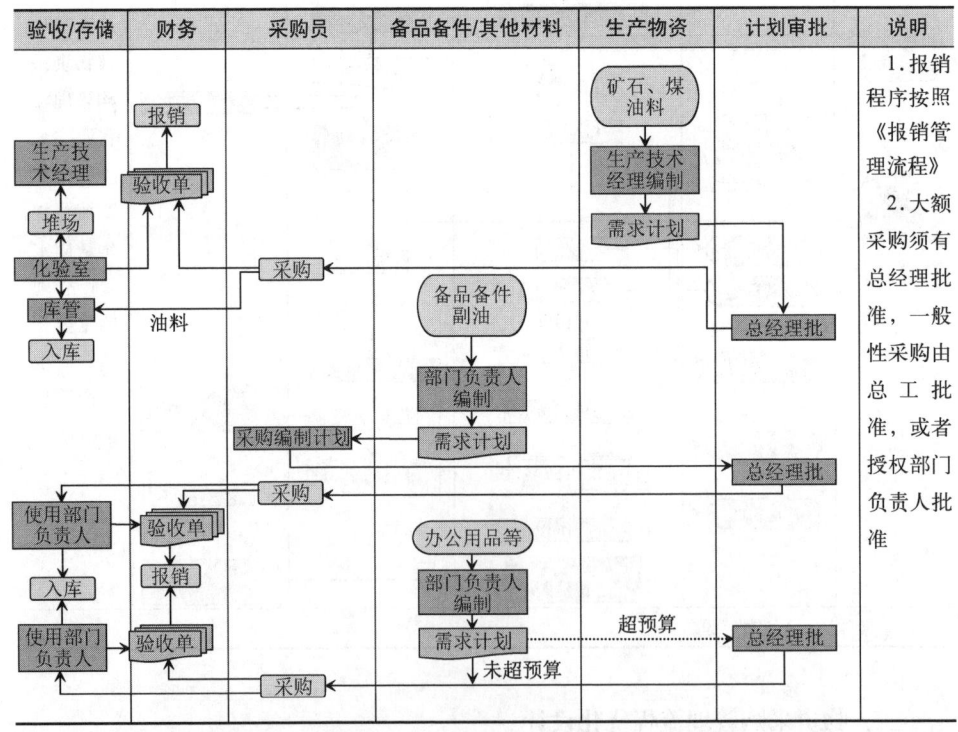

三、销售管理流程优化设计

销售管理流程优化设计如表 3-7～表 3-8 所示。

表 3-7 销售管理流程设计

流程名称	销售管理流程	编号	
流程负责人		受控状态	半受控
流程目标	确保销售目标任务的完成,最大化地创造利润空间		
管理控制点	业务风险描述		
1．销售计划准确性	1．销售计划不准确,直接导致生产、采购计划失真,从而造成产品供给短缺或积压,给公司造成损失		
2．储运	2．储运不能及时,影响企业信誉;储运出现货物不安全会导致企业受损		
3．客户检验	3．客户检验不合格,给企业造成直接经济损失,同时造成企业美誉度下降		
4．结算确认	4．结算单直接影响公司销售收入		
相关制度	主要的表单		
1．销售员管理办法 2．销售管理考核办法	1．审批后的销售计划单 2．客户计量单 3．不合格(废)单 4．结算单 5．对账单 6．开票(增值税票) 7．挂账(凭证)		
术语解释			
编制人/ 编制日期		审核人/ 审核日期		批准人/ 批准日期	

表 3-8 销售管理流程

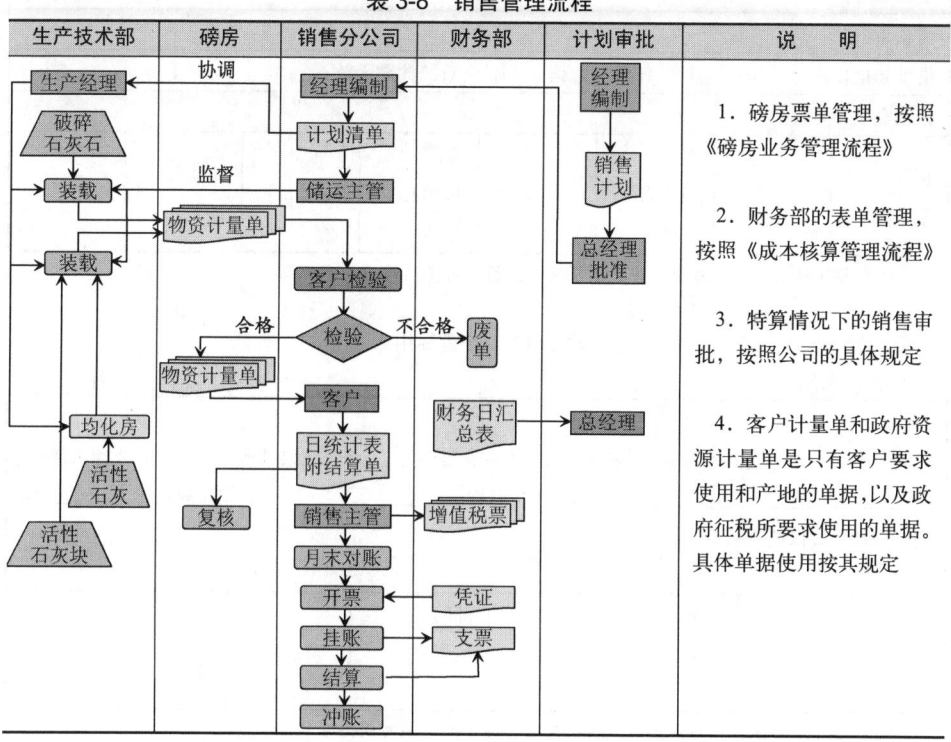

四、财务核算管理流程优化设计

财务核算管理流程优化设计如表 3-9～表 3-15 所示。

表 3-9 借款支付流程

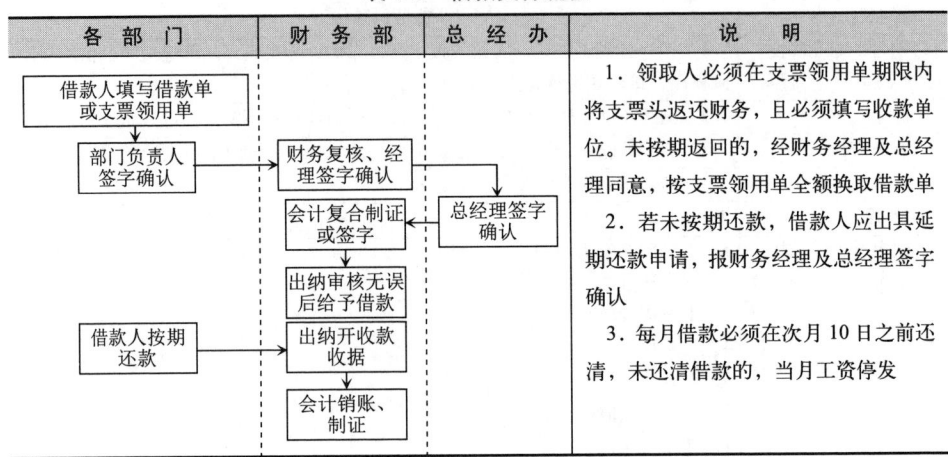

各 部 门	财 务 部	总 经 办	说 明
			1．领取人必须在支票领用单期限内将支票头返还财务，且必须填写收款单位。未按期返回的，经财务经理及总经理同意，按支票领用单全额换取借款单 2．若未按期还款，借款人应出具延期还款申请，报财务经理及总经理签字确认 3．每月借款必须在次月 10 日之前还清，未还清借款的，当月工资停发

表 3-10 借款单

资金性质：　　　　　　　　　　　　　　　　　　　　　　年　　月　　日

借款部门：		借款人：				
借款事由：						
借款起止日：	年　月　日至		年　月　日		共需天数：	
借款金额（大写）：						
领导 签字		财务 负责人 签字		部门 负责人 签字		借款人 签字

注：签字从右至左，按级签字，不得空签，签字人必须写明签字日期。

表 3-11 支票领用单

资金性质：　　　　　　　　　　　　　　　　　　　　　　年　　月　　日

因＿＿＿＿＿＿需领用银行转账支票或（现金支票）＿＿＿＿张，支票号码＿＿＿＿＿＿，支票限额在＿＿＿＿＿＿＿＿＿＿元之内。收款单位名称＿＿＿＿＿＿＿＿＿＿。请按规定在＿＿三＿＿天内，办理结算报销手续。

领导 签字		财务 负责人 签字		部门 负责人 签字		领用人 签字

注：签字从右至左，按级签字，不得空签，签字人必须写明签字日期。

表 3-12 财务结算流程

各 部 门	财 务 部	总 经 办	说 明
各部门负责按合同约定签字确认付款通知单 → 审稽部经理签字确认	会计审核付款通知单，与原始票据核对并签字确认 → 财务经理签字确认 → 会计复核制证 → 出纳审核无误后给予结账	总经理签字确认	1．每月4日、14日、23日对外结算 2．每周三报销 3．不允许销售人员代客户结账

表 3-13 付款通知单

年　　月　　日

收款单位			付款单位						
付款原因			付款金额	小写					
收款单位相关信息	开户行			大写					
	行号		付款方式	现金	支票	电汇	银承	商承	自出承兑
	账号								
备注									
领导批示			财会审定		部门负责人			制单人	

注：签字从右至左，按级签字，不得空签，签字人必须写明签字日期。

表 3-14 成本核算管理流程设计

流程名称	成本核算管理流程	编号	
流程负责人		受控状态	全面受控
流程目标	生产成本控制在预算范围内，使投入资金与产出比达到最佳状态		
管理控制点		业务风险描述	
1．过磅确认 2．磅单汇总表①～③ 3．半成品成本核算 4．成品成本核算		1．磅单若不及时、准确汇总，会导致公司结算过程出现延误和差错，影响内部管控及外部应收账款回款率 2．半成品成本不准确，会导致成品成本不准确，影响产品定价及成本变动因素分析不准确 3．成品成本核算不准确，会导致产品定价决策失误		
相关制度		主要的表单	
1．成本管理制度 2．财务管理制度 3．财务分析规范 4．会计管理制度		1．磅单 2．磅单汇总表①～③ 3．客户计量单 4．成本日报表	
术语解释			
编制人/编制日期		审核人/审核日期	批准人/批准日期

表 3-15　成本核算管理流程

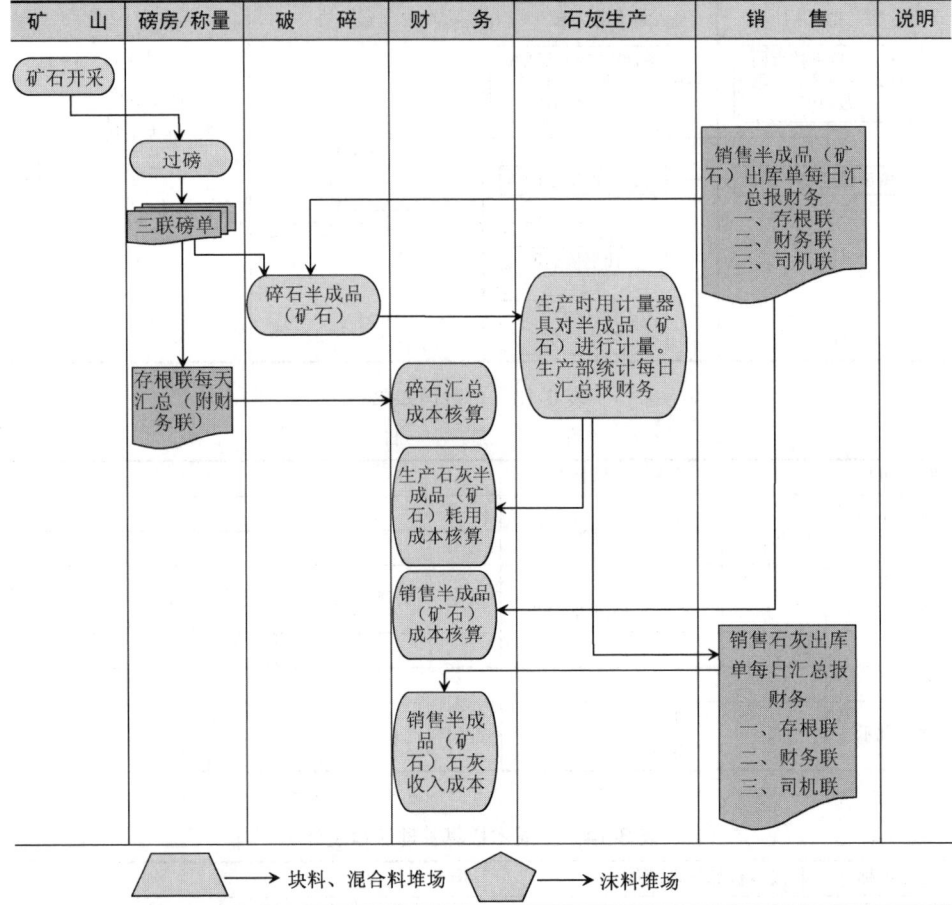

五、运输管理流程优化设计

运输管理流程优化设计如表 3-16～表 3-17 所示。

表 3-16　运输车队管理流程

流程名称	运输车队管理流程	编号	
流程负责人		受控状态	半受控
流程目标	确保目标任务的完成，确保安全运营		
管理控制点	业务风险描述		
1. 调度分解任务 2. 矿山确认装车单 3. 运输	1. 调度分解任务不准确、不合理，会导致车辆运输不能满足任务需要，直接影响生产计划按期完成 2. 装车单若确认失控，会导致矿山财务核算不准确，影响产品成本和企业利润 3. 若运输不及时，会导致生产任务不能按期完成；若运输过程不能保证安全和数量，会导致企业直接经济损失		

(续)

相关制度	主要的表单
1. 车队管理办法 2. 安全管理制度	1. 任务分解计划 2. 磅单 3. 装车单 4. 统计报表
术语 解释	
编制人/ 编制日期	审核人/ 审核日期	批准人/ 批准日期

表 3-17　运输车队管理流程

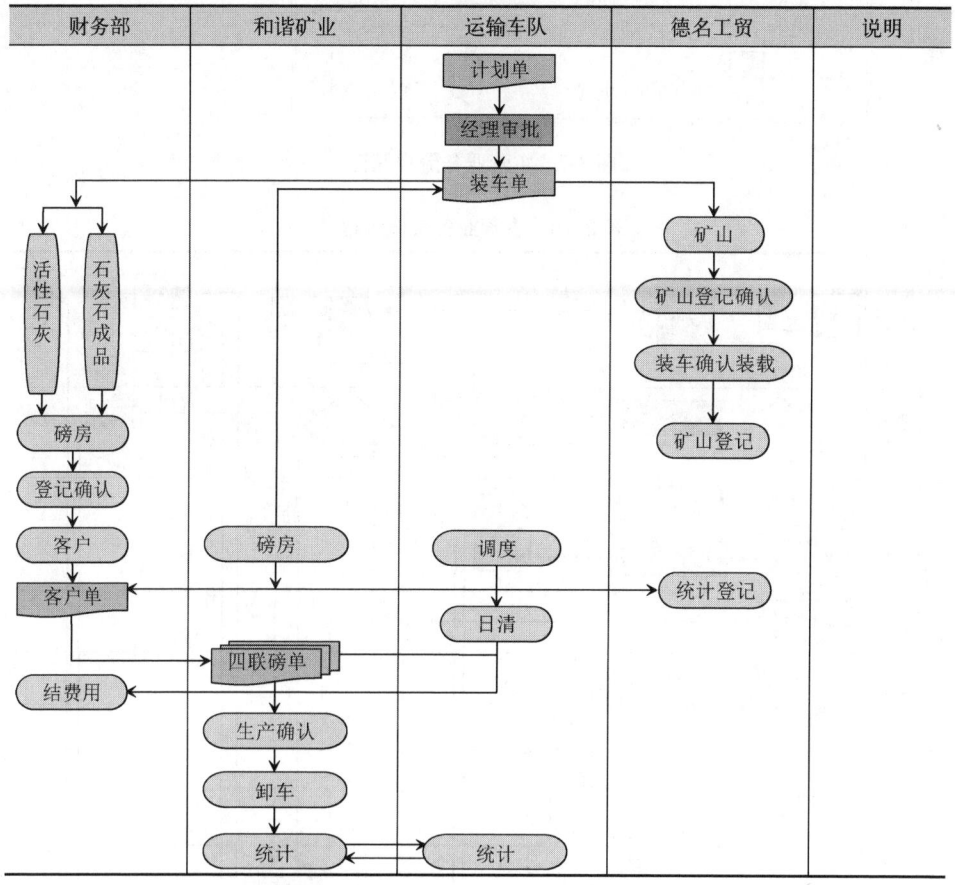

六、主营业务管理流程优化设计

主营业务流程如图 3-7 所示，主营业务管理流程与作业活动和职能分布如表 3-18

和表 3-19 所示。

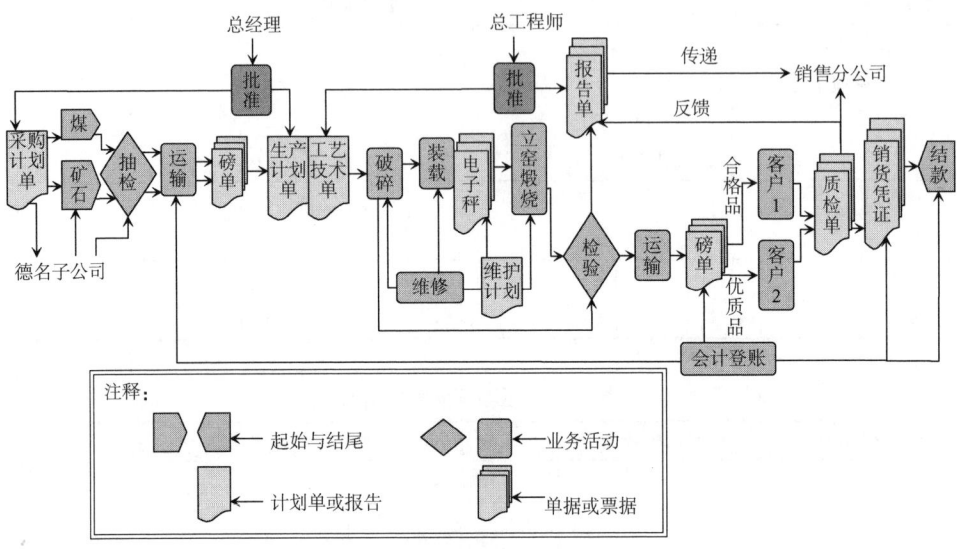

图 3-7 主营业务流程简图

表 3-18 主营业务管理流程

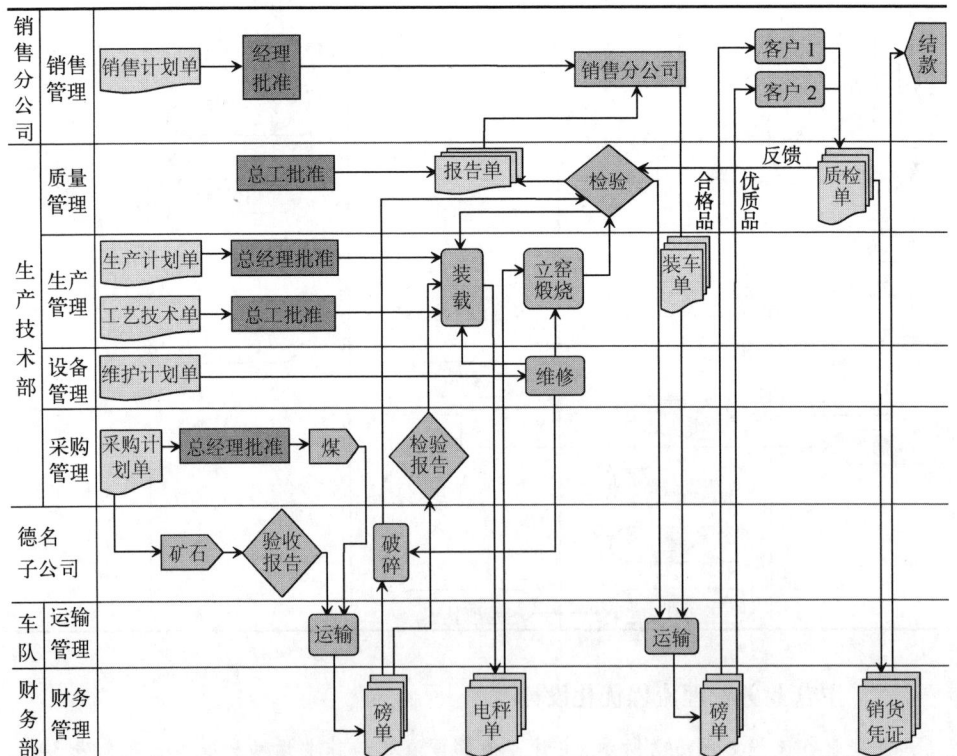

表3-19 作业活动和职能分布

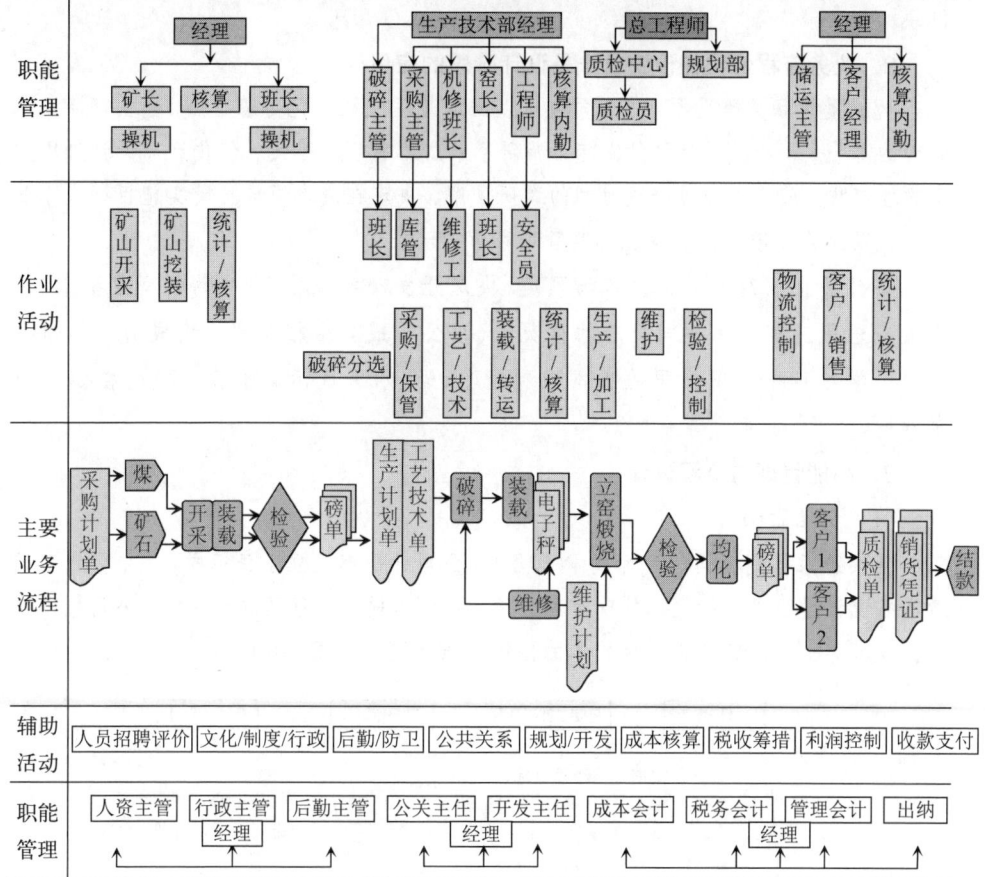

【案例3-4】 某汽车制造企业设计阶段的目标成本管理流程优化

1. 某汽车企业背景简介

某汽车企业是东风汽车公司在某省的全资子公司,是20X2年由东风汽车公司、中国信达资产管理公司、国有资产经营公司、特种汽车有限公司在原汽车厂的基础上共同出资改制而成的汽车有限公司。该公司是生产沙漠越野车、重型车、专用车的基地,具备年生产各类重型车、专用车3 500辆及沙漠越野车50辆的能力。近年来,企业依靠集团优势,通过与著名院所的合作,成功开发了系列沙漠越野车,填补了市场空白。

该公司成立后发挥了原汽车厂的优势,以汽车为主业,致力于东风系列载重车的研发、设计、生产、销售;同时,以现代企业的经营方式和经营手段实行多元化经营,向工业、贸易、技术、服务等领域进军，拓展规模经济，以全新的理念扩大市场占有份额。

2. 业务流程优化在该企业产品设计阶段的应用

为满足市场竞争需要，该公司决定以成本管理流程优化为着手点，先从产品成本管理的源头——产品设计阶段做起，调研了解成本管理的不足，优化产品设计阶段成本管理流程。该公司经过一段时间的调研了解，决定在成本设计阶段实施目标成本管理，并以此为突破口，逐步优化其管理环节的流程。

该公司企业经营层根据市场预测，决定开发一款载重30吨的新型重型卡车，在报经东风汽车集团公司批准的情况下，该公司成立由相关部门组成的工作领导小组，学习日本丰田公司的成本控制经验，开始了目标成本管理控制在公司的实践。

3. 职能管理与流程设计

（1）职能管理

为实施及推进公司的目标成本管理，在公司计财部设立了目标成本室，负责公司新产品设计过程中目标成本的确定和分解、降成本提案收集及绩效评价，公司技术中心、技术部、采购部负责目标成本的控制。职能设计如图3-8所示。

任务	主要工作内容	责任部门	配合部门
目标成本确定	根据公司经营目标、产品定义、目标售价、目标销量确定单位产品目标成本；成本分析、测算，目标成本分解，明确责任单位、责任目标	计财部	技术中心、销售部、技术部、规划部
目标成本控制	按照目标成本开展产品设计、工艺设计；按目标成本，确定采购价格	采购部	技术中心、技术部、计财部
目标成本评价	评价目标成本达成情况	计财部	技术中心、技术部、采购部

图3-8 新产品设计中的管理职能设计图

（2）目标成本管理流程设计

该公司目标成本管理工作流程如图3-9所示。

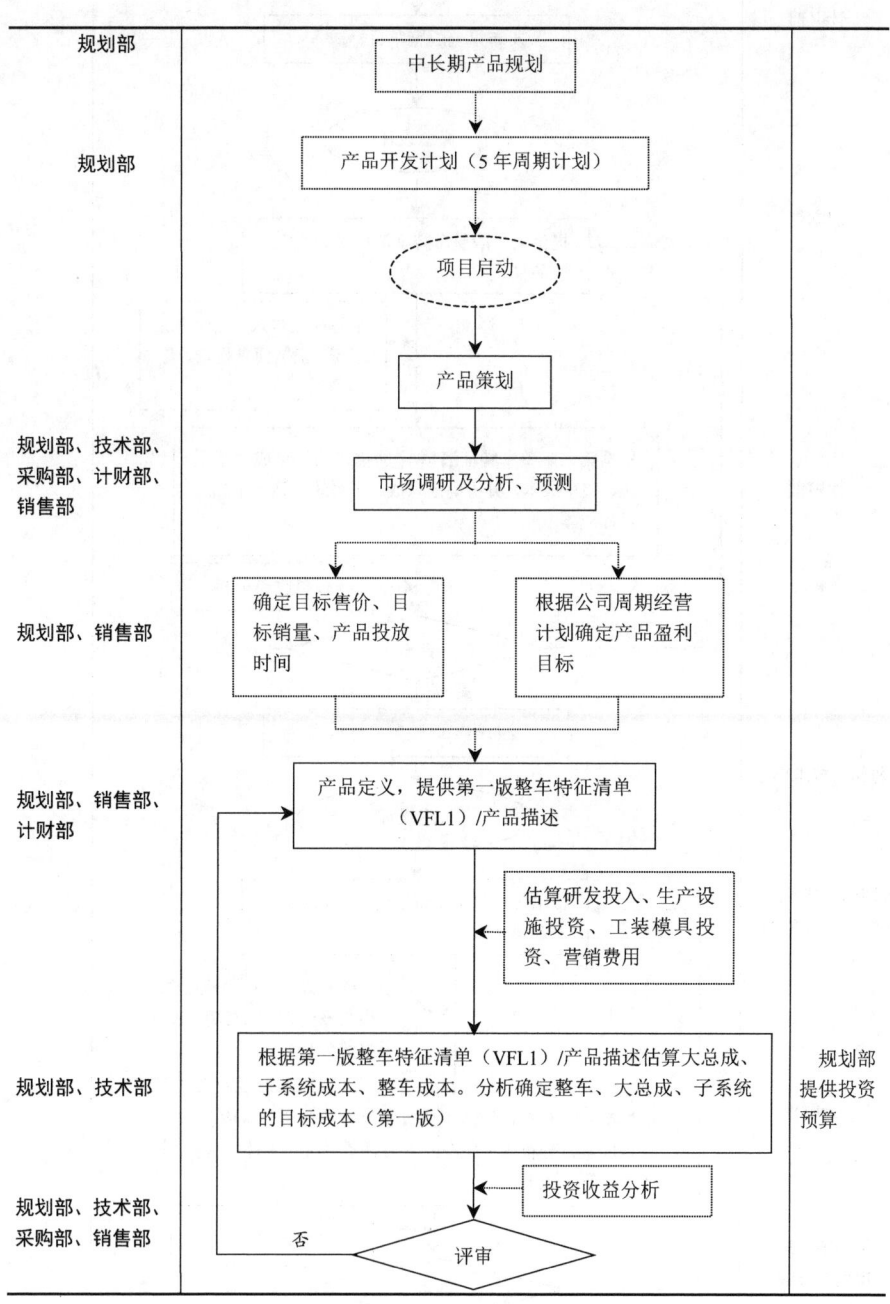

图 3-9　公司目标成本管理工作流程图

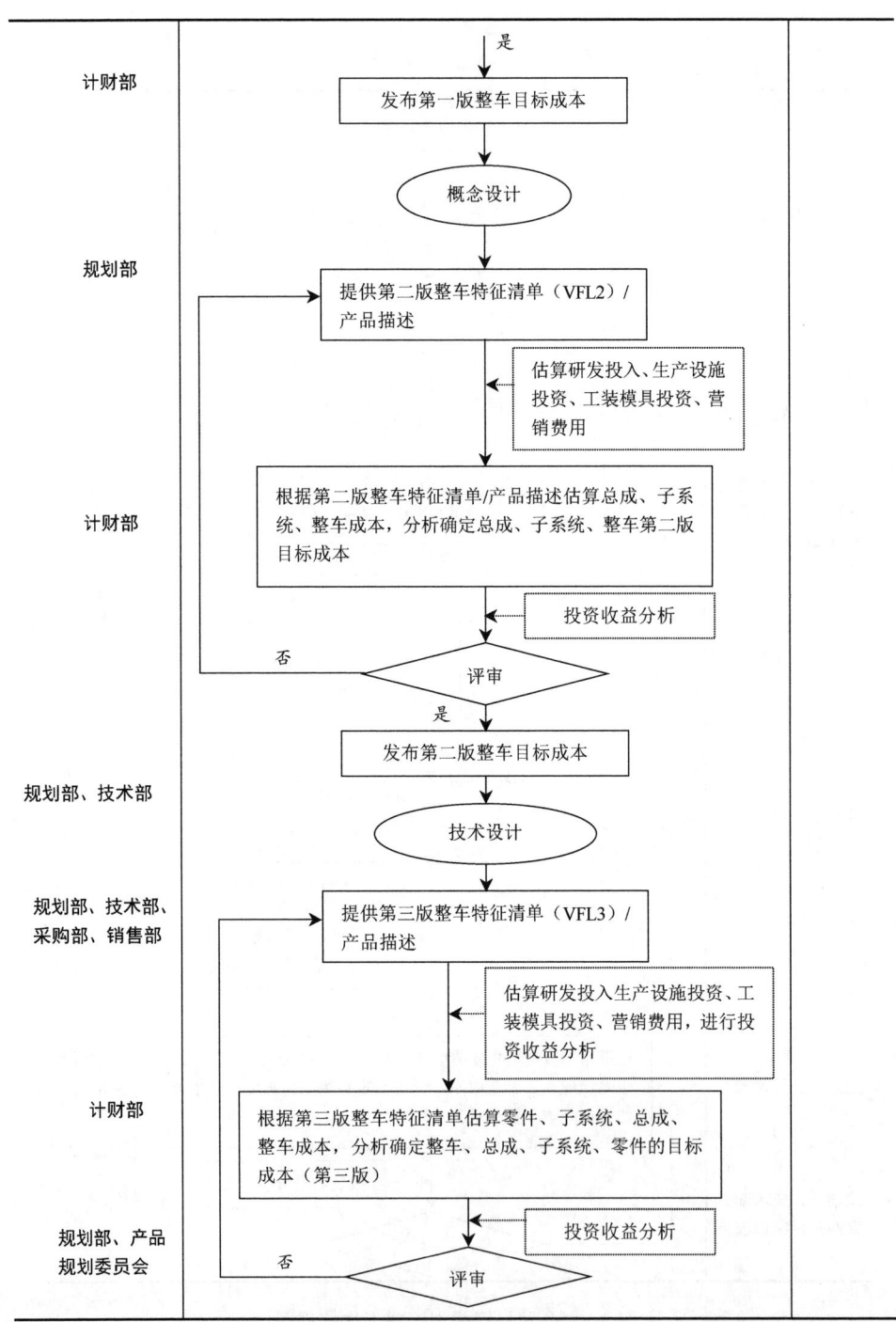

图 3-9 （续）

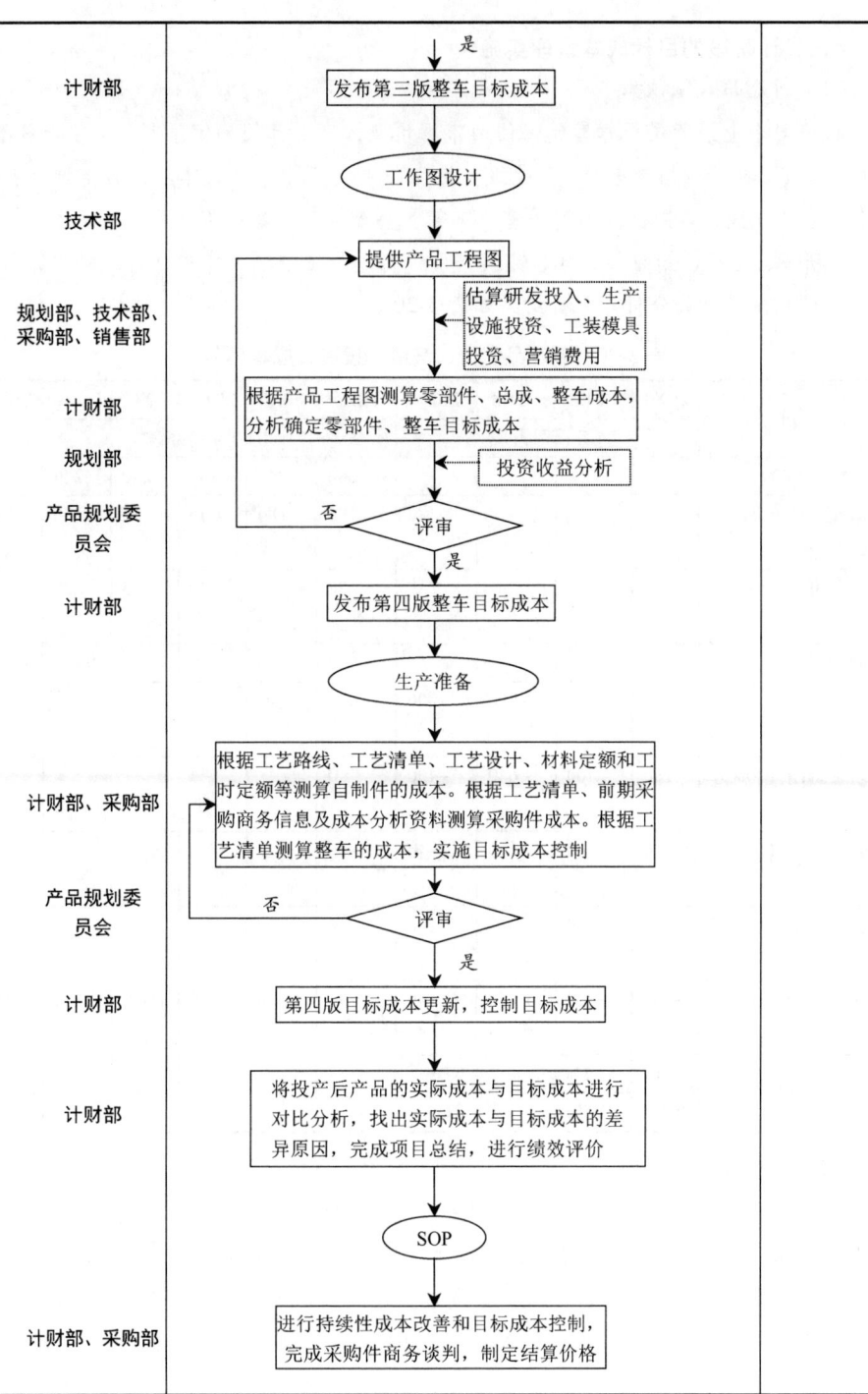

图 3-9 （续）

4. 设计阶段的目标成本管理实施

（1）新产品效益预测

该公司企业经营层根据营销部门的市场预测，产品部门确定了产品的主要配置：300马力发动机、9档变速箱、7吨级前桥、13吨级后桥、9米车架、带空调全新驾驶室；生产方式：自制部分为驾驶室、车架、整车装配，其他为外购件。以此为基础规划、研发、生产、销售、成本等部门分别进行了投资预测和成本分析，财务部门进行了项目的投资收益分析，分析结果如表3-20所示。

表3-20 新产品售价、产量、投资、成本预测

年份	20X1	20X2	20X3	20X4	20X5	20X6	20X7	20X8	20X9	20Y0
	4年产品开发				6年产品销售					
价格（1 000元）					240	240	240	240	240	240
单位可变成本（1 000元）					186	186	186	186	186	186
年销售量（1 000辆）					20	30	30	25	25	20
利润（100万元）					1 080	1 620	1 620	1 350	1 350	1 080
工装模具和生产设施（100万元）	0	−400	−800	−800	−400					
研发费用（100万元）	−160	−400	−640	−400	0					
营销费用（100万元）	0	0	0	−40	−40					
投产成本（100万元）	0	0	0	−100	−50					
年现金流（100万元）	−160	−800	−1 440	−1 340	590	1 620	1 620	1 350	1 350	1 080
利润衡量指标	IRR	17.5%		NPV	−187					
	ROS	22.5%		ROA	19.1%					

（2）整车目标成本确定

当时国外汽车企业的整车开发项目的平均收益率一般大于22%，由于本项目的收益率指标只能达到19.1%，不能满足企业经营需要，必须对项目的市场定位、产品成本、投资等进行分析，采取措施提高收益。通过项目组的分析，为满足市场需求，产品售价不能做大的调整，产品水平也不能过多降低，相关投资也必须保证。根据以往的经验及投资收益分析，降低产品单位变动成本是可行的，也是必需的，其对收益指标的影响也最为显著。因此，项目组确定的单位变动成本控制目标为17.6万元，其相应的收益分析如表3-21所示。

表 3-21 产品售价、产量、投资、成本预测

年份	20X1	20X2	20X3	20X4	20X5	20X6	20X7	20X8	20X9	20Y0	合计
	4 年产品开发				6 年产品销售						
价格（1 000 元）					240	240	240	240	240	240	
单位可变成本（1 000 元）					176	176	176	176	176	176	
年销售量（1 000 辆）					20	30	30	25	25	20	
利润(100 万元)					1 280	1 920	1 920	1 600	1 600	1 280	9 600
工装模具和生产设施(100 万元)	0	−400	−800	−800	−400						−2 400
研发费用（100 万元）	−160	−400	−640	−400	0						−1 600
营销费用（100 万元）	0	0	0	−40	−40						−80
投产成本（100 万元）	0	0	0	−100	−50						−150
年现金流（100 万元）	−160	−800	−1 440	−1 340	790	1 920	1 920	1 600	1 600	1 280	5 370
利润衡量指标	IRR	22.8%			NPV	217					
	ROS	26.7%			ROA	22.7%					

通过表 3-21 可以看出，如将产品变动成本控制在 17.6 万元，项目的投资收益可以达到行业先进水平，由此确定了新产品的整车目标成本。该企业的整车目标成本确定过程如图 3-10 所示。

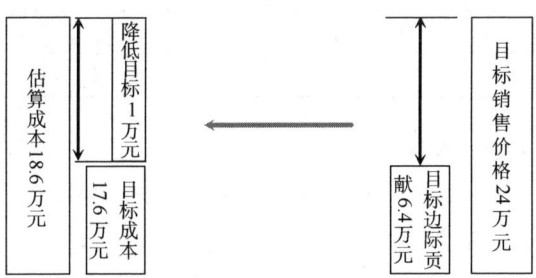

图 3-10 整车目标成本确定过程

（3）整车目标成本的分解

经过由产品、销售、采购、生产、财务等人员组成的项目小组的详细分析论证，

将本项目产品的总目标成本按功能及成本项目分解如表 3-22 和表 3-23 所示。

表 3-22 按产品功能分解目标成本

（单位：元）

项目	估算成本	目标成本	成本改善额
发动机	50 000	47 312	2 688
驾驶室	26 000	24 602	1 398
离合器	2 000	1 892	108
变速箱	16 000	15 140	860
传动轴	3 000	2 839	161
前后桥	30 000	28 387	1 613
车架	15 000	14 194	806
钢板弹簧	4 000	3 785	215
电器系统	5 000	4 731	269
其他	35 000	33 118	1 882
合计	186 000	176 000	10 000

表 3-23 按成本项目分解变动成本

（单位：元）

项目	估算成本	目标成本	成本改善额
原材料	10 000	9 462	538
辅助材料	2 000	1 892	108
外购件	164 700	155 845	8 855
燃料动力	1 000	946	54
直接人工	3 000	2 839	161
废品损失	300	284	16
变动性制造费用	5 000	4 731	269
整车变动成本合计	186 000	176 000	10 000

（4）目标成本的控制及验证

按照目标成本要求，在产品设计过程中，产品设计项目组按照图 3-9 所示工作过程，在产品方案设计、零件设计过程中，开展价值工程，通过项目小组人员的共同努力，本项目在产品投产后，产品实际成本达到目标成本要求，各总成及系统目标成本完成情况如表 3-24 及表 3-25 所示。产品售价考虑市场策略在产品实际投放时略低于预测售价，项目投资按照投资预算正常实施。该项目在 20X5 年投产后的实际收益及未来收益预测如表 3-26 所示。

表 3-24 实际完成整车功能成本与目标成本对比表

(单位：元)

项 目	估算成本	目标成本	实际成本	实际成本改善额
发动机	50 000	47 312	47 300	2 700
驾驶室	26 000	24 602	24 500	1 500
离合器	2 000	1 892	1 870	130
变速箱	16 000	15 140	15 140	860
传动轴	3 000	2 839	2 830	170
前后桥	30 000	28 387	28 300	1 700
车架	15 000	14 194	14 190	810
钢板弹簧	4 000	3 785	3 770	230
电器系统	5 000	4 731	4 700	300
其他	3 5000	33 118	32 900	2 100
合计	186 000	176 000	175 500	10 500

表 3-25 实际完成整车成本项目与目标成本对比表

(单位：元)

项 目	估算成本	目标成本	实际成本	实际成本改善额
原材料	10 000	9 462	9 500	500
辅助材料	2 000	1 892	1 900	100
外购件	164 700	155 845	155 450	9 250
燃料动力	1 000	946	950	50
直接人工	3 000	2 839	2 800	200
废品损失	300	284	200	100
变动性制造费用	5 000	4 731	4 700	300
整车变动成本合计	186 000	176 000	175 500	10 500

表 3-26 实施设计阶段目标成本控制后的新项目投资收益分析

年份	20X1	20X2	20X3	20X4	20X5	20X6	20X7	20X8	20X9	20Y0	合计
	4 年产品开发				6 年产品销售						
价格（1 000元）					239.2	239.2	239.2	239.2	239.2	239.2	
单位可变成本（1 000元）					175.5	175.5	175.5	175.5	175.5	175.5	
年销售量(1 000辆)					20	30	30	25	25	20	
利润(100万元)					1 274	1 911	1 911	1 592.5	1 592.5	1 274	9 555
工装模具和生产设施(100万元)	0	−400	−750	−800	−400						−2 350
研发费用（100万元）	−160	−400	−640	−400	0						−1 600

(续)

年份	20X1	20X2	20X3	20X4	20X5	20X6	20X7	20X8	20X9	20Y0	合计
	4年产品开发				6年产品销售						
营销费用（100万元）	0	0	0	−40	−40						−80
投产成本（100万元）	0	0	0	−100	−50						−150
年现金流（100万元）	−160	−800	−1 390	−1 390	784	1 911	1 911	1592.5	1592.5	1 274	5 375
利润衡量指标	IRR	23.0%		NPV	234						
	ROS	26.6%		ROA	22.9%						

通过上述实际案例的分析可以看出，在产品设计过程中优化成本管理流程、实施目标成本管理，首先，要有强有力的组织保证；其次，产品的销量、售价预测及产品定义是所有工作的输入前提，应结合详细的技术分析和成本分析，做出相对准确的市场预测；再次，公司要有清晰的经营目标，在产品设计过程让每一位参与设计的人员清楚地了解单车的盈利目标；最后，应重视成本分析工作，成本控制目标的达成，是通过对成本发生的各个细小环节、每一个零件进行控制来获取的，对各个部门及参与成员，每一环节的成本改善都为开展后续的成本控制活动奠定基础。

3.4 细化财务核算及管理流程

3.4.1 财务核算细化

随着企业规模的不断扩大，业务逐年增加，在这种情况下，细化单位内部财务管理体系显得至关重要。预算管理体系的建立是与企业内部的财务管理体制相适应的，是以"宏观调控，微观搞活"为目标，靠有效的内部经济责任制和完善的内部组织架构运行的。传统的以"归口分级"管理制度为核心的"统一领导、分级管理"的体制构成了预算管理体系的内部框架，而各种形式的承包责任制、内部企业化管理制度则进一步丰富了预算管理体系。预算管理体系的主要特征是在整个企业建立健全财经规章制度、明确企业内部各分级单位权责关系，在企业统一领导的基础上，根据财权划分、事权与财权相结合的原则，分别由一级单位和各分级单位分级管理各自预算。

1. 正确设置会计科目的核算级次

核算对象确定以后，应按《会计法》和《企业会计准则》的规定，根据核算项目的管理和经济业务核算的需要，正确设置会计科目的级次，以便准确提供项目管理所需的各种信息。总之，会计科目的设置，不仅要严格遵守《企业会计准则》，还要适应企业日常管理的需要。

2．财务核算过程中应经常进行会计核算梳理

项目开始前的周密建账，为真实、准确反映核算项目的各种财务信息、满足管理的需要提供了可能，但要真实、准确地反映核算项目的财务状况、经营成果，还应经常进行会计核算的梳理。一是加强实物资产的管理，确保资产的安全完整、账实相符。二是实物资产的短缺损失对工程项目的盈亏影响较大，企业必须重视实物资产的盘点工作，确保实物资产的安全完整，账实相符。这样一方面可使企业资产更真实，另一方面可以发现管理中存在的漏洞。

3．掌握项目部各债权的来龙去脉，督促有关部门及人员及时清收

企业的债权在这里指的是资产负债表的"应收账款""其他应收款""内部往来款""备用金"等科目。对"应收账款"要通过审阅甲方的结算书，判断债权的真实性和完整性；对不真实或不完整的应收账款要及时补充有关原始资料或进行调整；要判断到期债权有无垫资条款，有无超过法律诉讼时效；要判断各种保证金能否收回。对"其他应收款"应以一个经济事项立一个账页，这样有利于及时了解情况，及时催收各种保证金或押金。对"备用金"应关注职工欠款挂账情况，职工欠款挂账时间过长、金额过大，都有可能给企业带来损失；财务制度规定备用金分为一次性备用金和周转性备用金，除周转性备用金可在规定的限额下周转使用外，其他备用金和其他应收账款要及时核销或收回。

4．加强债务管理，严把付款审核关，确保资金的安全

债务的管理就是对债务形成的真实性以及对资金的支付严格把关，防止企业经济利益流失。企业债务主要是指"应付账款"和"其他应付款"。会计人员要严格审查债务形成的原始单据，特别要对单据之间的互相佐证进行稽核。每笔债务形成前，会计人员首先要审阅合同，掌握合同有关单价、计量方式以及付款方式，与有关部门传送到财务部门的结算单或发票核对是否相符，再查看审签手续是否齐全，付款时应注意账面是否有欠款金额，对于没有签订合同和账面没有记载的欠款，坚决不予支付。当应付账款出现借方数额时，会计人员要高度重视，应及时向有关部门了解详情。

5．加强存货的核算管理，将外加工和自制半成品分开核算管理

原材料的形态变化过程在财务账上无法体现，这是外加工和自制半成品在核算上的弊病。加工改制过程是存货出库再入库过程，这其中包括库存物出库后经过加工发生了变化，增加了原存货的成本，改变了原存货的形体和结构。加工后的存货发票进账是财务入账的需要，同时要填制入库单。新存货发票入账是反映加工完成的外协件的实际成本，所以财务账上的存货数与仓库的实际数账相符。同样，对一些自制半成品件也可以进行独立的财务核算。

通过科学的财务核算体系的建立和运行，从创新项目的决策、预测、实施、监控、考核，信息的收集、记录、汇总、反馈、分析与评价，到创新项目的下一次修正，往复循环，使技术中心的财务核算管理得以强化。技术中心的财务核算，通过对原始凭证的审核、记账凭证的填制、账簿的登记、成本费用的核算以及报表的编制等活动，来实现对企业技术创新经济活动全面、系统、连续、真实、及时的反映和监督；会计核算通过对企业技术创新经济活动数据和资料的收集、整理、计算、汇总，为财务管理打好基础，同时也对财务管理工作进行会计记录和反馈；财务管理运用专业技术对会计资料进行分析评价，制定科技活动经费筹集和使用预算，进行创新项目财务预测，控制财务风险，控制并降低研发成本，为企业技术创新战略服务。

3.4.2 案例分享：企业内部财务核算及管理流程制定

本书仍以 XJRQ 企业集团的财务流程为例，阐述财务核算及管理流程。

【案例 3-5】 XJRQ 企业集团财务核算及管理流程

1. 处理总账

各制单岗位依据取得的审核无误的原始凭证在系统中制单，然后将机制凭证与手工凭证粘贴，送交审核岗，记账岗接受审核无误的凭证，在系统中进行成批审核并记账，生成相关账表。具体流程如图 3-11 所示。

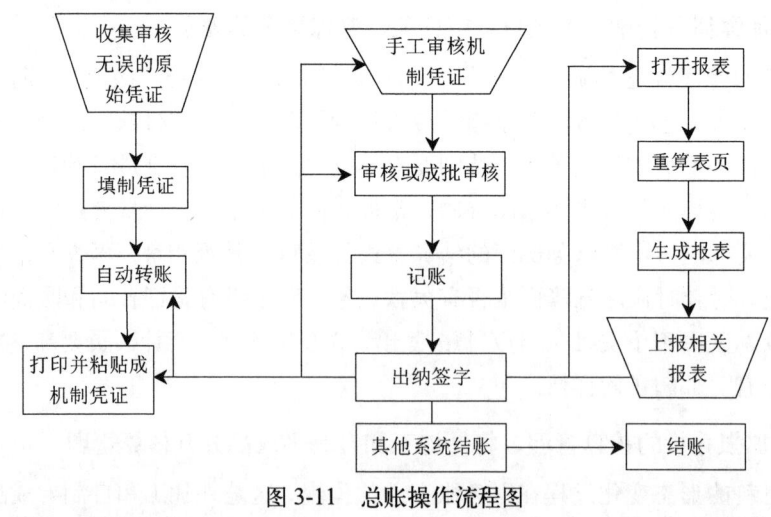

图 3-11 总账操作流程图

2. 应收账款

(1) 财务部销售会计根据客户要求开具发票，确认无误后对发票进行复核。财务往来会计检查销售会计传递来的发票，进行审核，生成应收凭证。

借：应收账款

贷：主营业务收入——××产品

应交税费——应交增值税（销项税额）

（2）销售人员向客户催收货款，客户货款划到公司后，财务往来会计录入收款单，核销客户应收账款，生成核销凭证。

收款单位制单：   **核销单位制单：**

借：银行存款   借：预收账款

贷：应收账款（预收账款）   贷：应收账款

（3）财务收款员打印收款单，业务员或客户签字确认，出纳员进行入账，登记现金日记账和银行日记账。

具体操作流程如图 3-12 所示。

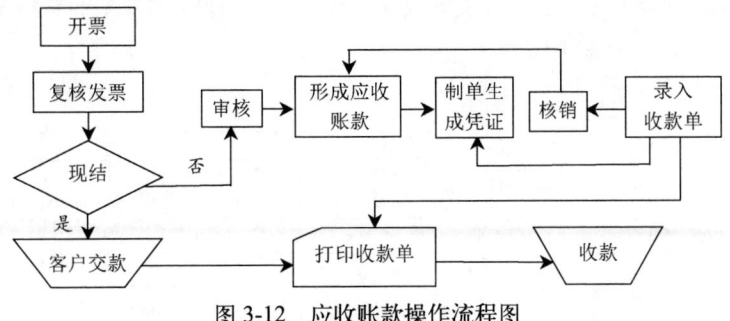

图 3-12 　应收账款操作流程图

3．应付账款

（1）财务材料会计收到供应商开具的采购发票后，如果对供应商本次开票付现款或付部分现款，需要对采购发票做现付处理。

（2）财务往来会计根据传递来的采购发票，与手工收到的真实发票核对，确认无误后，再对采购发票进行审核，生成相关凭证。

现付：

借：材料采购

应交税费——应交增值税（进项税额）

贷：银行存款（库存现金）

部分现付：

借：材料采购

应交税费——应交增值税（进项税额）

贷：银行存款（库存现金）

应付账款

赊购：

借：材料采购
　　应交税费——应交增值税（进项税额）
　贷：应付账款

（3）供应商催要账款时，经相关经理审批（参见手工合同审批流程），到财务处支取款项，财务往来会计录入付款单，核销客户应付账款，生成核销应付凭证。

付款单凭证：

借：应付账款（预付账款）
　贷：银行存款（库存现金）

进行核销处理后，生成如下凭证：

借：应付账款
　贷：预付账款

打印收款单给出纳，出纳开支票或支付现金，登记现金日记账和银行日记账。具体操作流程如图3-13所示。

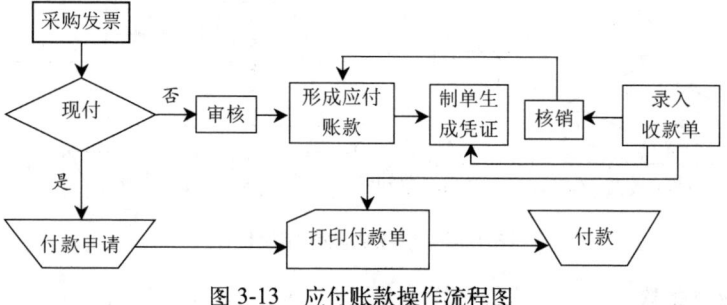

图3-13　应付账款操作流程图

4．销售退货业务处理

（1）未开票前退货处理

填制退货单，销售退货单参照销售发货单生成，参照发货单生成的退货单自动冲减发货单的未开票数量。开票时参照发货单即可，开票数量为冲减后的数量。

（2）开票后退货处理

填制退货单，填制红字发票，参照原有合同录入退货单，根据退货单开具红字销售发票，冲原有应收账款。对冲应收账款，财务往来会计在应收账款中进行红蓝票对冲，自动对冲开票后的退货。

（3）退货退票退款处理

开票后的退货，参照原有合同进行退货单录入，根据退货单开具红字销售发票。退款时，可以对红字销售普通发票进行现结处理，也可在应收账款中进行付款处理。

（4）返利与换票业务

退补业务只是涉及销售金额的调整，没有销售产品的出入库管理，即在添加销售开票通知单时在表体"退补标志"中选择"退补"标记。标记为"退补"的发货、发票记录只会调整金额，并不生成销售出库单。对于返利的业务，可直接根据返利额开具红字发票并标记为"退补"。对于需要换开的发票，可先开具与原票金额相反的发票将其冲销，并标记为"退补"；然后再开具内容正确的发票，并标记为"退补"。

具体操作流程如图 3-14 所示。

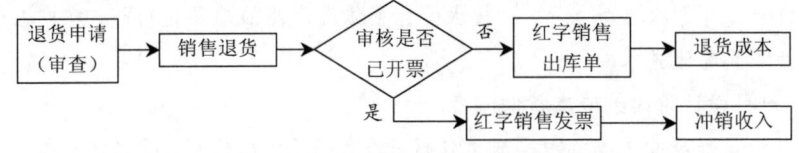

图 3-14　销售退货业务操作流程图

5. 固定资产管理

负责"固定资产""工程物资""在建工程""无形资产"账户的日常核算与管理，对固定资产增减变化情况进行核算，计提固定资产折旧、大修费用，编制在建工程报表和工程项目预算执行情况表并办理完工项目的工程竣工手续。新流程中加强了对集团内各单位间固定资产的调拨流程的管理，集团内各单位间进行固定资产的调拨须报集团资产管理业务部审批，经审核批准后，资产调拨的双方的财务部门进行各自的账务处理，集团定期组织和参与固定资产的清查、盘点、核对工作，做到账、卡、物相符。集团定期编制固定资产报表和全公司固定资产报表的汇总表。具体核算流程如图 3-15 所示。

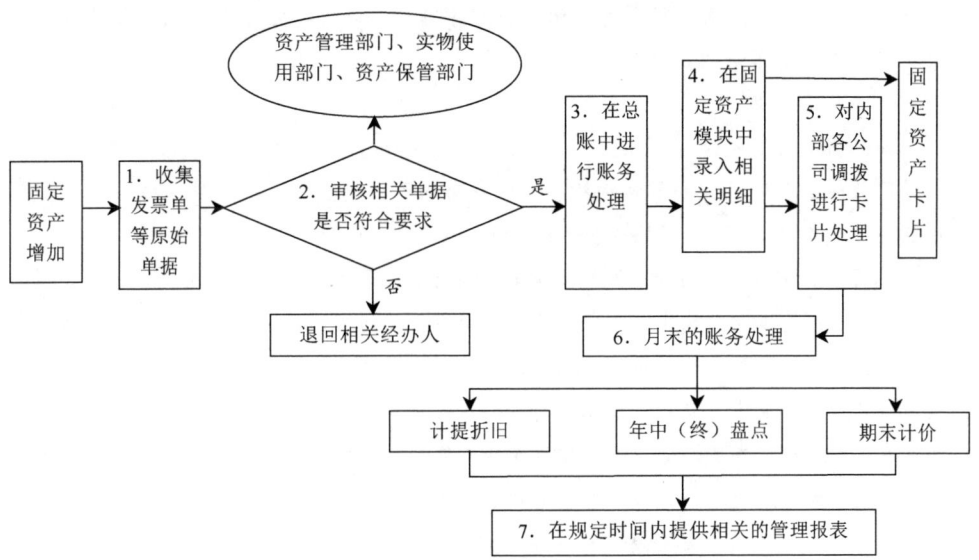

图 3-15　固定资产管理操作流程图

【案例 3-6】 XJRQ 企业集团成本管理控制制度及控制流程

1. 案例背景

XJRQ 企业集团为加强市场竞争力，降低产品成本，追求建立在低成本基础上的竞争优势，需要建立一个相对其他竞争者的"低成本地位"。企业要想取得竞争优势，就应从产品设计阶段入手，在产品设计阶段开始成本控制，这一阶段的成本控制重点应是在概念设计上的标新立异，在技术设计上体现产品的差异化功能，在施工设计上则应尽量降低设计成本。

2. 产品设计阶段的成本管理内容

产品设计阶段的成本管理实质上包括三个部分：成本预测、成本分析和成本优化决策，它们之间的关系如图 3-16 所示。

（1）成本预测

成本预测是指根据已经确定了技术工艺等参数的设计方案，结合以往产品的历史成本信息以及市场信息等相关信息，选用合适的成本计算方法来预测新产品的全生命周期成本的过程。

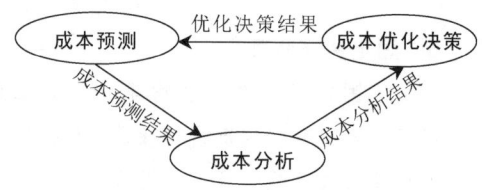

图 3-16 产品设计阶段成本管理的内容

成本预测的方法多种多样，在工程学领域中采用的方法往往是识别出与成本相关的特征，如材料、工艺、产品结构等，然后运用回归分析或者神经网络等方法找到成本与这些特征值之间的对应关系，建立成本预测模型。最后将新产品的特征值作为输入值，利用这种模型来预测新产品未来将发生的成本。而在会计学领域则可以利用作业成本法等方法来进行成本预测。

（2）成本分析

成本分析是由企业会计人员和工程技术人员一起，根据成本预测出的信息，考察分析产品的工艺特点、原材料耗费、消费者需求等，找出降低成本的关键点，并提供降低产品成本或提高性价比的改进建议和方法。

产品设计中的成本分析，可以根据某种设计方案下的成本预测结果进行分析，确定产品成本的结构以及结构中各个部分所占的比重，从而可以使设计师能够了解产品将来成本的构成，以及这个构成中较为重要的部分所在，便于在设计中抓住重点进行改进，从而有效地降低成本。其次，成本分析可以对各种影响成本变动的因素进行全面分析，测定有关因素对成本变动的影响程度以及成本变动的趋势，从而找到可以降低成本的关键性因素，为改进成本设计提供重要的信息。另外，如果产品设计采取了目标成本规划的方法，那么成本分析的任务还包括将成本预测的结果与成本目标相对比；如果没有达到目标，那么就应该重新进行设计，降低成本；如果达到了成本目标，则可以不必改变设计方法。这里的成本目标大到整个产品的成本目标,小到各个零部件的成本目标,都应该进行比较分析,而且成本目标越细化,越容易找到需要改进设计的环节。

(3)成本优化决策

成本优化决策是指根据成本分析结果,进行比较和选择,最后做出决策来采取措施改进产品设计,例如改变工艺或者改变材料的选用等,来到达成本优化的目的。成本分析已经找到了可以进行优化设计的关键点,那么成本优化决策就是改变设计来实现成本降低。这个决策过程不仅仅是改变产品设计的参数来降低成本,还应该充分考虑到新产品的技术性能,并且要充分满足客户的功能上的需求。除此之外,成本优化设计也不只是可以通过改变结构设计来实现,也可以通过改变产品的流程设计来完成。这个过程很大程度上要依靠设计师的判断,判断的关键也在于对于工艺流程和产品属性等各个方面的理解程度。

产品设计阶段成本管理的这三个部分的关系是一个反复循环的过程,成本预测为成本分析提供成本信息,成本分析又为成本优化决策提供改进建议和方法,经过成本优化决策改进后,又需要重新进行成本预测,开始新一轮的循环,直至达到最优的成本结果。

3. 产品设计阶段成本控制制度及流程制定

产品设计阶段成本控制一定要考虑市场的导向,具有前瞻性。产品设计阶段的成本控制不是简单的成本降低,而应重在成本避免和立足预防,将成本管理和产品研发设计有机结合,制定符合本企业实际情况的成本控制制度,才能真正做到在产品设计阶段控制成本,才能提高企业的市场竞争力。案例企业制定了本企业的设计阶段成本控制制度,如表3-27所示。

表3-27 设计阶段成本控制制度

制度名称	设计阶段成本控制制度		受控状态	
			文件编号	
执行部门		监督部门	考评部门	

第一章 总 则

第一条 为加强设计阶段成本管理,降低成本耗费,提高经济效益,根据有关成本费用的管理规定,结合本公司实际,特制定本成本制度。

第二条 在成本预测、决策、计划等成本管理各环节中,以成本控制为中心,实现公司目标成本,提高经济效益。

第三条 设计阶段成本控制,由总工程师及设计部门经理负责组织,其他有关部门密切配合,按照分级归口管理原则实行成本管理责任制。

第四条 实行目标成本管理,将目标成本层层分解,建立成本中心。制定公司总部、分公司、部门、车间、班组、各岗位或职工个人的"目标责任成本表"。

第五条 在设计、生产、技术、经营的全过程中开展有效的成本控制。

1. 从市场预测、设计、科研、工艺、试制等过程,进行成本预测、决策、确定目标成本,同时制订费用预算和成本计划,进行成本的事前控制。

（续）

2. 从设计流程开始，实行价值工程分析，制定目标成本，分析和控制成本的差异，并将成本指标分解，进行成本的事前控制。

第二章 成本控制基础

第六条 做好各种定额的制定和管理工作，要求数据完整、准确，达到平均先进水平。

1. 产品的材料技术消耗定额由技术部负责归口制定、管理。
2. 产品的外购配套件消耗定额由设计部负责归口制定、管理。
3. 设备的产品配件消耗定额由设计部门、设备动力部负责归口制定、管理。
4. 工具所消耗定额由归口部门制定、管理。
5. 劳动工时定额由人力资源部负责归口制定、管理。

第三章 目标成本

第七条 目标成本，是某一产品在一定时期所要求实现的成本水平。发展新产品和改造老产品，都应实行目标成本管理。目标成本管理要从产品设计入手，事前控制产品成本水平，使产品既保持其应有的功能，又能体现最低的成本。

第八条 目标成本管理的程序是，依据市场调查和经济预测及企业的目标利润，提出单位产品的目标成本，并以此作为设计产品耗用材料与工费的限额。

第九条 目标成本的制定，采用下列公式：

$$单位产品目标成本 = 预测销售价格 - 应交税费 - 目标利润$$

1. 预测销售价格工作由销售部门负责，在市场调查和经济预测的基础上进行预测。
2. 目标利润是企业在计划期必须努力实现的利润水平，由财务部负责，目标利润应根据企业预期的销售利润率或资金利润率加以确定。

第十条 在产品投产前，应通过对成本与功能关系的分析和研究，开展价值工程，选择最佳方案，从而制定目标成本。价值与功能成正比，与成本成反比。如果要使产品保持应有的功能，同时又体现最低的成本，必须从改善功能和降低成本两个方面想办法，其途径是：

1. 功能不变，而成本降低。
2. 成本不变，而功能提高。
3. 功能提高，同时成本降低。
4. 功能略有下降，同时成本大幅度下降。

第十一条 目标成本制定后，应以财务部为主，会同生产、技术、劳资等部门进行分解和分配，作为设计、工艺、试制、投产等过程的主要经济数据加以控制，并成为全体员工努力实现的目标。

1. 按料、工、费等项目进行分解，分配给设计、工艺等技术部门以及生产、人力资源等部门。
2. 按产品的部件和关键性零配件进行分解，分配给设计、工艺和科研等技术部门。
3. 按可控制的现行成本进行分解，分配到各个部门、分公司、车间和班组。

第四章 成本计划

第十二条 成本计划的编制

1. 应以目标成本为方向，定额成本为基础，以切实地降低成本作为保证，形成先进可行的成本指标体系。
2. 对有关业务计划（研发、设计、生产、采购、人工等）和财务计划（现金、费用预计财务报告表等）进行试算平衡，使成本具有可操作性并达到先进水平。

第十三条 成本计划体系

1. 年度成本计划，应该在为实现企业生产经营目标中的销售目标和利润目标以及降低成本措施方案的基础上，以固定费用预算、生产费用预算和主要产品单位成本计划作为重点。

(续)

2．季度成本计划，应以主要产品的单位成本计划和分公司、车间及部门的成本计划为重点。

3．成本计划的编制工作，应由总会计师负责组织，以财务部门为主，销售、技术、生产、计划、供应、劳资等部门应给予密切配合，参与制订。

4．年度和季度的成本计划草案，由总会计师审查后，提交总经理批准，然后通知全公司执行。

第十四条 成本计划的程序

1．根据企业生产经营目标中的销售目标、利润目标、固定费用和变动费用的预测进行平衡，从而确定计划期内产品成本的控制数字。

2．制订计划期内降低成本的主要措施，包括采用新技术、新工艺、新材料以及改进经营管理等以节约物质消耗和劳动消耗的措施。

3．以成本计划控制数字范围和降低成本的措施，编制当期固定费用计划。同时拟定压缩主要产品的工、料消耗的计划指标，并据以编制主要产品单位成本计划和生产费用预算。

第十五条 成本计划的内容

1．降低成本措施方案或增产节约的措施规划，包括技术革新、改进技术、降低消耗、修旧利废、改制利用、提高工效、减少废品、通力协作、增加销售、改进管理等多种增收节支措施。

2．固定费用预算，包括基本固定费用和半固定费用预算。按销售目标和目标利润，进行"本量利分析"，用以确定固定费用和变动费用的控制数字。对半固定费用与产值变动的关系，应积累资料，统计分析，并确定相关比例。

3．主要产品单位成本计划。主要产品成本包括商品产品和自制自用的产品成本。工、料消耗，以原有的定额作为基础，并依据降低成本措施加以压缩。

4．按主要产品和成本项目分别编制产品成本计划。

5．生产费用预算，即以固定费用预算和按产值确定的变动费用为基础，控制生产费用总额。调整计划期内在产品等的增减数额后，即反映出当期产品计划成本。

6．制造费用预算，按照规定的项目，同时考虑计划期内产量可能发生的变动，从而编制出一套能适应多种产量的制造费用的弹性预算。

第五章 设计阶段成本管理责任制

第十六条 实行"统一领导，分级管理"的原则

1．公司设计阶段成本管理是在总经理领导下，由总工程师及设计部门经理负责组织，其他有关部门参加，对公司成本进行前馈预测、计划、核算、控制、分析、考核和监督。

2．分公司、车间成本管理在分公司经理或车间主任领导下，有关部门参加，对本单位的试生产产品成本进行核算、控制和分析。

第十七条 设计、工艺、科研等技术部门负责归口管理试制新产品和改进老产品的目标成本，以及负责归口管理技术革新、技术改造、设计图纸等费用指标。

第十八条 设计阶段成本考核

1．技术革新（革新前加工所需工时-革新后加工工时＝提高工效增产工时，或革新前消耗-革新后消耗＝节约消耗）。

2．改进设计（设计改进前消耗-改进设计后消耗＝节约消耗）。

3．改制利用（加工改制后可利用价值-加工改制费用-材料残值＝节约价值）。

第六章 附 则

第十九条 本制度经总经理审查批准后实施。

第二十条 本制度由总公司总工办、财务部负责解释和修订。

案例企业制定了设计阶段的成本控制制度后,相应地制定了基于目标成本管理的产品设计阶段成本控制流程,如图3-17所示。

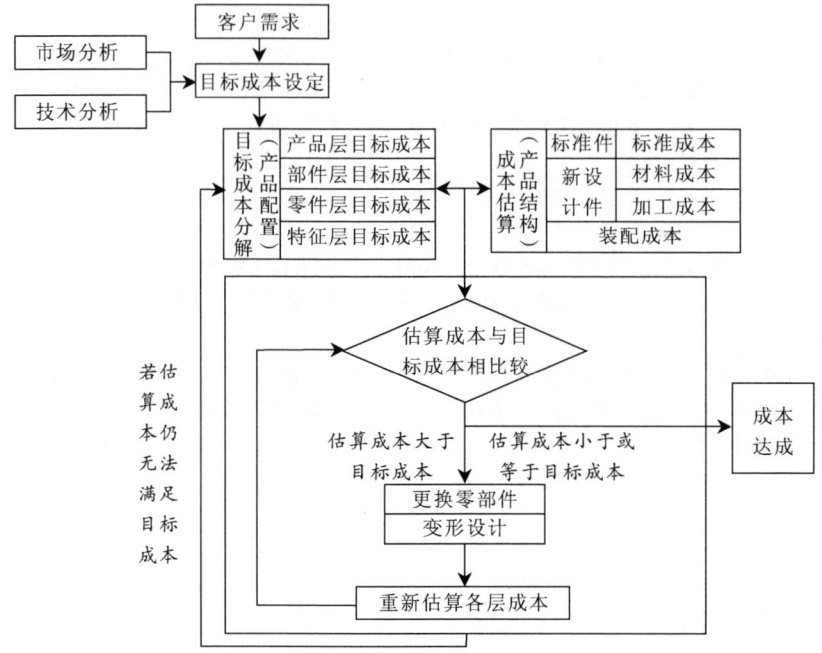

图3-17 基于目标成本管理的设计阶段成本控制流程

4. 生产阶段的成本核算制度及控制流程制定

案例企业考虑在现有的组织架构下将成本控制模块和企业现有的管理控制架构相结合,制定出适合本企业发展的科学的成本控制制度,达到有效控制成本膨胀的目的。

(1)成本费用核算制度(见表3-28)

表3-28 成本费用核算制度

制度名称	成本费用核算制度	受控状态	
		文件编号	
执行部门		监督部门		考评部门	

第一章 总 则

第一条 目的

1. 规范企业成本费用核算工作,保证成本信息真实、完整。
2. 加强企业成本管理,降低成本费用,提高企业经济效益。

第二条 成本费用核算依据

1. 国家《企业会计准则》《企业内部会计制度》。
2. 有关消耗定额、开支标准和开支范围的政策文件。
3. 企业内部的经营特点以及经营的内外部环境的要求。

（续）

第三条 成本费用的核算应当遵循下列要求
1．成本费用应当分期核算。
2．成本费用的核算方法应当前后一致。
3．成本费用核算应当为企业未来决策提供有用信息。
4．成本的确认和计量应当符合国家统一的会计准则制度的规定。
5．一定期间的成本费用与相应的收入应当配比。
6．成本费用归集、分配、核算应当考虑重要性原则。
7．成本费用核算应与客观经济事项相一致，以实际发生的金额计价，不得人为降低或提高成本。

第四条 合理确定消耗定额
进行成本费用核算的前提就是制定企业各项消耗定额，具体包括以下四个方面。
1．企业的材料消耗定额，包括原材料、燃料、动力等的消耗定额。
2．劳动定额，包括产品生产工时、产品产量、劳动生产率、停工率等方面的定额。
3．设备利用定额，包括各种机器设备的利用率等的定额。
4．费用消耗定额，包括各种制造费用的消耗定额。

第二章　成本费用核算组织体系

第五条 本企业采用集中核算形式，财务部集中负责成本费用的核算工作，各部门负责登记、整理有关原始资料，填报有关原始凭证，并进行初步审核、整理和汇总。

第六条 本企业实行成本费用核算的总裁负责制，财务部经理受总裁委托具体组织开展各项成本费用的核算工作，成本核算会计在财务部经理直接领导下，具体负责成本费用核算的账务处理及相关事宜。

第七条 企业各部门根据本部门开展业务的需要，设置专职成本核算员或指定专人兼任，以开展本部门成本费用的核算业务。

第八条 各部门具体负责本部门的成本核算工作，健全原始记录，制定并修订各项定额，对上报财务部的成本费用核算数据全面负责，并配合财务部开展各项财务核算管理工作。

第九条 成本核算人员的工作内容
1．按照规定设置成本核算项目，做到结构合理、项目齐全。
2．收集、整理成本核算数据，按规定项目、程序、方法和时限要求，准确计算、编报、分析、预测和控制成本费用。

第三章　成本费用核算对象、方法和项目

第十条 成本核算对象
1．生产成本。
2．制造费用。

第十一条 费用核算对象
1．期间费用
（1）销售费用。
（2）管理费用。
（3）财务费用。
2．其他费用

第十二条 成本费用核算方法
1．对能直接归属某个成本核算对象的成本费用直接列入相应成本对象的成本中。

(续)

2. 对涉及两个及两个以上成本费用核算对象的成本费用采用分配的办法进行归集，分别根据具体情况按人员比例、工作量比例予以分摊。

3. 本企业采用品种法作为成本费用计算方法，品种法即以产品品种作为成本计算对象的一种成本计算方法，特点包括以下四个方面。

(1) 以"品种"为对象开设生产成本明细账、成本计算单。
(2) 成本计算期一般采用"会计期间"。
(3) 以"品种"为对象归集和分配费用。
(4) 以"品种"为主要对象进行成本分析。

4. 成本费用计算方法的变更必须经财务总监审批方可进行。

第四章 生产成本核算

第十三条 根据实际产量和实际消耗的材料、人工、费用计算产品的实际成本。

第十四条 生产成本核算要求

1. 采用计划成本、定额成本进行日常核算，不得以计划成本、定额成本代替实际成本。
2. 划定本期产品成本和下期产品成本的界限，不得任意待摊和预提费用。
3. 划清在产品成本、产成品成本和不可比产品成本的界限，不得虚报可比产品成本降低额。
4. 凡是规定不准列入成本的开支，都不得计入产品成本。
5. 按成本费用发生项目进行归集，归集过程中保持成本核算与实际生产经营进程的一致性。

第十五条 生产成本核算程序

1. 根据各部门统计资料和原始记录，收集、确定各种产品的生产量、入库量、自制半成品和在产品盘存量以及材料、工时、动力消耗等数据，确保数据的准确性、规范性和有效性。
2. 根据基本生产车间、辅助生产车间和规定的成本费用项目对发生的一切生产费用进行归集。
3. 将归集的费用予以结转和分配，能够确定由某一成本核算对象负担的，直接记入该成本核算对象；由几个成本核算对象共同负担的，按照产量等合理的分配标准，在有关成本核算对象之间进行分配。
4. 期末有在制品产品，应将归集起来的生产成本按产值在完工产品和在制品之间分配，从而计算出完工产品的总成本和单位成本。

第十六条 材料成本核算

1. 材料成本包括材料购买价格、运杂费、装卸费、定额内的合理损耗及入库前的加工、整理及挑选费用等。
2. 材料采用实际成本核算，按加权平均法计算出库成本。
3. 凡直接用于产品生产的材料和自制半成品，直接计入各产品成本。不能直接认定的，按产值进行分配。

第十七条 燃料和动力成本核算

燃料及动力按实际成本计入产品成本，能直接认定用于产品生产的燃料及动力的，直接计入各产品成本；不能直接认定的，按产值进行分配。

第十八条 直接职工薪酬成本核算

直接从事产品生产人员的职工薪酬，直接计入各产品成本；不能直接认定的，按产值进行合理分配。

第十九条 辅助生产成本的核算

1. 核算原则

企业的辅助生产车间（部门）应单独核算成本并进行分配。

2. 核算办法

辅助生产车间（部门）生产的水、电、汽及提供的劳务等发生的各项间接费用（包括材料、燃料及动力、直接职工薪酬、制造费用），通过相对应的成本要素或成本中心归集。

(续)

第二十条 在制品成本的核算

1．对于各月之间变动不大、在制品数量较少、生产周期较短的情况，不计算在制品成本。

2．对于各月之间变动较大、在制品数量较多、生产周期较长的情况，计算在制品的原材料成本。

第五章　制造费用核算

第二十一条 企业因生产产品和提供劳务而发生的各项间接生产费用，通过"制造费用"科目归集，凡能直接认定用于产品生产的制造费用，直接计入各产品成本；不能直接认定的，按产值进行合理分配。

第二十二条 制造费用核算的具体内容包括折旧费、物料消耗、运输费、设计制图费、租赁费、财产保险费、低值易耗品摊销、水电费、取暖费、办公费、差旅费、职工薪酬、劳动保护费、印刷费、环保费用、车辆使用费以及生产部门不能列入以上各项目的其他间接生产费用。

第六章　期间费用核算

第二十三条 期间费用包括销售费用、管理费用和财务费用三类。

第二十四条 销售费用核算主要是核算对外销售商品和提供劳务等过程中发生的各项费用以及专设销售机构的各项经费。

第二十五条 销售费用的具体内容包括销售部门在开展业务过程中产生的职工薪酬、劳动保护费、固定资产折旧费、修理费、租赁费、财产保险费、低值易耗品摊销、物料消耗、水电费、取暖费、办公费、差旅费、会议费、通信费、印刷费、销货运杂费、其他运杂费、装卸费、包装费、商品损耗（减溢余）、展览费、广告费、业务宣传费、销售服务费、无形资产摊销、长期待摊费用摊销及其他费用支出。

第二十六条 管理费用，核算分、子企业为组织和管理生产经营所发生的行政管理费用和管理部门在经营管理中产生的或者应由企业统一负担的企业经费等。

第二十七条 管理费用的具体内容包括企业管理部门的职工薪酬、劳动保护费、折旧费、修理费、租赁费、财产保险费、低值易耗品摊销、物料消耗、水电费、取暖费、办公费、差旅费、会议费、通信费、印刷费、图书资料费、业务招待费、外宾招待费、车辆使用费、运输费、土地租金、文化教育费、医疗卫生费、社区服务费、无形资产摊销、长期待摊费用摊销、技术使用费、土地（海域）使用及损失补偿费、房产税、车船使用税、土地使用税、印花税、出国人员经费、咨询费、诉讼费、董事会会费、信息系统运行维护费、招投标费、环境卫生费、外部加工费及不能列入以上各项目的其他各种管理费用。

第二十八条 财务费用，指企业为筹集生产经营所需资金等而发生的费用。

第二十九条 财务费用核算的内容包括利息支出（减利息收入）、汇兑损失（减汇兑收益）、金融机构手续费、筹集生产经营资金发生的其他手续费等，不包括应当资本化的一般借款费用。

第三十条 财务费用核算的具体内容

1．利息支出

（1）利息支出的范围。包括企业向国内外银行及其他金融机构支付的借款利息（包括长期借款利息和短期借款利息）、应付债券利息、汇票贴现利息、应付票据利息、融资性应付款利息支出及逾期贷款银行加息（不含滞纳金、罚息）。

（2）为购建资产发生的借款利息支出，符合资本化条件的，应计入有关资产的价值，不在本项目核算。

（3）利息支出设"国内长期借款利息支出""外资长期借款利息支出""应付债券利息""短期借款利息支出""融资性应付款利息支出""预计弃置费用利息"及其他利息支出项目进行明细核算。

2．利息收入

企业存款利息收入，包括银行存款利息、应收票据到期贴息收入等。企业购买国债、其他债券取得的利息收入列入"投资收益"项目核算。

3．汇兑净损失

因汇率变动而发生的外币兑换差额。本项目设"汇兑损失"和"汇兑收益"两个细目，分别核算经营活动中发生的外币兑换损失及收益。

(续)

第七章 其他成本和费用核算

第三十一条 其他业务成本

其他业务成本,指反映企业除主营业务活动以外的其他经营活动所发生的成本,包括销售材料与包装物的成本、技术转让与技术服务成本、代购代销手续费、出租固定资产计提折旧、出租无形资产的累计摊销、出租包装物的成本或摊销额、转供动力支出、来料加工支出、处置投资性房地产成本及采用成本模式计量投资性房地产计提的折旧额或摊销额等。

第三十二条 其他费用

其他费用,指企业为筹集资金而发生的其他费用支出,主要包括金融机构手续费、为筹集贷款支付的担保费、为筹集贷款履行承诺而发生的费用、办理抵押贷款发生的费用、购买银行票证支付的费用及发生的现金折扣等。

第三十三条 营业外支出

企业发生各项营业外支出,包括处置非流动资产损失、资产报废毁损损失、非货币性资产交换损失、债务重组损失、罚款支出、捐赠支出、资产盘亏损失、预计担保损失、预计未决诉讼损失以及预计重组损失等。

第八章 成本费用会计凭证管理

第三十四条 财务部工作人员对不真实、不合法成本费用的原始凭证不予受理;对记载不准确、不完整成本费用的原始凭证予以退回,并要求及时进行更正和补充。

第三十五条 财务部工作人员办理成本费用的核算事项必须填制或取得原始凭证,并根据审核后的原始凭证编制记账凭证。会计、出纳员记账,都必须在记账凭证的相应位置签字。

第三十六条 财务部工作人员应根据成本费用账簿记录编制成本费用会计报表并上报总裁及报送有关部门。会计报表每月由会计编制并上报一次,会计报表须会计签名或盖章。

第三十七条 财务部工作人员发现成本费用的账簿记录与实物、款项不符时,应及时向总裁报告,并请求查明原因,做出处理。

第三十八条 根据企业会计档案管理规定需要归档保存的会计凭证,应及时送专管档案的会计人员入档保存。

第九章 附 则

第三十九条 成本费用的核算严格遵守开支范围、开支标准、有关消耗定额标准。

第四十条 成本核算的资料必须准确、完整、真实、合法,记载、编制必须及时。

第四十一条 本制度由财务部负责拟定、解释和修改,经总裁签字后正式实施。

第四十二条 本制度自发布之日起实施。

(2)成本费用控制制度(见表3-29)

表3-29 成本费用控制制度

制度名称	成本费用控制制度		受控状态	
			文件编号	
执行部门		监督部门	考评部门	

第一章 总 则

第一条 目的

为了保证成本费用预算的有效执行,特制定本制度。

(续)

第二条 责权单位

1. 财务部负责本制度的制定、修改、废除等工作。
2. 总裁负责本制度制定、修改、废除等的审批。

第二章 成本费用预算分解

第三条 企业根据成本费用预算、定额和支出标准,分解成本费用预算指标。

第四条 成本费用预算指标一经批复下达,各预算执行部门必须认真执行。

第五条 各部门应将成本费用预算指标层层分解,横向到边、纵向到底,落实到部门的各单位、各环节和各岗位,形成全方位的成本费用预算执行责任体系。

第六条 在分解预算指标时,应考虑内部产品和劳务互供的影响,指标与措施同步,责权利相统一。

第七条 各部门应将年度预算作为指导,编制月度预算,以确保年度财务预算目标的实现。

第八条 各部门应当结合年度预算的完成进度,按照规定格式编制月度预算报表,经本部门负责人确认后,按照企业全面预算管理办法的规定上报财务部和总裁,由总裁审核确认给予批准。

第九条 月度预算下达后,各部门严格按照批复,将完成月度预算的各项生产经营指标落实到责任单位和个人。

第三章 成本费用预算控制

第十条 各部门在日常控制中,应当健全凭证记录,完善各项管理规章制度,严格执行生产消耗、费用定额定律标准,加强实施监控。对预算执行中出现异常情况,应及时查明原因,予以解决。

第十一条 财务部与采购、生产、计划、营销等部门加强沟通,充分发挥牵头和监控作用,及时发现成本费用预算执行过程中的问题,督促有关部门解决预算执行过程中暴露的问题,自觉进行成本费用控制。

第十二条 采购部控制

1. 原材料及各种辅料等物资的采购,是生产经营环节的源头,其成本在产品成本中占有较大比重,采购部和其他对采购成本有影响的部门要负责采购成本的控制。
2. 采购部应适应市场经济的变化,货比三家,提高采购率、大厂直供率和合同订货率,减少中间环节,减少企业库存,防止重复采购,避免物资积压,降低采购成本,节约采购资金。

第十三条 生产技术部控制

1. 生产技术部要加强生产装置物耗、能耗和加工损失管理,降低生产消耗,提高产品产量。
2. 要推进科技进步,开发高附加值产品,改进工艺和操作,对技术投入的产出负责,提高产出率。

第十四条 设备部控制

1. 设备部要加强维修费用和设备更新费用的预算控制,通过对设备的精心操作、设备的日常维护保养和提高大修质量,确保设备的长周期运转。
2. 维修工程和更新项目必须纳入正常的工程预、决算管理,对规定标准以上的维修工程和更新项目的预算、决算,应由工程审计机构进行必要的审核,防止效益流失。

第十五条 安全环保部控制

1. 安全环保部门要抓好安全生产,减少因安全事故和非计划停工造成的损失。
2. 消除、减少环保责任事故,本着"高效节约"的原则,控制安全环保费用。

第十六条 各责任单位要加强对原材料、产成品、半成品、在产品的计量验收工作,从接货、装卸、运输、进厂、入库、发货、出库等环节入手,专人负责,准确计量,严格统计,努力减少途耗、库耗。

第十七条 制造费用和期间费用各项目要按照"谁发生,谁控制,谁负责"的原则,责任到人,从严从紧,精打细算。

(续)

第十八条 各部门应建立成本预测制度,把成本费用管理的重点放到事前预测和过程控制上。

1. 企业事先应对生产计划、生产工艺方案进行成本预测,根据预测数据进行决策,优化生产方案,合理配置资源,使成本费用得到事前控制。

2. 在事中要定期对生产过程的生产经营情况进行成本预测,根据预测结果,及时采取控制措施,使成本得到事中控制。

第四章 附则

第十九条 本制度由财务部负责解释。

第二十条 本制度经总裁审批后自颁布之日起执行。

（3）制定生产阶段成本控制流程

生产过程车间成本控制流程如图 3-18 所示。

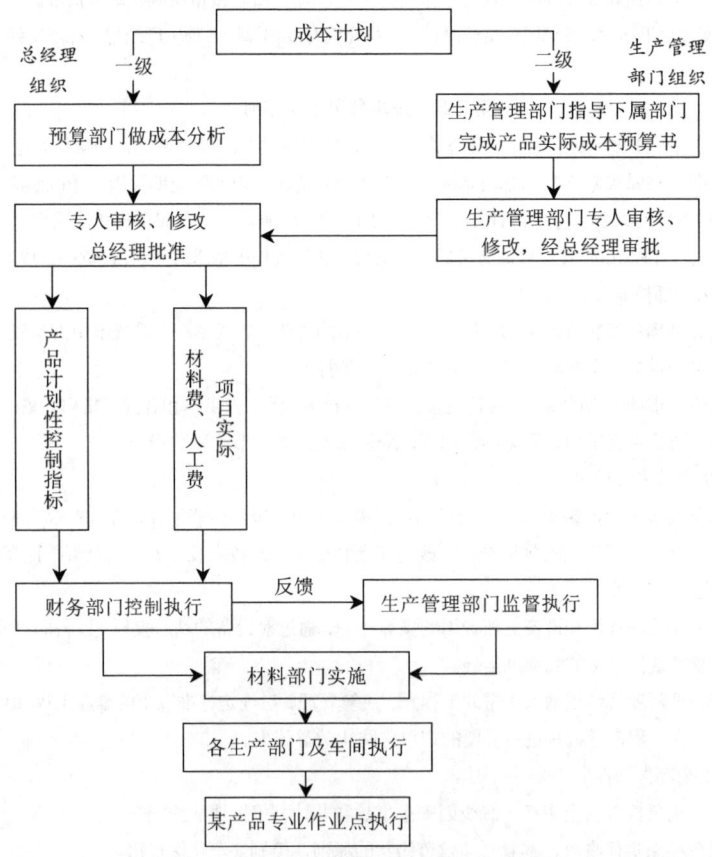

图 3-18 生产过程车间成本控制流程图

5. 制定成本费用预算管理制度

案例企业为保证预算管理实施,增强预算的可操作性,制定了成本费用预算编制方法,希望能够达到成本管理和控制的目的。

成本费用预算编制方法

第一章 总 则

第一条 为配合公司推行全面预算管理制度,推动目标成本导向型全面预算管理的实施,强化成本管理与控制,按照目标成本导向型全面预算管理理论和模式的要求,根据公司的实际情况,制定本编制方法,各分(子)公司、部门应严格遵守并认真执行。

第二条 公司成本费用预算管理流程图(见图3-19)。

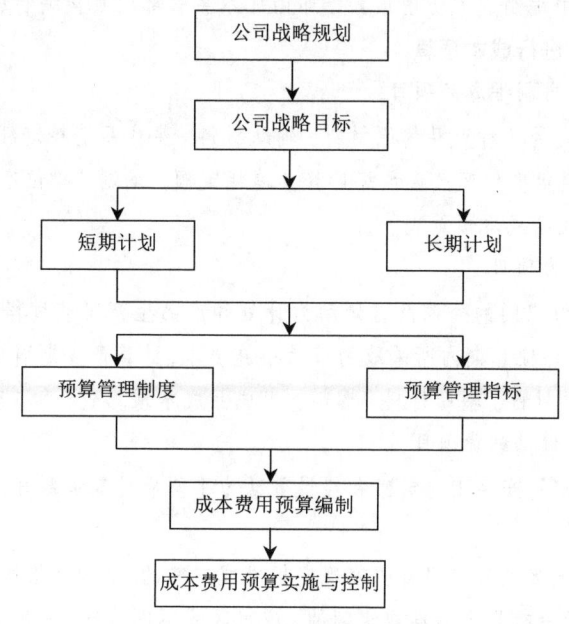

图3-19 成本费用预算管理流程图

第三条 成本费用预算是一项综合性预算,它的编制工作一定要在遵循成本效益原则的前提下,充分体现从严、从紧、处处精打细算、量入为出、勤俭节约的原则。成本费用预算的编制应以目标成本费用为依据,并与预算年度内其他各有关专业紧密衔接,与成本费用计算、控制、考核和分析的口径相一致。

第四条 为提高企业市场竞争能力和市场占有率,成本费用的高低将是企业能否生存的关键。因此,降低成本费用是编制成本费用预算的基本要求,降低成本费用的措施是编制成本费用预算的保证。

第五条 先进合理的消耗定额是编制成本费用预算的重要基础。

第六条 预算年度内一切成本费用支出,都应纳入年度成本费用预算。

第七条 成本费用预算的编制方法应根据企业经营管理情况加以选择。在各项消耗定额、费用预算和有关资料齐全的情况下,可按企业成本费用计算的方法,采用直接计算法编制。在各项消耗定额、费用预算和有关资料不很齐全的情况下,可以增产节约措施预算作为调整计算的依据,采用因素测算法编制。

第八条 实行一级成本核算,车间不计算成本也不进行成本指标考核的企业,由企业成本费用预算主管部门按一级核算的要求直接编制全公司的成本费用预算。实行分级成本费用核算,分车间计算成本的企业,可分两级编制成本费用预算,由车间、部室分别编制成本费用预算后,由企业财务部门汇总编制全公司的成本费用预算。

第二章 用直接计算法编制成本费用预算

第九条 集中编制成本费用预算,即由成本主管部门直接编制成本费用预算。

(一) 分项目进行成本预算

1. 原材料、自制半成品项目

根据企业制定的各种产品的原材料、辅助材料、半成品消耗定额,结合计划节约的措施要求,按照年度生产产量预算计算其消耗定额,编制"单位产品原材料、辅助材料、燃料、半成品成本预算表"。

2. 燃料和动力项目

根据设备动力部门的外购及自制动力计划和产品生产工艺过程中耗用的燃料和动力消耗定额,结合预算期内所采取的节约措施要求,计算预算期消耗总量和总金额,编制"单位产品原材料、辅助材料、燃料、半成品成本预算表"和"动力费预算表"。

3. 工资、应付福利费项目

根据企业制定的产品工时定额和经过劳动力平衡后计算编制直接人工预算。

4. 制造费用

凡是国家或上级主管部门有明确规定标准或定额的,必须严格按照规定标准或定额计算编列。对于没有规定标准或定额的,应当区分不同情况,采用统计分析的方法,有的可根据以前年度平均水平,查定一个标准或定额据以编制,有的可参照上年实际并结合计划节约费用的措施要求,加以预计确定。

5. 废品损失项目

根据产品生产的废品率及其成本,扣除废品残值后计算编列,原则上此项预算数必须小于上年实际数,同时应制定相应的措施。

6. 其他

(1) 对于不经常生产的零星外委工作,可根据预算年度的情况,结合历史统计资料分别对人工、材料估算编列。

(2) 试制的新产品应根据设计的工、料定额计算编列。在暂无定额资料时,可比照同类型产品成本预算资料,按类比的方法折算编制。

(3) 除商品产品外,其他各种生产类别所需要的工、料费用,也应根据工时、材料消耗定额、工程预算、费用预算等逐项计算。

（二）单位产品成本预算的编制

对上述各成本项目，按产品类别分别计算各种产品负担的份额后，列入"主要产品单位成本预算表"。制造费用的分配按成本费用核算中采用的分配方法。

（三）总成本预算和商品产品成本预算的编制

根据单位产品成本预算和年度生产产量预算，计算可比产品与不可比产品单位成本、总成本，以及可比产品成本降低额和降低率，编制"总成本预算表"和"商品产品成本预算表"。

（四）非商品产品生产成本预算的编制

非商品产品生产主要指自制设备、自营土建工程、工业性作业等。

（1）自营土建工程在落实款源、确有资金保证的前提下（企业对固定资产投资的资金安排，必须以优先充分安排生产周转所需资金为前提），根据建筑设计部门提供的设计图纸，按照地方建筑预算标准，分项目编制自营土建工程费用预算，报经事业部批准后，列入非商品产品成本预算。

（2）自制设备供本企业基建使用的，视同商品产品列入成本预算。

第十条 分级编制成本预算

一般分为两级，即车间或分厂一级、厂部一级。两级编制成本预算通常是先由厂部成本预算主管部门组织车间编制成本预算，再由厂部汇总编制全厂成本预算。

（一）车间成本预算的编制

1. 辅助生产车间成本预算的编制

辅助生产的成本预算，应根据商品产品生产、其他生产任务和各种辅助劳务消耗定额编制。首先编制辅助生产费用预算，然后分配辅助生产费用。

（1）辅助生产费用预算的编制。

根据辅助生产费用各种不同费用项目，选择不同的方法，确定预算发生额。有消耗定额的项目，如原材料、辅助材料、燃料和动力，可按预算期的预算产量、单位产品（劳务）消耗定额和计划单价计算。没有消耗定额和开支标准的费用，如低值易耗品、修理费等与产品产量增减没有直接关系的费用，以及一些相对固定的费用如办公费、水电费等，可根据上年资料和预算年度节约费用的要求测算。计算公式：

$$本年费用预算数 = 上年预计数 \times (1 - 节约比例)$$

其他预算中已有现成资料的费用项目，如管理人员工资、折旧费等，可根据其他预算的有关资料编制。

（2）辅助生产费用的分配。

辅助生产发生的一切费用最终要按照为各车间、部室提供的劳务数量分配到各单位，各单位据以纳入成本计划。

辅助生产费用的分配应根据受益原则，区分不同的受益程度，谁受益谁负担。受益多多负担，受益少少负担。分配方法可采取计划成本分配法等。动力车间分配到各车间的动力费，应按各车间使用的、经过动力车间转换的动力数量和计划成本或厂内计划价格计算分配。

（3）辅助生产车间兼做商品产品生产任务的，应按商品产品编制成本预算，作为工厂商品产品成本的组成部分。

（4）各生产车间直接使用的、不经过动力车间转换的能源（燃料、动力），应由各车间直接列入成本预算。凡经过动力车间转换的能源（燃料、动力），则应由动力车间编制计划。

2．基本生产车间成本预算的编制

基本生产车间成本预算的内容主要是按照生产产品的品种及规定的成本项目，计算编制车间成本预算。首先编制车间直接成本预算和制造费用预算，然后编制车间产品成本预算。

（1）车间直接成本预算的编制。

车间直接成本费用，应按成本项目计算，分别原材料、辅助材料、燃料和动力、直接工资、职工福利费等。计算方法与前述集中编制成本预算（指第九条第一款）相同。对于由辅助生产车间按月转给基本生产车间的费用，在编制预算时基本生产车间可按定额耗用量和厂内计划单价计算编列。

（2）制造费用预算的编制。

制造费用预算的编制按本方法第四章的要求执行。制造费用的分配与成本费用核算所采用的方法相同。

（3）基本生产车间产品成本预算的编制。

根据以上计算的车间直接成本预算数和制造费用预算数，确定各种产品的车间单位成本预算数。根据产品单位成本预算和产量预算，计算各种产品总成本，最后汇总编制车间按成本项目计算的产品成本预算。

（4）编制车间成本费用预算时，应根据企业生产特点和管理要求选用不同的方式。如果企业是按对象原则设置车间的，各车间直接计算本车间成本，就可编制各车间的成本预算。如果企业是按工艺原则设置车间的，则要看车间之间半成品成本的核算方法，在平行结转方法下，是不计算前一车间转来的半成品成本的，各车间只编制本车间的加工成本预算，而在逐步结转方法下，则要计算前一车间转来的半成品成本。

（5）各车间的商品产品预算，除了反映直接从事生产的商品产品外，还应包括为商品配套需要而生产的自制半成品、自制材料等项产品。

3．各车间相互提供的产品、劳务，承办单位应按成本项目编入车间成本预算，转出的产品、劳务在成本表内标明"转出"数；委托单位在汇总编制本车间成本预算时,在成本表内标明"转入"数(一般是自制半成品、动力费),以免全厂汇总时重复。

4. 各车间成本预算的编制按本方法第五条款要求进行。

(二)全厂成本费用预算的编制

1. 厂部成本费用预算主管部门审查和汇总各项综合费用预算,然后按规定的明细项目确定预算数,据以编制制造费用、营业费用、管理费用、财务费用预算。各项目的具体预算方法按本方法第四章进行。与此同时,成本费用预算主管部门还应对各车间上报的制造费用预算进行审定。

2. 将制造费用、材料、自制半成品等计划成本费用的差异在各种产品之间进行分配。能直接确定应计入某产品的直接计入,不能直接计入的,按受益原则分配计入。

3. 汇编全厂产品成本费用预算。

(1)主要产品单位成本预算。

根据各车间的产品成本预算,在采用逐步结转法时,将最后一个车间产品的计划单位成本,加上应负担的各种计划差异,即为单位产品的生产成本。采用平行结转法时,则要将各车间相同产品的单位成本汇总算出产品的车间计划单位成本,加上应分配的各种计划差异编制。

(2)总成本预算和商品产品成本预算。

根据各种产品单位成本和预算产量编制按成本项目计算的总成本预算和按产品类别计算的商品产品成本预算,可比产品成本部分还须根据上年实际平均单位成本和预算年度单位成本,计算可比产品成本计划降低额和计划降低率。

4. 编制全厂成本费用预算。

根据各车间成本费用预算和营业费用、管理费用、财务费用预算等资料扣除厂内周转的重复数编制。费用预算中的材料、燃料、动力费可用经验测定法测定,也可以直接根据物资和动力部门提供的全年周转额预算和计划单价计算,填列外购材料、外购燃料和动力数额;根据劳动工资预算,填列工资及福利费数额;根据固定资产折旧预算,填列折旧数额;根据资金借款计划,填列利息支出数额;根据其他有关费用预算,填列其他支出数额。

第三章 用因素测算法编制成本费用预算

第十一条 成本费用预算主管部门根据企业确定的目标成本费用进行初步试算的结果向各车间、部室提出降低产品成本的预算要求,各车间、部室也应向所属班组提出要求。

第十二条 车间、部室根据有关部门和班组提出的增产节约措施,制定本车间、部室的增产节约措施项目预算。

第十三条 成本费用预算主管部门汇集各车间、部室上报的增产节约措施项目预算，进行分析研究，综合计算增产节约措施的经济效果及其对产品成本的影响，汇总编制产品成本节约预算。

第十四条 根据求得的产品成本预算节约额和上年实际产品成本资料，分别项目调整计算，确定预算年度分成本项目的产品总成本预算；再根据预算产量，确定单位成本预算；同时计算可比产品成本计划降低额和计划降低率。计算结果如达不到目标成本规定的降低指标时，则应进一步挖掘潜力，拟定新的增产节约措施，以满足目标成本费用的要求。

第四章 制造费用、营业费用、管理费用、财务费用预算的编制

第十五条 一般要求

为了加强对费用的管理，贯彻分级管理的目标成本费用责任制，各项费用计划应按归口分级管理的原则，先由归口管理部门编制预算，再由成本费用预算主管部门审核平衡后汇总。

各种费用预算应根据本办法第二章规定的费用明细科目的内容和要素，以及国家和上级主管部门的各项有关规定，结合企业费用变动的规律计算编制。具体编制计划时，各企业可根据实际需要再细分项目进行管理。

第十六条 各项目的确定

1. 工资：根据预算年度企业能够达到的工资总额和车间厂部定员表中管理人员、技术人员、辅助人员、临时抽调在行政管理部门助勤人员、全厂性仓库人员、工会人员的人数、工资标准等分别计算编列。

2. 职工福利费、工会经费、教育经费、劳动保险费、待业保险费按规定的工资总额与规定的计提比例计算编列。

3. 差旅费：职工因公外出的各种差旅费、住宿费、助勤费、市内交通费和误餐补贴，按工作需要出差人数和规定的差旅费标准计算编列。职工及其家属的调转、搬家费，患职业病的职工去外地就医的交通费、宿费、伙食补贴等根据实际情况估算编列。

4. 办公费：根据有关的开支标准，参照统计资料，分明细项目计算编列。政工部门的宣传经费，包括学习资料、照相洗印费，以及按规定开支的报刊订阅费、厂报编印及稿酬费等，根据合理需要和节约原则编列。

5. 折旧费：根据年度应计提折旧的固定资产原值和规定的折旧率确定编列。

6. 修理费：根据在用固定资产使用状态，参照企业固定资产修理计划和以前年度修理费用支出实际情况资料预计编列。因调整设备而需要发生的设备调整搬迁费用，按搬迁预算和节约原则编列。

7. 物料消耗：机械、动力、运输设备运行和工艺用油脂，应按企业有关设备保养制度的规定，计算设备的加油、换油周期及给油品种定额、单价计算编列。冷却剂、

擦拭材料、标记用笔、油漆、清洗用煤油、汽油、洗涤剂、砂条及其他材料,也应列出品种、数量,参照历史资料确定限额。润滑剂应考虑回收、再生、利用情况,适当扣减降低的费用。

8. 董事会费:根据开支需要或有关预算编列。

9. 咨询费:根据企业批准的科学技术、经营管理咨询计划计算编列。

10. 审计费:根据实际需要并结合上年情况估算编列。

11. 诉讼费:根据企业生产经营活动的实际情况,预计可能发生的问题,以及国家规定的收费标准估算编列。

12. 排污费:按照规定缴纳的排污费用比例编列。

13. 绿化费:按预算年度绿化项目预算编列。

14. 税金:按照相关税种的计税依据和税率计算编列。

15. 技术开发费:按照企业研究开发新产品、新技术、新工艺预算编列。

16. 无形资产摊销:按规定摊销比例编列。

17. 业务招待费:按预算年度业务需要,本着节俭原则编列。

18. 仓库经费:按上年历史资料和预算期实际需要编列。

19. 保险费:按预计进行财产物资投保金额及保费比例编列。

20. 其他支出:如水电费、运输费、取暖费、警卫消防费、会议费、职工交通费、劳动保护费、租赁费、环保卫生费、坏账损失、存货盘亏(减盘盈)、产品"三包"损失、试验检验费、计提的存货跌价准备、利息净支出、金融机构手续费、汇兑净损失、装卸费、包装费、广告费、展览费、委托代销手续费、销售服务费、包干费用等,根据本年实际情况、以前年度历史资料和国家有关规定编列。

第 4 章
预算标准的制定

 **精彩抢先读**

细化的财务核算体系和完善的财务管理制度是预算管理的基础,也是预算责任分解并实施责任考评的依据。预算责任考评能否真正落到实处,考评是否合理公正,关键还在于能否从财务部门获得被考评部门的执行预算的实际数据。这其中的关键原因在于精细化的预算管理要求做到按部门分解费用,按责任中心分解产品成本,而以往企业的财务会计核算都是按会计科目核算的,看不出所花费的费用出自于哪一个部门,销售部门的营销费用也很难看出是为哪一种产品而支出的。要改变这种状况,强化预算的可对比性,应在预算编制前,从财务核算基础入手,改变核算方式,细化财务核算,按部门设置收入及成本费用明细账,核算责任单位的财务收支,从而让预算的责任分解和落实在财务部门变得有据可查,方便预算执行中的控制考评,使会计处理既满足核算要求又能满足管理的需求。

为发挥预算在管理控制体系中的作用,预算管理要求预算执行者和经营者明确认识两者工作的目标一致性,密切配合,制定并坚决执行一整套严密可行的成本控制制度。在预算的前馈控制中,要将成本管理和成本控制手段引入预算管理中,核定成本流程,为企业建立标准成本系统和费用定额制度。这样做的好处是为预算的责任分解打下了基础,使之成为成本控制和预算差异分析的依据。

4.1 生产成本定额的制定方法

企业定额通常是依据企业自身的实际情况量身定做的,是按照市场规律参与市场竞争的基础。在市场竞争过程中,未完成或未采用企业定额的企业会采用行业定额或地方定额,由于没有企业实际消耗的指标,只能通过降造的方式实现。降造幅度若达不到其个别水平,则企业不具有竞争优势;若超过自身水平,则会亏损,更不利于以后参与市场竞争。因而,企业定额的采用更能体现社会公平,能更好地实现社会资源的市场化配置。

4.1.1 生产成本定额制定与组织架构的选择

一个组织的架构是组织中的角色、关系和成员间协调程序所形成的模式。概括而言,组织架构是指组织内关于规章、职务及权利关系的一套形式化系统,它说明各项工作如何分配,谁向谁负责及内部协调机制。在不同的组织架构下,成本管理的重心有很大差异。

1. 垂直一体化的职能型结构

垂直一体化的职能型结构最初是由法约尔提出的,它以垂直制为基础。在各级生产行政领导之下设置相应的管理职能部门,分别从事专门职能管理工作。这种组织架构具有很大优点,它既保持了垂直制组织的集中统一指挥的特点,又汲取了职能组织发挥专业管理职能作用的长处,从而有助于提高企业组织管理的效率,为发挥生产行政指挥系统的作用提供组织保证。

垂直一体化职能型结构下,成本管理是以工作和任务为中心的"生产导向型"的。它严格遵循统一指挥和统一领导的原则,强调下属只对一个上级负责。它把各种管理和业务工作如计划、采购、制造、销售、会计、财务等按静止或固定的分工原则确定,分别由组织内不同的部门承担不同的职能,这对于大批量、低成本、标准化的生产极为有利。

2. 事业部制结构

事业部制的出发点是把"政策制定与行政管理分开",把公司的任务分为决策任务和执行任务。领导部门担当决策任务,直线指挥部门指挥各级的业务经营活动,各事业部是公司内部的独立经营单位,也是利润中心。它根据公司的方针政策和统一制度,全权指挥其所辖各单位的生产经营活动,并对完成公司所赋予的任务负全面责任。

事业部制最大的特点是决策分权,形成了基于成本和收益的利润中心。因此,事业部制下的成本管理是以"绩效"为中心的成本管理。责任会计方法在事业部组织形式下得以广泛应用。其中，责任成本是责任会计的重要组成部分，是为考核评价企业各成本责任中心而实行的一种成本控制制度。它通过对成本形成有关的各责任部门（或负责人）的考核和评价，来调动各级成本管理部门控制成本的积极性，从而达到控制成本的目的。事业部制下的成本管理由于清晰的责任中心的建立，从而有利于企业绩效的实现。

3. 扁平化组织

扁平化组织其目的不仅是提高效率、降低成本，更重要的是培植和发展企业的核心能力，从而实现企业的可持续发展。扁平化组织架构减少了管理层级，增强了组织的适应性，可以迅速重新安排组织的资源以满足市场需求，为顾客提供最佳服务。

扁平化组织下的成本管理，是以"作业"为中心的成本管理。作业成本管理从以"产品"为中心转移到以"作业"为中心上来，不仅能克服传统成本计算的方法许多固有的缺陷，提供比较客观、真实、准确的成本信息，而且作业成本管理作为作业成本计算延伸，在成本控制中，不是就成本论成本，而是把着眼点和重点放在成本发生的前因后果上，通过对所有作业活动进行成本动因分析，可以更好地发挥决策、计划和控制作用，以促进企业成本管理水平不断提高。

4.1.2 生产成本定额制定的方法

定额工作管理人员要经常深入车间、班组、生产一线，了解生产情况，积累资料，分析各种因素，制定出较为先进合理的定额。首先要抓主要物资消耗，选择日常消耗量大、资金占有量较高、占班组材料费80%左右的物资。例如，某机务段根据近三年的物资消耗、发展趋势、生产技术条件、管理水平，用"加权平均法"制定出720项物资的1 200项定额，比较真实地反映了机务段当前物资消耗的实际状况，对指导生产、降低物资消耗、节约成本支出起到了很好的推动作用。这样既可以发现定额是否先进、合理，了解执行定额的先进经验和存在问题，改进定额管理，也可以积累完整的历史资料，向领导提供系统的定额执行结果报告，为定额修订提供依据。

要进行生产成本定额制定，必须先要知道生产成本具体内容。一般把成本分成三个项目，即直接材料、直接人工、制造费用。有的企业规模比较大，生产过程比较复杂，成本项目分得比较细。如果单位的规模很小，生产过程也很简单，可以只划分为两个项目，即材料费用和其他费用。生产成本定额包括生产成本中的材料、人工、费用三项，直接材料标准成本应根据技术部门确定的材料消耗定额和物资部门的标准价格算得；直接人工成本标准应根据劳动人事部门制定的劳动工时定额（财务上称为标准工作时间）乘上标准工资率求得；制造费用分摊标准可以按设备的生产能力分摊。

企业应根据生产实际，探索将作业成本与标准成本结合起来。首先，要对生产过程进行划分，划分的目的是将生产过程划分为各种产生或消耗价值的作业，从中分析发现低效、无效和增值作业，为有效实施成本管理提供依据。例如，根据企业生产作业工艺流程和主要关键环节，将其生产作业链分解为各个单元的主要作业。其次，要分析每项作业成本消耗的主要资源、设备及其成本"动因"。一般情况下，将对生产作业影响最直接、比重最大、符合成本动因标准的影响因素，作为此作业资源的成本动因。再次，基于作业划分及资源动因和成本动因分析结果，制定各单元作业标准成本。

1. 直接人工费的归集与分配

（1）生产车间设专人负责生产车间的考勤工作，以便于归集为生产批次产品所负担的人工费用。

（2）财务部月末根据生产部门上报的考勤簿编制工资及福利费明细表，列示于"生产成本——直接人工"与"制造费用——车间管理人员工资及福利费"的借方。将计入"生产成本——直接人工"借方的人工费按一定的系数分配计入产品成本，并计算出产品单耗。

产品的标准完全总成本＝标准直接材料总成本＋标准直接人工总成本
$$+标准制造费用+标准管理费用$$

$$加权平均材料单价=\frac{期初库存材料金额+本期购入材料金额}{期初库存材料数量+本期购入材料数量}$$

标准直接材料成本＝Σ（单位产品标准耗用量×加权平均材料单价）

标准直接人工成本＝Σ（某种产品数量×单位产品标准工资）

标准制造费用＝Σ（某种产品数量×单位产品标准制造费用）

$$直接人工分配率=\left(\frac{当期直接人工总额}{各成本计算对象实际生产工时总和}\right)\times 100\%$$

某产品应分配的直接人工＝该产品的生产工时×直接人工分配率

仓库实际发出材料＝车间领用仓库材料－车间退料

$$本月车间实际耗用材料=车间期初存料+仓库实际发出材料-车间期末存料$$

月末在产品约当产量＝月末在产品数量×完工程度

月末在产品实际材料成本＝月末在产品数量×投料程度×移动加权平均单价

月末在产品实际直接人工＝月末在产品约当产量×生产工时×直接人工分配率

$$\text{月末在产品实际成本} = \text{月末在产品实际材料成本} + \text{月末在产品实际直接人工成本} + \text{月末在产品实际制造费用}$$

$$\text{完工产品实际成本} = \text{月初在产品实际成本} + \text{本月发生全部生产成本} - \text{月末在产品实际成本}$$

材料用量差异 =（标准材料耗用量 − 实际材料耗用量）× 移动加权平均单价

材料价格差异 = 实际耗用总量 ×（移动加权平均单价 − 标准价格）

直接人工差异 = 标准直接人工成本 − 实际直接人工成本

2. 工艺用辅助材料的归集与分配

与生产直接相关的辅料、耐火材料、冶金辅具、其他材料等按项目归集，按一定的系数分配计入产品生产成本，并计算出产品单耗。

3. 工艺用燃料及动力的归集与分配

与生产直接相关的水、电、风、气（汽）等燃料动力按项目归集，按一定的系数分配计入产品生产成本，并计算出产品单耗。

4. 制造费用的归集与分配

制造费用是指生产部门为组织管理生产而发生的各项间接费用，包括工资和福利费、折旧费、修理费、办公费、水电费、机物料消耗、劳保费、租赁费、保险费、存货盘亏费（减盘盈）及其他制造费用。制造费用也要按一定的系数分配计入产品生产成本，并计算出产品单耗。

（1）固定性制造费用是企业制造费用中的固定部分，其中多数表现为约束性固定成本性态，比如厂房机器设备的折旧费、租赁费、保险费、车间管理人员的基本工资等。要想降低固定性制造费用，只能从合理利用经营能力、提高产品质量和降低单位产品所负担的固定性制造费用入手。固定性制造费用的成本性态告诉我们，固定性制造费用的控制途径主要是预算控制和合理利用生产能力等。这实际上就决定了固定性制造费用标准成本如何确定问题。其分配方法与变动性制造费用相同，先计算确定固定性制造费用的单位工时标准分配率，然后再乘以预算的直接人工（或机器）标准工时来求得单位产品固定性制造费用的标准成本。据此，可以确定单位产品或作业固定性制造费用的标准。

$$\text{固定性制造费用单位工时标准分配率} = \frac{\text{固定性制造费用预算总额}}{\text{直接人工（机器）预算总工时}}$$

$$\text{固定性制造费用单位标准成本} = \text{单位产品直接人工（或机器）标准工时} \times \text{固定性制造费用单位工时标准分配率}$$

（2）车间管理人员的工资及福利费，根据该部门所设考勤簿及工资及福利费明细表进行归集。

(3) 生产部门发生的固定资产折旧费,应通过编制固定资产折旧计算明细表进行归集与分配。

(4) 其他制造费用应通过编制其他制造费用明细表进行归集。

产品的标准制造成本＝标准直接材料成本+标准直接人工成本+标准制造费用

制造费用分配率＝（当期制造费用总额÷各成本计算对象实际生产工时总和）×100%

某产品应分配的制造费用＝该产品的生产工时×制造费用分配率

月末在产品实际制造费用＝月末在产品约当产量×生产工时×制造费用分配率

制造费用差异＝标准制造费用－实际制造费用

5. 生产费用计入成本的方法

① 各种原料及主要材料按各种产品实际投料或原始记录的实际耗用量直接计入。

② 各种辅助材料费用、燃料动力费、工资、固定资产折旧费、车间经费等,凡是为生产单一产品发生的,应直接计入该产品的生产成本;凡是为生产多种产品、由多种产品共同耗用而不能直接计入的,按一定系数进行分配。

在生产成本定额制定过程中,应根据企业实际生产流程选取确定主要作业。可以根据企业最核心的业务、作业的收入和成本占总收入和总成本的比重、是否生产管理的关键环节、是否成本集中发生且管理矛盾比较突出的地方,或某作业是本企业规模的体现和效益的主要来源,也是成本费用形成的主要业务等因素确定。

生产成本管理是一项具有开拓性和创新性的综合系统工程。要推动生产成本管理工作的顺利开展,必须要有强有力的组织基础、信息化手段的支撑和运行机制的保障,更需要全员共同参与,协同执行和落实,共同部署、监控、考核等各项工作的执行和落实情况,提高企业管理效能。采用适当的方法,"快、准、全"地制定出产品、零件、工序的各项费用定额,为企业车间生产管理提供基本数据,这是企业生产成本定额管理的首要环节,是搞好定额管理的基本前提。影响成本定额制定的因素是多方面的,既有人力方面的因素,也有对象和劳动工具方面的因素。只有从实际情况出发,按照科学的方法,对各方面因素进行深入分析,在全面掌握了各方面消耗的规律性以后,才能制定出既先进又合理的生产成本定额。

4.1.3 案例分享：企业生产成本定额的制定

【案例 4-1】 XJRQ 企业集团的生产成本定额

为发挥预算在管理控制体系中的作用,在预算的前馈控制中,XJRQ 企业集团技术部门、生产管理部门及财务部门通力合作,下车间、下班组、了解工艺,核定成本流程,制定了合理的生产成本定额标准。为预算的责任分解打下了基础。

1. 工程检修公司制定的 25MW 机组 A 级检修标准项目定员标准（见表 4-1）

表 4-1 A 级检修标准项目定员标准

检修班组	施 工 组	工作内容及范围	熟练工	半熟练工
炉本体班	汽包及吹灰设备组	1. 汽包；2. 蒸汽吹灰器（长短吹）3. 声波吹灰器	1	2
	炉侧受热面管组及金属监督	1. 水冷壁及联箱；2. 过热器及联箱；3. 省煤器及联箱；4. 喷水减温器	2	2
	燃烧系统及空预器	1. 喷燃器；2. 油枪及点火装置；3. 空气预热器	1	2
……	……	……	……	……
炉管阀班	给水系统管阀组	1. 给水系统及疏水管阀；2. 减温水及疏水管阀	2	3
	主汽系统管阀组	1. 主蒸汽系统及疏水管阀；2. 安全门及疏水管阀		
风机班	排粉机及除渣系统	1. 排粉机及系统；2. 捞渣机、液压关断门及附属设备	1	2
	送风机系统	送风机	1	1
	引风系统	引风机及烟道系统	1	2
仪表		全部大修工作	1	1
管阀班	凝结水系统	凝结器、胶球系统、凝结水系统	1	2
	循环水系统	循环水系统、射水箱及系统、工业水系统阀门管道检修	1	1
	主给水系统	给水系统、轴封系统阀门及附属管道	1	1
	主蒸汽系统	主蒸汽系统、主机各段抽汽系统阀门及附属管道	1	1

2. 运销公司制定的运费结算标准

（1）运率费用标准定额

公司经多次论证,制定了运输公司与其他部门的吨公里运率费用,对运距小于 40 公里的,按 0.40 元/吨公里的内部运价计算；运距等于或大于 40 公里的,按 0.32 元/吨公里的内部运率计算。此外,特殊路况较差的行车路段,给予加计 0.5 的系数；煤矿等道路不平地段,加计 0.3 的系数。具体各项运率费用如表 4-2 所示。

表 4-2 运率费用标准定额

序号	起运地	目的地	运距（公里）	运率（元/吨公里）	折合系数	内部结算价（元/吨）
1	天圣工贸	本公司	32			15.60
2	升名工贸	检查站	14	0.40	1.5	8.40
	检查站	本公司	18	0.40	1.0	7.20
3	本公司	王家沟钢厂	30	0.40	1.0	12.00

(续)

序号	起运地	目的地	运距（公里）	运率（元/吨公里）	折合系数	内部结算价（元/吨）
4	本公司	包河、特水	56	0.32	1.0	17.92
5	本公司	包河、硫黄沟	26	0.40	1.0	10.40
6	本公司	天力	170	0.32	1.0	54.40
7	天力	王家沟钢厂	142	0.32	1.0	45.44
8	红和煤矿	本公司	48			18.24
9	红和煤矿	加油站	30	0.32	1.3	12.48
	加油站	本公司	18	0.32	1.0	5.76

（2）运输公司单车成本核算定额（见表4-3）

表4-3 单车成本核算定额

车号：					车型：		运输车队单车核算成本				
运距（km）	周转量	主油		轮胎		薪酬	修理及材料费	保险费	折旧费	路桥费	养路费	其他	合计
		数量	金额	数量（个）	金额								

4.2 物料清单（BOM）的制定

以标准成本制度和作业成本制度为特色的中国管理会计的实践，在20世纪末和21世纪初得到了一定的发展。与标准成本制度在发达欧美国家应用比例相比，标准成本制度在我国的应用比例仍然不高。企业采用标准成本核算体系，日常物料价格、库存和销售都应统一采用标准成本进行计价，包括原材料、半成品、产成品和主营业务成本等都应以标准成本作为记账价值，因价格的波动导致的不同批次的差异计入库存价值中去，通过各种差异账户体现出来的。企业在推行标准成本制度时应在每个会计年度初更新一次标准成本，以便及时反映市场及技术更新导致的标准成本变化。

4.2.1 BOM 的准备

根据成本构成产成品的标准成本由三部分组成，即直接材料成本、直接人工成本及制造费用，通常企业会通过产品物料清单（BOM）归集材料成本，通过工艺路线归集人工及制造费用。直接材料成本采用从底层逐层向上进行累计的滚加法。滚加法是按物料清单所规定的物料之间的层次、需求关系和制造过程,从产品结构的最低层次开始,从低层向高层逐层累计。物料清单是生产模块(PP模块)中一个完整的、正式的、结构化的关于组成一个产品的部件清单,清楚地列明了每个部件的物料编号、物料名称、计量单位、理论用量及损耗率等。在建立标准成本之初,每一个产成品、半成品都会被要求维护自己的物料清单。对于产品材料成本来说,物料清单决定了哪些物料将计入产品成本,以及计算顺序。物料清单中可能会包括一些半成品,甚至产成品,这些半成品、产成品本身也有物料清单,这样就构成了多层物料清单。

4.2.2 BOM 的制定案例

【案例 4-2】

我们以 JTY 公司的自产半成品西红柿牛肉面 95 克面饼/袋,10 000 千包的物料清单(BOM)为例进行讲解。其物料清单见表 4-4 和表 4-5。

表 4-4 粉包 BOM

BOM 表头物料	BOM 表头物料名称	BOM 组件料号	BOM 组件名称	单位	理论用量	损耗率
15010291B	西红柿牛肉面 95g 袋面饼包	1105016	一级精制盐	KG	29 657.10	0.30%
		1105022	细砂糖	KG	13 020.40	0.30%
		1105031	味精	KG	16 492.51	0.30%
		11001646	西红柿牛肉精料	KG	23 872.18	0.30%
		1101041	麦芽糊精	KG	3 472.91	0.30%
		12160016	粉包膜(137×80mm)	RO	800.00	1.00%

物料清单(BOM)建立以后,下一步需要在物料模块(MM 模块)中维护相应的外购物料的标准价格。

表 4-5 红烧牛肉 12 入酱包直接材料成本

BOM 品名	BOM 品号	单位	理论用量	损耗率	标准用量
精炼棕榈油(33-35 度)	1102023	KG	10.795	0.50%	10.849
青葱	1107071	KG	3.899	0.30%	3.910
冷冻牛肉	1107011	KG	3.886	0.30%	3.898
精盐	1105011	KG	1.562	0.30%	1.567
蒜头	1107061	KG	1.092	0.30%	1.096

(续)

BOM 品名	BOM 品号	单位	理论用量	损耗率	标准用量
味精	1105031	KG	0.762	0.30%	0.764
老姜	1107031	KG	0.623	0.30%	0.624
红烧牛肉膏	1106125	KG	0.623	0.30%	0.624
优质辣椒片	1108033	KG	0.381	0.30%	0.382
天然调和精油 4#	1103394	KG	0.254	0.30%	0.255
维生素 C	1103051	KG	0.002	0.30%	0.002
维生素 E	1103061	KG	0.002	1.00%	0.002
酱包膜（137×80mm）	1213112	RO	0.080	1.00%	0.081

4.3 期间费用定额的制定方法

企业制定期间费用定额的制定是一项复杂、烦琐、耗时的系统工程，它涉及企业的各个方面：首先，制定企业期间费用定额一定要对企业的期间费用有较深的了解，熟悉企业生产经营过程的各个方面，只有这样，制定企业期间费用定额才能符合本企业实际情况，同时又具有竞争力。其次，依靠市场信息资源，建立企业询价体系（包括国家、省、市信息库）。这一体系的建立不但要能够真实地反映市场，同时还要对市场价格走向做出分析预测。再次，要熟悉新技术、新工艺的开发和利用，加大这方面的研发投入，创新新工艺、发展新技术，以便在激烈的市场竞争中处于领先地位。

4.3.1 制定期间费用定额的基本方法

制定企业期间费用定额要做好以下几方面的工作：① 注重原始资料库的建立。② 完善企业内部信息管理制度。③ 实行项目完工成本审批制度。④ 加强人员培训制度。各类人员只有了解了本职工作的消耗量，才能努力去降低消耗，必要时会及时反馈实施过程中的第一手资料。有了培训制度，企业职工就会掌握新技术、运用新工艺，有利于降低消耗，企业定额会得到进一步发展。

期间费用各组成部分的定额制定方法如下：

1．差旅费和交通费

主要是指公司需要出差和按照国家有关规定员工探亲和工作的交通差旅费。应根据公司核定的符合探亲规定的职工人数和公司因业务需要出差次数、地点及规定的差旅报销标准确定。参照往年的标准，总数可以控制在一定的范围之内。

2. 低值易耗品

包括办公所需用品、文具用品等，从使用数量和单价两个方面来制定定额。

$$低值易耗品定额=使用量的定额\times 单价定额$$

3. 报刊费

$$报刊费=订阅报刊的种数\times 每种报刊的订阅价$$

公司可以控制订阅报刊的种数。

4. 水电费

$$水电费=上一年度的实际消耗量\times 单价\times (1\pm E\%)$$

式中，E 为调整系数，根据情况灵活变动。

5. 维修费和设备维护费

这两部分的支出每年应该大致差不多或略有增加，包括办公用房、水电及其设施的日常维修和维护支出。主要根据房屋及设备的数量或规模、使用年限、损坏程度等具体的情况而定。

$$每年维修支出=上一年的实际支出\times (1\pm F\%)$$

式中，F 为调整系数。

$$每年维护费支出=每年折旧额\times G\%$$

式中，G 为调整系数。

6. 安全管理费

包括安全设施更新维护费和安全教育及管理经费。

$$维护费=计划维护的数量\times 单位数量的单价$$

$$车辆使用费=车辆数\times 每辆车开支标准$$

车辆使用费要综合考虑公司办公地点分布情况及市区距离、车辆状况等确定。

7. 诉讼费及存货盘亏、毁损和报废费用

可以按照以往实际支出水平作为定额的依据，允许浮动幅度为 $\pm H\%$，H 为调整系数。

8. 财务费用

$$财务费用=借款额\times 利率$$

9. 营业费用

$$营业费用=营业额\times 税率$$

将以上几个部分汇总就是期间费用定额。

4.3.2 案例分享：企业费用管理制度的制定

【案例4-3】 企业费用支出管理办法

仍以 XJRQ 企业集团为例。

为有效控制费用支出，案例公司的预算工作组成员深入各公司职能部门调查走访，与职能部门人员沟通制定了《费用支出管理办法》，明确了各部门业务招待费、差旅费、电话费、办公费、车辆使用费支出标准及监控管理责任分工，保证了上述费用的开支能严格控制在公司预算范围内。如在业务招待费前馈控制上，案例公司将总指标分解到各部门、处室，同时将领导分别列入各分管部门、处室一并考核，月度终了实行支出情况公布，超支金额扣罚分管领导和部门经理工资奖金，有效地实行了目标前馈控制。对办公用品，各公司都采取了将办公费用界定开支范围、按人员包干核定的做法。具体操作为按上一年的办公费用支出额，结合当年的业务规模，将办公费划分到职能部门每一个人。在电话费定额制定前，预算人员配合各部门，详细查看每月电话记录，按部门对每部电话做了费用总额的限定。公司派专人到电信公司打印了某些部门的电话详单，通过对照，剔除了超长时间打私人电话的费用，然后通过与该部门员工的多次沟通，制定了每部电话的定额限定标准。为防止各部门上班后抢占车辆的现象，案例公司通过与车队人员沟通，按车辆年限制定了单车成本定额，用车单位凭派车单和用车时间月底与车队结账，有效地防止了乱用车的现象。企业制定的《XJRQ 企业集团费用支出管理办法》作为预算管理的支持性文件，在执行中得到了员工的认同和支持，产生了良好的收益。

XJRQ 企业集团费用支出管理办法
第一章 总 则

第一条 为进一步降低非生产性成本，明确公司各部门业务招待费、差旅费、电话费、办公费、车辆使用费支出标准及监控管理，保证上述费用的开支能严格控制在公司预算范围内，提高公司整体竞争能力，特制定本办法。

第二条 本办法适用于公司各部门，各分公司可依据实际情况制定相应的费用标准及管理细则，报财务部备案，分公司费用标准原则上不得高于本办法所规定的标准。

第二章 业务招待费

第三条 本办法所称招待费，是指因公务活动需要而合理开支的招待费用，即接待上级机关、行政单位领导及工作人员来我公司执行公务，以及有关业务单位来我公司公务活动等必须支付的合理的用餐费用。所指接待项目为宴请、工作餐、会议、馈赠及其他。

第四条 公司对各部门的业务招待费实行总额控制，由各部门分管领导在预算内集中管理，自行控制。

第五条 各部门在发生业务招待费时，事先应填写业务招待费用申请表，经分管副总经理批准后，在办公室备案签字方可发生招待费。财务部每月向办公室提供各分管副总招待费执行数据，办公室分析数据并告知相关领导。财务人员对转来的无签单权限的人员签署的就餐结算单据不予承认。（部门的业务招待费由分管副总批准，上相关会议通过，通过之前仍执行原流程）。

第六条 各部门因经营管理活动需要突破年预算额度时，应由部门提出，经各分管副总审核，进预算追加审批程序。出现下列现象之一的，财务部有权拒绝报销：

（1）超过控制计划规定标准。

（2）原始凭证不全或不完整。

（3）未按规定程序审批。

第七条 各部门出差人员如确需在外地安排接待，应在出差前做好接待计划报主管副总，由各部门主管副总签字同意报办公室备案后方可接待，特殊情况可先通过电话申请，但必须及时补签手续。

第八条 按税法规定，业务招待费总额允许在年营业额的5‰之内税前列支，本着降低非生产性费用的目的，经营业务部门业务招待费用按近两年平均数核定定额的基础上，再按其当年所实现销售收入的0.2‰之内拨付，职能部门业务招待费用控制在比上年同期水平下降1%。

第三章 办公费

第九条 公司按定额核定各部门每人每年办公费用60元，超额不补。

第十条 办公费用涉及物品由办公室在预算额度内统一购买、管理、发放。办公室设专人对办公用品进行管理。

第十一条 办公室负责的办公费标准范围见附件4-4《各部门办公费标准包含范围》。

第十二条 上述范围之外的各部门工作必需的其他办公经费，由各部门自行确定预算数值，报办公室审核并集中采购，纳入各部门的预算费用中。

第四章 通信费

第十三条 电话费是指公司内各部门安装、使用电话所支出的费用（不包括计入个人工资的电话补贴）。

第十四条 公司内各部门直拨电话、传真机电话费用由办公室进行管理，核定每部电话通信费限额。具体见附件4-5《网络公司各部门电话费标准》，超额部分在各部门人员工资中相应扣除。

第五章 差旅费

第十五条 公派出差、培训的公司员工、劳务派遣员工均按照此办法相应标准报销差旅费用。

第十六条 出差计划及费用预算由各部门编制，报主管副总经理审核平衡同意后，原则上年度内不得超额。公司对各部门的差旅费实行预算总额控制，由各部门分管领导在预算内集中管理，自行控制。

第十七条 经营班子成员差旅费核报办法

1. 公司经营班子成员出差，交通、住宿由办公室统一联系安排，实报实销。

2. 随同经营班子成员出差的人员，如需同住的（只限一人），其住宿费标准可按照领导标准实报。

3. 由接待单位免费安排食宿或参加各类会议、培训班由主办方免费统一安排食宿的，实报交通费，一律不予另报差旅费、食宿费。

第十八条 差旅费申领报销程序

1. 填写出差申请单（见附件4-3）：因工作需要出差，无论是否借款，出差前均应填写，并在出差申请单上明确出差任务、出行路线、停留时间、随行人员、差费预算等相关事宜。

2. 出差审批程序：一线员工和组长（含相应级别）出差，应由部门负责人、分管领导审核签字；部门主任、副主任（含相应级别）出差，应由分管领导、总经理审核签字；公司高管出差，应由总经理、董事长审核签字。未经过审批的，不予借支和报销差旅费。

如要借款，应填写借款单，根据出差申请单中已签批的预算差费金额，经部门主任、分管副总、财务总监审核签字后领取出差预借款。

3. 报销审批程序：经批准出差办事人员，应在出差返回后10日内填写差旅费报销单，并列明事由、时间、线路、实际费用等信息后，经部门负责人、分管领导审核签字，再交财务部审核签字进入报销程序。报销费用金额未超过预算金额的，经财务总监签字即可核销；超过预算金额的，走预算外审批流程，否则不予报销。

4. 其他说明：

（1）公司中层以下管理干部和一般员工出差，坐火车可乘坐硬席卧铺。乘坐软席卧铺由办公室提交总经理批准。特殊情况需要乘坐飞机的，需经总经理批准。

（2）公司中层管理干部和员工趁工作之便，事先经领导批准就近回家探亲的，其绕道车、船费，扣除直接单程车、船费，多开支部分由个人自理。不报销绕道和在家期间的出差补助费、住宿费和市内交通费。

（3）公司中层管理干部和员工出差期间，因游览或非因公参观的一切费用，不予报销,均由个人自理。

(4)公司员工出差回来后,一周内必须填写差旅费报销单,经部门主管领导及办公室主任签字确认,报公司总经理批准后报销。预借差旅费的要一次结清,超支部分从核报的差旅费中冲抵,仍不够的从当月工资中扣还,不得拖欠公款。

财务部根据本办法严格审核,如有报销不当,除报销人要负虚报冒领的责任外,经办会计也要承担核销不严的责任。

第十九条 本办法执行后,原《关于调整公司经营班子成员和其他员工差旅费核报标准的有关规定》(【20X7】67号)即日起废止。

第六章 车辆使用费

第二十条 车辆管理范围

行政专用车辆:包括公司的董事长、总经理、党委书记、监事会主席、副总经理、总工程师、财务总监等用车(现行状态)。

行政业务车辆:包括各职能部门、业务单位非生产用车。

生产专用车辆(主要指运维中心使用车辆):包括工程抢险车、巡线巡检等特种生产专用车辆。

第二十一条 车辆及资料管理

1. 公司办公室负责对车辆的统一管理、统一调配。

2. 车辆的附带资料,除行车执照、保险卡等由驾驶员携带保管外,其余均由办公室保管。驾驶员携带并保管的证照资料不得遗失。如发生遗失,相关补证费用由驾驶员自行承担。

3. 车辆规费缴纳、维修、报废、年审、保险由办公室负责组织实施。任何单位或个人无权随意处置公司车辆,有关业务按照程序报公司领导批准后执行。

4. 如遇车辆报停、报废、转让或内部调整使用等情况时,办公室负责通知该车使用人或车队负责人,由其协助及时办理车辆的销户、转籍手续,并将该车各种资料随车转移。

第二十二条 车辆的调度管理

1. 行政专用车辆由公司分配给使用人,委派专职驾驶员。

2. 行政专用车辆在上下班时间,归使用者个人使用,在上班时间内,统一归办公室调派,使用者不得拒绝调派。车辆被调派后,由公司委派专职司机驾驶。车辆使用人出差期间,车辆应停放于公司,由办公室统一调配。

3. 生产专用车辆由生产部门(运维中心)指定车管员负责使用调派,委派专职驾驶员驾驶并在办公室备案,车管员根据具体任务,开具派车单,将所属车辆做合理调派,并要认真填写出车记录单。无任务期间,车辆须停放在指定地点(区公司车场或分公司车场)。

4. 各单位使用车辆要坚持节约用车、计划用车的原则。凡市区内承办业务确需用车，由部室主任向办公室（车队）申请用车，其他人员无权要车。长途用车由部门申请，总经理批准后方可用车。

5. 专职驾驶员持派车单准时出车，按照派车单中的路线行驶，完成出车任务后，速告知车队队长。严禁无派车单出车，严禁公车私用。不经批准私自用车造成交通事故的，经济损失全部由个人赔偿。

6. 出车作业流程：用车单位主任提前电话通知车队队长→乘车人员前往车队办理手续→车队队长填写"派车单"→司机凭单出车→办事→返回→用车人签字→司机回交"派车单"。

7. 办公室在安排出车时尽量做到同向多人次合理安排，合理用车，用车人员应该服从。

8. 驾驶员请假，须将车辆交回车队。

第二十三条 车辆收费标准

1. 办公室负责编报车辆总预算，各部门（不含运维中心）不单独编报预算。为合理降低成本，保证公司各部门用车质量，公司决定采用单车成本核算模式，办公室按不同车型核定每车每公里的使用费标准（见附件4-1）。各部门根据程序使用车辆，月末车队统计各部门的行驶里程数，按标准核定使用金额，经办公室核定后，报财务部计入各部门本年度成本。

2. 运维中心车辆的安检费用、维修定点、加油定点、保险及司机安全学习等由办公室统一代管，车辆使用费用由办公室划归运营中心自行管理。车辆运行安全由使用部门自行负责。

第二十四条 油料的管理

1. 驾驶员凭车队开具的加油单去指定油库加油，未经同意私自加油费用由驾驶员承担。

2. 控制耗油量。无特殊情况不得用现金加油，如长途出车确需在外加油，须及时向办公室分管领导报告，乘车领导签字。经批准的长途车辆，其路途所加油料经核实可予以报销。

3. 办公室根据车型核定车辆百公里油耗标准。月底通过车辆行驶公里数及油耗总数核算节油数，并公示。

第二十五条 车辆维护管理

1. 所有车辆由公司统一安排定期检修、保养。未经允许，驾驶员不得私自将车辆送到修理厂修理，否则费用自付。

2. 车辆需要维修时，由司机提出申请，2 000元以下维修经车队队长批准后到指定维修点办理；2 000~5 000元维修经车队审核，由办公室批准后在指定的维修点维修；5 000元以上维修经车队初审，办公室主任审核，经总经理批准后方可维修。维修费用由财务划账转拨，不予支付现金。如在行车途中发生非人为的故障（如爆胎等现象），司机必须立即打电话报告车队队长后，再进行维修，返回后必须迅速补上相关手续。

3. 驾驶员应随时掌握车辆年检、年审、保险等其他各种固定费用的上缴时间，及时报请办公室审批办理，由办公室统一购买。

第二十六条 违规与事故处理

1. 严禁私自将车辆转借他人使用，一经发现，办公室有权收回车辆并对驾驶员作待岗处理，期间发生的一切交通事故由驾驶人员负担损失。

2. 违反交通法规，其罚款由驾驶人负担。

3. 各种车辆如在公务途中有不可抗拒之车祸发生，应先急救伤患人员，向附近公安机关报案，并立即与车队负责人及办公室联络协助处理。

4. 发生责任事故造成经济损失时，按事故的性质分别给予扣减工资的处罚。

（1）轻微事故（车辆经济损失在2 000元以下者，或重伤1~2人，轻伤3人以上），全部责任者承担总经济损失的10%，主要责任者承担总经济损失的8%，同等责任者承担总经济损失的6%，次要责任者承担总经济损失的4%。

（2）一般事故（车辆经济损失在30 000元以下，或重伤1~2人，轻伤3人以上），全部责任者承担总经济损失的9%，主要责任者承担总经济损失的7%，同等责任者承担总经济损失的5%，次要责任者承担总经济损失的3%。

（3）重大事故（车辆经济损失在30 000元以上60 000元以下，死亡1~2人，或重伤3人以上10人以下），全部责任者承担总经济损失的8%，主要责任者承担总经济损失的6%，同等责任者承担总经济损失的4%，次要责任者承担总经济损失的2%。

（4）特大事故（车辆经济损失在60 000元以上者，或死亡3人以上，重伤11人以上，死亡1人同时重伤8人以上，死亡2人同时重伤5人以上），全部责任者承担总经济损失的7%，主要责任者承担总经济损失的5%，同等责任者承担总经济损失的3%，次要责任者承担总经济损失的1%。

第二十七条 安全管理

1. 专职驾驶员、车辆使用人应自觉遵守交通法规，安全驾车，并应遵守本公司其他相关的规章制度。

2. 出车前，要例行检查车辆的水、电、油及其他性能是否正常，发现不正常时，要立即加补或调整，禁止开机件失灵的车上路。

3. 为保证安全，按规定车内必须配备灭火器。

4. 严禁酒后驾车，如发生事故当事人承担全部责任及费用，并解除劳动合同。

不准危险驾车（包括超速、紧跟、争道、飙车等），如发生事故当事人承担全部责任及损失。

5. 车辆使用完毕后要锁好车门，按规定停放在安全地带。由于失职造成的车辆工具、机件丢失的，按规定赔偿。

第七章　办公室代管的费用

第二十八条　办公室代办事项的管理

1. 办公室代办事项是指办公室代管的办公费、车辆费、办公电话费、代买机票等事项。

2. 各部门的办公费、车辆费、办公电话费由办公室统一办理后，办公室应于每月 25 日前按部门核算实际发生的各项费用并报送财务部。

3. 公司领导及各部门人员出差，应由各相关业务部门填写出差申请单，如由办公室代办机票的，办公室必须在见到出差申请单后方可代办机票及代订酒店。

4. 办公室代管的除此之外的其他费用，也均应由办公室将费用分解到各相关责任部门。

附件：4-1 单车成本核算标准表

4-2 差旅费标准

4-3 出差申请单

4-4 各部门办公费标准包含范围

4-5 公司各部门电话费标准

附件 4-1

单车成本核算标准表

序　号	车辆名称	车辆类型	每公里费用开支（元）	备　注
1	丰田 4500	越野车	1.80	
2	奥迪	轿车	1.09	
3	帕萨特	轿车	1.00	
4	桑塔纳	轿车	0.85	
5	五菱、长安	面包车	0.69	
6	升降车	工程车	1.88	
7	双排货车	货车	1.55	
8	全顺	客车	1.93	
9	金杯	面包车	0.98	
10	小别克、高尔	轿车	0.80	
11	宇通	客车	2.84	
12	别克、菱绅	商务车	1.25	

附件 4-2

差旅费标准

项目 内容	职务	区内	区外	特殊地区
住宿费	部门主任、副主任	凭发票实报，不得超过 400 元/天/人	凭发票实报，不得超过 450 元/天/人	特批
	其余人员	凭发票实报，不得超过 300 元/天/人	凭发票实报，不得超过 350 元/天/人	特批
伙食补助费	董事长、总经理、书记	100 元/天/人	150 元/天/人	
	副总经理、三总师、董事会秘书、总经理助理	80 元/天/人	90 元/天/人	
	部门主任、副主任及其余人员	60 元/天/人	70 元/天/人	
备注	1. 住宿费凭住宿发票实际天数核发。 2. 其他标准按出差自然天数核发。 3. 特殊地区为深圳、珠海、汕头、海南、厦门、广州、北海。			

附件 4-3

出差申请单

出差人			部门	
随行人（其他部门人员）		备注：其他部门随行人员必须注明差旅费的最终负担部门		
差　　期		年　　月　　日至　　年　　月　　日		
出差路线				
出发时间		差旅费预算		
出差事由				
部门主任		主管副总	公司领导	

注：1. 本表由财务部留存，并作为统计考核依据。
　　2. 除"随行人"外，其他栏目均只填写本部门人员出差情况。

附件 4-4

各部门办公费标准包含范围

碳素笔	20 页文件册	宽胶带	拖把水桶
碳素笔芯	30 页文件册	小胶带	垃圾篓
圆珠笔	60 页文件册	双面胶带	盆子
圆珠笔芯	100 页文件册	大铁夹	扫把
粘笔	六挡文件夹	中铁夹	拖把
墨水	三层文件夹	小铁夹	簸箕
白板笔	厚档案盒	夹条	插线板
白板笔油	窄档案盒	文皮纸	皮筋

(续)

铅笔	美工刀	透明纸	纸杯
橡皮	美工刀片	标签纸	抽纸
2B 铅笔	卷笔刀	拉杆夹	卷纸
涂改液	剪刀	A4 文件夹	香皂
曲别针（大号）	文件筐	硬底文件夹	暖水瓶
曲别针（小号）	尺子	大写字板	软盘
订书针（大号）	垫板	小写字板	光盘
订书针（小号）	1600K3 色带	大复写纸	塑料笔筒
大头针	印泥	中复写纸	海绵盒
计算器	印泥油	小复写纸	胶水
订书机	号码机油	软皮本	便签纸
起钉器	原子印油	稿纸	
每人每年××元，各部门按人数核定			

附件 4-5

公司各部门电话费标准

（单位：元）

部　　门	用　　户	核定标准	电话号码	参考值	备　　注
办公室	主任办	2 000		100	
	副主任办			100	
	文秘室			300	
	车队队长			100	
党办	主任办	200		200	
人力资源部	主任办	400		200	
	办公区			200	
财务室	办公室	200		200	
审计部	办公室	200		200	
总工办	主任办	230		90	
	办公区			70	
				70	
广告部	主任办	500		500	

【**案例 4-4**】 企业管理费用开支标准

费用开支标准

第一条 为便于掌握开支，根据有关规定，结合本公司实际情况，特制定本开支标准。

第二条 差旅费

（一）公司职工出差乘坐车、船、飞机和住宿、伙食、市内交通费，按规定执行（详见附件 4-6 和附件 4-7）。各部门负责人应严格控制外出人员，并考虑完成任务的期限，确定出差日期。对因公外出人员均对号入座按标准办理应报销费用。如出差人员投亲靠友自行解决住宿问题，则按标准的 40%计发给个人；如不足标准住宿的，按节约额的 50%计发给个人；如超标准住宿的，超支部分一律由个人负担。

（二）工作人员出差的交通费一律按附表标准套用。具体对下列情况均以有关规定执行如下：

1. 乘坐火车，从晚上 20 时至次日晨 7 时之间，在车上过夜 6 小时以上的，或连续乘车时间超过 12 小时的，可购软席卧铺票。

2. 乘坐火车符合 1 条规定而不买卧铺票的，节省下的卧铺票费发给个人，但为了计算方便，规定按本人实际乘坐的火车硬座票价折算成一定比例发给。

（1）乘坐火车慢车和直快列车的，按特快列车硬席票价的 50%发给。

（2）符合乘坐火车软席卧铺条件的，如果改乘硬座，也按规定的硬座票价比例发给；但改乘硬卧的，不执行本条（1）款的规定，也不发给软卧和硬卧票价的差额。

3. 工作人员趁出差或调动工作之便，事先经单位领导批准就近回家省亲办事的，其绕道车、船费，扣除出差直线单程车、船费（按出差人应享受标准），多开支的部分由个人自理。如果绕道车、船费少于直线单程车、船费时，应凭车船票价按实支报，不发绕道和在家期间的出差伙食补助费、住宿和交通费。

4. 出差期间乘坐直达特别快车暂按乘坐一般特别快车不坐卧铺补助的规定执行，即按硬座票价的 45%计发补助费，因使用空调设备而另外加收的费用不计入票价之内。

5. 工作人员调动工作，核发差旅费以其调入地区执行标准计发。调入人员的交通、住宿、伙食补助除按公司规定执行外，其他开支参照有关规定执行。

6. 出差人员在出差地因病住院期间，按标准发给伙食补助费，不发交通费和住宿费。住院超过一个月的，停发伙食补助费。

7. 公司工作人员参加在外地召开的各类会议，除有会议主办单位出具的食宿费自理的证明，可回公司按出差标准领取伙食费补助，住宿费凭住宿处发票按公司规定标准执行外，其余情况一概不领发有关费用。

8. 员工赴外地学习培训超过 30 天以上的部分，按职位标准的 50%发给。

（三）员工探亲交通费按国家规定办法执行。

第三条 市内交通费规定

（一）市内工作交通费

1. 员工在市内联系业务，公司没有配给自行车、摩托车，又不能安排公司车辆者，凭乘坐的公共交通车票，列明去向、公干事由，经主管领导审核、成本中心负责人签字后凭据报销。

2. 员工因在市内联系业务由公司配置电动车者，每月按 20 元标准将公司修理费包干到人，每辆车从购买之日起包干 5 年。5 年内丢失、损坏的一律自理，也不另发交通费及报销市内车票，由此影响工作的，责任自负。

（二）员工上下班交通费

1. 员工居住地方距上班地点 2 公里以上，无公司交通车接送上下班，公司又没有配给自行车（或摩托车），可按公共汽车月票收据金额报销。

2. 符合用私人自行车上下班者，每月按公共汽车月票金额发给自行车维修费。

3. 上述两类补助请各部门在员工报到上班后即将申请报告报行政部审批备案，每年终了后 7 天内，由各部门造册申报，行政部按备案记录结合考勤核批发放。

4. 对于不享受交通费补助的职工，经常因公骑私人自行车外出的，经各部门成本中心负责人批准，发给每月 10 元的自行车修理费。

第四条 加班、夜班、值班和误餐费的规定

（一）加班费规定

1. 法定节假日因工作需要加班，按下列公式计发加班费：

$$（本人月工资－浮动工资）/25.5×200\%×加班天数$$

2. 法定节假日以外因工作需要加班，按下列公式计发加班费：

$$（本人月工资－浮动工资）/25.5×150\%×加班天数$$

3. 员工加班要从严控制，事前报部门经理批准。加班只限于工程抢修、节假日值班和完成其他紧急生产任务等，但月累计不得超过 48 小时，超过 48 小时报总经理批准。

4. 员工加班后，可以补休而不领加班费，但须办理补休的登记手续。

5. 员工出差期间，如遇法定节假日和超时工作不计加班费。

6. 加班费经人事部审核后，由财务部发放。

（二）夜班费规定，员工在每日 22 时至次日 6 时之间上班工作，不能睡觉，夜班费每人每夜 8 元。

（三）值班费，市内员工到特区范围内工作（或反向途径），不能在公司或家里吃午餐者，由各成本中心负责人签字报误餐费 8 元。报告列明时间、地点、工作内容，由人事部审核，财务部发放。

第五条 外勤津贴规定

（一）生产人员从事露天、井下、高空施工作业，按出勤天数，每人每天津贴 2 元。当天出工在 2 小时至 4 小时者，按半天计发，不足 2 小时者不发津贴。

（二）管理人员和工程技术人员跟班作业，可以按生产人员标准领取外勤津贴。

（三）工程管理的基建办及业务部室外勘察人员，基建办 RSU 安装人员、基建管理人员、财务部市内采购员、报关员、行政部食堂采购员等，按实际天数每人每天津

贴 1 元（有勘察设计、安装提成奖领取者则停发该项津贴）。

（四）汽车司机的各类补贴另见专题发文。

第六条 其他福利待遇

（一）员工医疗费用报销按有关规定执行，但每单 200 元以上必须由财务部经理审核。

（二）本公司工作人员（含合同制职工），每人每月发放洗理费 35 元、书刊费 40 元、水电补贴 35 元、物价补贴 100 元。

第七条 清凉饮料费规定（发放时间每年 5～10 月）

1. 发放范围原则上按第六条第二项。

2. 发放标准由人事部和行政部按批准预算确定，人数由人事部提供，具体由行政部安排报销。

第八条 员工计划生育按最新印发的有关规定执行。

第九条 员工服装补贴和发放，参照 S 市涉外企业服装补贴和发放办法，凡是公司正式员工（含合同制职工）每两年发放夏装、冬装各一套。此外，管理人员每年发领带一条，生产人员按劳动保护规定时限发放劳动防护用品。

第十条 对于临时去港人员费用开支标准和管理办法按 S 府（20Y6）129 号文的规定执行。对于临时出国人员费用开支标准和管理办法按公司《出国人员管理办法》的规定执行。

第十一条 公司接待其他省市来公司所在地出差的人员时，要根据各类人员出差住宿费标准适当安排，不得以任何名义免收住宿费或只象征性收费，公司公关室统一掌握，对于特殊情况者可从公司管理费——交际应酬费项下列支。

第十二条 本规定解释权在公司财务部。

附件　附件 4-6　各种费用分摊基准及其承办单位
　　　附件 4-7　国内差旅费开支标准一览表

附件 4-6　各种费用分摊基准及其承办单位

编号	子目名称	归属分摊基准说明	承办单位
01	薪资	依公司章则中，各部费用户号代号表（1）的规定科目摊入各部门	出纳科
02	工资	依各部门实际发生多少归属	各部
03	车马费	归入管理部管理（指董事、监事车马费）	总务及会计
04	租金	总租金支出归管理部，大楼租金的收入（包括对外租金及其利息收入和对各部每平方米 300 元的租金）归管理部，各部租用平方米数依总务规划	总务
06	文具用品	除各部自购部分自己承担外，由总务统筹办理的影印纸、拷贝纸、信纸、信封、公务用纸、印刷品等，由总务科依各部领用数分摊	秘书室

（续）

编号	子目名称	归属分摊基准说明	承办单位
10	邮电费	1．邮票由秘书室统筹购买，依各部使用量分摊 2．电话及电报费，专机及长途电话电报费依各部自理，总机多用，按分机数摊入各部	总务
11	修缮费	1．各部自行发生者，依发生单位分别摊入制造费或销售费或管理费或安装服务成本 2．公用组收费的基准 　（1）车辆：依驾驶人员费用、折旧费、保险费、预估修理费、油料费等费用定出各车每公里平均成本费，按各部使用公里数及车别计算 　（2）吊车：依驾驶人员费用、折旧费、保险费、预估修理费、油料费等费用，定出每工时成本费，按各部使用工时计算（多余能量可外租，但自用优先） 　（3）发电机：依操作人员费用、折旧费、保险费、预估修理费、油料等费用，定出各部机器每工时成本费，按各借用工时、机别计算 　（4）其他：未列入上列三项内的人员费用，设备折旧费，其他消耗费用，由各部按月电度数分摊 3．公用组实际费用与上列四项收入的差额列入管理部 4．各部所摊公用组费用依使用单位的不同分别列入制造费或销售或安装服务成本内	公用组 公用组 公用组 财务 成本
12	广告费	由管理部统筹办理，依广告性质摊入各部，人员招聘广告费由管理部负担	财务
15	福利费	按部门别发生来负担（指机车补助费）	
16	水电费	大楼发生的水电费依各部租用平方米数分摊	管理部
17	保险费	1．劳工保险费，依部门别扣缴劳保费总额，求出各部占公司总数的百分比，含有各百分比乘公司应缴保险费额，求出各部应摊保险费 2．设备保险费，依部门分别负担 指律师、建筑师发生之费用，律师费按发生部门支，建筑师费（包括月薪及审定费）由营建开发建设部平均分摊，其他建筑师设计费	各部 总务 出纳各部
	电力费	依部门发生支出，由各部设电表，每月依使用度数分摊总电力费	
18	劳保费	依各部营业额乘各项税率求得	会计
	坏账损失	依各部实际发生坏账数，由各部自行负担 依各部实际发生坏账数，由各部自行负担	
	损失费	依各部原物料成品报废出售额与账面价值的差数列入各部	总务

(续)

编号	子目名称	归属分摊基准说明	承办单位
21	税金		财务部
26	坏账损失		
29	逾期罚款		各部
33	损失费		会计

附件 4-7　国内差旅费开支标准一览表

项目 职位	乘搭交通工具范围	住宿费标准 （凭据报销）	每人每天		备 注
			伙食费	市内交通费	
一、正副总经理、党委书记	飞机、火车软卧、海轮船二等舱（内河船不分等），其他交通工具	600元以下	100元	60元以下	
二、部门经理（含同级别各类高级工程师）	飞机、火车软卧、海轮船三等舱（内河船不分等），其他交通工具	500元以下	80元	50元以下	
三、室主任（含同级别各类工程师）	火车软卧、海轮船三等舱（内河船不分等），其他交通工具	400元以下	60元	40元以下	特殊情况乘飞机需先由经理批准后有效
四、其他员工	火车软卧、海轮船四等舱（内河船不分等），其他交通工具	350元以下	40元	20元	

第三篇
预算编制、执行控制技巧

第 5 章　预算启动实务
第 6 章　预算管理制度制定
第 7 章　预算管理编制实务
第 8 章　预算调整与追加实务

第5章
预算启动实务

**精彩抢先读**

预算启动是制定预算的起点,预算启动会议的召开为企业预算的制定和实施铺垫了基础,对预算编制执行的吻合度起到了决定性的作用。通过预算启动,使各层级管理者能清楚地了解本部门在预算中的工作重点及职责,促使企业的预算能够顺利地执行。本章以案例的形式展示了XJRQ企业集团预算启动制度及启动流程制定,以期为读者提供一种借鉴。

5.1 预算启动内容概述

5.1.1 预算启动

预算启动简单地说就是为预算年度的正式开始做的准备，目的是为预算能够顺利地实施做好铺垫，为预算工作的全面展开提供保障。

5.1.2 预算启动的范围

企业各部门及分（子）公司都是预算启动的责任人。各机构负责人要按照预算启动会议规定的时间，负责收集和汇总各部门提交的下年度初步预测报告与相关资料，对公司年度财务预测进行财务数据分析和建议，提交总经理办公会商议以确定公司年度战略目标与方案。预算管理委员会应在各部门组建预算小组后，责成财务部或预算部进行年度预算编制工作的培训，并下发全套预算表格和编制说明。

5.1.3 预算启动的内容

通常企业为制备下年度的预算，需要在每年的第四季度启动预算动员工作。预算的启动日期一般根据企业自身的情况来定。预算启动要让各部门及分支机构了解下年度经营目标，为下年度制定预算做好准备工作，一般由总裁办公会（预算管理委员会）组织分解年度经营指标，并落实事业部各预算编制部门的预算编制工作，以及规定各部门正式开始编制预算的日期。预算启动会议流程以标准化的程序包括了战略发展规划的下达、年度经营指标的分解和下达、各预算编制部门预算责任的落实、全面预算全套文件的下发和全面预算编制的培训等内容。预算启动的流程在于说明预算的基本流程，使部门或分支机构的领导及员工能够更清楚地理解整个预算启动的大概过程，便于预算管理工作的开展。

1．确定制定预算的期间

通过预算启动会议约定本企业预算启动到制定下年度预算的工作期间，让企业的各部门或分支机构负责人能清楚地掌握了解预算制备期间的工作要领及约束条件，防止预算工作的盲目性及主观性。

2．确定预算控制目标

（1）确保预算启动之前各预算编制部门能在充分理解事业部下年度战略目标的基础上，就年度财务和经营目标以及各项分解指标达成共识，并致力于通过年度预算的编制达成事业部年度战略目标。

（2）确保年度预算工作要求和预算表格能及时下达到各预算编制部门，并保证关于年度预算工作的指导性要求能够从上往下得到有效传达。

(3) 确保事业部各预算编制部门在年度预算工作中的职责得到合理的划分和落实。

3. 确定预算主要控制点

(1) 每年在规定日之前,预算管理委员会(总裁办公会)召集副总裁、部门总监、集团采购中心负责人和集团研发中心负责人召开预算启动会议,讨论确定事业部年度运作计划及经营目标值,并落实各预算单位在实现经营目标值中的责任。

(2) 总裁秘书在预算启动会议后将事业部年度运作计划整理成文,待事业部领导层进行会签后,由总经理正式批准下发。

(3) 通过预算启动会议约束各预算编制部门负责人必须向本部门人员充分传达和贯彻预算编制的内容和要求。

(4) 通过预算启动会议使企业各部门或分支机构掌握预算管理办公室对各预算编制人员培训时间及内容。

(5) 制备并下发全面预算全套文件。

4. 约定预算会议规则

企业预算管理委员会应要求在规定的日期前各部门经理提交初步预测报告,经审核后再召开预算会议。公司董事长、董事会董事、总经理、副总经理以及各部门经理应参加年度预算会议,会议期间参加者如需请假,副总经理以及部门经理须有总经理和董事长的批准,总经理和执行董事须有董事长的批准。财务行政主管副总在预算启动会议开始时汇报本年度财务状况及预算执行情况。会议必须确定公司年度经营目标,目标中需包括各部门费用制定依据及调整幅度。

表 5-1 是企业预算启动应包含的一般内容。

表 5-1 预算启动的一般内容

步骤	活动内容	流程说明
1	预算管理委员会召开预算启动会议	上接"战略目标确定流程"。每年在规定日期之前,接到董事会审批的战略发展规划,预算管理委员会召集副总裁、各部门总监召开预算启动会议。在会议上,总裁向与会人员传达董事会下达的战略发展规划
2	预算管理委员会讨论事业部经营计划	预算启动会议与会人员根据公司战略目标,讨论确定事业部年度预算编制时间,并落实各预算编制部门在实现经营目标值中的职责

(续)

步骤	活动内容	流程说明
3	总裁秘书整理形成预算启动会议纪要	预算启动会议之后，总裁秘书根据预算启动会的会议精神和决议内容，整理并形成预算启动会议纪要，会议纪要包括： (1) 事业部战略发展规划的下达； (2) 事业部的年度经营目标，包括事业部总体销售收入目标和事业部总体利润； (3) 事业部的年度工作重点； (4) 各预算编制部门职责； (5) 预算编制的时间要求； 预算管理委员会与会成员会签会议纪要，在 10 月 10 日之前由总裁秘书下发到各预算编制部门，包括集团采购中心和集团研发中心
4	财务部测算营销费用率和现金流量	财务部根据总裁办公会确定的事业部总体销售收入目标和事业部总体利润目标以及以前年度的业务数据测算： (1) 事业部总体营销费用率； (2) 事业部总体现金流量指标； 在规定日之前，财务部总监将各项指标递交总裁秘书汇总处理
5	市场部测算铺货率、产品渗透率和新产品销量比	市场部根据预算管理委员会确定的事业部总体销售收入目标和事业部总体目标利润，并依据以前年度业务数据测算： (1) 各项产品铺货率； (2) 各项产品渗透率； (3) 新产品销量比例指标； 在规定日之前，市场部总监将各项指标递交总裁秘书汇总处理
6	销售部测算销售人员人均销售量、订单满足率	销售部根据预算管理委员会确定的事业部总体销售收入目标和事业部总体利润目标测算： (1) 销售人员人均销售量； (2) 订单满足率； 在规定日之前，市场部总监将各项指标递交总裁秘书汇总处理
7	总裁秘书汇总指标报预算管理委员会	在规定日之前，总裁秘书汇总财务部、市场部和销售部所测算的年度经营指标，递交给预算管理委员会
8	预算管理委员会讨论确定指标	预算管理委员会讨论并审核财务部、市场部和销售部测算的年度经营指标，如果审核不通过，预算管理委员会提出修改意见，要求各部门修改后重新审核。审核通过后，由总裁秘书汇总，于规定日之前形成会议纪要，总裁办公会成员会签并由总裁秘书传递至各相关部门
9	年度经营指标的分解	销售部对年度收入和费用指标进行分解： (1) 销售收入指标的分解（分解到各区域）； (2) 管理费用（营业费用）的分解（分解到各区域）； 在规定日之前递交总裁秘书汇总处理

(续)

步骤	活动内容	流程说明
10	年度经营指标的分解	财务部对费用指标进行分解： 事业部本部管理费分解到各部门， 在规定日之前递交总裁秘书汇总处理
11	年度经营指标的分解	市场部对市场管理指标分解： （1）铺货率（分解到各区域）； （2）产品渗透率（分解到各区域）； （3）新产品销量比率（分解到各区域）； （4）各区域市场费用的分解； 10月18日之前递交总裁秘书汇总处理
12	年度经营指标的分解	重点客户部分解重点客户相关销售指标： （1）重点客户部销售收入指标的分解（分解到各城市门店）； （2）各区域重点客户市场费用的分解； 在规定日之前递交总裁秘书汇总处理
13	总裁秘书汇总提交预算管理委员会	总裁秘书对销售部、市场部和重点客户部分解的相关年度经营指标进行汇总，在规定日报预算管理委员会
14	预算管理委员会审核年度经营指标的分解	预算管理委员会审核销售部、市场部和重点客户部分解的相关年度经营指标，若审核不通过，预算管理委员会提出修改意见，要求该部门修改，修改完成后重新审核。审核通过后，在规定日之前由总裁秘书下发到各相关部门
15	各预算编制部门召开本部门预算工作会	各预算编制部门总监在预算启动会议结束后，及时召开本部门内部预算工作会，在本部门内部挑选关键岗位人员，准备开始编制本部门预算。内部预算工作会议中需将公司预算启动会议精神传达到部门内部员工，并提前考虑和准备部门内部预算编制和执行过程中可能遇到的问题
16	预算管理办公室组织预算编制培训	预算管理办公室及时组织对各部门预算编制人员进行年度预算编制的培训，在培训中对预算编制流程、各项数据的预测方法、计划表填制方法，以及年度预算工作重点等内容进行培训和充分的沟通，确保预算编制人员完全掌握预算编制方法
17	预算管理办公室下发计划表	预算编制培训之后，预算管理办公室下发全面预算指导文件，包括事业部全面预算目标下达文件、全面预算假设、全面预算表格、全面预算编制手册和编制进度要求
18	各预算编制部门开始预算编制	每年按规定日各预算编制部门的预算编制人员正式开始年度部门预算的编制工作，编制依据主要是公司年度经营目标、预算启动会议纪要以及全面预算指导文件，具体编制方法与步骤转接"各部门预算编制流程"

5.2 预算启动会议基本制度范例

笔者以 XJRQ 企业集团的预算启动会议制度为例，介绍预算启动会议制度的撰写。

【案例】XJRQ 企业集团的预算启动会议制度

预算启动会议制度

第一条 范围

由公司董事长、总裁、营运总裁、执行副总裁级、副总裁级及各部门总经理级参加的会议,以确定下一预算年度的总体经营目标值,并将年度经营目标值分解到各部门。

第二条 预算控制目标

1. 确保公司的年度目标符合长期战略规划要求。
2. 确保董事长、总裁、营运总裁、执行副总裁级、副总裁级以及各部门总经理级参加年度预算会议。
3. 确保各部门在事先充分准备的基础上参加会议。
4. 确保年度经营目标值分解落实到相关部门。

第三条 主要控制点

1. 每年 9 月中旬第一个周末召开预算专题会议,由各部门总经理阐述预测制定的依据,总裁、营运总裁和相关副总裁级负责协调并确定公司年度经营目标值,以作为全面预算编制的基础。
2. 各部门总经理在预算会议纪要上签字。
3. 各部门总经理签收由总裁签署的预算专题会议纪要,附年度经营目标值。

第四条 特定政策

1. 董事长、总裁、营运总裁、执行副总裁级、副总裁级以及各部门总经理级必须在参加年度预算会议前,充分准备,各部门总经理需要根据公司下一年战略规划,预测本部门未来年度的收入和费用。
2. 总会计师和财务总监在预算启动会议开始时汇报本年度财务状况及预算执行情况。董事长、总裁、营运总裁、执行副总裁级、副总裁级以及各部门总经理级必须参加年度预算会议,会议期间不准借故离开。
3. 会议结束时,目标必须明确落实到各部门。
4. 所有在 10 月 20 日后申报预算的部门均要求在 10 月 20 日之前将部门人员减员计划、部门人员招聘计划、部门人员退休计划交人力资源部;所有在 10 月 27 日后申报预算的部门均要求在 10 月 27 日前将计算机需求预算交信息技术部;所有在 10 月 29 日后申报预算的部门均要求在 10 月 29 日前将固定资产预算和低值易耗品需求预算交物资管理部。

5. 在预算表格中涉及物资采购金额和销售收入金额的，均指不含税值；涉及应收账款、应付账款、货币收支的，均指含税值；制造费用中，属于产品成本组成部分的为不含税值，其他为含税值；管理费用均指含税值。

6. 会议经营目标中需包括各部门费用制定依据及调整幅度。

5.3 预算启动会议流程说明

5.3.1 预算启动会议前的准备

在预算启动会议前，预算管理委员会或预算工作小组应为会议的召开做好准备工作，这些准备工作涉及各个部门，各个预算组织或管理部门的分工如表 5-2 所示。

表 5-2 预算启动准备工作分工及内容

部门	预算启动准备工作分工及内容
财务部	财务报表及分析报告，预算目标测算方案，融投资预算草案，产品成本、固定资产、应收账款等数据
销售部	销售情况分析及市场反馈，销售预测，已签订的预算年度合同，销售行动方案，销售费用基础数据
生产部	生产情况及生产能力，产品质量及合格率，库存情况，产品成本基础数据，劳动生产率情况等
技术部	新产品开发情况，技术改造和设备更新情况，技术发展规划，开发计划，研发项目计划和估算，项目要求及人员配置，产品质量分析等
设备动力部	设备维修和保养情况，设备更新改造和装备情况，维修、更新改造费用估算
人力资源部	人员需求和素质要求，培训情况和计划，职工构成及有关情况，业绩评价和薪酬制度调整，劳动力成本和劳动效率
采购部	原材料消耗情况，市场供应分析和预测，供应商变动等

5.3.2 预算启动工作流程责权分工

预算启动工作流程责权分工如表 5-3 所示。

表 5-3 预算启动工作流程责权分工

步骤	涉及岗位	步骤说明	系统操作
1	财务总监	8月中旬,发出反馈式电子邮件提醒总裁办主任,考虑明确的预算专题会议召开时间,总裁办主任于8月30日前确认预算专题会议召开时间	
2	总裁办主任	9月1日,通知各部门总经理及以上人员准备预算专题会议资料,并通知召开预算专题会议准确日期,同时分发会议召开所需资料清单	
3	各部门经理	9月10日,根据下年度战略规划,结合市场预测、历年销售情况、销售能力、研发能力、生产仓储能力、人力资源、资金状况等情况提交初步预测报告,包括:市场部市场预测,终端、系统设备营销总部销售预测,客户服务中心服务收入预测,网络工程服务部的服务收入预测,生产、研发预测,采购物流预测,人力资源培训预测,投资预测,固定资产预测,财务预测及其他部门费用预测等	
4	总裁办主任	组织各位秘书汇总各部门提交的初步预测报告,并作为预算启动会议初步审议内容,纳入会议资料,另外将战略行动计划也纳入会议资料	
5	总裁办主任	做好会议准备工作,安排会议议程,预定开会场所,准备开会所需物资	
6	财务总监	将未来年度的预算表格及1~8月预算执行情况分析、第四季度的预算调整申请交给总裁办主任,纳入会议资料	
7	总裁办主任	拟定会议通知,复印上述会议资料并装订成册,将会议通知和资料一并分发给董事长、总裁、营运总裁、执行副总裁、副总裁、各部门总经理、中心研究院院长、总裁办主任	
8	董事长、总裁、营运总裁、执行副总裁、副总裁、各部门总经理、总裁办主任	9月中旬第一个周末召开预算专题会议,财务总监在会议开始时汇报本年度财务状况及预算执行情况,讨论并确认第四季度的预算调整数 各部门总经理阐述预测依据,并就战略实现和预算分解进行讨论,董事长、总裁、营运总裁协调确定公司下一预算年度经营目标值	
9	财务总监	向与会成员解释预算表格的填制方法	
10	财务总监	将协调确定的经营目标值与各部门总经理初步提交的目标进行比较,分析差异合理性,评估预测准确度,填写各部门预测目标值之比较分析,归档入人力资源部员工考核档案,影响干部年终考核结果	
11	总裁办主任 总裁	整理会议纪要 签发预算专题会议纪要及各部门年度经营目标值	
12	总裁办主任	将会议纪要及各部门年度经营目标值分发至参加预算会议人员,各部门预测目标值之比较分析交人力资源部	总裁办主任
13	各部门经理、总裁办主任	签收会议纪要及各部门年度经营目标值	各部门经理、总裁办主任

5.3.3 预算启动流程图

预算启动流程图如图 5-1 所示。

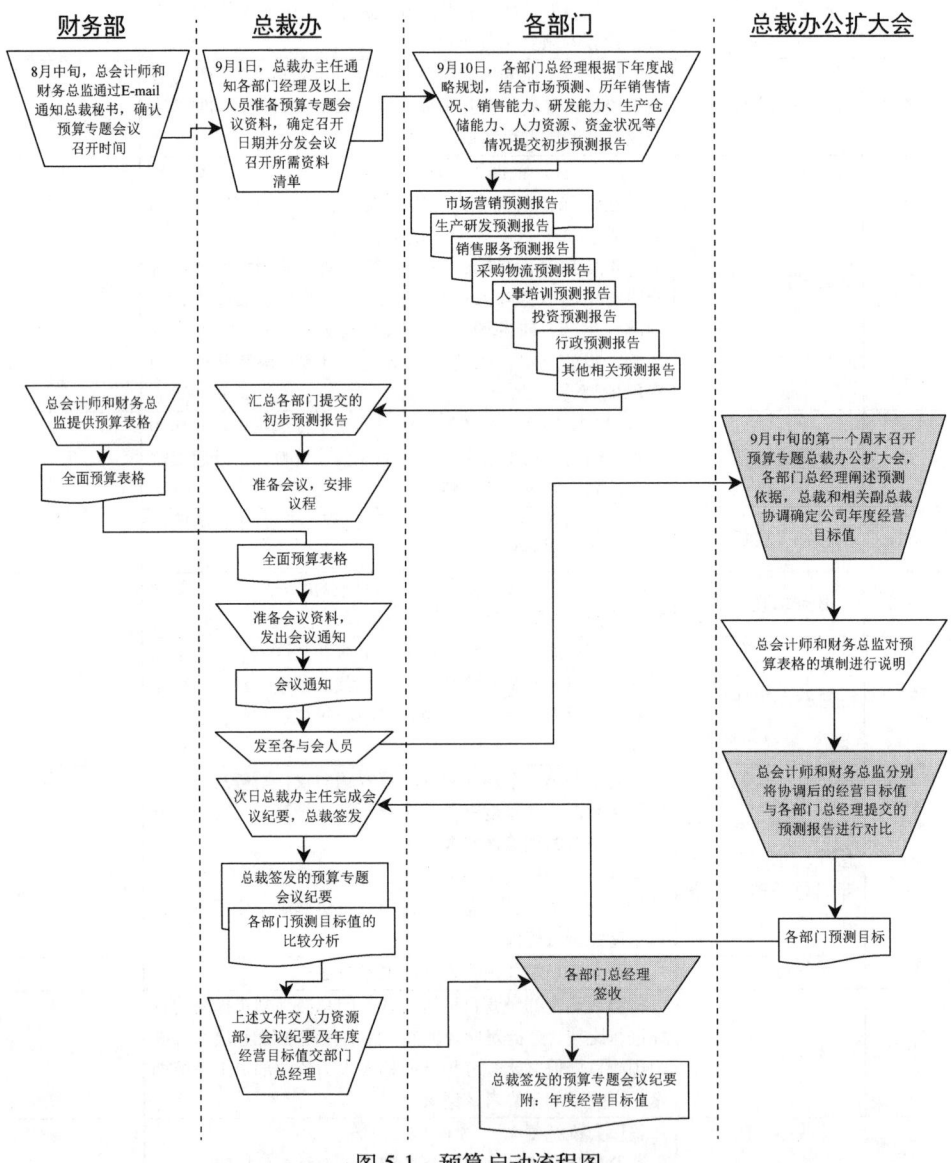

图 5-1 预算启动流程图

第 6 章
预算管理制度制定

**精彩抢先读**

为实现企业持续发展,我们必须实施战略性的预算管理控制策略。预算管理控制的关键不是简单地降低成本、削减费用,而是通过强制的预算管理,在开源的同时,控制费用总额,通过精细化管理降低隐性成本,优化流程,合理配置资源,从而有效地全面降低企业运营成本。预算管理是一种新的管理控制模式,其宗旨是要让全体员工通过预算学会承诺与负责,学会自觉与自律,从而在企业构建出以预算管理为导向的企业管理控制系统。

预算管理制度包括组织机构的建立、预算基本管理制度及预算实施细则。通过预算制度的制定可以把企业大量的管理工作规范化、标准化,使烦琐变得简单,使杂乱变得有序,为企业在激烈的市场竞争中生存和发展奠定了坚实的基础。制度是企业兴衰成败的关键。成功的企业源于卓越的管理,卓越的管理源自优异的制度,这其中就包括预算管理制度。

6.1 预算管理组织机构的构建

预算管理通过对企业的决策目标以量化方式进行资源配置，使企业的整个经营活动得到协调运转。预算管理是一个完整的控制系统，它的控制范围涉及企业的方方面面，需要企业中的各个部门之间、上下级之间协调运作。要达到企业协调运作的目的，必须设置一个具有独立性、战略性、权威性的管理组织，负责预算的编制、执行、内审、评估、激励和信息反馈，对全面预算管理过程中发生的种种冲突从整体上进行协调与控制，公正全面地对预算执行结果进行考评。否则，企业便会成为一盘散沙，预算管理便会流为形式，失去控制的目的。在企业中，预算的管理机构一般由预算管理委员会和预算专职部门构成。

6.1.1 预算管理委员会

预算管理委员会是专门为全面预算管理而设置的机构，全面负责预算管理的组织协调工作。企业本身是一个整体，在这个整体中，各职能部门是相对独立的，它们各自担负着不同的工作任务。各职能部门从本部门角度出发提出的设想和需求，有时会与其他部门冲突，有些则可能根本行不通。因此，必须设置一个专门的预算管理部门负责协调在预算管理过程中出现的矛盾，负责预算编制与执行过程中的责任归属、权利划分、利益分配等，以便发挥预算团体协调控制与考评的作用，充分调动各个部门每个成员的积极主动性，这个机构就是预算管理委员会。

预算管理委员会应由企业最高领导，如总经理、厂长等亲自挂帅。预算管理委员会的主要负责人必须是企业的最高领导者，否则会失去预算管理委员会的威信；委员会的成员可由各部门主要领导组成，至少负责财务、产、供、销、技术、劳动、人事等部门的主要领导必须是预算管理委员会的成员，其中常务委员的职务可由财务经理担任，其他成员可依据工作需要适当增减调整。其下可设预算管理办公室，作为专门办事机构，以处理与预算相关的日常事务。预算管理委员会的主要工作是负责预算的制定和审批，监督各部门对预算的实施情况，解决预算实施过程中各部门出现的矛盾，随时发现企业活动与预算的偏差并及时调整。

预算管理委员会的主要部门及各部门职能可以设置如下：

（1）预算管理委员会的主任一般由集团公司董事长或董事会全面授权的总经理担任，负责全面预算管理的重要事项，以保证全面预算管理的权威性。由于预算管理委员会主任事务繁忙，对预算管理不可能事必躬亲，因而按"例外管理原则"，董事长或总经理在预算管理委员会中所要做的事情主要有三件：审定预算水平、阅读反馈报告、必要时调整预算。

（2）预算管理委员会分别吸收营销、生产、采购、技术、信息、质检、内审、人事等部门的最高负责人担任委员。

（3）预算管理委员会下设办公室，由集团公司财务部负责人任办公室主任，以财务部为主导，负责预算管理的日常工作。其主要职能是对各级预算执行机构进行协调和信息反馈。

（4）在预算管理委员会下，除办公室之外，再设置价格委员会、业绩考评委员会和内部审计委员会。价格委员会负责制定供销价格和内部转移价格；业绩考评委员会负责业绩考核、制定和实施奖惩制度；内部审计委员会除负责预算执行结果的审计外，还应在预算执行过程中对各子公司、二级单位进行审计。全面预算管理委员会的组织设置如图 6-1 所示。

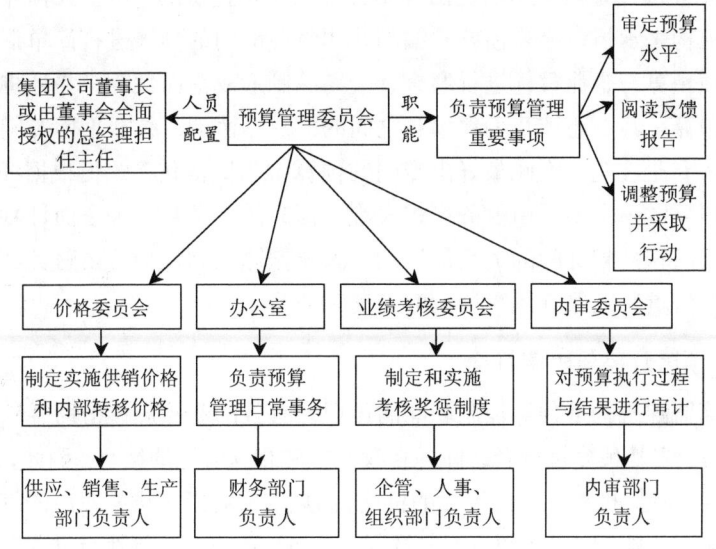

图 6-1　全面预算管理委员会组织设置图

6.1.2　预算专职机构

预算专职机构主要包括预算编制机构、预算监控与协调机构、预算反馈组织及其他机构。

1．预算编制机构

预算编制是实施预算管理的关键环节，预算编制要在预算管理委员会制定的编制方针的指导下进行。预算编制的方法很多，企业应根据不同的预算内容因地制宜地选用不同的预算编制方法。对于编好上报的预算，上级要组织各部门有关专业人员、业务人员和财务人员面对面地逐项分析解剖项目，逐项测算核实预算费用。

预算编制机构包括预算基础资料供给机构和编制预算机构。

(1) 预算基础资料供给机构

预算是企业全部经营业务的全面性计划，涉及产供销各个方面，编制预算所需的各种基础资料，也需要由各相关部门分别提供。由于这些基础资料主要是关于各部门历史的，尤其是未来的业务状况，属各部门分内之事，因此不必专门设置机构和人员，责成各部门按时按要求完成即可。然而，企业各项业务预算之间具有密切的相互关系，其中至少有一项业务预算制约着其他业务预算，它的准确与否决定着整个预算内容体系的意义，也关系着全面预算的成功与否。所以，各预算资料供给机构应相互联系、配合。

(2) 编制预算机构

预算资料或者预算初稿是由各相关部门分别提供的，但正式预算的编制还须有专门机构来承担，因为预算的编制并非将各部门的预算进行简单汇总，而是需要将各项预算与企业目标进行磨合，最终编制形成全面预算，并且将其分解落实为责任预算，其中还涉及各项预算之间的汇总、协调、综合平衡等问题，工作量大且需要专业技能，因此最好由专门的预算编制机构负责。但根据经济的原则，且鉴于预算体系主要是由财务形式表现，预算体系又是一种全面计划，编制预算与财务部门和计划部门的关系最密切，因此预算编制机构可由财务部门承担，但应由专人负责，以保证预算编制的速度和质量。

2．预算监控与协调机构

预算监控机构是预算控制职能的体现。有效的监控应该借助各部门各成员的共同努力，它是预算执行者之间的自我监控和相互监控的结合。因此，预算监控机构并非某个独立机构或专门设置的机构，而应实行各组织机构对应的纵横交错的监控网。预算协调既体现在预算编制过程中，而且还应在预算执行过程中发挥日常管理的作用。预算协调也涉及各个方面：既有各部门内部的行为协调，又有各部门之间的行为协调，等等。因此，预算协调职能也非由专门设置的独立机构来承担不可，各组织机构均应在全局整体利益的驱动下，自觉地承担预算协调机构的职责。

当然，分部利益与整体利益并非总是一致的，各部门之间不可避免地存在各种职能失调行为，甚至会产生剧烈冲突，因此，内部仲裁机构也是预算管理组织中不可缺少的协调机构。如前所述，内部仲裁职能应由预算管理委员会承担，以保证其权威性。

3．预算反馈组织

预算反馈组织是预算管理组织的重要组成部分，是预算管理委员会、预算编制机构、预算监控机构、预算协调机构发挥作用的后盾。预算反馈组织即预算信息流组织，亦即预算执行过程的报告体系，它是预算下达过程的逆向信息流动，是预算执行情况的自下而上的层层汇集和向上报告过程,因此它因预算执行组织的设立而异,有什么样的预算执行组织就会有与之相应的信息流组织。

6.2 预算管理基本制度示例

6.2.1 预算管理制度的保障

1．企业内部高度集中的预算管理制度

企业作为独立法人,面对的是市场,参与的是自由竞争,但就其内部管理来说,绝大多数实行的是高度集中的预算管理。也就是说,企业的许多活动是避过市场通过内部的专业化协作,有预算地进行的。如 IBM 公司需要的零配件,其来源有两个:一方面从市场上购进,另一方面从子公司获得供应。从子公司获得的供应是通过预算进行的。企业之所以能在内部实行高度集中的预算管理体制,其原因是企业性质基本上都是股份有限公司,股东们购买的是整个公司的股票,不是其所属某一分公司的股票,这就要求总公司对其所属分公司实行统一领导,对分公司的利润集中起来进行统一的核算和分配。因此,大企业集团一般是以总公司为法人,下属分公司不具备独立法人地位。即使总公司下存在具有法人地位的子公司,这些公司也是由总公司根据需要投资参股建立的,对其中由总公司控股的子公司视同分公司,预算由集团总公司主管,财务报表由集团总公司合并编制,只注明其他少数股东的权益。企业内部预算管理的另一种形式是实行项目责任管理制和逐级负责制。

2．完善的财务管理制度

财务部是企业最重要的控制部门之一。精细化的预算管理要求做到按部门分解费用、按责任中心分解产品成本,而以往企业的财务会计核算都是按会计科目核算的,看不出所花费的费用出自于哪一个部门,公司销售部门的营销费用也很难看出是为哪一种产品而支出的。为改变这种状况,企业应在预算编制前就按预算管理要求,改变核算方式,划小核算单位,在收入、费用的明细科目下,按收入、费用发生部门设置部门明细账归集,消除月末预算与实际对比差异无据可查的现象,使会计处理既满足核算要求又能够满足管理需求。

(1) 部门间核算制度。各部门间以一定的价格进行核算,以利于衡量和评价各部门的生产经营业绩。

(2) 统一会计制度。公司及各营业部门按统一的会计科目与方法进行会计工作。

(3) 现金管理制度。将集团公司下属的各公司的资金账户进行统一管理,做好现金集中上划工作。各分(子)公司或营业部的现金要存入这些账户,在一定限额内可以自由支用，超过这个限额要得到集团公司的批准。

（4）固定资本投资的控制。各分（子）公司或经营部门在一定限额范围内，可以自行安排固定资产投资，一些时间较长、数额巨大的投资预算，或者其范围超过一个经营部门的，则由集团公司执行委员会进行讨论审议，再报财务委员会审批拨款执行。

（5）审计制度。企业应设有审计委员会，督促各级管理部门准备会计报表，并请会计师查账。

3．人力资源管理制度

企业获得成功的关键是人才，如果不能做到人尽其才，企业是不能取得好结果的。所以，企业应十分重视人力资源管理，设置人事部门，具体负责人员培训、人才选择、岗位职责设立等工作，以调动员工积极性和对员工的业绩进行考核。

6.2.2 预算管理基本制度范本

1．案例企业背景

该公司是 XJRQ 企业集团的下属分公司之一，承担着 XJRQ 企业集团整体运营重任，主要经营范围包括燃气的传输、设计、施工、安装、网络软件的开发及技术服务。该公司具有很强的研发能力，并具有广阔的市场发展空间。

公司经过近三年的不断改革，基本完善了部门岗位职责和员工岗位职责的建设工作制度，有较好的绩效评价制度和激励机制。但是公司高层管理者认识到，公司虽然改制成了股份公司，其基础管理水平并未得到更多的提升，企业要上更高的层次，必须实施精细化的管理，而预算管理系统就明显地滞后于企业的发展，预算流于形式，费用和成本得不到有效的控制，严重影响了企业的发展。在这种情况下，公司决定借助外力，以预算管理作为提升企业内部管理水平的突破口，希望通过预算管理制度体系的建设，改变过去通过事后会计核算进行控制的传统做法，向事前和事中控制转变，并在这个过程中逐步转变管理层和全体员工的观念，带动公司内部管理水平的全面提升。

2．预算管理基本制度范本

根据该公司的生产经营特点、行业及组织特点，我们进行了该公司的预算管理基本制度的设计，其预算管理基本制度全文如下。

公司全面预算管理制度

第一章　总　　则

第一条　为了加强该公司的全面预算管理，规范各部门及各分公司的预算行为，保护公司及其相关利益者的合法权益,推进现代公司制度建设,根据有关法律、行政法规的规定,制定本公司全面预算管理制度。

第二条 全面预算管理是实现公司资源优化配置、提高公司经济效益的先进而科学的一种管理方法。它能够细化公司战略规划和年度运作计划,是对公司整体经营活动一系列量化的计划安排,有利于战略规划与年度运作计划的监控执行。

第三条 公司通过全面预算来监控战略目标的实施进度,同时也是整个绩效管理的基础和依据。在战略目标的引导下,各部门及分公司都要围绕战略目标的实现进行经营活动,完成年度经营目标管理考核规定的任务。

第四条 本制度的主要内容包括:总则、战略规划、全面预算与绩效管理的关系、全面预算管理组织体系、预算目标、预算编制、预算控制、全面预算的调整、预算报告与差异分析、预算的考评与激励和附则十一个部分。

第五条 本制度适用于本公司各部门、各分公司。本管理制度由公司董事会批准通过,由公司预算管理委员会负责解释。

第二章 战略规划、全面预算与绩效管理关系

第六条 全面预算管理是按照公司制定的发展战略目标,确定年度经营目标,逐层分解、下达到公司内部各个经营单位,以一系列的预算、控制、协调、考核为内容,自始至终地将各个经营单位经营目标同公司战略发展目标联系起来,对其分工负责的经营活动全过程进行控制和管理,并对实现的业绩进行考核与评价的内部控制管理系统。全面预算管理是对预算的编制、审批、执行、控制、调整、考核及监督等管理方式的总称。

第七条 战略规划、全面预算与绩效管理的关系可以用如图 6-2 所示的模型进行表述。

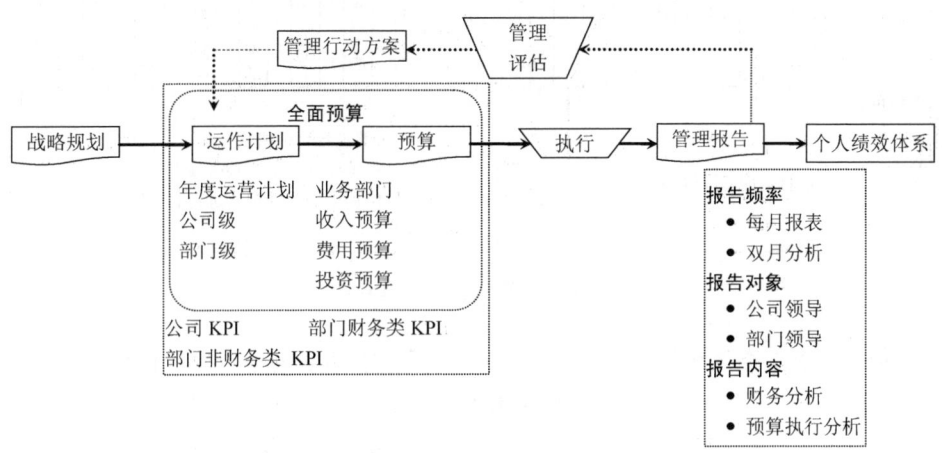

图 6-2 战略规划、全面预算与绩效管理的关系模型

第八条 全面预算管理的基本任务是根据公司战略目标,确定公司年度经营目标并组织实施;明确公司各部门预算管理的职责和权限,发挥各级预算分管部门和预算责任单位的职能作用;合理配置公司各项资源;对公司经济活动进行管理、控制、分析和监督;为考核评价公司经营财务业绩提供有效依据。

第九条 全面预算是形成公司各部门及分公司关键绩效指标的主要来源,是公司整个绩效管理的基础和依据。通过提高运作计划与预算的效率,并建立相应的绩效管理,以促使公司的各项经营活动更好地体现战略规划的要求,提高核心竞争力。

第三章 全面预算管理组织体系

第十条 全面预算组织是预算管理运行的基础保障,预算目标的实现必须建立在完善的预算组织基础上。

第十一条 全面预算管理组织的设置必须符合高效性、适度性、系统性、清晰性、有力性、经济性的原则。

第十二条 全面预算管理的组织体系包括预算决策机构、预算常设执行机构、预算执行机构、预算监控考评机构,其结构如图6-3所示。

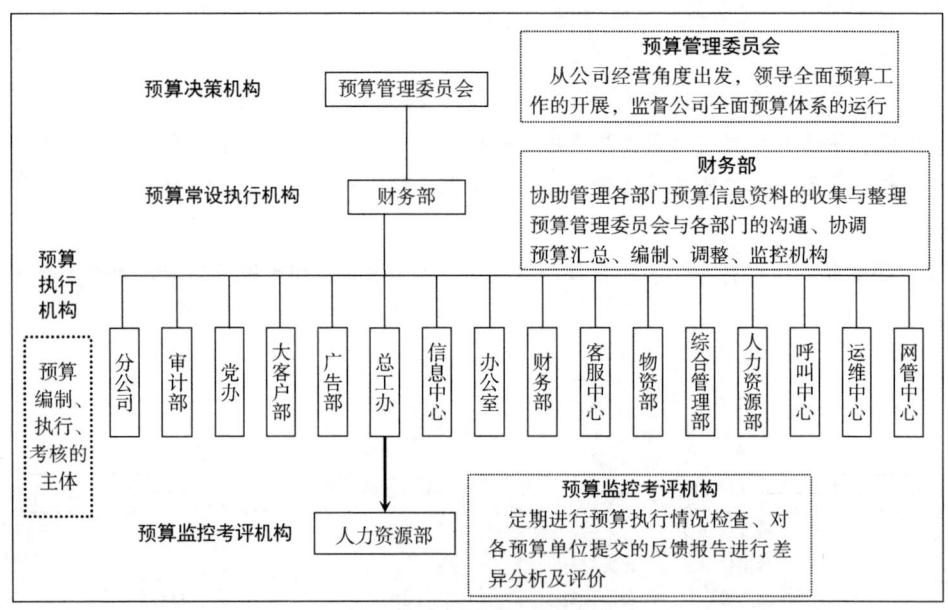

图6-3 预算组织体系结构图

第十三条 全面预算管理委员会是实施全面预算管理的最高管理机构,具体处理预算管理事宜,确保公司预算管理实施的权威性、科学性和规范性。预算管理委员会由公司中高层管理者组成。委员会以预算会议的形式审议各预算事项,财务部为处理全面预算管理日常事务的职能部门。预算管理委员会会议应当由2/3以上的委员出席方可举行。预算委员会做出的决议，必须经预算委员会全体委员的过半数表决通过方为有效。

第十四条 全面预算管理委员会的职责。

1. 审议通过有关预算管理的政策、规定、制度等；
2. 组织公司有关部门或聘请有关专家对年度预算目标的确定进行预测；
3. 审议通过年度预算编制的方针和程序；
4. 审查整体预算方案及各部门编制的预算草案，并就必要的改善对策提出建议；
5. 在预算编制和执行过程中，对部门与部门之间可能发生或已经发生的分歧进行必要的协调；
6. 将经过审查的预算提交董事会审批，董事会通过后下达正式预算；
7. 接受预算与实际比较的定期预算报告并予以审查、分析，提出改善的措施；
8. 根据需要，就预算的修正进行审议并做出决定；
9. 对全面预算管理过程中出现的矛盾或问题进行调解或仲裁。

第十五条 预算常设执行机构为财务部，财务部的预算职责：

1. 传达预算的编制方针、程序，具体指导各部门预算方案的编制；
2. 根据预算编制方针，对各部门编制的预算草案进行初步审查、协调和平衡，汇总后编制公司的预算草案，一并报全面预算管理委员会审查；
3. 在预算执行过程中，监督、控制各部门的预算执行情况；
4. 每期预算执行完毕，及时形成预算执行报告和预算差异分析报告，交全面预算管理委员会审议；
5. 遇有特殊情况时，向全面预算管理委员会提出预算修正建议；
6. 协助全面预算管理委员会协调、处理预算执行过程中出现的一些问题。

第十六条 预算执行机构的组成为分公司、公司业务及职能部门。其预算职能：

1. 根据预算管理委员会下达的预算目标，将公司整体预算编制要求与本单位的实际情况相结合，具体制定本部门、本公司该年度的预算计划；
2. 对预算依据、测算基础和计划控制措施进行详细说明，在日常经营活动中执行综合平衡后的预算；
3. 促进生产经营完成预算任务，加强预算自律，严格控制预算外行为；
4. 定期提供预算实际执行数据，预算冲突上报。

第十七条 全面预算管理的监控考评机构。

预算管理的监控考评由人力资源部执行。其主要职责：根据预算实际执行情况数据，将预算考评纳入公司绩效考评体系中，考评执行现有的绩效考核措施。

第四章 预算体系

第十八条 全面预算管理流程图（见图6-4）。

第十九条 根据公司战略规划编制的全面预算主要包括年度经营计划和财务预算两部分内容。其中，年度经营计划应全面审视目标市场的政治、经济环境，判断它们对于未来公司发展的影响，并通过公司内部的优劣势分析，制定出公司在未来一年中的经营计划。

第二十条 财务预算编制内容包括业务预算、财务预算和资本预算（相关内容见全面预算编制报表）。

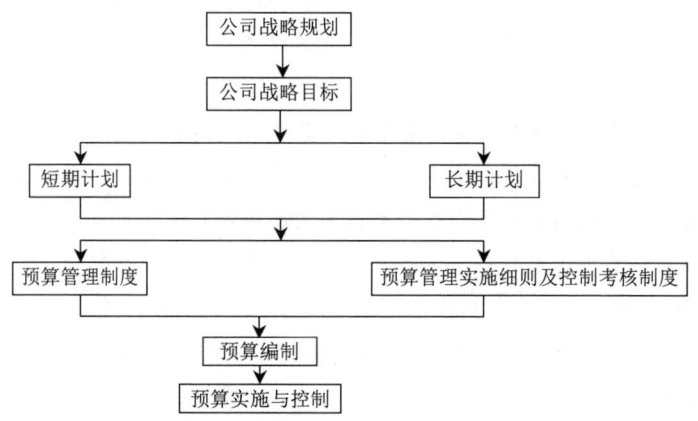

图6-4 全面预算管理流程图

第五章 预算目标

第二十一条 全面预算管理过程将公司战略、公司及部门运作计划和公司年度预算方案等诸多管理方面紧密地联系在了一起，预算目标是根据战略行动计划和公司年度工作目标的要求，归纳本年度为配合公司实施战略和保证日常业务开展所应完成的主要工作目标。

第二十二条 依照《公司章程》，为了建立和完善公司责权利相统一的内部运行机制，充分调动员工的积极性和创造性，公司应确立以实现组织战略目标为核心的预算目标体系，保证在规范管理、稳健经营、防范风险的前提下开展经营管理工作。

第二十三条 预算管理的目标应具备五项标准，即SMART标准：具体化、可度量、可实现、现实性、时效性。

第二十四条 预算目标的分解与下达程序：预算目标自上而下分解并下达，公司长期目标分解到中期目标，再分解为年度、季度目标，最后分解到每月，同时也是目标从公司下达至责任中心。

第二十五条 公司对下属各分公司及各部门实行经营目标管理与考核。每年初由广电网络公司与下属各部门及各分公司签订年度目标管理责任书；由各分公司再向所属各部门签订目标管理责任书。

第六章 预算编制

第二十六条 预算的编制期间为自然年度。

利润导向型全面预算管理的预算期主要分为短期和长期,由此编制的预算分为短期预算和长期预算。短期预算是指每个会计年度 1 月 1 日~12 月 31 日的预算,也称年度预算,并层层分解,由年分到季,由季分到月;长期预算是指公司未来 3~5 年的发展规划性预算,长期预算是制定短期预算的重要依据。

第二十七条 预算编制内容规范及预算报表体系(见图 6-5)。

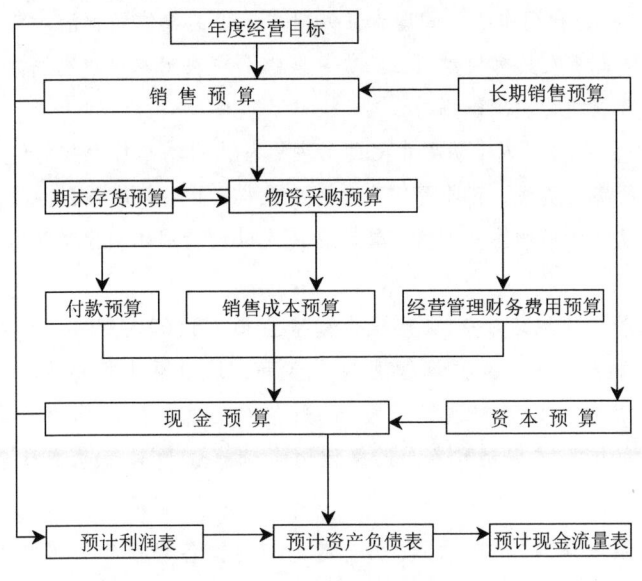

图 6-5 预算编制内容规范

第二十八条 预算编制是实施全面预算管理的关键环节,编制质量的高低直接影响预算执行结果。预算编制要在公司董事会和全面预算管理委员会制定的编制方针指引下进行。

第二十九条 预算编制方针应包括:

1. 公司年度经营目标规划;
2. 生产经营导向;
3. 费用分摊基准;
4. 业绩评价基准。

第三十条 在总预算已确定的条件下,公司应确定责任预算即对总预算进行分解,落实到各责任单位。出资人(或公司)的投资报酬预计和经营者的责任目标只有层层分解落实到每个部门,才有实现的坚定基础;只有明确各自的责、权、利,才能调动公司内部各部门的积极性。为此,预算编制必须遵循以下原则:

1. 预算的内容必须与责任单位所从事的业务活动的性质相一致；
2. 预算的水平必须与责任单位从事业务活动的规模相一致，保证责任权利对等；
3. 预算必须明确财务计划目标的实现，相互之间应能协调一致；
4. 预算的确定必须充分发挥责任单位的积极性，考虑责任单位的合理要求。

第三十一条 公司预算分解推行责任预算管理模式。责任预算是按照责任单位划分的责任中心体系，进行总体目标分解、预算编制和预算执行考核的预算模式。

1. 利润中心。利润中心的管理责任人对本单位的整体经营活动负责，并具有经营自主权；管理责任人具有决策权，其决策能够影响决定本单位利润的主要因素；管理责任人以经营利润为决策准则。
2. 成本费用中心。成本费用中心的管理责任人对本单位可控的经营成本及其他有关可控的期间费用负责。管理责任人具有决策权，其决策能够影响决定本单位可控的经营成本及期间费用的主要因素，管理责任人以经营成本、管理费用和财务费用为决策准则。

第三十二条 预算编制基本流程为董事会提出预算编制方法，各分、子公司据此预测目标利润，并上报预算管理委员会审议通过后上报董事会；董事会通过后下发到预算执行单位编制预算草案，经财务部汇总上报预算管理委员会获得通过后，各责任单位正式编制预算，汇总至财务部报请预算管理委员会审议通过后执行。

第三十三条 预算编制时，设立一定比例的预备费用作为预算外项目支出准备金。

第七章 预算控制

第三十四条 预算责任分解。预算指标下达各责任中心分项预算后，各责任中心应以此为依据，根据季度、月份制定详细可行的分解计划，并落实到具体项目和责任人（各责任中心负责人），对各项收支统筹安排，加强管理。每季度最后一个月月底，各责任中心负责编制、审核下季度预算调整及追加事项并报财务部；每双月结束后的次月9日（节假日顺延）由财务部提供各部门预算执行情况，供双月考核使用。

第三十五条 公司及各分公司、各部门应建立健全预算监控体系，保障全面预算的顺利实施。

1. 预算内各项支出须经授权批准的相关负责人审核签字后方可办理借款、报销手续，相关审核手续不全的支出，财务部门不予办理。
2. 加强预算执行情况分析，建立预算定期公告制度。责任部门要按月编制预算执行情况报表，按双月编制预算差异分析报告。通过预算差异分析报告，掌握预算执行情况的动态和差异，对预算执行中的异常情况进行重点分析，并提交预算管理委员会决策，及时调整经营措施，保证公司预算目标的完成。

3. 全面预算控制指标是 XJRQ 企业集团及各子公司绩效考核的重要内容，预算指标完成情况是考核各部门、各分公司绩效工资分配的决定性因素。

第三十六条　预算节余可以跨月度使用，但是不能跨年度使用。

第三十七条　预算控制例会。

各责任预算中心应定期召开晨会、旬例会和月例会，对预算执行情况进行分析。

第八章　全面预算的调整

第三十八条　预算调整是指不改变预算年度公司预算总额，将月度预算额在不同月份之间或不同部门之间的增减。在预算执行过程中，公司由于经营管理的需要和其他不可控制因素的变化，可以调整部门预算，但必须保证在本预算年度内的以后月份予以弥补完成。

第三十九条　预算调整的条件。

产业形势发生重大变化；国家相关政策发生重大变化，如国家相关税收政策发生重大变化；国家的行业政策发生重大变动；公司组织、战略的调整，如出于整体战略发展的需要，部门或公司之间进行整合，业务范围进行调整等；预算管理委员会认为应该调整的其他事项，如各种突发事件，包括自然灾害、公司核心决策层的追加任务等。

第四十条　预算调整系统。

预算执行部门在上述预算调整的条件发生时，可以提出预算调整的申请，报预算常设机构审议，由预算常设机构提出审议意见，提交预算管理委员会审议批准。

第四十一条　预算追加。

1. 预算追加是预算总额度的增加。各公司根据经营管理发展的需要，可以追加销售、采购、利润、资本等重大项目的预算。除上述总体项目预算需要追加外，各部门在预算执行过程中，由于新的经济业务的内容不在原预算之内或在预算之内但其实际余额超过了原预算金额，需要申请追加补充和追减，主要是费用预算、资金预算等。

2. 对重大项目预算的追加，必须召开由预算管理委员会主持的预算调整会议，认真讨论项目的可行性研究报告、市场形势分析报告，确定追加项目的预算额度，并形成书面会议决议，由预算常设机构编制新的追加预算。

3. 部门成本费用预算的追加。一般情况是各部门在执行预算过程中由于工作的需要，准备增加小额资产和经费等，应由部门负责人以申请的形式向财务部门提出，部门负责人要详细说明追加的理由，同时填写"预算追加申请单"，进行逐级审批。

4. 各分公司与部门预算追加后，均应形成新的追加后的预算表，注明追加时间、第几次追加、具体执行时间并编写追加说明。预算的追加涉及总预算的变更，预算管理常设机构（财务部门）根据申请单金额在调整部门预算的同时，相应调整公司的总预算。

第四十二条 利润导向型全面预算管理过程中，必须本着"先算后花，先算后干"的原则，以预算为依据计算控制，一般情况下，没有预算的要坚决控制其发生。对下属各部门的费用预算实行不可突破法，节约奖励，超预算自动拒付，且预算项目之间不得挪用。

第四十三条 成本费用预算如遇特殊情况确需突破时，必须提出申请，说明原因，批准纳入预算外支出。如支出金额超过预备费，必须由全面预算管理委员会和公司董事会审核批准。

第四十四条 预算执行过程中由于市场变化或其他特殊原因阻碍预算执行时，进行预算修正。

1. 提出预算修正的前提。

当某一项或几项因素向着经营劣势方向变化，影响目标利润的实现时，应首先挖掘与目标利润相关的其他因素的潜力，或采取其他措施来弥补，只有在无法弥补的情况下，才能提出预算修正申请。

2. 预算修正的权限与程序。

预算的修正权属于全面预算管理委员会和董事会。当遇到特殊情况需要修正时，必须由预算执行单位提出预算修正分析报告，详细说明修正原因以及对今后发展趋势的预测，提交全面预算管理委员会审核并报公司董事会批准，然后执行。

第九章　预算报告与差异分析

第四十五条 预算报告。

预算报告是通过编制各责任中心预算报告来完成的，其形式主要有报表数据和文字说明等。由于责任中心是逐级设置的，预算报告也应该自下而上逐级编制。

第四十六条 预算的差异分析。

预算执行过程中，预算责任单位要及时检查、追踪预算的执行情况，形成预算差异分析报表，最后由财务部形成总预算差异分析报告，交全面预算管理委员会，为全面预算管理委员会对整个预算的执行进行动态控制提供资料依据。

第四十七条 预算差异分析报告应包括以下内容：

1. 本期预算额、本期实际发生额、本期差异额、累计预算额、累计实际发生额、累计差异额；

2. 对差异额进行的分析；

3. 产生不利差异的原因、责任归属、改进措施以及形成有利差异的原因和今后进行巩固、推广的建议。

第十章 预算的考评与激励

第四十八条 考评主体。

预算执行的结果应纳入公司整体绩效考评工作中,由人力资源部实施考评。

第四十九条 预算的考评具有两层含义:一是对整个利润导向型全面预算管理系统进行考核评价,即对公司经营业绩进行评价。二是对预算执行者的考核与评价。预算考评是发挥预算约束与激励作用的必要措施,通过预算目标的细化分解与激励措施的付诸实施,达到"人人肩上有指标,项项指标连收入"。

第五十条 预算考评是对预算执行效果的一个认可过程。预算考评应遵循以下原则:

1. 目标原则:以预算目标为基准,按预算完成情况评价预算执行者的业绩;
2. 激励原则:预算目标是对预算执行者业绩评价的主要依据,考评必须与激励制度相配合;
3. 时效原则:预算考评是动态考评,每期预算执行完毕应立即进行;
4. 例外原则:对一些阻碍预算执行的重大因素,如产业环境的变化、市场的变化、重大意外灾害等,考评时应作为特殊情况处理;
5. 分级考评原则:预算考评要根据组织架构层次或预算目标的分解层次进行。

第五十一条 对贡献突出者,由预算管理委员会提名申请专项奖,报公司董事会审核批准后发放。

第十一章 附 则

第五十二条 本制度由 XJRQ 企业集团预算管理委员会制定并监督实施。本制度未作规定或没有明确规定的事项须经预算管理委员会批准,然后执行或办理。

第五十三条 XJRQ 企业集团年度预算控制考评指标及标准见《XJRQ 企业集团全面预算管理考评实施细则》。

第五十四条 本制度自发布之日起执行。

6.3 预算管理实施细则制定示例

6.3.1 预算管理实施细则制定的重要性

预算管理基本制度应纳入一个企业的基本管理制度之中,作为基本制度不易经常变更也不应经常变更,以利于企业建立制度的严肃性。但是企业面临的经营环境却会发生经常性变化,即所谓环境的动态性。为弥补环境可变性对预算管理制度的不变性的冲击,制定预算管理实施细则就显得尤为重要了。

预算管理实施细则是预算管理基本制度的补充。实施细则的制定旨在帮助企业将预算管理基本制度中的要点进一步细化，将预算目标制定得更为切合本年经营实际，同时要求结合当年的经营环境、经营目标以及市场竞争态势，细化预算编制方法，说明预算编制的依据，强调预算编制对环境变化的适应性等。因此，预算管理实施细则实际上是一家公司年度预算制定的指导性文件。

6.3.2 预算管理实施细则制定范本

根据XJRQ企业集团燃气分公司的实际经营状况，结合预算管理基本制度，我们制定了该公司的全面预算实施细则，实施三年来，取得了良好的效果。

XJRQ分公司全面预算实施细则

为在激烈的市场竞争中占据有利地位，加强内部管理和控制工作，公司决定实行经营目标管理与全面预算管理制度相结合的管理控制办法，巩固基础以保证今后更好地发展，实现公司的战略规划。

第一章 总 则

第一条 为了推动全面预算管理的顺利实施，提高精细化管理水平，强化内部控制，防范经营风险，根据《全面预算管理制度（试行）》，结合公司实际，制定本实施细则。

第二条 本细则所称预算管理是采用价值形式对公司生产经营活动进行预测、决策和目标控制的管理方式。预算管理程序包括预算的编制、审批、执行、调整、分析预警、考核等环节。

第三条 预算管理的主要原则：坚持效益优先的原则，保持总量平衡，实现协调发展；坚持积极稳健原则，确保以收定支，加强财务风险控制；坚持责权对等原则，调动积极因素，确保实现经营目标。

第四条 全面预算的执行评价将作为公司对下属各部门考核的重要依据。

第五条 本细则适用于XJRQ公司本部及下属分公司。本实施细则由XJRQ公司董事会批准通过，由公司预算管理委员会负责解释。

第二章 战略规划、全面预算与绩效管理的关系

第六条 战略规划、全面预算与绩效管理的关系主要由以下几个部分组成：

1. 公司首先应具备明确的战略规划，即公司发展战略与年度战略行动计划。

2. 根据战略规划，各部门和分公司编制各自的年度运作计划，运作计划中至少应该涵盖战略要求、资源投入、业务活动安排等多方面内容，这一切都有助于生成公司关键绩效指标和部门非财务类的关键绩效指标。

3. 根据年度经营计划，各业务部门编制收入预算、成本费用预算，管理与

业务支持部门编制费用预算及投资预算，同时生成各部门财务类关键绩效指标。财务部在汇总各部门预算后，形成总公司利润预算、现金流量预算和资产负债预算。

4. 公司各级管理层利用预算执行情况报告定期对预算执行情况进行分析、监控及决策。其中，预算执行情况报告的主要内容包括定期的财务分析与评估结果。

5. 在经营目标执行的过程中，管理者可以借助于各种层次、不同频度的预算执行情况报告来监控经营进度，并通过高效的管理评估机制迅速采取相应的行动方案，及时解决出现的问题。

6. 公司的战略、预算和绩效三者真正形成闭环，是一个密不可分的有机整体。只有通过三者的高效互动，公司才可能达成其既定的战略目标。而在此过程中，预算正是起到了承前启后的重要作用。一方面，全面预算是公司战略规划的细化及量化体现；另一方面，全面预算也是形成公司及部门关键绩效指标的主要来源，是公司整个绩效管理的基础和依据。通过提高运作计划与预算的效率，并建立相应的绩效管理，就能使公司的各项经营活动更好地体现公司战略规划的要求，提高核心竞争力。

第三章　全面预算目标

第七条　预算目标定位。

1. 预算目标下达。

预算目标是预算管理的核心，预算的编制必须与预算目标相符，在执行与控制中要以预算目标为最根本的出发点。差异分析最终应解释预算目标的完成情况，并对影响目标完成的差异提出改进建议，以保证年度预算目标的完成。预算的考核指标即下达的预算目标，配合公司考核政策，对各责任中心责任人的预算完成情况进行业绩评价与奖惩。

2. 制定预算目标的依据与应考虑的因素。

公司制定的年度预算目标是将公司中长期发展计划分解细化的过程，在制定目标的过程中应以几个方面为依据：

首先，公司历史水平，包括历史最好水平、历史平均水平、行业最好水平、行业平均水平及国际同行业先进水平。

其次，应考虑公司外部环境的影响，包括市场预测、经济政策预测及新技术预测。

再次，还应考虑公司内部环境的变化，包括内部资源的利用能力、公司自身的管理能力、公司预算年度的资金融通能力。这种将历史水平与外部、内部资源共同考虑制定预算目标的方式，才能使预算目标制定得更贴近实际。

然后，制定预算目标还应考虑公司的财务能力，即利润、现金流量、投资回报率及资产净增值率。

最后，考虑公司的市场开拓能力，即市场增长率、市场份额，考虑公司的经营能力，即成本控制水平、费用节支率、工作完成率等因素。

总之，制定预算目标不仅应考虑财务指标，还应考虑公司的非财务指标，这样制定的目标才更加完善。

第八条 预算目标分解。

预算目标的分解与下达程序：预算目标自上而下分解并下达，公司长期目标分解到中期目标，再分解为年度、季度目标，最后分解到每月，同时也是目标从公司下达至责任中心，再下达至员工的过程。公司目标的实现也是通过每个人每一天的努力，实现责任中心乃至公司的目标。也就是说，通过执行细分目标，最终汇总即达到公司长期目标。

第四章 预算管理原则和程序

第九条 预算管理原则。

1. 树立全局观念，搞好综合平衡；
2. 先进、经济、合理；
3. 量入为出；
4. 轻重缓急，精打细算。

第十条 一般的预算管理程序。

1. 在科学、充分的预测与决策的基础上，由预算管理委员会制定出明确、切实、可行的公司预算总体方针，具体包括经营方针、总体目标、细分目标、有关政策、保证措施等，并下达到各预算单位。

2. 预算执行机构根据下达的预算指标，组织各所属预算单位编制各自的预算草案。

3. 各分公司及各部门的预算草案编制完毕后，首先由财务部进行审核、平衡、修订、汇总，并报预算管理委员会进行审议。对重大错误，各级预算管理组织应提出具体意见，返回各相关预算编制单位进行修改。

4. 预算管理委员会将经审议后的预算草案报董事会研究，最后确定通过。

5. 预算经董事会审查通过后，由董事长签发，预算管理委员会下发各预算单位组织实施。

第十一条 变更预算的程序。

1. 各部门及分公司的负责人和财务人员按规定的格式向预算常设执行机构财务部提出追加和追减预算的申请；

2. 财务部对预算变更的合理性、可行性、必要性进行审核，如不符合要求，或不予通过或返回重新修订；

3. 经财务部审核通过后，要报预算管理委员会审查，通过后方可执行。

第五章 全面预算的编制和审批

第十二条 预算编制是预算管理的关键环节，预算管理的实质就是事前谋算。因此，编制质量的高低直接影响预算执行及其结果。

第十三条 预算编制方法。公司预算采取静态预算结合零基预算等办法编制。

第十四条 收入预算的编制。销售预算的编制，应当由公司管理者牵头，业务部门、财务部门的负责人参加，根据公司目标和公司的实际定出自己的主要预算目标，由以上部门拟定具体方案，财务部门负责平衡调整。

1. 收入预算编制的主要依据：

(1) 公司下达的销售任务与计划；

(2) 近几个月公司的收入情况，包括区域、数量、结构、平均单价等；

(3) 上年同期收入情况，包括区域、数量、结构、平均单价等；

(4) 最近市场预测情况；

(5) 公司的销售政策和策略（如促销策略、返利和价格政策、广告投入、营销变化等）；

(6) 公司的销售策略和要求（具体内容同上）；

(7) 商品或劳务总体的价格变化情况；

(8) 公司外部环境的变化，如不同的季节、竞争对手的变化、供求关系平衡的破坏、政府部门对违法经营的打击力度和决心、整个行业的发展波动等都是不可忽视的重要因素；

(9) 营销队伍的素质及稳定性等；

(10) 其他影响因素。

2. 预算月份的销售额不得低于上年同期和全年平均水平。

第十五条 业务成本及毛利预算的编制。

1. 直接成本。

(1) 工程所耗材料成本依据总工办提供的工程消耗定额编制，所发生的固定资产折旧以提供劳务的收入占营业收入的比重来分配。

(2) 机顶盒的摊销、工程成本的摊销按会计核算的规定年限进行摊销。

(3) 人力成本由人力资源部核定定额。

2. 间接成本。

(1) 营业费用包括销售人员的工资、计提三费、折旧费、运输费、水电费、办公费、低值易耗品摊销、修理费、劳保费等。

(2) 经营用车由办公室核定定额，由用车单位按内部结算价格核算费用（见车辆管理规定）。运维中心车辆的安检费用、维修定点、加油定点、保险及司机安全学习等由办公室统一代管，车辆使用费用由办公室划归运营中心自行管理。车辆运行安全由使用部门自行负责。

第十六条 物资采购与期末库存预算的编制。

1. 物资采购预算编制的主要依据：

(1) 收入预算；

(2) 库存商品的期初、预计期末存量（数量、金额）；

(3) 规定的库存商品周转天数（率），以此确定公司的最低或最高存货量；

(4) 订货人员的素质；

(5) 其他因素。

2. 采购及库存商品的单位价格以编制预算时的市场采购价格和现有库存的结果为基础（即以最后一批进货价为依据），预测下月市场情况，进行适当调整后确定。其计算公式为编制预算期末某类商品的市场价加（减）预算月份价格预计变动额。

3. 每种物资预计采购量＝预计销售量＋预计期末存量－期初存量。然后逐项加总编制。

4. 某种（类）物资的预计期末存量＝该种（类）物资的最高存储量－（当月天数－平均周转天数）×平均日用量。

5. 编制时间与其他预算同步进行。

6. 可每月根据销售量、采购量和存货量对预算进行检查，如发现偏差，应及时对预算执行行为进行适当控制调整。一般不得调整预算，若确需调整必须按规定的程序进行审批，否则，一律不得调整。

7. 物资期末库存预算应根据本条第 3 款中的公式进行测算、编制。

8. 物资采购与期末库存预算由业务部门、总工办和物资部门编制，财务部门协助。

第十七条 费用预算的编制。根据公司的情况，预算费用包括营业费用、管理费用和财务费用三大部分。营业费用包括销售人员的工资、计提三费、折旧费、运输费、水电费、办公费、低值易耗品摊销、修理费等；管理费用包括管理人员的工资、福利费、运输费、水电费、招待费（包括礼品、礼金和赠品）、办公费、低值易耗品摊销、修理费、劳保费等；财务费用包括利息净值、银行手续费等。上述费用又进一步划分为可控费用和不可控费用两类。

第十八条 费用预算是在分析研究各项预算支出的必要性和可能性的基础上，确定其开支数额的大小。具体分三个层次：

1. 各单位、各部门根据本公司预算期间的总目标和各单位的具体目标，以零为基础，详细讨论预算期内需要发生哪些费用，各项费用数额多少，未来效果如何。

2. 各部门提出的费用项目分为两类：必须全额保证的费用和可适当增减的费用。对于可适当增减的费用项目进行成本效益分析，将所费与所得对比，在权衡每项工作轻重缓急基础上，分成若干层次，排出先后顺序。

3. 按上一步骤所定的费用开支层次和顺序，结合预算期内可动用的资金来源，分配资金，落实预算。

第十九条 各项费用预算由公司根据业务特点指定牵头部门，分别组织相关单位编制，并直接向公司预算管理常设机构提供。如，工资性支出、培训费由人事部门牵头，办公费、通信费（固定电话费）、业务招待费、车辆使用费由办公室牵头等。各牵头部门应按月提供使用部门的各项费用分摊表。具体职责为：

1. 办公室负责审核及平衡各部门预算申报的办公费、车辆费、业务招待费、固定电话费用及高管费用。

2. 人力资源部负责审核及平衡全公司工资、补贴（通信费补贴）、医疗费、福利费（探亲费、生日费）、培训费、社保等预算费用。

3. 分管副总负责责任管辖范围内各部门的业务招待费、差旅费审核，原则上不得超预算。

4. 财务部负责各部门编制预算的汇总、综合平衡及上报。

第二十条 投资项目由总工办负责编制预算。投资项目的预算编制、合同管理、项目跟踪、差异分析等均由总工办负责落实执行，投资项目预算金额经预算管理委员会审批确定后总工办负责落实，原则上不得突破。固定办公设备由办公室负责编制预算，并落实执行，预算金额经预算管理委员会审批确定后办公室负责落实预算，原则上不得突破。

第二十一条 现金预算的编制。本预算所称的现金是指库存现金、银行存款。现金预算应逐月（逐旬）编制。

1. 现金收入预算。

包括营业收入和其他现金收入。

（1）营业收入，应根据"销售预算编制方法"编制的销售预算中的可实现数编制。

（2）其他现金收入，包括租赁收入、押金收入、专项工程收入、材料销售收入、罚款、滞纳金和其他相关收入，应根据上年同期数和本年相关预测予以确定。

2. 现金支出预算。

（1）资本支出，主要是固定资产、无形资产的购置和长期投资的发生。应根据工程预算和对外投资计划等确定。这类预算一般由公司有关部门制定。其中投资项目由总工办负责预算编制，办公设备由办公室负责预算编制。

（2）物资采购支出，应根据"物资采购预算"和应付账款预算编制。月度物资采购支付现金额＝预算月度物资预算采购额×付款率。

（3）费用现金支出依据公司《业务资金审批流程》及经公司批准的财务管理制度编制。其他支出，指营业外现金支出、股息、红利，以及上述费用预算不能包含的税收支出、福利费、教育基金支出，根据有关原始的相关资料进行预测确定。

3．筹资过程中的现金收支。

（1）借入的资金，根据筹资计划，分门别类填列，要分清不同借款渠道，即是银行借入，还是发行债券，员工集资或是其他筹资方式等，分别说明列示；

（2）归还借款，根据借款期限确定；

（3）支付利息，属财务费用，根据贷款金额和银行收息时间确定。

4．公司资金的往来，根据《公司财务管理制度规定》填制。

第二十二条 预计利润表的编制。

1．预计利润表的编制依据：

（1）收入预算。

（2）费用预算。

（3）主营业务成本。

（4）上年同期及本年平均营业外收支额（收支应分别预计），预计本期所得税缴纳因素。

（5）其他预计因素。

2．应根据利润表中有关项目的勾稽关系进行编制。

3．预计利润表的基本模式与普通利润表相同。

第二十三条 预计资产负债表。预计资产负债表的格式与普通资产负债表相同，根据资产负债表中有关项目的勾稽关系进行编制。编制的主要依据：

1．上年同期或上月的资产负债表。

2．库存商品存货预算。

3．费用预算。

4．预计利润表。

5．现金预算。

6．资产负债表中的固定项目。

7．其他依据。

第二十四条 预计现金流量表。预计现金流量表的格式与普通现金流量表相同，根据现金流量表中有关项目的勾稽关系进行编制。编制的主要依据：

1．收入预算。

2．费用预算。

3．库存商品存货预算。

4. 现金预算。

5. 资本预算（投资预算、融资预算）。

6. 预计利润表。

7. 其他依据。

第二十五条 年度预算编制、审批程序。

1. 公司于每年10月底前向系统内各公司、部门下达下一年度预算编制的原则和要求。

2. 预算管理决策机构根据本公司长期发展规划，提出下一年度的预算目标。

3. 各公司、部门编制本公司、本部门预算草案，提交企业预算管理决策机构审查。

4. 根据预算管理决策机构的审查意见，对预算草案修改完善，直至预算管理决策机构审查通过。

5. 各部门、分公司下一年度的预算方案应于每年11月底前上报公司审查。

6. 公司根据总体经营目标和上报的预算建议方案确定下达各部门、分公司的主要预算指标。

7. 各部门、分公司于公司下达主要预算指标一个月内编制上报正式预算。

8. 综合管理部负责收集汇总各分公司编制的预算，并上报财务部。

第六章 全面预算的执行、控制与分析

第二十六条 公司推行责任预算模式。

责任预算指按照责任会计划分的责任中心体系，进行总体目标分解、预算编制和预算执行考核的预算模式。

1. 投资中心。投资中心责任主体是对资产具有经营决策权和投资决策权的独立经营单位。管理责任人具有决策权，其决策能够影响决定本单位投资及其效益的主要因素。投资中心既要对成本、收入、利润预算负责，而且必须对其投资报酬率或资产利润率预算负责（以将来公司的组织架构调整设置）。

2. 利润中心。利润中心的管理责任人对本单位的整体供产销经营活动负责，并具有经营自主权；管理责任人具有决策权，其决策能够影响决定本单位利润的主要因素；管理责任人以经营利润为决策准则。利润中心包括客户服务中心、大客户部、广告部及各分公司。

3. 成本中心。成本中心的管理责任人对本单位可控的生产成本、商品成本及其他有关成本及本单位可控的期间费用负责；管理责任人具有决策权，其决策能够影响决定本单位可控的商品成本、产品生产成本及期间费用的主要因素；管理责任人以商品成本、生产成本、管理费用和财务费用为决策准则。成本中心包括除利润中心以外的所有部门。

年度预算编制及审批进度控制表如表 6-1 所示。

表 6-1　年度预算编制、审批进度控制表

阶段	项目/时间	10月 20~25日	10月 26~31日	11月 1~25日	11月 26~30日	12月 1~5日	12月 6~10日	12月 11~15日	12月 16~20日	12月 21~25日	12月 26~31日
经营目标确定阶段	各分公司及部门上报年度经营目标	■									
经营目标确定阶段	公司财务、行政人资等部门根据战略规划会同分公司及部门讨论、制定公司经营目标		■								
经营目标确定阶段	公司预算管理委员会复核并确定公司经营目标			■							
经营目标确定阶段	经营目标上报董事会并获批准				■						
预算制定阶段	各分公司、各部门根据确认的经营目标编制预算草案					■					
预算制定阶段	公司财务部审核部门预算草案,综合管理部审核各分公司预算草案						■				
预算制定阶段	预算管理委员会审核各分公司、职能部门预算草案并形成反馈意见							■			
预算制定阶段	分公司及各职能部门修订预算草案								■		
预算制定阶段	预算管理委员会审定修订后的各分公司、部门预算草案,并形成公司预算草案									■	
预算审核阶段	董事会批准公司预算草案										■
预算审核阶段	各分公司批准各自下辖部门预算草案										■
预算审核阶段	下达各级预算方案										■

第二十七条　预算责任。

1. 预算指标下达各责任中心分项预算后,各责任中心应以此为依据,根据季度、月份制定详细可行的分解计划,并落实到具体项目和责任人(各责任中心负责人),对各项收支统筹安排,加强管理。

2. 每季度最后一个月底,各责任中心负责编制、审核下季度预算调整及追加事项并报财务部;每双月结束后的次月 9 日(节假日顺延)由财务部提供各部门预算执行汇总情况,供双月考核使用。

3. 根据人力资源部考核安排,各部门应根据财务部提供的预算执行情况数据,提前撰写本部门预算执行差异分析报告,分析差异产生的原因并提出具体改进措施,

差异分析报告每双月结束后的次月12日（节假日顺延）报财务部汇总，形成总预算差异报告上报预算管理委员会。对差异较大的项目产生的差异原因，各责任中心应在预算分析会议上直接陈述。

4．每双月结束后的次月5日（节假日顺延），由综合管理部组织召开分公司负责人参加的双月预算执行情况会议。综合管理部负责收集各分公司预算差异报表、差异分析报告，并汇总形成分公司总体预算事项分析报告上报财务部。预算考核事项由综合管理部负责上报人力资源部。

第二十八条　预算监控体系。

1．预算内各项支出须经有关领导审核签字后方可办理借款、报销手续，相关审核手续不全的支出，财务部门不予办理。

2．加强预算执行情况分析，建立预算定期报告制度。责任部门要按双月编制预算执行情况报表，掌握预算执行情况的动态和差异，按双月对预算执行中的异常情况报告进行重点分析，并提交公司领导层决策，及时调整经营措施，保证公司预算目标的完成。

3．为加强预算执行监督，防止突击花钱造成的资源浪费，保证使预算适时发生，遵守10%原则，即使用预算累计额上下浮动不得超过10%。超过预算造成预算偏差较大的，应由责任部门向预算管理委员会做出书面说明。

第二十九条　各类预算责任落实到具体部门。根据各类预算的特点，预算项目的责任应做如下划分：

1．收入预算、业务成本预算、营业费用由业务部门负责执行、落实，并对执行结果负有直接责任。

2．现金预算、财务费用预算、资金使用由财务部门负责落实执行，并对执行结果负有直接责任。

3．管理费用（除财务费用、销售费用以外的费用）预算，由各层级的部门负责落实执行，并对执行结果负有直接责任。

4．采购预算、采购价格、期末库存预算，由物资部落实执行，并对执行结果负有直接责任。

5．投资项目由总工办负责预算编制，办公设备由办公室负责预算编制。

6．各分公司及各部门应根据各自的实际情况确定责任部门。

第三十条　建立台账。

各部门及各分公司都要建立预算执行统计台账，要有专人负责统计，并主动与财务对账，做到月清月结。每双月结束后的次月4日前，各部门预算责任人应主动与财务部对账并核对差异结果，否则视为自动默认财务部数据，财务部将以该数据上报人力资源部作为考核依据。

第三十一条 签订责任合同书。

签订责任合同书就是将各类预算落实到各单位和个人。预算责任合同书包括主要的预算指标、完成要求、奖惩措施,合同附件应包括批准的预算文件、完成预算的具体措施。

第三十二条 预算执行评价。

1. 预算执行评价每两月一次,公司预算执行年度中自我评价报告应在每次结束后的下月中旬做出,并上报至公司预算管理委员会审议。

2. 公司预算管理委员会应在每次考核期后讨论分公司及各部门提交的自评报告,并将其作为公司的负责人和衡量公司经营的考核依据之一。

3. 预算执行结果统计应以财务部日常核算采用的权责发生制为基础提供实际执行数据,并作为预算差异分析依据。

第七章 全面预算的调整

第三十三条 预算调整的条件。

年度预算经批复后,原则上不作调整。如确系未预见市场因素或环境因素导致经营发生重大变动而需进行调整的,由各部门提出书面申请,报预算常设机构(财务部)初审,在每季度的预算执行情况会议上讨论确定是否予以调整,预算管理委员会批复后方可调整。

第三十四条 预算调整系统。

1. 预算调整是指不改变预算年度公司预算总额,将月度预算额在不同月份之间或不同部门之间的增减。在预算执行过程中,公司由于经营管理的需要和其他不可控制因素的变化,可以调整部门预算,但必须保证在本预算年度内的以后月份予以弥补完成。

2. 预算执行部门在上述预算调整的条件发生时,可以提出预算调整的申请,报预算常设机构审议,由预算常设机构提出审议意见,提交预算管理委员会审议批准。

第三十五条 预算追加。

1. 各公司根据经营管理发展的需要,可以追加销售、采购、利润、资本等重大项目的预算。除上述总体项目预算需要追加外,各部门在预算执行过程中,由于新的经济业务的内容不在原预算之内或在预算之内但其实际余额超过了原预算金额,需要申请追加补充和追减,主要是费用预算、资金预算等。

2. 对重大项目预算的追加,必须召开由预算管理委员会主持的预算调整会议,认真讨论项目的可行性研究报告、市场形势分析报告,确定追加项目的预算额度,并形成书面会议决议,由预算管理办公室编制新的追加预算。

3. 部门预算的追加。部门成本费用预算的追加,一般情况是各部门在执行预算过程中由于工作的需要,准备增加小额资产和经费等,应由部门负责人以签呈的形式向财务部门提出，部门负责人要详细说明追加的理由，同时填写"预算追加申请单"，逐级进行审批。

4. 各分公司与部门预算追加后，均应形成新的追加后预算表，注明追加时间、第几次追加、具体执行时间并编写追加说明。新预算另行编制，原预算另行保存，作为年终预算考核的参考资料。预算的追加涉及总预算的变更，预算常设机构（财务部门）根据申请单金额在调整部门预算的同时，相应调整公司的总预算。

第三十六条 例外事项与预算调整。在管理过程中，对纳入预算范围的项目由下属分公司及各部门负责人进行控制，财务部负责监督，预算外的支出由预算管理委员会及董事会审核。

第三十七条 下属分公司、部门包括预算部都要建立全面预算管理登记簿，按预算的项目详细记录预算额、实际发生额、差异额、累计预算额、累计实际发生额、累计差异额。

第三十八条 预算反馈。

1. 为保证预算目标的实现，应对预算的执行情况进行及时的反馈。预算反馈的责任单位为各责任中心，每双月根据本部门预算执行情况，进行总结分析，确定下期工作重点，将本部门预算执行报表连同预算工作总结送交财务部门。

2. 财务部门每双月分部门编制预算执行表，比较实际与预算目标的差异，作为财务部门检查和考评预算执行情况的依据。

3. 预算管理委员会定期召开预算检查工作会，预算检查工作会的主要内容：听取财务部关于公司预算执行情况的分析报告、预算考核报告以及制度建议等，沟通公司预算执行情况，确定工作重点，针对业务运行中存在的问题，及时进行协调、督促、帮助各部门积极完成预算。

第八章 预算考核评价与激励

第三十九条 预算考评实施。

1. 预算考评内容

对各责任中心的预算执行情况进行考核评价，将预算执行情况与预算目标进行对比，考核预算目标的完成情况。

2. 预算考评的实施

由考评机构依据预算标准对预算执行部门的各种经济行为实施事中审核，确保预算执行机构在预算标准框架下运营。

3. 预算考评机构和考评依据

考评机构为人力资源部，考评的基本依据是各责任中心的可控预算目标。

第四十条 预算与业绩评价。

预算考评应并入公司绩效管理制度中，按公司《绩效管理制度》及《薪酬绩效管理制度实施细则》中的相关规定执行。

第九章　年度预算考评指标及标准

第四十一条 预算考评的层次。在预算考评过程中，各个层次的责任中心应向上一级的责任中心报送责任报告。首先，最低层次的责任中心在对其工作成果进行自我分析评价的基础上形成责任报告，报送直属的上级责任中心；然后，由上级责任中心根据所属各责任中心的责任报告，对各责任中心的工作成果进行分析、检查，明确其成绩，并指出其不足，该上级责任中心也要编制本责任中心的责任报告，对本身的工作成果进行自我分析评价，并向更上一级责任中心报送。通过这样层层汇总、分析与评价，直至公司最高领导层，全面反映公司各层次责任中心的责任预算执行结果。

第四十二条 预算的考评是预算事中控制和事后控制的主要手段，它是一种动态的考评过程。在预算执行过程中，各级管理者对预算执行结果的随时考评确认及考评信息的反馈，有利于最高管理者对整个预算执行进行适时控制、整体控制，也有利于最高管理者对公司的整体效益进行评价。

第四十三条 在预算考评的内容方面，不同的责任中心应有不同的侧重点。比如，成本中心以评价责任成本预算执行结果为主；利润中心以评价责任预算执行结果为主；投资中心则以评价资本所创造的效益为主。为了全面反映各责任中心的责任预算执行结果，除了评价主要责任预算之外，也应分析、评价其他一些相关责任预算的执行。具体考评细则见公司《全面预算管理考评实施细则》。

第十章　附　　则

第四十四条 本制度由常设机构制定并监督实施，经预算管理委员会批准执行。

第四十五条 本制度自发布之日起执行。

6.4　专项预算管理制度制定示例

6.4.1　资金预算管理制度制定

1. 资金预算管理制度制定的重要性

为加强企业资金管理，搞好财务收支的综合平衡，提高资金收支的科学性、有效性和计划性，保证企业生产经营、基建技改、财务融资等一系列经济活动的顺利进行，企业应在预算管理基本制度之外，单独制定或在预算管理实施细则中以单独一章来规范企业的资金收付活动。资金预算管理制度是对企业的一系列的财务现金收付活动的管理性文件，要求对企业的资金收付活动进行全面规划和测算，并对其执行过程与结果进行控制、分析和考核。

2. 资金预算管理制度制定

仍然采用 XJRQ 企业集团下属分公司案例。实际工作时，我们根据公司资金运转的实际情况，结合该公司资金收付量，制定了该公司的资金预算管理制度。

资金预算制度

第一条 资金管理目的。

为提高本公司经营绩效，配合财务部统筹规划运用资金，以充分发挥其经济效用，各单位除应按年编制年度资金预算外，还应逐月编列资金预计表，以便达成资金运用的最高效益，特制定本制度。

第二条 资金管理目标。

确保现金日常管理符合国家法律、法规和公司内部规章制度的要求；

完善资金管理制度、加强业务管理，保证企业资金安全；

提高资金管理的效率，满足企业日常运营的需求；

保证资金核算和披露的真实、准确和完整，符合披露程序及要求。

第三条 资金范围。

本制度所称资金，系指库存现金、银行存款及随时可变现的有价证券。为定期编表计算及收支运用方便起见，预计资金仅指现金及银行存款，随时可变现的有价证券则归属于资金调度的行列。

第四条 管理机构。

1. 财务部是负责企业资金管理的主管部门，负责编制企业资金管理制度。

2. 公司财务部在财务总监领导下，办理公司及子（分）公司的往来结算、贷款及资金管理工作。

3. 财务部负责资金管理，具有管理和服务的双重职能。与下属公司在资金管理工作中是监督与被监督、管理与接受管理的关系，在结算业务中是服务与被服务的客户关系。

第五条 资金预算编报期间。

1. 资料提供部门，除应于年度经营预算编报时报送年度资金预算外，还应于每月 23 日前逐月预计下月资金收支资料送财务部，以便汇编。

2. 财务部应于每月 28 日前编妥次月资金收付预算表，并于次月 15 日前编妥上月份实际与预计比较的资金预算差异分析表一式三份，呈总经理核阅后，一份自存，一份留存总经理室，一份送财务部。

第六条 资金预算申报要求。

每月 23 日前，各部门将经过部门负责人签字的本部门下月份货币资金预算申报表（见表 6-2）编制完毕，报财务部。

表 6-2　货币资金预算申报表

时间：　　申报部门：　　　　申报日期：　　　　编号：　　　　单位：元

资金收支项目	客户名称	计量单位	数量	单价	金额	收付款时间安排		
						上旬	中旬	下旬
合计								

财务负责人：　　　　　　部门负责人：　　　　　　填表人：

第七条　预算外资金支出需办理如下手续：

1. 用款部门填写预算外货币资金支出审批单（见表6-3）。
2. 部门负责人、分管总经理签署意见。

表 6-3　预算外货币资金支出审批单

时间：　　申报部门：　　　　申报日期：　　　　编号：　　　　单位：元

资金支出项目	客户名称	计量单位	数量	单价	金额	付款时间安排		
						上旬	中旬	下旬
申请预算外支出的原因								
部门负责人意见								
企业分管领导意见								
财务负责人意见								
总经理意见								

3. 财务负责人签署意见。
4. 总经理签署意见。
5. 财务部根据企业资金情况和支付款项的缓急程度安排资金支出。

第八条　资金支付管理。

公司在银行保留一个存款账户，办理各种结算业务，预算内资金使用属于一般性日常支出的资金由财务经理审核签字后，办理资金支付；属于预算内资金5万元以上的大额款项支付必须由财务经理签字，并报请财务总监及副总经理联签后，方可办理资金支付。预算外资金全部由财务总监与副总经理联签，并报请总经理审批后，方可办理资金支付。

第九条　借款和担保业务管理。

1. 借款限额。公司应在每年年初根据董事会下达的利润任务编制资金计划，报财务部。财务部根据公司的年度任务、经营发展规划、资金来源以及资金效益状况进行综合平衡后，编制公司及各分（子）公司定额借款、全部借款的最高限额，报董事会审批后下达执行。

2. 担保的审批。公司向银行借款需要担保时，担保额在 300 万元以下的由财务总监审批，担保额在 300 万元以上的由董事长审批。借款担保审批后，由财务部办理具体手续。对外担保，由财务部审核，财务总监和副总经理联签后，报董事长审批。

第十条 其他业务的审批。

1. 领用空白支票。在财务部办理结算业务的部门及分（子）公司，可以向财务部领用空白支票，每次领用张数不超过 2 张，每张空白支票限额不超过 2 万元，由财务部办理。

2. 利息的减免。凡需要减免公司内借款利息，金额在 5 000 元以内的，由财务部审查同意，报财务总监与副总经理审批；金额超过 5 000 元的，必须落实弥补渠道，并经分管副总经理联签后，报董事长审批。

第十一条 资金管理和检查。

财务部以资金的安全性、效益性、流动性为中心，定期开展以下资金检查和管理工作，并根据检查情况，定期向财务总监、总经理、董事长专题报告。

- 定期检查现金库存状况。
- 定期检查资金结算情况。
- 定期检查银行存款对账工作。
- 对汇出的 10 万元以上大额款项进行跟踪检查或抽查。

第十二条 统计报表。

1. 财务部必须在旬后一日内向总经理、董事长报送旬末在银行存款、借款、结算业务统计表。

2. 财务部要及时掌握银行存款余额，并且每两天向财务总监、副总经理、总经理报一次存款余额表。

第十三条 审批权限与审批顺序说明。

1. 审批权限分类。

（1）审核：指管理部门及主管领导对该项开支的合理性提出初步意见。

（2）审批：指有关领导参考"审核"意见进行批准，个别重大事项，还需经总经理办公会议讨论通过。

（3）核准：指财务经理根据财务管理制度对已审批的支付款项从单据和数量上加以核准并备案。

2. 审批顺序。

先下级，后上级；先定性审批，后集中标准；先经业务线、行政线有关部门，后报财务部。若遇有关审核人员出差在外，可由其授权人代核、代批，但事后必须请有关人员追认。

第十四条 资金业务审批权限（见表6-4）。

表6-4 资金业务审批权限表

级别	董事长	总经理	财务总监	分管业务副总经理	财务部	业务部门	申请单位
签批人							
审批程序							
项目	审批权限						
银行账户及印鉴管理	审核并办理				审核，提出意见		提出申请
本公司账户间资金调动	3亿元以上				1亿~3亿元（不含）		1亿元（不含）以下
归还银行贷款本息	审批签署				提出主管意见		提出建议，报送
支付保函手续费	审批签署				提出主管意见		提出建议，报送
清偿资产管理公司债务本金及利息	审批签署				提出主管意见		提出建议，报送
归还下属企业周转金本金及利息	审批签署				提出主管意见		提出建议，报送
归还中建股份占用中建总公司资金	审批签署				提出主管意见		提出建议，报送
向股东分红资金支出	审批签署				提出主管意见		提出建议，报送
拨付经费	1 000万元（含）以上	500万~1 000万元	500万元（不含）以下	审核，提出意见	审核，提出意见		提出申请
老干部离退休费用	1 000万元（含）以上	500万~1 000万元	500万元（不含）以下	审核，提出意见	审核，提出意见		提出申请
诉讼支出	1 000万元（含）以上	500万~1 000万元	500万元（不含）以下	审核，提出意见	审核，提出意见		提出申请
涉及募集资金的支出	3亿元以上	3亿元（不含）以下	提出主管意见	提出主管意见	审核，提出意见	审核，提出意见	提出申请
其他投资资金支出	3亿元以上	3亿元（不含）以下	提出主管意见	提出主管意见	审核，提出意见	审核，提出意见	提出申请
不可预见支出	1 000万元（含）以上	500万~1 000万元	500万元（不含）以下	提出主管意见	审核，提出意见	审核，提出意见	提出申请
其他支出	1 000万元（含）以上	500万~1 000万元	500万元（不含）以下	提出主管意见	审核，提出意见	审核，提出意见	提出申请
预算外支出	审批签署	提出主管意见	提出主管意见	提出主管意见	审核，提出意见	审核，提出意见	提出申请

第十五条 资金调度。

1. 各单位经营资金由公司最高主管负责筹划，并由财务部协助筹措调度。

2. 采购部应按月根据外购料借款数额编列"购料借款月报表"，于当月 24 日送财务部汇总后呈报总经理。

3. 财务部应于次月 5 日前按月将有关银行贷款额度、可动用资金、定期存款余额等资料编列"银行短期借款明细表"呈总经理核阅，作为经营决策的参考。

第十六条 异常说明。

各单位应按月编制"资金预算与实际差异比较表"，以了解资金实际运用情况，其实际数与预计比较每项差异在 10%以上者，应由资料提供部门填列"资金差异报告表"，列明差异原因，于每月 10 日前送财务部汇编。

第十七条 资金预算控制。

1. 各部门严格执行资金预算。

2. 定期编制反馈报告，对资金预算执行情况进行分析。

3. 企业对各部门的资金预算执行结果进行考核。

第十八条 本制度是企业预算管理制度的有机组成部分，未涉及的内容，按企业预算管理制度的有关规定执行。

第十九条 本制度适用于企业所有部门的资金收付活动。

第二十条 本制度经总经理核准后实施，修改时亦同。

6.4.2 滚动预算管理办法的制定

1．滚动预算制度的意义

企业可以通过建立滚动式预算控制模型，对确定的经营预算实施控制。滚动预算控制模型，是在执行预算目标的基础上，每一段时期从年度预算目标中减去已过去这段时期的预算额，同时根据所余时期数，计算取得下一段时期预算执行数，这样不断地更新年度预算，使之成为滚动预算，利用这种预算的控制模型，可以对预算实施有效控制。实践证明，这种滚动式预算目标具体、信息量大、操作性强、方便实用，是一种十分有效的预算控制方法。滚动式预算控制流程如图 6-6 所示。

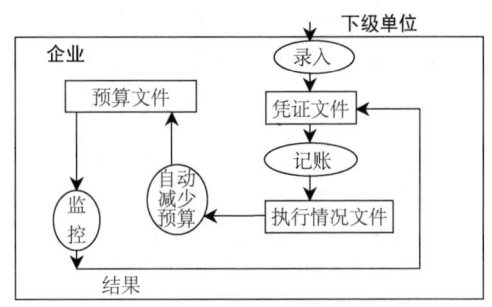

图 6-6 滚动式预算控制流程图

2．滚动预算制度范本——以某省电网公司为例

某省电网公司中长期滚动预算管理暂行办法

第一章 总　则

第一条　为适应市场经济的要求，规范和加强国家电网公司系统中长期滚动预算的管理工作，防范企业经营风险，实现资产保值增值，促进企业健康、协调和可持续发展，依据《国家电网公司预算管理暂行办法》，制定本办法。

第二条　中长期滚动预算（以下简称滚动预算）是指预算期超过一年以上，以价值形式为主，连续动态地对企业中长期经营状况进行预测、控制和决策的行为。滚动预算管理包括预算编制、审查、执行和分析等。

第三条　滚动预算管理的基本任务。

1．促进企业战略目标实现；

2．明确企业中长期经营目标；

3．指导企业年度预算目标制定；

4．控制、监督、分析和评价企业经营行为。

第四条　滚动预算的编制结果是国家电网公司下达下一年度区域电网公司和省公司年度经营指标，以及测算企业经营者任期考核指标的主要依据。

第五条　滚动预算管理应遵循的基本原则。

1．面向战略，有效衔接；

2．全面预算，分级管理；

3．动态跟踪，及时调整；

4．目标控制，防范风险。

第二章 组织方式

第六条　滚动预算的管理主体是国家电网公司、区域电网公司、省公司及其下属单位。

第七条　企业法定代表人是滚动预算管理的第一责任人。

第八条　滚动预算的管理实行统一部署、分级管理。国家电网公司负责统一部署区域电网公司、省公司的滚动预算管理工作，负责审查区域电网公司和省公司滚动预算；区域电网公司组织所属省公司及其他单位开展滚动预算编制工作，并编制形成区域电网公司滚动预算，国家电网公司、区域电网公司共同对所属单位滚动预算执行情况进行监督和考核；省公司组织所属单位开展各项滚动预算管理工作。

第九条　各单位预算管理决策机构在滚动预算管理中履行下列主要职责：

1. 制定滚动预算管理的政策、规定和制度；
2. 审议确定滚动预算编制的方法和程序；
3. 组织协调有关部门开展滚动预算编制和管理工作；
4. 审查滚动预算草案及调整方案。

第十条 预算管理办公室是预算管理决策机构的日常办事机构，设在财务部门，在滚动预算管理中履行下列主要职责：

1. 负责起草滚动预算管理办法；
2. 根据上级单位下达的编制大纲，制定本单位滚动预算编制大纲，组织和指导下级单位滚动预算编制工作；
3. 根据相关部门编制的部门或分类业务规划，编制企业滚动预算草案，并负责滚动预算的上报和下达工作；
4. 负责对滚动预算执行过程的日常管理并定期进行分析；
5. 结合滚动预算执行情况，对滚动预算的调整和修订提出建议。

第十一条 企业各业务部门是滚动预算的责任部门。按照职责分工具体负责本部门滚动预算和业务规划的编制工作，并配合预算管理办公室做好企业滚动预算的综合分析工作。

第三章 范围和内容

第十二条 滚动预算涵盖企业生产、经营和建设等各个环节。

第十三条 国家电网公司系统滚动预算每年编制一次，预算期暂定为四年，以编制当年作为预算期的第一年。

第十四条 滚动预算主要包括主要经济指标预算、损益性预算、资产负债预算、现金流量预算以及资本性收支预算：

1. 主要经济指标预算包括主要参数预计和主要财务指标预测，反映滚动预算编制的基本假设条件和经营状况预测情况；
2. 损益性预算主要预测预算期企业盈利状况，综合反映预算期内利润指标及其构成要素变化情况；
3. 资产负债预算主要预测预算期企业资产、负债和所有者权益及其构成要素变化，综合反映企业财务状况变动情况；
4. 现金流量预算主要预测预算期企业现金流入流出，综合反映企业现金流动情况；
5. 资本性收支预算主要预测预算期企业资本性资金的筹措和使用，综合反映企业资本性支出项目投入和筹资情况。

第四章 编制及报审

第十五条 滚动预算编制的主要依据。

1. 国民经济中长期发展规划；
2. 企业战略目标和中长期经营发展规划；
3. 中长期滚动预算编制大纲；
4. 滚动预算编制期前三年经营情况分析资料；
5. 其他。

第十六条 滚动预算编制的基本假设条件。

1. 经营环境假设，指对影响企业预算期财务状况的外部经营环境因素进行的假设；
2. 主要指标假设，指对预算期企业主要经济技术指标的变动预测。

第十七条 滚动预算应与年度预算保持有效衔接。

第十八条 滚动预算编制及报审应按照下列程序进行：

1. 国家电网公司每年向各区域电网公司、省公司下达滚动预算编制大纲；
2. 各区域电网公司根据国家电网公司下达的滚动预算编制大纲，组织所属省公司开展滚动预算编制工作；
3. 各省公司根据滚动预算编制大纲，结合企业具体情况，编制滚动预算编制大纲，组织相关部门和所属单位编制本企业滚动预算方案，并上报区域电网公司和国家电网公司；
4. 国家电网公司根据总体战略目标和中长期规划，对区域电网公司和省公司滚动预算方案进行审查。

第五章 执行与分析

第十九条 滚动预算的执行。

1. 滚动预算经审查后，各企业应将各项指标分解下达到企业内部各部门、各单位，形成全方位的中长期经营目标责任体系；
2. 企业内部各部门、各单位应关注影响企业中长期经营目标的关键因素，建立主要指标衡量体系和监督控制机制，确保中长期经营目标的实现；
3. 国家电网公司负责对区域电网公司、省公司滚动预算的执行情况进行监督、检查、评价与考核。

第二十条 滚动预算的分析。

1. 各单位要积极跟踪主要经济指标的变化，及时做出中长期预测，分析因素变化对中长期经营指标的影响，提出相应的对策，制定具体的措施。对于预算执行过程中发现的重大问题，要及时提交预算管理决策机构决策。
2. 区域电网公司、省公司实行滚动预算分析报告制度，各企业每年向国家电网公司上报一次滚动预算执行情况分析报告。

第六章 附 则

第二十一条 本办法适用于本电网公司各分公司、子公司。各单位应根据本办法制定本单位的中长期滚动预算管理实施细则。

第二十二条 本办法自200×年1月1日起执行。

第二十三条 本办法由本电网公司负责解释。

第 7 章
预算管理编制实务

 **精彩抢先读**

　　企业获利模式与预算策略定位是紧密相连的。预算的编制质量会直接影响预算的执行。在企业年度经营目标明晰的情况下，企业预算管理目标要通过预算的编制来体现，通过预算的执行、监督来落实。"预算目标确定—预算编制策略定位—预算基本假定—预算说明书制定—预算表单的设置—预算编制的落实"构成了预算管理编制的整个链条。本章将通过具体的企业预算编制案例阐述预算编制各环节的设定流程，详细解析全面预算的编制流程，以期提供一种可供借鉴的预算编制管理模式。

7.1 建立共同的愿景：预算目标制定流程实务

7.1.1 预算目标确定与分解的目的

企业的战略目标是预算管理的导向，企业实施预算管理是为企业战略目标的实现服务的，企业全面预算管理目标应与企业发展的目标一致。因此，预算的编制必须以企业的战略目标为基础，根据企业的战略目标提出企业的长短期计划，确定预算的长短期目标，并通过执行使预算管理的目标落到实处，促使企业充分挖掘并合理利用一切资源。预算管理目标的确立，一方面，可以引导企业各项活动按预定计划进行，防止出现或及时纠正偏差；另一方面，还可以最大限度地发挥企业员工的积极性，提高企业经济效益。

1．保证公司战略目标的实现

战略目标可作为预算编制的指导目标，通过预算目标的下达、指标化、数字化、明确地表达了战略目标，实际为各级责任主体预算编制指引了方向。企业年度预算目标按一定预算周期分解到各级责任主体，构成了各级责任主体的预算目标责任书，该责任书将作为标准来衡量责任主体所编制的预算，保证了企业战略在各责任主体得到贯彻与实施。

2．为预算控制及考核提供依据

预算目标的制定可以确保各层责任中心的所有经营活动均在量化的预算指标体系下运作，增强企业整体的控制与考核的可操作性。在预算执行过程中，通过对预算实际发生情况进行分析，可进行预算目标达成情况差异分析，通过差异分析，可随时发现执行过程中的问题，并通过对问题的根源分析，及时进行调整。

3．为预算编制提供前提和基础，使预算成为企业管理的导向

预算目标可以平衡不同职能部门战略作用。预算编制过程中，通过对所编制预算进行分析，特别是对预算目标模拟达成情况分析，可以评价不同职能部门战略合理性与所编制预算的合理性。在预算的审核、平衡过程中，一般会将总体战略和总体预算目标作为平衡点，通过调整相关职能部门战略和预算，使所编制预算满足总体战略和预算目标的要求。

7.1.2 预算目标设定的原则

公司整体预算目标、分（子）公司预算目标以及部门预算目标等构成一个整体的预算目标体系。公司制定预算目标时，应考虑公司的战略目标、行业特征、企业生命周期、公司发展速度、公司市场规划与导向等因素。

在确定企业的预算目标之后，还需根据企业的实际情况将预算目标分解到每个阶段、每个部门，从而有利于企业整体预算目标的实现。无论是制定企业的预算目标还是将其分解，都应遵循一定的原则，保证企业有条不紊地实现预算目标。

企业全面预算管理目标作为企业战略目标在特定预算期的具体体现，应适应企业长远战略目标实现的要求，而预算管理目标要通过预算的编制来体现，通过预算的执行、监督来落实。企业预算管理的目标必须从企业自身情况和市场经济环境，以及对于未来发展趋势的预测来综合考虑制定，一旦确定，应在一定时期内保持稳定性。在实际工作中，企业预算管理目标的确定应遵循下列原则：先进性与可行性兼顾的原则、整体规划与具体计划相结合的原则、外部市场与企业内部条件相结合的原则。

企业全面预算管理目标不是单一的一个或几个财务指标，而是由企业内部各级责任单位和个人的具体预算目标和企业整体预算管理目标一起构成的一个目标体系。为便于执行、控制、考评和监督，在企业整体预算管理目标确定之后，还需要采用科学的方法，分解落实到企业各个阶段以及各级责任单位和个人。这样企业就可以在日常的生产经营中随时将实际情况与预算对比、寻找差异、解决问题。分解后的目标应分别是企业整体预算管理目标的具体体现，所有这些具体目标的实现将最终使企业整体预算管理目标得以实现。

7.1.3 预算目标确定及流程

如何制定预算目标呢？我们知道，预算是一种特殊的计划，是用数字来表示预期结果的报告书。企业应在评估自身所处的环境、自己拥有的资源及特有能力后，确定预算目标。目标不能只停留在概括性、抽象的阶段，它必须明确化、数量化，必须定出目标值。预算目标的制定与企业计划的制定有着不可分割的联系，而且随着企业战略管理思想的发展，从战略角度出发，制定企业战略发展计划，进行战略决策，并在此基础上与日常管理结合、逐步细化已在实践中广泛运用，因此，预算目标的制定必然受到企业战略决策的影响，战略决策决定了战略成本的控制，也决定了预算目标的制定。当然，预算控制过程也对战略决策产生影响。所以，我们制定预算目标应从企业战略开始，通过战略决策逐步深入细化，以实现企业战略发展。

1. 预算目标确定前的准备工作

在战略目标明晰的情况下，企业年度经营目标或预算目标是沟通与承诺的过程。企业的预算部门，需要分析 3~5 年的经营管理信息，特别是财务信息，分析自己的优劣势，并且及时收集宏观经济环境、业界和竞争对手信息，参照本公司情况对比分析后，才能最终确定预算目标。通常，预算目标需要召开多次会议进行商讨确定。召开预算会议，需要准备以下报告清单作为预算目标会议的基础材料，如表 7-1 所示。

表 7-1 预算目标确定准备工作内容

主要步骤	主要工作内容及其说明
1. 预算目标工作会议的准备	会议时间一般为每年的第四季度
2. 会议资料清单	(1) 当年财务报告
	(2) 当年预算执行分析报告
	(3) 当年预算考核评价报告
	(4) 当年竞争对手分析报告
	(5) 下年度市场预测报告
	(6) 下年度销售预测报告
	(7) 下年度研发预测报告
	(8) 下年度生产能力报告
	(9) 下年度投资环境分析报告
	(10) 下年度资源供给报告
	(11) 下年度竞争对手策略报告
	(12) 其他
3. 预算目标工作会议议程	(1) 预算管理委员会人员调整
	(2) 审议当年预算执行分析报告
	(3) 审议当年预算考核评价报告
	(4) 审议下年度市场预测报告
	(5) 审议下年度销售预测报告
	(6) 审议下年度研发预测报告
	(7) 审议下年度生产能力报告
	(8) 审议下年度投资环境分析报告
	(9) 审议下年度资源供给报告
	(10) 审议下年度竞争对手策略报告
	(11) 其他

预算目标根据年度经营目标确定，经营目标转化为具体的经营计划，也就转化为预算目标。预算目标是预算编制的起点。对于预算目标的理解，如图 7-1 所示。

2. 预算目标的确定流程

（1）预算目标确定的第一步：确定企业的总体战略

战略是企业为实现其宗旨和目标而确定的组织行动方向和资源配置纲

要。确定企业总体战略过程实际上就是通过对企业生存环境、竞争对手、资源和能力的分析,明确企业的竞争优势,从而确定采用什么样的策略进行市场竞争;为形成和保持所设定的竞争地位,企业应如何妥善配置有限的资源,使其发挥出最大的效力等。企业通常采取的战略有成本领先战略、差异化经营战略和聚焦战略。不同的战略决定了企业的市场开发计划、成本控制方法等,而这一切都将在企业的预算目标中得到体现。如确定成本领先战略的企业必然关注如何控制成本开支,谋求比竞争对手低的总成本向整个市场提供产品或服务以吸引广大顾客,不断寻求在不牺牲可接受的质量和关键特色的前提下努力降低成本和高效率低成本的营销运作。通常,在预算目标中关心如何通过投资预算获得产品规模效益,降低产品的单位成本;控制生产要素的价格,以降低成本。

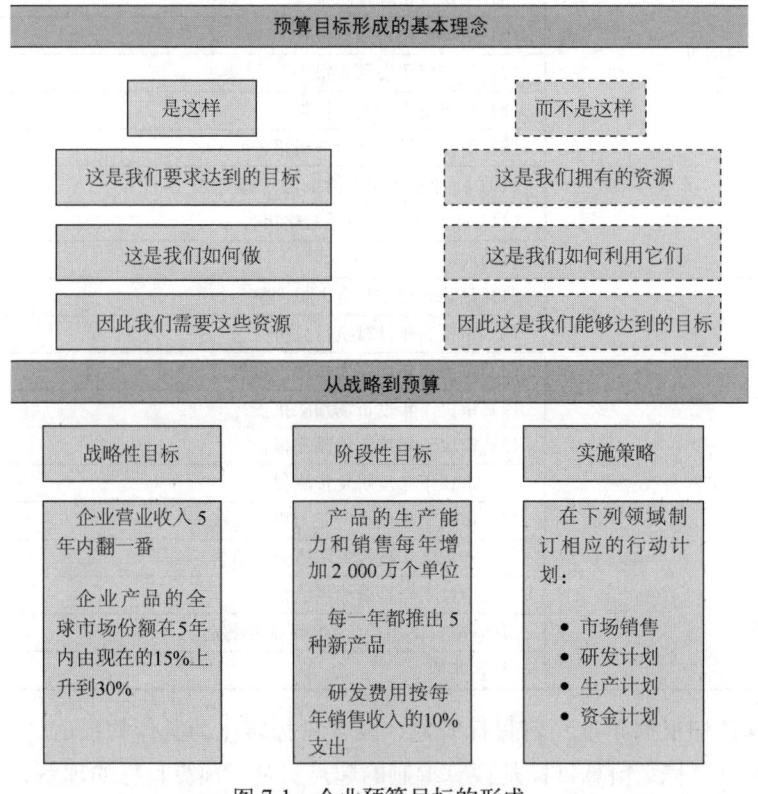

图 7-1　企业预算目标的形成

总体战略方案一般是由企业高层管理者确定。这时,预算管理委员会作为预算管理的组织协调机构应根据相关信息,包括竞争环境分析资料、目前和以往的财务状况、通过对价值链分析和成本动因分析得出的战略成本实际情况、产品生命周期、企业目标等,综合权衡,提出战略发展意见,企业高层领导协商后进行选择确定。

（2）预算目标确定的第二步：确定企业的具体战略（职能层战略）

职能层战略即各职能部门如研发、制造、市场营销、人力资源和财务部门为实现总体战略所制定的工作目标和行动策略。以成本领先战略企业为例，成本领先战略企业目标是为了确保本企业在竞争中成本比竞争对手低，因此在制定人力资源战略时必须考虑企业员工的劳动熟练程度和员工素质的高低，人力资源战略一个重要目的就是提高员工劳动熟练程度和员工素质，对于人力资源预算目标的影响就是增加现有员工岗位培训开支、提高工作效率、减少不熟练员工以降低人工成本；研究开发部门的战略不可能是丰富产品花色、品种，而是如何开发大众化，有利于标准化大规模生产的产品，在预算目标中予以体现。

通常，应由预算管理委员会组织协调相关责任部门，首先，应明确各类预算制定的责任部门，一般这些责任部门就是今后预算控制的责任部门；其次，要求各责任部门整理相关数据，包括各项历史数据、行业标准数据、先进水平数据等；再次，应是结合总体战略分析现状，寻找差距；最后，制定各责任部门的战略目标，从而为预算目标的确定打下基础。

（3）预算目标确定的第三步：确定企业的具体预算目标

当企业确定总体和具体战略后，需要通过确定预算目标体系对企业战略目标进行更精确的、量化的描述。在预算目标指标体系中，基本指标作为指标体系中的核心指标，是企业经营目标和发展战略的具体体现。营业利润、营业利润率和营业利润净现金率等均能反映经营效益，而营业利润净现金率作为现金流量指标，能进一步反映财务效益的质量。辅助指标包括边际贡献、资产周转率和成本费用收益率等，是基本指标的内容在经营活动过程中的延伸。基本指标和辅助指标规范地反映了企业的经营效益和规模，成为预算目标指标体系的主体。修正指标包括主要商品的市场占有率和剩余收益等，修正指标是在基本指标和辅助指标的基础上，为突出企业经营和预算管理工作，对战略关键因素的补充，是对影响基本指标的客观因素的校正。

业务部门、预算部门和其他经营管理职能部门要广泛搜集业界、竞争对手，特别是标杆企业的信息，综合公司 3~5 年的经营和资源供给情况以及公司的战略规划，提出下一年度的业务经营计划，综合确定下一年度的经营目标。

经营目标要基于客观实际情况，进行广泛的沟通、商讨，进行多次的会议论证和分析，一旦确定，各管理层要进行承诺，确定其严肃性，形成可以实施的经营计划，转换为年度预算目标和预算。

企业预算目标及各责任中心预算目标的制定流程分别如图 7-2 和图 7-3 所示。

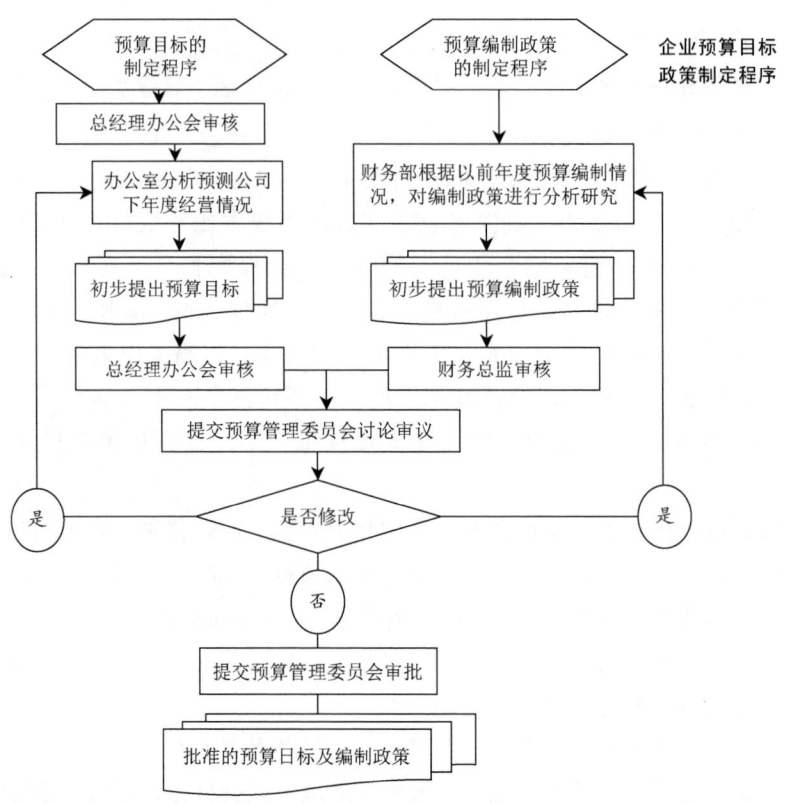

图 7-2 企业预算目标制定流程图

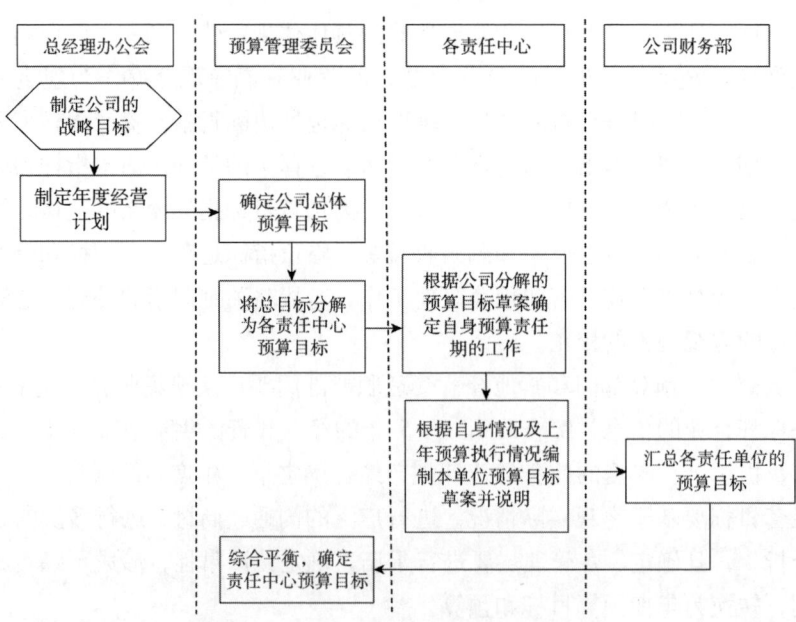

图 7-3 各责任中心预算目标的制定流程

7.1.4 企业重点预算目标列示及分解

企业的年度预算总目标,应分解为职能部门、经营单位的预算分目标,预算分目标的制定应结合预算单位业务经营项目,分解并落实责任预算目标。表7-2列示了一般企业主要的重点预算目标。

表7-2 经营单位或职能部门重点预算目标

经营单位或职能部门	重点预算目标
分(子)公司	收入 应收账款回收 成本费用总额 利润总额 净资产回报率 经营活动现金流 内部贷款收回或占用集团公司款项清缴
相关职能部门	差旅费、办公费、车辆使用费、业务招待费、员工福利、企业文化、人员稳定等
生产部门	产品材料消耗定额、人工工时、物料消耗、维修工时、流程规范、安全生产、生产进度控制、低库存及品质稳定
销售部门	客户不同需求满足、市场占有率、顾客关系、品牌印象等
研发部门	新产品交货期、创新、设计完美及生产技术可行性
财务部门	利润、投资报酬率和现金流动、融资成本、税务管理

企业的预算目标制定后,为落实预算通常会将预算目标分解到各责任单位。各责任单位的预算目标向下继续分解在预算分解落实中往往是被忽略的一个环节。在实际操作预算目标分解时,看似预算目标分解下发了,但实则企业内部的各责任单位人员从没在意或根本不重视预算目标的分解。原因很简单,员工会简单地认为预算和他没有关系,预算是领导的事情,这种认识直接导致了预算在执行中的流失和预算目标的瓦解,因为预算说到底还是要靠全体员工的共同努力来完成的。这就像我们在教育子女时总是说,"孩子,你要好好学习,成绩要达到多少多少分",而孩子的学习成绩怎样达到目标,我们从没有细想过。

我们帮孩子找到成绩不理想的原因了吗?我们仔细分析过成绩下降是在哪几科、在哪个环节出了问题了吗?我们有没有让孩子自主制订学习计划并将该学习计划落实分解到每一个学习科目中,有没有让孩子制订详细的学习周计划呢?我们检查、监督计划的完成情况了吗?出了问题一味地批评是没有任何意义的。同样,在企业管理中,我们要想达到制定的预算目标,也要将预算目标分解到每一个员工个人,发挥每一个员工的主观能动性,让员工能清楚地知道他的工作目标的完成对企业成长的贡献,使每一位员工有一种对企业成长的使命感。

企业各责任单位预算目标的向下继续分解和落实,往往要依靠企业文化的建设来完成。在预算管理中，企业文化的建设会有效地帮助企业向着战略实现迈进。预算目标的进一步分解应能让员工愿意接受，并自觉去实施。

实践中，预算目标的分解方案是较难确定的，因为预算目标的实现与否会直接影响员工的绩效。预算目标定得较低，下属员工会愿意接纳，但预算的松弛程度会提高，预算的约束力较差；预算目标定得较高，员工会放弃努力，预算完成的可能性会受到影响。因此，预算目标的分解只有在等于或略高于员工的能力时，预算目标才会被员工接纳并愿意执行。解决预算目标差异的良好方法就是用企业文化的传递加强高层与基层员工的沟通，日本丰田公司的一种做法就是将产品的用量标准和产品制造的工时标准交给工人自己制定，充分信任员工的责任心和使命感，从而带来了预算目标的顺利实现。实质上，在信息不对称的条件下，由于员工比上级负责人能更清楚地了解影响预算目标实现的环境因素，员工客观上存在压低预算目标的主观愿望动机。因此，只有利用沟通的方法，掌握下属员工的工作能力，经过充分的信息沟通和协商来促使预算目标的确定与分解。图 7-4 展示了预算目标在内部责任单位的分解和落实流程。

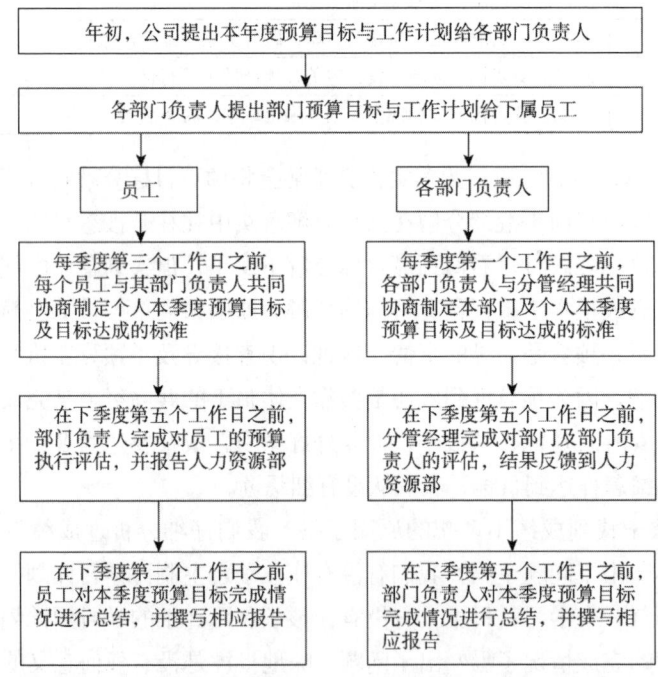

图 7-4　预算目标在内部责任单位的分解和落实流程

7.1.5　从预算目标到行动落实

预算目标制定后，企业应将预算目标进一步分解到各责任中心，使预算目标在内部责任单位得到分解和落实。此时,行动计划的制定与落地就显得尤为重要。实务中,企业通常将经营目标视为预算目标,将该目标分解到各个责任单位,并要求制定详细的行动计划,通过季度例会、月度例会、周例会等形式检查预算执行情况、分析差异原因,寻找解决问题的方法,从而促进预算目标的达成。企业年度目标设定表如表 7-3 所示。

表 7-3 年度目标设定表

目标	单位	预算 A	1~9 月实际 B	10~12 月预测 C	年度预估 D=B+C	目标预测 E	差异% F=(E−D)/D
产品销量	吨						
主营业务收入	万元						
单位毛利水平	元/吨						
净利润	万元						
营运现金流量	万元						
吨产品可控销售费用	元/吨						
吨产品可控管理费用	元/吨						
吨产品制造费用(不含折旧)	元/吨						
主要市场 1:_____ 占有率	%						
客户维系率	%						
新客户数	个						
吨产品单位电耗	度/吨						
设备故障率	%						
产品合格率	%						
……							

依据年度目标,销售、生产、采购、研发等部门分别制定行动计划,保障预算的执行。以销售部门为例,其行动计划如表 7-4 所示。

表 7-4 核心目标达成行动对策表

目标	具体行动措施	责任人/部门	完成时间	业绩贡献	资源需求
销售收入					
回款					
……					

7.2 让预算更精确的依据：预算编制策略的制定实务

7.2.1 预算编制策略

所谓预算编制策略是指在预算编制前根据企业年度经营预算目标，结合宏观经济形势的变化，考虑企业自身的优势和劣势，审视企业内部的资源状况，在预算编制前对预算编制的影响因素进行判断分析的一种分析报告。

预算编制策略通常要求首先对国家经济形势和经济周期以及经济发展趋势做出分析判断。在此基础上对企业当地的人力市场变化趋势和产品技术的变化趋势以及相关的地区政策法规做出正确的判断分析。

在对宏观环境做出分析判断的情况下，预算编制策略要求采用SWOT分析法或波特五力分析法对企业的竞争态势做出分析判断，特别是要对企业的机会以及威胁做出判断分析。同时，预算编制策略要求对企业的产品市场做出分析判断，通常在这种判断分析中包括产品市场环境分析、竞争者分析、企业内部分析等。

在以上分析判断的基础上，预算编制策略要形成公司整体的预算策略计划、市场策略计划、研发策略计划以及生产策略计划等。

7.2.2 预算编制策略内容

1. 外部环境分析

掌握环境的影响因素，不是在做预算前才开始搜集资料，企业家或市场分析者必须在每日的经营活动中，敏锐地观察。由于环境因素非常广泛，企业可从大环境（政治、经济、法律、社会、文化、科技、自然环境、国外环境）、产业环境（产业结构、总需求、总供给、上下游的关联、产业的生命周期）、竞争环境（国内外的竞争状况、竞争者的数量与实力、竞争者的策略联盟）等方面详细分析。预算编制前要着重分析过去的策略受到哪些环境因素的变动而无效或哪些策略因为某些环境因素仍然有效，评估未来拟定的策略要能适合于哪些环境条件因素才能有效。

经营绩效杰出的企业，都懂得掌握环境的变动顺势而为的重要性，也知道无论在经济景气或不景气时，环境总是能不断地产生新的机会。影响企业经营的环境因素非常多，并且每一个企业随着事业经营的范围与形态不同，各种环境因素带来的冲击层面也不一样，因此，外部环境分析首先要明确地指出哪些环境因素会对公司的业绩产生影响，并不断地注意这些因素在未来会产生哪些变化，针对这些变化所带来的机会及威胁，企业应如何提出应对策略。

（1）经济状况

经济状况的好坏关系着消费者的购买力，在物价上涨、实质所得相对减少的状况下,一般消费者购物时将变得十分谨慎;利率居高不下的话,会直接影响到企业贷款的成本,将使房地产业空前的不景气。

(2)政策法规

政策法规是企业发展必须遵守的法则。企业无论是扩张还是收缩,或是拓展业务空间,都应在遵守国家法律法规的前提下进行。政策法规的变化,对企业的经营有重大的影响。

(3)产业状况

产业状况包括整体产业是供给大于需求或是需求大于供给、新厂商加入是困难或容易、产业在国内经营是否仍有利基、产业是以国内为市场或是能扩大国外市场、产业成功的关键因素有无变动、产业提供的产品及服务的差异化大或小等。

(4)客户情况

掌握客户需求多样化、个性化的变动及各个区域市场量的规模、成长潜力是客户分析的最大重点。

(5)竞争者分析

对企业经营环境分析中提出的竞争者,我们的眼光不能太过于短视,不能只注意目前竞争白热化的品牌竞争者,应注意到来自不同行业的威胁目前已日趋严重。

(6)人口状况

人口多寡构成了潜在市场的大小,因此,潜在市场的大小随着出生率、死亡率、年龄分布、地理分布而变化,对企业的短期、长期发展计划来说,人口状况都具有基本的意义。影响市场的需求因素固然很多,例如产品的特性、价格的高低、信息的传播等,人口虽只是其中的一项因素,但它决定了市场的潜量是否够大,是否值得企业把资源投入这一市场。

(7)供货商

降低原料成本或提高产品品质,是企业获得竞争优势的一项重要策略,因此,企业如何运作与供货商间的关系也是影响企业经营的重要课题。

2. 内部环境分析

内部环境分析在于了解企业的长处与弱点,也就是相对于竞争者的实力。企业的长处是企业拥有的资产及能力做某种组合后,能产生力量,赢得竞争,达成企业的目标,若是不能让资源充分发挥或不当的组合,都无法形成企业的长处,唯有妥当的组合才能发挥企业的优势。

(1)评估企业的内部环境

我们可由评估企业的资源,了解企业的实力。企业的资源,可从资产状况和能力层面两个方面来做评价。企业的资产状况是企业人、财、物的组合，大多数资产是可以量化的。企业的能力层面是评估企业如何满足客户需求、战胜竞争对手的能力。

（2）机会与威胁的对应

机会与威胁是来自外在环境的变化带给企业各项事业的可能影响。机会与威胁的掌握及避免，决定于企业拥有的实力，实力的评估可从企业的长处及弱点分析着手。

掌握住外在环境带来的机会及威胁，即掌握住企业必须做什么；掌握住企业的长处及弱点，即掌握住企业能做什么。即确认目前企业存在的长处及在新年度中要强化某些长处，以把握外部环境存在的可能机会。

3．产品分析

产品分析主要围绕产品的市场环境、产品的竞争者分析以及企业内部资源、技术的分析，包括该产品的市场前景的分析。分析的目的是要掌握企业的经营活力、产品的盈利状况。

4．设定年度预算基本策略计划

企业年度预算策略计划是在综合考虑上述因素后，从企业的竞争优势、经营策略的选择和产品的生命周期着手来制定的。制定基本策略时，可以从财务（资金的取得、成本、利息负担是否优于竞争者、成本计算、预算计划、利润计划等）、市场（市场占有率、产品组合、新产品开发、服务品质、专利及价格策略等）、制造（成本是否低于竞争者、产品是否能对应市场需求、是否拥有有效率的设备、是否有效取得材料及厂商的能力及关系等）、员工（员工素质、经营者的能力、劳资和谐度等）等方面，找出面对环境变动的策略优势及如何将这些优势有效地组合，即可构建出企业的核心专长而制定出清晰的年度基本策略。

在预算基本策略的制定中还应对企业可控制因素与不可控制因素进行分析。如果一些关键要素中不可控制因素的成分过高，这个策略达成目标的风险就高。策略要能改变现状，若做与不做都是循着目前的趋势发展，那么这个策略就会失效。

7.2.3 预算编制策略实例

【案例 7-1】 预算编制基本策略的制定

我们以 XJRQ 企业集团的预算编制策略制定计划为模板，向大家介绍预算编制基本策略的制定。

全面预算编制策略

1. 地区经济信息

1.1 地区经济趋势

经济趋势主要经济指标如表 7-5 所示。

表 7-5　经济趋势主要经济指标

项　目	年	年	年（预测）
国内生产总值（GDP）			
GDP 增长率（%）			
通货膨胀率（%）			
主要贷款利率（年息，%）			

总体经济趋势评价＿＿。

1.2 政策法规

包括地区政策法规、行业相关法规、人力及劳动保护法规、进出口政策/税收政策：＿＿＿。

2. 产品线分析

2.1 市场环境分析

产品市场需求分析内容如表 7-6 所示。

表 7-6　产品市场需求分析表

项　目	年	年	年（预测）
该地区市场总需求（单位）			
其中：类别 1（单位）			
类别 2（单位）			
类别 3（单位）			
市场增长率（%）			

主要原料供应者简介：＿＿。

主要销售渠道简介：＿＿。

典型客户简介：＿＿＿。

2.2 竞争者分析

主要竞争者现况如表 7-7 所示。

表 7-7　主要竞争者现况

竞争者名称	设计产能（加工规模）	市场份额（%）	年销量（单位）	年销量预估（单位）

主要竞争者产品定位及质量：_____

_____。

主要竞争者的主要优势：_____

_____。

主要竞争者的主要劣势：_____

_____。

近期竞争者的主要活动：_____

_____。

主要竞争者的计划和策略：_____

_____。

2.3 企业内部分析

绩效分析内容如表 7-8 所示。

表 7-8　绩效分析

项　目	上年实际	本年实际	本年（预估）
产能（日处理能力）			
销售量（单位）			
市场占有率（%）			
销售金额（万元）			
平均毛利水平（元/单位）			
单位毛利率（%）			

近期拟采取的主要策略活动：_____

_____。

本企业主要优势：_____

_____。

本企业主要劣势：_____

_____。

3. 机会与威胁

机会：_____

_____。

威胁：_____
_____。

4．下年度策略计划

公司整体策略计划：_____
_____。

市场策略计划：_____
_____。

研发策略计划：_____
_____。

生产策略计划：_____
_____。

人力策略计划：_____
_____。

财务策略计划：_____
_____。

其他策略计划：_____
_____。

填报说明：

① 本部分采用环境描述和 SWOT 方法，以帮助企业厘清所处经营环境和市场位置，编制起来有一定难度，企业尽力填报。

② 年度策略计划的研发策略计划指拟在新产品开发、新工艺应用、新辅料添加等方面采取的主要措施。

③ 生产策略计划指拟在车间的组织管理、加工效率、产出率、设备管理、能耗降低等方面采取的主要措施。

④ 人力策略计划指拟在员工的招聘、管理、福利、培训、培育、流动、绩效评估等方面采取的主要措施。

⑤ 财务策略计划指拟在资金的筹集与使用、税收筹划、信用管理、账款赊欠、压缩存货等方面采取的主要措施。

7.3 让预算更具有实操性：预算编制说明书的制定

7.3.1 预算编制的基本假定

1．预算假定的内容

预算假定是为了让预算更具有实际可操作性，在预算编制策略制定的基础上对企业预算编制项目目标值的一种预计和说明。预算假定应在预算年度开始前完成。为避免企业环境的变化带给企业各项事业的可能影响，预算假定就成了预算目标实现的一个桥梁。预算假定在充分考虑了企业内外部因素的条件下，对预算目标的可能实现给出了一个范围。

企业的未来是不确定的，计划和预算必须对不确定的未来做出确定的假设。所以，经营计划和预算的编制是建立在一系列的假设和管理者经验判断的基础上的。虽然编制预算的时候对企业内部外部不确定因素进行了尽可能详细的考虑，但是很难对未来做出全面、正确、客观、十分科学的判断和估计。因此，预算仍有一定的局限性。在推行预算管理的过程中，如果出现了非人为原因的较大差异，也就是说客观环境出现了较大的变化时，应对预算作适当的修正。否则，预算就会失去作用。这也是完成年度预算后，滚动编制预算的必要性之一。

预算假定是有层次地堆积而成的，例如，企业先有希望取得的市场、希望拥有的产品及服务、希望培养的独特能力等，然后才能定出如预算销售成长目标、获利目标、投资报酬率目标、总资产报酬率等量化的目标。所以，预算假定至少要能告诉我们三件事：

● 假定是达成目标的一个阶段性指标；
● 假定要明确，最好数量化；
● 目标须再层级化、细分化。

企业的年度预算假定该如何确定呢？基本上每一个企业在新的年度评估了企业所处的环境、自己拥有的资源及特有能力后，对新的年度会期望企业能改变成什么样子，这个期望的可能性就是企业概括性的预算假定。预算假定不能只停留在概括性、抽象的阶段，它必须明确化、数量化，必须定出目标值。因此，一般企业预算假定确定的方式有：

● 获利率（税前获利率≥8%）；
● 经营效率（成本下降5%、应收账款回收率达到78%、库存周转率不超过5天）；
● 市场（市场占有率25%，新开拓50家经销商）；
● 客户满足度（客户满足度自75%提升至85%）；
● 员工的满足度（薪资水准比同业高15%，收入的1%～2.5%作为员工培训经费）；
● 提供给客户最好的服务（导入新服务制度）；
● 营业收入（成长率≥经济成长率的3倍，个人生产值成长率10%以上）；
● 营业收入组合（传统专业70%，新事业30%）；
● 社会责任（编列环保预算）；

- 强化及发展独特的能力（如成本降低能力、缩短产品开发期间的能力）；
- 产品领先竞争者（研发费用占收入的5%～7.5%）；
- 员工生产力（每人年毛利自150万元提升至180万元）；
- 新事业（每年增辟一项新事业）；
- 生存（人员增长、费用比去年下降15%）。

2．预算假定制定实务

预算编制的准备阶段，要对预算依赖的关键历史数据、经验比率、基本条件关系等进行假设，也要对数据之间的勾稽和比例关系进行界定，对关键数据及其衍生数据指标进行确定。

关键假设可以按不同的维度进行分类，如宏观、微观，也可按照企业内部、外部的角度进行分类，还可按照资产负债表、利润表、现金流量表等会计报表的角度分类。

（1）宏观指标数据假设

预算准备阶段要列出重要的历史和未来的相关数据，如国家的、行业的、竞争对手的，用以揭示这些预测指标和企业的指标的关联程度，特别要强调这些指标和本企业主要经营指标的相关关系。

（2）微观指标数据假设

企业微观的预算假设根据资产负债表、利润表、现金流量表等之间的会计勾稽关系，及该指标的历史数据或经验，对这些指标进行判断和假设。

1）利润表指标假设
- 销售数量和销售价格假设

整体销售数量或区域销售数量、产品结构数量及单位价格假设。
- 销售成本指标假设

$$销售成本=期初+入库-期末$$
$$销售成本率=销售成本/销售收入$$

- 生产成本假设

$$直接材料=期初+购进-期末$$
$$直接材料比率=直接材料/生产成本$$
$$直接人工比率=直接人工/生产成本$$
$$制造费用比率=制造费用/生产成本$$

此外还有成本降低假设、材料价格降低假设、研发成本降低假设、工艺改进降低成本假设等。
- 毛利率假设

制造毛利率＝（销售收入－销售成本）/销售收入

销售毛利率＝（销售收入－销售成本－销售税金及附加）/销售收入

制造边际贡献率＝（销售收入－变动销售成本）/销售收入

产品边际贡献率＝（销售收入－变动销售成本－销售和管理变动成本）/销售收入

- 利润率和费用率指标假设

主营业务利润率＝主营业务利润/销售收入

营业利润率＝营业利润/销售收入

净利润率＝净利润/销售收入

营业费用率＝经营费用（期间费用）/主营业务收入

管理费用率＝管理费用/主营业务收入

财务费用率＝财务费用总额/主营业务收入

2）资产负债表指标假设

- 应收账款指标假设

$$应收账款周转率 = \frac{销售收入}{\frac{期初应收账款金额＋期末应收账款金额}{2}}$$

或按月份平均计算：

$$应收账款周转率 = \frac{销售收入}{\frac{年初应收账款金额＋1月底应收账款金额＋\cdots＋12月底应收账款金额}{13}}$$

应收账款周转天数＝365/应收账款周转率

- 存货指标假设

存货周转率，两种算法与应收账款周转率算法相同。

存货周转天数与应收账款周转天数算法相同。

存货指标假设也可分解为储备资金、生产资金和产品资金周转指标假设：

存货资金周转天数＝储备资金周转天数＋生产资金周转天数＋成品资金周转天数

$$原材料周转率 = \frac{销货成本（或本期购进的原材料成本）}{原材料库存平均余额}$$

$$生产资金周转率 = \frac{销货成本（或本期生产成本）}{在产品平均余额}$$

$$产成品周转率 = \frac{销货成本}{产成品平均余额}$$

- 应付账款指标假设

$$应付账款周转率 = \frac{采购材料总额（本期或累计赊购材料总额，或者销售总额）}{应付账款平均余额}$$

其他各项资产计提的减值准备比例和长短期借款、固定资产和无形资产折旧假设等,可以根据企业的历史经验和实际情况进行假设。

3）现金流量表指标假设

现金循环周转期=存货周转期+应收账款周转期-应付账款周转期

下面,笔者以 XJRQ 集团下属的商贸流通企业预算假定为例,说明预算假定的制定。

【案例7-2】 某企业预算假定

某企业预算假定案例

1. 企业背景

案例企业是 XJRQ 企业集团下属的一家大型商贸流通企业。

2. 企业的战略目标

在近五年内公司要完成省内商业网点的战略性布局,在一级城市、二级城市及经济发展水平较高的市、县进行布局,使集团零售业形成良好的市场竞争态势,为公司向周边省市渗透,把集团的经营网络延伸到省外,参与全国市场的竞争与合作打好坚实的基础。

3. 预算目的及目标

20Y0 年本省整体消费水平将有一个大幅度的提升,公司主营业务收入将继续保持增长的态势,公司预测 20Y0 年将实现 120 000 万元的主营业务收入总额,毛利率保持在 23%左右,预测将实现利润总额约 6 313 万元。

4. 预算相关假定

（1）对收入、成本的假定

公司 20Y0 年收入、成本预算如表 7-9 所示。

表 7-9 公司 20Y0 年收入、成本预算表　　　　（单位：万元）

项　　目	20Y0 年预算				
	1~3月	4~6月	7~9月	10~12月	合　　计
主营业务收入	43 940.29	19 058.02	25 530.92	31 470.77	120 000.00
超市	8 759.11	4 835.64	5 386.15	6 839.89	25 820.79
商场	33 818.80	13 686.43	18 457.19	23 449.25	89 411.67
其中：服装	14 463.83	5 918.69	7 704.33	10 426.31	38 513.16
鞋帽	3 814.64	1 518.54	2 026.05	2 631.94	9 991.17
针文	4 495.82	1 818.65	2 498.73	3 155.16	11 968.36
钟化	11 044.51	4 430.55	6 228.07	7 235.83	28 938.96
酒店	1 362.37	535.95	1 687.59	1 181.64	4 767.55
减：主营业务成本	34 552.21	14 801.19	20 703.29	23 119.86	93 176.55
超市	8 404.97	4 365.19	5 048.78	5 605.98	23 424.92

(续)

项目	20Y0 年预算				
	1～3月	4～6月	7～9月	10～12月	合　计
商场	25 792.67	10 294.18	15 441.77	17 277.50	68 806.12
其中：服装	10 263.49	4 082.71	6 124.07	6 899.05	27 369.32
鞋帽	2 588.67	1 035.47	1 553.20	1 725.78	6 903.12
针文	3 362.93	1 346.37	2 018.57	2 242.62	8 970.49
钟化	9 577.57	3 829.63	5 745.94	6 410.05	25 563.19
酒店	354.57	141.83	212.74	236.38	945.52
税金及附加	572.24	228.89	243.34	381.49	1 425.96
应收账款	3 089.70	3 043.21	2 974.48	2 536.68	11 644.07
应付账款	13 008.53	10 347.89	10 953.08	8 758.37	43 067.87

　　由于集团涉及超市、商场以及酒店业务，无法按照销售量和销售单价来确定主营业务收入。公司收入采用增量预算方法，成本采用弹性预算法，费用支出采用零基预算。根据公司提供的未来五年的相关资料，考虑物价上涨及市场营销因素，20Y0 年销售目标计划在 20X9 年的基础上有一定的增长；考虑 20Y0 年本省有可能调整工资水平，会带来原料和商品价格上涨，20Y0 年主营业务成本略有上升。20Y0 年公司收入、成本的具体假定如表 7-10 所示。

　　20Y0 年预算主营业务收入将有 16.28% 的增长，毛利率保持在 23.19%。预测收入和成本增长的主要原因：首先，本省经济已趋于稳定，慢慢回到之前的水平，民心已经稳定，消费热情回升；其次，国家及省政府都采取各种措施刺激消费，必然带来集团业务收入的增长；最后，消费市场的活跃，必然带动原料及商品价格的上涨，这势必会增加公司的采购成本。

　　根据 20X9 年预算的效果，公司 20Y0 年将在某些项目上做一定的调整，主要调整如下：

　　1）考虑到 20X9 年超市预算差异为 0.63%，预测 20Y0 年超市收入占主营业务收入的比重为 21.5%，如果以最好的结果预测，将产生收入 25 820 万元；超市成本占主营业务收入的比重为 18.69%，产生的成本为 22 425 万元。

　　2）20X9 年服装收入预算差异为 -1.29%，以最坏的结果预测，服装收入将达到 38 513 万元，占主营业务收入的 32.09%；20X9 年服装成本比预算节约，20Y0 年预计服装成本占主营业务收入的 22.81%。

　　3）公司在 20Y0 年将继续加强应收账款的管理，将减少应收账款，预测应收账款占主营业务收入的比重为 2.11%，比 20X9 年有所下降。

　　通过以上分析并做出相应调整，以公司现有条件和发展水平来看，公司 20Y0 年的财务目标实现可能性仍然非常大，但是需要全体员工共同努力，加强对产品的营销力度，使预算考评体系发挥积极的作用，激励公司管理者以及普通员工为公司创收做出最大的努力。

表 7-10 20Y0 年公司收入、成本假定表

项　　目	预算方法	相关假定
主营业务收入	增量预算	根据市场供求关系并考虑物价上涨及市场营销因素及年度目标利润，销售目标计划比 20X9 年增加，保持在近几年正常增长幅度预算
超市	增量预算	考虑 20Y0 年的经济及通货膨胀情况，以及 20X9 年预算的完成情况，扩大的超市收入将达到 25 820 万元，所占主营业务的比例控制在 21.52% 左右
商场	增量预算	根据 20Y0 年的市场营销情况，商场收入将达到 89 411 万元，所占主营业务的比例为 74.54%
其中：服装	增量预算	由于 20X9 年服装收入占主营业务收入比重与预算的差异达到了 -1.29%，如果假设 20Y0 年保持在 20X9 年的水平，做最坏打算，20Y0 年将达到 38 513 万元，占主营业务收入的比重为 32.09%
鞋帽	增量预算	考虑 20Y0 年的经济及通货膨胀情况，由于帽子的销售具有一定的季节性，因此，预测第一、第四季度为销售旺季，第二、第三季度相对较少，但是总体达到 9 991 万元
针文	增量预算	考虑 20Y0 年的经济及通货膨胀情况，针文收入比上年增长 1 691 万元
钟化	增量预算	考虑 20Y0 年的经济及通货膨胀情况，钟化收入略有增长，占主营业务收入的比重略有下降，达到 24.12%
酒店	增量预算	考虑 20Y0 年的经济及通货膨胀情况，20Y0 年酒店收入将有较大增长
主营业务成本	弹性预算	根据市场情况与供应商的谈判能力，毛利率控制在 23% 上下，较 20X9 年有所下降
超市	弹性预算	考虑到物价上涨因素和供应商的谈判能力，超市销售成本比 20X9 年增加，增幅为 16.38%
商场	弹性预算	考虑到物价上涨因素和供应商的谈判能力，商场销售成本比 20X9 年增加，占主营业务收入的比重为 57.34%
其中：服装	弹性预算	随着新市场慢慢适应，销售成本比 20X9 年增加，但是占主营业务收入的比重维持在 22.81%，比 20X9 年略有上升
鞋帽	弹性预算	随着销售数量的增加，销售成本比 20X9 年增加，增幅为 15.33%，增幅低于收入增幅
针文	弹性预算	随着销售数量的增加，销售成本比 20X9 年增加，增幅为 16.38%
钟化	弹性预算	随着销售数量的增加，销售成本比 20X9 年增加，增幅为 16.46%
酒店	弹性预算	根据市场供应情况定，随着销售收入的增加，销售成本比 20X9 年增加 132.28 万元，增幅为 16.28%
税金及附加	零基预算	考虑营业成本的变化，未来目标比 20X9 年增加
应收账款	零基预算	加大回收力度，减少应收账款，预测应收账款占主营业务的比重为 2.11%，比 20X9 年有所下降
应付账款	增量预算	考虑到物价上涨和与供应商的讨价还价能力，应付账款将有所上升，上升幅度为 5.7%

(2) 关于费用及支出的假定

费用指标由预算管理委员会报董事会审定,相关费用假定如表 7-11 所示。

表 7-11 相关费用假定 （单位：万元）

	1～3月	4～6月	7～9月	10～12月	合　计
销售费用	1 963.60	797.84	1 045.76	1 470.73	5 277.93
运杂费	29.96	11.98	17.98	19.97	79.89
保管费	—	—	—	—	0.00
差旅费	158.58	63.43	75.15	105.72	402.88
商品损耗	—	—	—	8.00	8.00
电话费	24.00	22.00	22.00	23.00	91.00
经营人员工资	1 410.08	564.03	746.05	940.05	3 660.21
广告费	50.00	20.00	30.00	60.00	160.00
保险费	—	—	—	120.00	120.00
其他	290.98	116.39	154.59	193.98	755.94
管理费用	3 654.38	2 021.85	2 702.28	2 425.83	10 804.34
业务招待费	66.97	26.79	39.18	44.65	177.59
修理费	127.17	50.87	72.30	84.78	335.12
低值易耗品摊销	31.88	12.75	19.13	21.25	85.01
折旧费	1 220.07	488.03	702.04	813.38	3 223.52
工会经费	50.54	20.22	30.32	33.69	134.77
职工教育经费	37.90	15.16	22.74	25.27	101.07
管理人员工资	327.19	560.89	751.34	140.22	1 779.64
坏账准备	1.29	—	—	—	1.29
费用性税金	173.87	69.55	104.32	115.91	463.65
租赁费	10.00	—	—	—	10.00
劳动保险费	558.32	223.33	304.99	372.21	1 458.84
无形资产摊销	48.00	48.00	48.00	48.00	192.00
长期待摊费用摊销	57.00	57.00	57.00	57.00	228.00
开办费	—	—	—	—	0.00
存货跌价准备	—	—	—	48.00	48.00
住房公积金	90.64	36.25	54.38	60.42	241.69
董事会费	—	—	—	—	0.00
聘请中介机构费	30.00	80.00	—	10.00	120.00
咨询费	6.00	6.00	6.00	6.00	24.00

(续)

	1~3月	4~6月	7~9月	10~12月	合　计
诉讼费	—	—	—	—	0.00
水电费	437.56	175.02	262.54	291.71	1 166.83
其他	379.99	152.00	227.99	253.33	1 013.31
财务费用	746.49	718.60	727.89	630.99	2 823.97
商流借款利息	700.00	700.00	700.00	600.00	2 700.00
基建借款利息	—	—	—	—	0.00
汇兑损益	—	—	—	—	0.00
银行手续费	46.49	18.60	27.89	30.99	123.97

随着主营业务收入的增长，期间费用也将增加。

1）销售费用按费用分类逐项分析、测算，确定合理的费用发生额，随着主营业务收入的增加，销售费用也随之上升，占主营业务收入的比重保持在20X9年水平，其中，商品损耗由于20X9年有发生额，因此，20Y0年预算商品损耗金额为8万元，占主营业务收入的比重为0.01%；经营人员工资及福利20X9年占主营业务收入的比重比预算节约了0.2%，因此，20Y0年经营人员工资及福利预算为3 660.22万元，占主营业务收入的3.05%。

2）管理费用按费用分类逐项分析、测算，确定合理的费用发生额，占主营业务收入的比重比20X9年略有上升。其中，20Y0年随着固定资产的增长，折旧费将正常增加，但是占主营业务收入的比重预测为2.69%，因为20X9年实际发生数比预算节约了0.21%；管理人员工资及福利20X9年占主营业务收入的比重比预算节约了0.12%，因此，20Y0年管理人员工资及福利占主营业务收入的比重预算为1.48%。

3）由于20Y0年将有新的投资项目，为保证投资的正常进行，需要增加财务费用，财务费用占主营业务收入的比重为2.35%。

7.3.2　预算编制说明

预算编制说明是为了方便预算编制者了解费用归集科目，了解收入、成本费用以及预算报表的正确填制而制定的。由于提供预算报表的往往是财务人员，而每个部门预算的编制者都是非财务人员，他们很少懂得财务术语，对成本费用归集的会计科目更是知之甚少。在这样的背景下，为方便预算的编制执行，由预算管理委员会授权预算的常设机构——财务部编写预算编制说明是很有必要的。

本书仍以前述案例企业为背景，阐述预算编制说明书的内容。

1．预算项目的编制说明

预算项目的注解如表7-12所示。

表 7-12　预算项目的注解

预算项目	注　解
经营性业务	企业在生产经营活动中发生的交易和事项
营业收入	企业经营或提供劳务实现的收入
其他收入	企业取得的与其经营活动无直接关系的各项收入
物资采购及劳务类支出	企业在经营过程中用于购买商品、材料及提供劳务所发生的支出,不包括设备采购支出及自筹工程中物资采购支出
职工薪酬福利类支出	企业按照规定支付给职工的各种薪酬福利,如工资、奖金、津贴、职工福利、社保统筹金、住房公积金、工会经费、职工教育经费及解除职工劳动关系补偿等为职工支付的其他费用
折旧摊销类支出	企业固定资产的折旧,无形资产、长期资产摊销费用支出
经营费用类支出	除行政性费用、资产折旧及摊销以外的各项费用性支出
行政费用类支出	企业行政管理部门在企业经营管理中发生的各项行政性开支,如行政办公费、非生产车辆管理费、物业管理费、差旅费、业务招待费、企划宣传费、信息系统管理费、房屋修缮、法律事务等行政支出
税费类支出	企业在生产经营过程中发生的各种税费,如流转税、所得税、财产税等
往来支出	企业在生产经营过程发生的非购销活动往来支出,如内部往来、外部往来支出
投资性业务	企业在投资活动中发生的交易和事项
对外投资	1. 企业在投资活动中因出售、转让或到期收回股权投资、债权性投资本金而取得的收入(不包括企业收到投资者投入的现金)
	2. 企业在投资活动中取得因股权性、债权性投资而取得的收益
资产处置收益	企业处置固定资产、无形资产、其他长期资产所取得的收益
其他投资收入	企业除上述各项以外收到的与投资活动有关的收入
对外投资类支出	企业进行股权性、债权性投资而发生的支出
资产购置类支出	企业购买固定资产、取得无形资产、长期资产而发生的支出,如不需安装的固定资产、融资租入或其他方式发生的资产性支出
其他投资类支出	企业除上述各项以外与投资活动有关的支出
筹资性业务	企业在筹资活动中发生的交易和事项
银行借款	企业举借各种短期、长期借款所收到的借款收入
其他筹资收入	企业除上述各项以外收到的与筹资活动有关的收入
偿还借款	企业支付各种短期、长期借款本金
借款利息	企业支付各种短期、长期借款利息(不含资本性借款利息)
其他筹资支出	企业除上述各项以外与筹资活动有关的支出

2. 管理费用预算的编制说明

(1)管理费用中职工薪酬下设因解除劳动关系给予职工的补偿,而制造费用、销售费用中不设此项。

(2)董事会费分为董事津贴(含董事薪酬、津贴)和其他(含董事会议费、董事差旅费、其他)。

(3) 聘请中介机构费分为审计费、律师费、评估费、咨询费、其他。

(4) 税金增设土地使用税、车船使用税等。

其他管理费用编制说明如表 7-13 所示。

表 7-13 管理费用预算编制说明

序号	项目	会计核算包含内容	预算标准	备注
一、不可控费用				
1	工资	1. 企业使用职工的知识、技能、时间和精力等而给予职工的补偿（报酬），包括基本工资、奖金和各种津贴、补贴，以及与任职受雇有关的其他支出 2. 人员包括三类：已订立劳动合同的所有人员（含临时工）；未订立劳动合同，但正式任命的治理层、管理层人员；未订立劳动合同或正式任命，但提供与职工类似服务的人员 3. 基本工资和奖金：职务工资（岗位工资）、工龄工资、效益工资、各种奖金（不包括实物奖金） 4. 津贴、补贴：加班津贴、值班津贴、临时工资、特殊作业津贴等为职工支付的费用 5. 其他类似工资支出：根据国家法律等规定的因病、工伤、产假、婚丧假、事假等原因，按工资标准或一定比例支付的工资	应当按照《企业会计准则第 9 号——职工薪酬》规定的项目填列	办公室、财务部、人力资源部、党办、审计部、综合管理部
2	职工福利费	因公负伤赴外地就医路费、探亲路费、职工生活困难补助及符合规定的其他福利支出（旅游费、节日福利、生日费、健康费、职工体检费、补充医疗保险等）	按实际发生额计算，但不能超过第 1 项的 14%	
3	工会经费	按职工工资总额的 2%计提拨交给工会的经费	按第 1 项实际发生额的 2%计算	
4	职工教育经费	为提高员工技能而让员工参加的各项培训费用	按第 1 项实际发生额的 2.5%计算	
5	养老统筹金	企业承担的为职工缴纳的基本社会保险费（包括基本养老保险费、基本医疗保险费、失业保险费、工伤保险费、生育保险费）	分别按缴费基数的 20%、10%、1%、0.2%、1%计算	
6	住房公积金	核算企业承担的为职工缴纳的住房公积金	按照缴费基数的 10%计算	
7	折旧	企业房屋建筑物、机器设备、运输设备、电子信息设备等列入固定资产而计提的折旧额		
8	无形资产摊销	指专利权、商标权、著作权、土地使用权等无形资产的摊销费用	按计划填列	

(续)

序号	项目	会计核算包含内容	预算标准	备注
二、可控费用				
1	办公费	1. 办公用品消耗：办公用品、文具；纸张；电子信息设备耗材；印刷费；购置发票、收据工本费；邮电费（电报费、邮寄费）；工商年检、换证费用；报刊订阅费等办公费用 2. 为办公区的安全而购买或支付的各种消防设施的费用		
2	通信费	固定电话话费及与其相关的装机、移机等费用；移动电话费补助；网络使用费；系统维护费		
3	会议费	指各种会议费（包括因出差开具的不包含食宿的会议费）		
4	修理费	1. 办公用具维修、非生产建筑物维修费用（办公桌椅、柜等） 2. 信息设备维修费（电脑、打印机、复印机、传真电话等） 3. 电梯、空调维修费		
5	低值易耗品摊销	单位价值在200元以上的办公桌椅、文件档案柜、工器器具的摊销费用	行政部认定，以各部门1～12月计划填列	
6	物业费	1. 绿化费、门前三包费、清井费、排污费等物业支出 2. 冬季清雪费 3. 物业负责管理的电梯、冷库和住宅小区等相关费用	按计划填列	
7	水电暖费	水电费、暖气费（包括为职工支付的）		
8	税金	房产税、车船税、土地使用税、印花税		
9	差旅费	职工因公出差乘坐火车、汽车、飞机、轮船等交通工具的车票款、交通费、住宿费、伙食补助（包括司机的行车津贴）	以本部门1～12月计划填列	
10	保险费（车辆）	车辆	按合同填列	
11	车辆费	与车辆有关的支出，如养路费、油料费、过路费、停车费、维修费、年检费、落户费、挂牌费等（不含车辆保险费）	以本部门1～12月计划填列，无车辆的可不填	
12	租赁费	办公租赁费用		
13	涉外费	因公出国等费用		

(续)

序号	项目	会计核算包含内容	预算标准	备注
14	劳务费	行管部门发生的劳务费用		
15	装修费	办公场所的装饰装修费用		
16	坏账损失	计提的坏账以及核销的坏账		
17	技术开发费	研究、技术开发费用		
18	存货盘亏	发生的存货盘亏损失		
19	保险费（人身）	特殊工种参加的保险费		
20	业务招待费	1. 因工作需要发生的餐费、礼品、烟酒费用，剔除会议费。2. 慰问职工等费用	以本部门 1~12 月计划填列	
21	诉讼费	企业因起诉或应诉而发生的各项费用		
22	聘请中介机构费	聘请中介机构的费用（如审计费、税务代理费、咨询费、评估费、公证费等）	按合同填列	
23	税金	印花税、车船税、土地使用税、房产税		
24	广告费	招聘人员等广告费用		
25	劳动保护费	因工作需要支付的工作服、手套、安全保护用品、防暑降温品等的费用		
26	业务宣传费	为宣传企业形象制作、印刷宣传品的费用（包括企业报纸的稿费、照片冲洗费、支付给政府机构为宣传企业而发生的费用）		
27	培训费	为提高员工技能而让员工参加的各项培训费用	按培训计划填列	此项为固定费用4的补充说明，不做汇总
28	其他	无法列入上述各项的费用支出（包括劳务费、检测费等）		

3．主营成本预算编制说明

主营业务成本预算编制说明如表 7-14 所示。

表 7-14 主营业务成本预算编制说明

序号	项目	会计核算包含内容	预算标准	备注
		一、直接成本		
1	直接材料费	领用材料费，出库转入长期待摊在转入成本（账面按 10 年摊销），按领料品种核算归集		

(续)

序号	项目	会计核算包含内容	预算标准	备注
2	直接人工费	产品人工成本、工程劳务费（账面按10年摊销）		
3	劳务费	劳务用工劳务费、全员营销提成、大客户提成、代理商销售提成、代办费		
4	折旧费	网络资产折旧（除职能部门以外的入折旧成本）		
5	维护费	抢修劳务费、管道维护费（鑫汇隆等）		
6	维护材料费	维修领用材料（运维中心）、零星材料（从设备出库中金额较小的材料转入）（出库转成本）		
7	设备维修费	网络设备维修费		
二、间接成本				
（一）不可控费用				
1	工资	1. 企业使用职工的知识、技能、时间和精力等而给予职工的补偿（报酬），包括基本工资、奖金和各种津贴、补贴，以及与任职受雇有关的其他支出 2. 人员包括三类：已订立劳动合同的所有人员（含临时工）；未订立劳动合同，但正式任命的治理层、管理层人员；未订立劳动合同或正式任命，但提供与职工类似服务的人员 3. 基本工资和奖金：职务工资（岗位工资）、工龄工资、效益工资、各种奖金（不包括实物奖金） 4. 津贴、补贴：加班津贴、值班津贴、临时工资、特殊作业津贴等为职工支付的费用 5. 其他类似工资支出：根据国家法律等规定的因病、工伤、产假、婚丧假、事假等原因，按工资标准或一定比例支付的工资	应当按照《企业会计准则第9号——职工薪酬》规定的项目填列	
2	职工福利费	因公负伤赴外地就医路费、探亲路费、职工生活困难补助及符合规定的其他福利支出（旅游费、节日福利、生日费、健康费、职工体检费、补充医疗保险等）	按实际发生额计算，但不能超过第1项的14%	
3	工会经费	按职工工资总额的2%计提拨交给工会的经费	按第1项实际发生额的2%计算	
4	职工教育经费	为提高员工技能而让员工参加的各项培训费用	按第1项实际发生额的2.5%计算	
5	养老统筹金	企业承担的为职工缴纳的基本社会保险费（包括基本养老保险费、基本医疗保险费、失业保险费、工伤保险费、生育保险费）	分别按缴费基数的20%、10%、1%、0.2%、1%计算	

(续)

序号	项目	会计核算包含内容	预算标准	备注
6	住房公积金	核算企业承担为职工缴纳的住房公积金	按照缴费基数的10%计算	
7	折旧	企业房屋建筑物、机器设备、运输设备、电子信息设备等列入固定资产而计提的折旧额		
8	无形资产摊销	指专利权、商标权、著作权、土地使用权等无形资产的摊销费用	按计划填列	
9	长期待摊费用	指企业发生的租赁费等，按10年摊销		
(二) 可控费用				
1	办公费	1．办公用品消耗：办公用品、文具、纸张、电子信息设备耗材、印刷费、购置发票、收据工本费、邮电费（电报费、邮寄费）、工商年检、换证费用、报刊订阅费等办公费用 2．报刊费 3．为办公区的安全而购买或支付的各种消防设施的费用		
2	通信费	固定电话话费及与其相关的装机、移机等费用；移动电话费补助；网络使用费；系统维护费		
3	修理费	1．办公用具维修、非生产建筑物维修费用（办公桌椅、柜等） 2．信息设备维修费（电脑、打印机、复印机、传真电话等） 3．电梯、空调维修费 4．对固定资产的更新维修（机房装修）费用	非生产建筑物正常维修按计划填列	
4	低值易耗品摊销	单位价值在200元以上的办公桌椅、文件档案柜、工具器具的摊销费用	行政部认定，以各部门1~12月计划填列	
5	运杂费			
6	水电暖费	水电费、暖气费（包括为职工支付的）		
7	差旅费	职工因公出差乘坐火车汽车飞机轮船等交通工具的车票款、交通费、住宿费、伙食补助（包括司机的行车津贴）	以本部门1~12月计划填列	
8	保险费（车辆）	车辆	按合同填列	
9	车辆费	与车辆有关的支出，如养路费、油料费、过路费、停车费、维修费、年检费、落户费、挂牌费等（不含车辆保险费）	以本部门1~12月计划填列，无车辆的可不填	

(续)

序号	项目	会计核算包含内容	预算标准	备注
10	租赁费	办公租赁费用		
11	保险费（人身）	特殊工种参加的保险费		
12	劳动保护费	因工作需要支付的工作服、手套、安全保护用品、防暑降温品等的费用		
13	其他	无法列入上述各项的费用支出（包括劳务费、检测费等）		

4．人工成本预算说明

人工成本包括工资、福利费、养老保险费、失业保险费、医疗保险费、工伤保险费、生育保险费、住房公积金、工会经费、职工教育经费、非货币性福利、因解除劳动关系给予职工的补偿、其他。

人工成本预算应按照20Y5年定员定岗计划和薪酬计划分部门编制。其中，定员定岗计划由各成员企业报大区和控股公司审核同意，方可作为编制人工成本预算的依据；薪酬计划由总部人力资源部下达调整标准，各公司自行套算。

人工成本预算分为标准工资表、加班费奖励资金表、五险一金及工会、教育经费表、应付职工薪酬明细表。

标准工资预算由企业综合办公室根据经审核的人员需求计划、预算年度员工定员数量及不同岗位人员的预计薪酬水平填列。预计薪酬水平要符合控股公司人力资源部有关规定。

加班费奖励资金表作为工资的组成部分，单独做预算，并说明理由。

应付福利费按照标准工资预算和加班费奖励资金之和的14%计提，工会经费按工资总额的2%计提，职工教育经费按工资总额的1.5%计提。

养老金等五险一金预算按公司所在地政府规定的缴费基数乘以规定的比例计提。

应付职工薪酬明细表是人工成本的汇总表。

人工成本预算信息输出对象为管道气制造费用预算、瓶装液化气运营费用预算、管理费用预算、销售费用预算、工程管理费用预算。

人工成本在各项费用中的分配：公司管理人员的人工成本等计入管理费用；市场营销人员的人工成本计入销售费用；运营检修营业人员的人工成本计入管道气制造费用；液化气运营人员的人工成本计入液化气运营费用；生产现场管理人员的人工成本计入工程管理费；直接施工生产人员的人工成本计入工程施工成本。

现金流出量，假定当期的工资、工资附加费用在提取的次月全部支出。

5．财务费用预算说明

利息支出分为内部利息支出、银行利息支出，利息收入分为内部利息收入、银行利息收入。内部利息支出反映通过集团结算中心从集团内部其他公司调入资金所支付的资金使用费。内部利息收入反映通过集团结算中心向集团内部其他公司调出资金所收取的资金使用费。

银行利息支出按最新公布的银行贷款基准利率计算，如合同中有浮动标准，按浮动标准计算。

内部利息收入，本金按预计年度内调出资金额，利率按4%计算。

内部利息支出，本金按预计年度内调入资金额，利率按最新的一年期贷款基准利率计算。

6．营业外收支预算说明

营业外收入包括九项：非流动资产处置利得、非货币性资产交换利得、债务重组利得、政府补助、盘盈利得、捐赠利得、罚款收入、无法支付的应付款项、其他。

营业外支出包括八项：非流动资产处置损失、非货币性资产交换损失、债务重组损失、公益性捐赠支出、非常损失、盘亏损失、罚款支出、其他。

非流动资产处置利得/损失反映处置固定资产、在建工程、无形资产等的收入扣除账面价值和相关税费后的金额。

非货币性资产交换利得/损失用于核算非货币性交易双方换出资产公允价值与换入资产公允价值之差，换出资产公允价值大于换入资产公允价值为损失，计入损失，反之计入利得。

债务重组利得/损失反映重组债务/债权的账面价值与支付/收到的现金的差额。

政府补助是指政府无偿给予企业现金或非现金资源，不包括政府作为企业所有者对企业的资本投入和税收减免。

7．财务预算编制说明

（1）采用零基预算法，实行总额控制和比率控制，重点项目跟踪分析，持续改进。

（2）根据业务计划由各部门进行编制，由财务部门负责汇总平衡，但预算期的可控费用总额不得高于控股公司当期下达的指标值，并要求所有成员企业的可控费用总额增长比例低于上年度10%或以上的强制比例。

(3) 制度规定有标准的，按标准编制费用子项预算，如差旅费、误餐费。维修费预算标准参照《运营成本定额管理办法》《运营成本（维修费）会计核算和纳入预算的办法》。

(4) 办公费用核定标准：$P×(A+B+C+D+E)×12$ 个月

式中，P 是部门人数；A 是月人均办公用品费用定额个人 8 元（个人 5 元、部门 3 元）；B 是月人均传真费用、复印耗材费用定额 26 元（传真 10 元、复印耗材 16 元）；C 是月人均打印耗材费用定额 13 元；D 是月人均邮寄费 10～20 元；E 是月人均报纸杂志费 8 元。

企业一线人员诸如巡线工、维修维护工等操作人员的办公费用乘以系数 0.8。

(5) 现金收支预算要做到确保现金收入的实现，严格控制现金支出，要合理调度资金，保证各项生产、建设等资金的需求。

(6) 流转税及所得税：流转税及所得税按照最新的税收政策执行，下属公司享受税收优惠政策的，按照优惠后的税率执行。

(7) 财务费用：以中国人民银行最新公布的贷款利率为基准确定 20Y5 年新增贷款利率。能够享受优惠利率的，按优惠利率计算利息支出。

(8) 预计利润表。

营业收入包括主营业务收入和其他业务收入，营业成本包括主营业务成本和其他业务成本，税金及附加包括主营业务和其他业务发生的税金及附加。

资产减值损失包括计入当期损益的坏账准备、存货跌价准备、固定资产减值准备、在建工程减值准备、投资性房地产减值准备、无形资产减值准备、商誉减值准备、长期股权投资减值准备、生产性生物资产减值准备。

公允价值变动收益包括交易性金融资产、转换日的公允价值小于账面价值的投资性房地产、以公允价值计量且后续计量发生价值变动的投资性房地产（燃气集团规定投资性房地产以成本计量，故无须考虑此项）、以外币反映且以公允价值计量的股票、基金等非货币性资产期末价值与期初价值之间的差额。

归属于母公司所有者的净利润等于当年累计实现的净利润乘以直接或间接控股的出资人出资比例。

所得税由当期实现的利润总额与当年适用所得税率计算得出。

(9) 内部管理用利润表。

该表新增可控加气运营费用、可控工程管理费、可控机械制造运营费、可控改装车运营费、可控运输业务运营费、可控燃气加工运营费、其他业务可控运营费，用于反映各项业务的可控费用发生情况。

(10) 预计资产负债表。

年初数：投资性房地产、工程材料、无形资产、应付职工薪酬、应交税费等应根据重分类后的余额填列；待摊费用、长期待摊费用、无形资产应考虑摊销额后填列；固定资产和在建工程余额应考虑折旧、完工结转、预计新增投入额。所有者权益余额应考虑 11 月和 12 月盈利和利润分配情况。

年末数：部分项目可考虑维持年初余额，如其他应收款、其他应付款、待摊费用、预提费用、短期投资、应收票据等；部分项目取自利润表等相关表中的金额，如应收账款、应付账款、存货、货币资金、应交税费等项目；部分项目采用期初余额与相关表中的变化数计算得出，如固定资产、在建工程、折旧、无形资产、长期待摊费用、应付福利费、应收（付）内部公司款项等。

资产负债表的平衡以资金在不同形态之间相互转变等量守衡为保证，如，资金流入是因为减少了应收账款，资金流出是因为增加了存货或减少了负债，资金在转换形式时不会发生量的差别。所以，假如发现资产负债表中总资产不等于总负债，应从现金流量入手寻找差错，确认是否所有的现金流动全部反映在预计现金流量表中。

（11）预计现金流量表和现金流量测算表。

现金流量表主表新增"处置子公司及其他营业单位收到的现金净额"和"取得子公司及其他营业单位支付的现金净额"。补充资料新增"公允价值变动损失""递延所得税资产减少""递延所得税负债增加"。补充资料删除了"待摊费用减少""预提费用增加"两项内容。

为便于考核分析，预算表增加"资金往来现金流入"和"资金往来现金流出"两个项目。

现金流量测算表分为四部分：经营活动现金流量、资本性支出现金流量、筹资活动现金流量、注册资本金的流入。

经营活动产生的现金流入包括现销收入、应收账款回笼、其他收入。现销收入指当年实现收入当年收回的款项。应收账款回笼指年初应收账款当期收回的款项。其他收入指收到的税费返还、收取的保证金、罚款收入、银行存款利息收入等现金净流量。经营活动产生的现金流出包括材料采购、职工薪酬、工程施工费、（不含人工、折旧、摊销的）管理费用、销售费用、制造费用、支付税金、利息、其他。材料采购现金流出对应于存货预算的现金流出量；职工薪酬对应于人工成本中的现金流出量，包括企业所有人员工资、福利、养老等五险一金、工会经费、教育经费等项支出的现金流出量；工程施工费包括支付施工单位的工程费和企业发生的工程管理费，不包括企业内部施工人员和施工管理人员的工资及附加费用。

筹资活动产生的现金流量包括集团内部公司间资金调剂流出、流入，以及对外融资流出、流入。利息指利息净收支及银行手续费。集团经平衡后，确定某些企业对外融资、某些企业归还借款，得到通知后按要求的时间和金额将数据填列到银行借款现金流出、流入行次。

（12）所有者权益变动表。

"上年年末余额"如果是按新准则规定对会计政策变更项目调整后的余额，那么"会计政策变更"栏就不再填列数字；反之，需填列数字。

"直接计入所有者权益的利得和损失"分为四项：

1）可供出售金融资产公允价值变动净额：反映可供出售金融资产期末比期初公允价值变动的净额，该变动净额计入资本公积（其他资本公积）。

2）权益法下被投资单位其他所有者权益变动的影响，因集团规定成员企业不对其投资的子公司、合营、联营公司采用权益法核算，因此本项目不用填。

3）与计入所有者权益项目相关的所得税影响。例如，可供出售金融资产的公允价值变动净额在处置时须将原计入资本公积（其他资本公积）的金额转入投资损益，并计入应纳税所得额，该项所得税应在公允价值发生变动时予以确认。因此，其公允价值变动金额并不能全部计入所有者权益，应按适用税率调整资本公积（其他资本公积）和递延所得税资产或负债。

4）其他。

所有者投入和减少资本，是指预算年度预计新增的投入或减少的资本，不含以前年度投入或减少的资本。包括三项：所有者投入资本、股份支付计入所有者权益的金额、其他。

利润分配，指预算年度预计分配利润的金额，包括提取盈余公积、对所有者（或股东）的分配、其他。其中：盈余公积按法定比例计提，根据新公司法规定不再计提任意盈余公积。

所有者权益内部结转，包括资本公积转增资本（或股本）、盈余公积转增资本（或股本）、盈余公积弥补亏损、其他。除公司相关文件已经明确或能够确定的内部结转外，20Y6年预算中假定没有所有者权益内部结转。

8．各业务块计划预算归口负责人

办公室：办公室联系人×××

广宣计划：客户关系部×××

工程投资：资产管理部×××

加气站投资：投资发展部×××

LPG业务：LPG推动中心×××

人力资源：人力资源部×××

财务部门：财务部×××

集团行政共享中心：车辆投资×××

办公设备投资：总经办×××

9．其他说明

除下列情况外，即便由公司董事长或总经理签批的报告，也不予减免：

（1）因执行公司政策而使被考核单位减少收入的或增加支出的；

（2）公司政策发生变化，与预算口径不可比的；

（3）国家或政府政策发生重大变化，导致相关公司减少收入或增加支出的；

（4）市场发生重大变化非经营单位可以控制的，如上游产品的材料价格上涨，导致中下游产品成本上升、利润下降，且超过了预算预测范围的；

（5）发生人力不可抗拒因素，如特别恶劣的天气情况导致停产、半停产等。

7.4 预算管理表单的设置

7.4.1 预算编制的十步法

预算编制的第一个环节是战略规划，包括两个步骤，即经济预测分析、企业商业规划。第二个环节是运营预算的编制，包括销售预算、生产预算、采购预算、成本及库存预算、运营费用预算五个步骤。第三个环节是编制企业资本预算，这一环节主要包括资本支出预算、投资收益预算两个步骤。第四个环节是财务预算的总预算编制，包括资金筹集预算、报表预计两个步骤。

预算编制是预算管理的关键环节，预算管理的实质就是事前谋算，因此编制质量的高低直接影响预算执行及其结果。预算编制的主要工作是将年度预算目标具体化并分解到各个预算单位。

1．预算编制的程序

（1）下达目标

企业董事会或经理办公会根据企业发展战略和预算期经济形势的初步预测，在决策的基础上提出下一年度企业财务预算目标，包括销售目标、成本费用目标、利润目标和现金流量目标，并确定财务预算编制的政策，由预算管理层下达各部门。

（2）编制上报

各部门按照预算管理层下达的财务预算目标和政策，结合自身特点以及预测的执行条件，提出详细的本部门财务预算方案并上报企业财务管理部门。

（3）审查平衡

企业财务管理部门对各部门上报的财务预算方案进行审查、汇总，提出综合平衡的建议。在审查、平衡过程中，预算管理层应当进行充分协调，对发现的问题提出初步调整的意见，并反馈给各有关部门予以修正。

（4）审议批准

企业财务管理部门在各部门修正调整的基础上，编制出企业财务预算方案，报预算管理层讨论。对于不符合企业发展战略或者财务预算目标的事项，企业预算管理层应当责成有关部门进一步修订、调整。在讨论、调整的基础上，企业财务管理部门正式编制企业年度财务预算草案，提交董事会或总经办审议批准。

（5）下达执行

企业财务管理部门对董事会或总经办审议批准的年度总预算，分解成一系列的指标体系，由财务预算管理层逐级下达各部门执行。

2．几种预算编制方法的应用

全面预算的编制有多种方法，包括固定预算、弹性预算、滚动预算、零基预算、概率预算等。

（1）固定预算

根据预算内正常的、可实现的某一业务量水平编制的预算，一般适用于固定费用或者数额比较稳定的预算项目，如固定成本等。

（2）弹性预算

在按照成本（费用）习性分类的基础上，根据量、本、利之间的依存关系编制的预算，一般适用于与业务量有关的成本（费用）、利润等预算项目，如变动成本、混合成本等。

（3）滚动预算

随时间的推移和市场条件的变化而自行延伸并进行同步调整的预算，适用于季度预算的编制的销售预算、生产预算。

（4）零基预算

对预算收支以零为基点，对预算期内各项支出的必要性、合理性或者各项收入的可行性以及预算数额的大小，逐项审议决策从而予以确定收支水平的预算，一般适用于不经常发生的或者预算编制基础变化较大的预算项目，如对外投资、对外捐赠等。

（5）概率预算

对具有不确定性的预算项目，估计其发生各种变化的概率，根据可能出现的最大值和最小值计算其期望值，从而编制的预算，一般适用于难以推测预测变动趋势的预算项目，如销售新产品、开拓新业务等。

预算编制方法的应用说明见表7-15。

表 7-15　几种预算编制方法的应用说明

方　法	适用范围	应用说明
固定预算	适用于固定成本费用预算的编制	固定成本费用的划分
弹性预算	适用于变动成本费用预算的编制	变动成本费用的划分，对于某些选择性固定成本费用预算也可也考虑用这种方法编制
增量预算	适用于影响因素简单和以前年度基本合理的预算指标编制	合理使用增量法，可以减少预算编制的工作量，但应详细说明增减变动原因
零基预算	适用于以前年度可能存在不合理或潜力比较大的预算指标编制	使用周期不宜过短，否则会增加工作量
定期预算	适用于固定资产、部门费用、咨询费、保险费、广告费等预算的编制	合理使用定期预算，可以减少预算编制的工作量
滚动预算	适用于定期预算以外的指标预算的编制	通常按季度滚动，每季度第三个月中旬着手滚动预算编制工作
确定预算	适用于预算期稳定的预算指标编制	合理使用此方法，可以减少预算编制工作量
概率预算	适用于预算期变化大的预算指标的编制，也适合长期预算的编制	运用加权平均方法计算期望值

3．各种具体预算的编制

全面预算是企业分配运用资金的管理方法，是企业合理运用资金的前提，各种具体预算的编制直接决定了企业资金的流向，预算的具体编制规则如表 7-16 所示。

表 7-16　各种预算编制规则汇总

预算类型	公　式	说　明
销售预算	预计销售收入＝预计销售量×预计销售单价 预计生产量＝预计销售量＋预计期末存货－预计期初存货	
直接材料预算	直接材料预计采购量 ＝预计生产量×单位产品材料用量＋预期期末直接材料存货－预期期初直接材料存货 ＝预计生产需用量＋预期期末直接材料存货－预期期初直接材料预计采购金额 ＝预计材料采购量×预计材料单价	反映了企业产品或商品销售的初始获利能力。没有足够大毛利率是不能形成较大的盈利的
直接人工预算	预计直接人工总成本＝预计生产量×单位产品直接人工小时×单位工时工资率	销售净利率是企业销售的最终获利能力指标。比率越高，说明企业的获利能力越强

（续）

预算类型	公　式	说　明
制造费用预算	预计制造费用 ＝预计变动性制造费用＋预计固定性制造费用 ＝ 预计业务量 (机时、人工小时等) × 预计变动性 制造费用分配率 ＋ 预计固定性 制造费用	反映企业资产利用的综合效果。该比率越高，表明资产利用的效率越高，企业在增收节支和节约资金使用等方面取得了良好的效果；否则相反
现金预算	期初现金余额＋现金收入＝当前可动用现金合计 当前可动用现金合计－现金支出＝现金溢余或短缺 现金溢余或短缺＋资金的筹集与运用＝期末现金余额	

（1）销售预算

销售预算一般是企业生产经营全面预算的编制起点，生产、材料采购、存货费用等方面的预算都要以销售预算为基础。销售预算把费用与销售目标的实现联系起来。销售预算是一个财务计划，它包括完成销售计划的每一个目标所需要的费用，以保证公司销售利润的实现。销售预算是在销售预测完成之后才进行的，销售目标被分解为多个层次的子目标，一旦这些子目标确定后，其相应的销售费用也被确定下来。销售预算以销售预测为基础，预测的主要依据是对各种产品历史销售量的分析，结合市场预测中各种产品发展前景等资料，先按产品、地区、顾客和其他项目分别加以编制，然后加以归并汇总。

（2）直接材料预算

直接材料的预算是一项采购预算，预计采购量取决于生产材料的耗用量和原材料存货的需要量。其中，生产材料的耗用量取决于产品的生产需求量；原材料存货的需要量取决于企业的存货政策，通常根据所用的存货控制模型确定。预计材料单价是指该材料的平均价格，通常可从采购部门获得。通常还包括材料方面预期的现金支出的计算，包括上期采购的材料将于本期支付的现金和本期采购的材料中应由本期支付的现金。

（3）直接人工预算

直接人工预算列示根据预计生产量进行生产所需的直接人工小时以及相应的成本。直接人工成本通常从生产管理部门和工程技术部门获得，根据生产预算确定的每单位产出所需直接人工以及生产量，就可编制直接人工预算。

（4）制造费用预算

制造费用是在直接材料和直接人工以外为生产产品而发生的间接费用。通常按成本性态将制造费用分为变动性制造费用和固定性制造费用两大类，并采用不同的预算编制方法。其中，变动性制造费用通常包括维修费、直接材料、间接材料、间接制造人工等,固定性制造费用通常包括厂房和机器设备的折旧、租金、财产税及一些车间的管理费用。制造费用的编制通常还包括费用方面预计的现金支出的计算,以便为编制现金预算提供必要的资料。

(5)现金预算

现金预算是企业对现金流动进行预计和管理的重要工具,它是用来反映未来某一期间的一切现金收入和支出,以及二者对抵后的现金余缺数的预算。现金预算包括现金收入、现金支出、现金溢余或短缺、资金的筹集和运用四个部分。现金收入部分包括期初的现金余额和预算期的现金收入,包括现销、应收账款收回、应收票据到期兑现、票据贴现收入、出售长期性资产、收回投资等产生现金的业务。产品销售收入是取得现金收入的最主要的来源。编制现金预算需要以日常业务预算和特种决策预算为依据。现金预算通常由四个部分组成:现金收入、现金支出、计划期内的现金净增减以及新的融资需求。现金收入主要反映经营性现金收入,现金支出则同时反映经营性现金支出和资本性现金支出。通过比较总现金流入与总现金流出,即可得到净现金流量,一个时期的净现金流入或净现金流出也就得以反映。

(6)资本预算

资本预算是指分析评估投资项目、选择最佳投资项目的整个活动。具体地说,资本预算是企业生产设备、房屋建筑及其他设备扩建、改良、更新、重置的投资管理计划,目的是预算未来一段时间内在设备和财产方面的资本支出,确定支出限额,并作财务预算的投资支出,决定现金需求量,并须经企业最高管理层审批。

7.4.2 几种预算的编制实例

【案例7-3】 预算编制实例

1. 销售及回款预算

假定 A 公司于计划年度只生产和销售一种产品,每季度的商品销售在当季度收到货款的 40%,其余部分在下季度收讫。基期末的应收账款余额为 24 000 元。该公司计划年度的分季度销售预算如表 7-17 所示。

表 7-17　20Y0 年度销售及回款预算

摘　　要	第一季度	第二季度	第三季度	第四季度	全　　年
预计销售量(件)	1 000	1 500	2 000	1 500	6 000
销售单价(元)	75	75	75	75	75
预计销售金额(元)	75 000	112 500	150 000	112 500	450 000
期初应收账款(元) 20X9 年 12 月 31 日	24 000				24 000

(续)

摘要	第一季度	第二季度	第三季度	第四季度	全年
第一季度销售收入（元）	30 000	45 000			75 000
第二季度销售收入（元）		45 000	67 500		112 500
第三季度销售收入（元）			60 000	90 000	150 000
第四季度销售收入（元）				45 000	45 000
现金收入合计（元）	54 000	90 000	127 500	135 000	406 500

注：预计销售金额合计是编制利润预算表中收入的依据，期初应收账款和期末应收账款是预计资产负债表的数据，现金收入合计是预计现金预算表中现金流入量的数据。

2. 生产预算

假定 A 公司各季度的期末存货按下一季度销售量的 10% 计算，各季度期初存货与上季度末存货相等，则编制的生产预算如表 7-18 所示。

表 7-18   20Y0 年度生产预算   (单位：件)

摘要	第一季度	第二季度	第三季度	第四季度	全年
预计销售需要量（销售预算）	1 000	1 500	2 000	1 500	6 000
加：预计期末存货量	150	200	150	110	110
预计需要量合计	1 150	1 700	2 150	1 610	6 110
减：期初存货量	100	150	200	150	100
预计生产量	1 050	1 550	1 950	1 460	6 010

注：预计期初存货量和期末存货量是预计资产负债表的数据来源。

3. 直接材料采购预算

假定 A 公司每季度的购料款当季度付 50%，其余在下季度付讫。各季度的期末存料按下一季度生产需要量的 20% 计算，各季度期初存料与上季度期末存料相等。编制的直接材料预算如表 7-19 所示。

表 7-19   20Y0 年度采购预算

摘要	第一季度	第二季度	第三季度	第四季度	全年
预计生产量（生产预算）（件）	1 050	1 550	1 950	1 460	6 010
单位产品材料消耗定额（公斤）	2	2	2	2	2
预计生产需要量（公斤）	2 100	3 100	3 900	2 920	12 020
加：期末存料量（公斤）	620	780	584	460	460
预计需要量合计（公斤）	2 720	3 880	4 484	3 380	12 480
减：期初存料量（公斤）	420	620	780	584	420
预计购料量（公斤）	2 300	3 260	3 704	2 796	12 060
材料计划单价（元）	5	5	5	5	5
预计购料金额（元）	11 500	16 300	18 520	13 980	60 300

(续)

摘　　要	第一季度	第二季度	第三季度	第四季度	全　　年
期初应付账款（元）20X9年12月31日	6 000				6 000
第一季度购料（元）	5 750	5 750			11 500
第二季度购料（元）		8 150	8 150		16 300
第三季度购料（元）			9 260	9 260	18 520
第四季度购料（元）				6 990	6 990
现金支出合计（元）	11 750	13 900	17 410	16 250	59 310

注：预计期初存料量和期末存料量是预计资产负债表的数据来源，第四季度的应付账款是资产负债表数据的来源，现金支出合计是预计现金预算表的现金流出量的来源，材料消耗定额及单价是单位产品成本和期末存货成本预算表的数据来源。

4．直接人工预算

假定A公司计划期所需的直接人工只有一个工种，编制的直接人工预算如表7-20所示。

表7-20　20Y0年度直接人工预算

摘　　要	第一季度	第二季度	第三季度	第四季度	全　　年
预计生产量（件）（生产预算）	1 050	1 550	1 950	1 460	6 010
单位产品工时定额（工时）	5	5	5	5	5
直接人工小时总数（工时）	5 250	7 750	9 750	7 300	30 050
单位工时的工资率（元）	4	4	4	4	4
预计直接人工成本总额（元）	21 000	31 000	39 000	29 200	120 200

注：预计直接人工的总额直接计入预计现金预算表，单位产品工时定额和每小时工资率是单位产品成本预算表的数据来源。

5．制造费用预算

假定A公司四个季度支出相等的制造费用，编制的制造费用预算如表7-21所示。

6．单位生产成本预算

假定A公司采用变动成本法，固定费用纳入利润表内，列为"期间成本"，则编制的单位生产成本预算如表7-22所示。

表7-21　20Y0年度制造费用预算

	成本明细项目	金额（元）	费用分配率计算
变动费用	间接人工	12 000	变动费用分配率=变动费用预算合计/标准总工时 = 60 100/30 050 =2（元/工时）
	间接材料	18 000	
	维护费	8 000	
	水电费	15 000	
	润滑剂	7 100	
	合计	60 100	

(续)

	成本明细项目	金额（元）	费用分配率计算
固定费用	维护费	14 000	固定费用分配率=固定费用预算合计/标准总工时 =60 000/30 050 =1.996 67（元/工时）
	折旧费	15 000	
	管理费	25 000	
	保险费	4 000	
	财产税	2 000	
	合计	60 000	
预计现金支出计算表	变动费用支出总额	60 100 元	
	固定费用合计	60 000 元	
	减：折旧费	15 000 元	
	固定费用支出总额	45 000 元	
	制造费用全年现金支出总额	105 100 元	
	制造费用每季度现金支出总额	105 100 元/4 = 26 275 元	

注：制造费用每季度现金支出总额是预计现金预算表的数据来源，变动费用分配率是单位产品成本预算表的数据来源。

表 7-22　20Y0 年度单位生产成本预算

成本项目	价格标准	用量标准	合　计
直接材料	5 元/公斤	2 公斤	10 元
直接人工	4 元/工时	5 工时	20 元
变动制造费用	2 元/工时	5 工时	10 元
单位变动生产成本 （或标准成本）			40 元
期末存货预算	期末存货数量（生产预算）		110 件
	单位变动生产成本		40 元
	期末存货金额		4 400 元

注：预计利润表的预计销售成本＝期初的产成品成本（假设值）＋（总销量－期初产成品数量）×本期单位产品成本；预计资产负债表的期末产成品金额＝期末产成品数量×本期单位产品成本。

7．销售及管理费用预算

A 公司编制的销售及管理费用预算如表 7-23 所示。

表 7-23　20Y0 年度销售及管理费用预算　　　　　　　　　　（单位：元）

	费用明细项目	预算金额
变动费用	销货佣金	12 000
	办公费	2 500
	运输费	15 500
	变动费用合计	30 000

(续)

	费用明细项目	预算金额
固定费用	广告费	9 000
	管理人员薪金	25 000
	保险费	6 000
	财产税	2 000
	固定费用合计	42 000
预计现金支出计算	销售及管理费用全年现金支出总额： 30 000+42 000＝72 000 销售及管理费用每季度现金支出总额： 72 000/4＝18 000	

注：预计现金支出金额是预计现金预算表的数据来源。

8. 现金预算

A 公司规定的计划期间最低库存余额为 10 000 元，另根据专门决策预算，决定在第二季度购置固定设备 16 000 元；又每季度支付股利 2 000 元，交纳的所得税为 4 000 元。编制的现金预算如表 7-24 所示。

表 7-24　20Y0 年度现金预算　　　　　　　　　（单位：元）

摘　　要	第一季度	第二季度	第三季度	第四季度	全　　年
期初现金余额	12 000	10 975	10 800	10 115	12 000
加：现金收入	54 000	90 000	127 500	135 000	406 500
（收回应收账款及销货收入）					
可动用现金合计	66 000	100 975	138 300	145 115	418 500
减：现金支出					
采购直接材料		13 900	17 410	16 250	59 310
支付直接人工	11 750	31 000	39 000	29 200	120 200
支付制造费用	21 000	26 275	26 275	26 275	105 100
支付销售及管理费用	26 275	18 000	18 000	18 000	72 000
支付所得税	18 000	4 000	4 000	4 000	16 000
购置固定设备	4 000	16 000			16 000
支付股利	2 000	2 000	2 000	2 000	8 000
现金支出合计	83 025	111 175	106 685	95 725	396 610
收支轧抵现金结余					
（或不足）	(17 025)	(10 200)	31 615	49 390	21 890
通融资金：					
向银行借款（期初）					49 000
归还借款（期末）	28000	21 000	(20 000)	(29 000)	(49 000)
支付利息（年利率 10%）			(1 500)	(2 375)	(3 875)
通融资金合计	28 000	21 000	(21 500)	(31 375)	(3 875)
期末现金余额	10 975	10 800	10 115	18 015	18 015

注：第四季度的期末现金余额是预计资产负债表的数据来源。加括号的数值表示为负数。

9. 预计利润表

A 公司的预计利润表如表 7-25 所示。

表 7-25　20Y0 年度预计利润表　　　　　　　　（单位：元）

摘　要	第一季度	第二季度	第三季度	第四季度	全　年
销售收入（75×销售量）	75 000	112 500	150 000	112 500	450 000
减：变动成本					
变动生产成本（40×销量）	40 000	60 000	80 000	60 000	240 000
变动销售及管理成本（30 000/4）	7 500	7 500	7 500	7 500	30 000
变动成本小计	**47 500**	**67 500**	**87 500**	**67 500**	**270 000**
贡献毛益	27 500	45 000	62 500	45 000	180 000
减：期间成本					
固定制造费用（60 000/4）	15 000	15 000	15 000	15 000	60 000
固定销售及管理费用（42 000/4）	10 500	10 500	10 500	10 500	42 000
利息	——	——	1 500	2 375	3 875
期间成本小计	**25 500**	**25 500**	**27 000**	**27 875**	**105 875**
税前净利润	2 000	19 500	35 500	17 125	74 125
减：所得税费用	4 000	4 000	4 000	4 000	16 000
净利润	(2 000)	15 500	31 500	13 125	58 125

注：加括号的数值表示为负数。

10. 预计资产负债表

A 公司的 20X9 年度资产负债表如表 7-26 所示，20Y0 年度预计资产负债表如表 7-27 所示。

表 7-26　资产负债表
20X9 年 12 月 31 日　　　　　　　　（单位：元）

资　产	数　额	负债及股东权益	数　额
流动资产：		流动负债：	
（1）现金	12 000	（8）应付购料款	6 000
（2）应收账款	24 000		
（3）材料存货（420 公斤）	2 100		
（4）产成品存货（100 件）	4 000	股东权益：	
合计	42 100		
固定资产：			
（5）土地	40 000		
（6）房屋及设备	60 000	（9）普通股股本	40 000
（7）累计折旧	(40 000)	（10）保留盈余	56 100
合计	60 000	合计	96 100
资产总计	102 100	负债及股东权益总计	102 100

表 7-27　预计资产负债表

20Y0 年 12 月 31 日　　　　　　　　　　　（单位：元）

资　产	数　额	负债及股东权益	数　额
流动资产：		流动负债：	
（1）现金	18 015		
（2）应收账款	67 500	（8）应付购料款	6 990
（3）材料存货（460公斤）	2 300		
（4）产成品存货（110件）	4 400		
合计	92 215	股东权益：	
固定资产：			
（5）土地	40 000		
（6）房屋及设备	76 000	（9）普通股股本	40 000
（7）累计折旧	(55 000)	（10）保留盈余	106 225
合计	61 000	合计	146 225
资产总计	153 215	负债及股东权益总计	153 215

【案例 7-4】本节仍以前述 XJRQ 企业集团下属的商贸流通企业为例，以预算报表的形式阐述预算的编制。

预算依据：根据前已述及的预算假定及预算编制说明书，XJQR 企业集团下属商贸流通企业为 20Y0 年编制的预算如表 7-28～表 7-30 所示。

表 7-28　XJRQ 商贸企业 20Y0 年预算利润表　　（单位：元）

序号	项目	20X9 年	20Y0 年预算				
			1～3 月	4～6 月	7～9 月	10～12 月	合　计
一、	主营业务收入	1 031 988 690.71	439 402 865.95	190 580 220.42	255 309 228.72	314 707 684.92	1 200 000 000.00
	超市	221 501 132.07	87 591 148.96	48 356 419.94	53 861 486.25	68 398 851.57	258 207 906.72
	商场	776 251 715.11	338 188 010.76	136 864 263.46	184 571 884.42	234 492 474.97	894 116 633.60
	其中：服装	339 235 968.04	144 638 347.81	59 186 930.37	77 043 316.86	104 263 061.65	385 131 656.68
	鞋帽	84 808 992.01	38 146 377.44	15 185 354.89	20 260 493.76	26 319 446.83	99 911 672.92
	针文	102 768 543.26	44 958 230.56	18 186 472.17	24 987 333.25	31 551 626.02	119 683 661.99
	钟化	249 438 211.80	110 445 054.95	44 305 506.03	62 280 740.54	72 358 340.48	289 389 642.00
	酒店	34 235 843.53	13 623 706.23	5 359 537.02	16 875 858.05	11 816 358.38	47 675 459.68
二、	减：主营业务成本	791 346 324.86	345 522 087.88	148 011 953.89	207 032 930.84	231 198 595.06	921 765 567.66
	超市	192 705 984.90	84 049 693.33	43 651 877.33	50 487 816.00	56 059 795.56	224 249 182.23
	商场	590 508 935.55	257 926 685.16	102 941 792.80	154 417 689.20	172 774 993.25	688 061 160.41
	其中：服装	234 072 817.95	102 634 957.40	40 827 101.70	61 240 652.55	68 990 508.08	273 693 219.74

（续）

序号	项目	20X9年	20Y0年预算				
			1~3月	4~6月	7~9月	10~12月	合　计
	鞋帽	59 854 083.78	25 886 749.27	10 354 699.71	15 532 049.56	17 257 832.84	69 031 331.38
	针文	77 076 407.45	33 629 266.91	13 463 706.76	20 185 560.14	22 426 177.94	89 704 711.75
	钟化	219 505 626.38	95 775 711.58	38 296 284.63	57 459 426.95	64 100 474.39	255 631 897.54
	酒店	8 131 404.41	3 545 709.38	1 418 283.75	2 127 425.63	2 363 806.26	9 455 225.02
	税金及附加	13 123 138.38	5 722 361.42	2 288 944.57	2 433 416.85	3 814 907.61	15 259 630.46
三、	主营业务利润	227 519 227.47	88 158 416.65	40 279 321.96	45 842 881.03	79 694 182.24	262 974 801.88
	销售费用	46 511 313.32	19 636 002.94	7 978 401.17	10 457 601.76	14 707 335.29	54 179 341.16
	运杂费	687 125.59	299 622.00	119 848.80	179 773.20	199 748.00	798 992.00
	保管费	0.00	—	—	—	—	0.00
	差旅费	3 636 774.33	1 585 820.14	634 328.06	751 492.08	1 057 213.43	4 228 853.70
	商品损耗	73 284.60	—	—	—	80 000.00	80 000.00
	电话费	777 299.90	240 000.00	220 000.00	220 000.00	230 000.00	910 000.00
	经营人员工资	32 337 498.44	14 100 807.91	5 640 323.17	7 460 484.75	9 400 538.61	37 602 154.44
	经营人员福利费	36 500.00	—	—	—	—	0.00
	广告费	1 327 831.30	500 000.00	200 000.00	300 000.00	600 000.00	1 600 000.00
	保险费	962 039.01	—	—	—	1 200 000.00	1 200 000.00
	其他	6 672 960.15	2 909 752.88	1 163 901.15	1 545 851.73	1 939 835.25	7 759 341.02
	管理费用	93 783 477.00	36 543 793.33	20 218 535.85	27 022 803.78	24 258 264.18	109 593 397.14
	业务招待费	1 535 905.34	669 733.51	267 893.40	391 840.10	446 489.00	1 785 956.01
	修理费	291 6431.11	1 271 713.55	508 685.42	723 028.13	847 809.03	3 391 236.13
	低值易耗品摊销	731 119.43	318 805.57	127 522.23	191 283.34	212 537.05	850 148.19
	折旧费	27 979 890.71	12 200 667.44	4 880 266.98	7 020 400.47	8 133 778.29	32 535 113.18
	工会经费	1 159 030.19	505 396.61	202 158.64	303 237.97	336 931.07	1 347 724.29
	职工教育经费	869 272.86	379 047.55	151 619.02	227 428.53	252 698.37	1 010 793.47
	管理人员工资	16 002 160.00	3 271 866.81	5 608 914.52	7 513 371.79	1 402 228.63	18 696 381.75
	坏账准备	29 491.60	12 873.20	—	—	—	12 873.20
	费用性税金	3 987 267.86	1 738 653.29	695 461.32	1 043 191.98	1 159 102.20	4 636 408.79
	租赁费	11 220.00	100 000.00	—	—	—	100 000.00
	劳动保险费	12 803 887.72	5 583 151.76	2 233 260.70	3 049 891.06	3 722 101.17	14 888 404.69

（续）

序号	项目	20X9 年	20Y0 年预算				
			1~3月	4~6月	7~9月	10~12月	合　计
	无形资产摊销	1 633 584.84	480 000.00	480 000.00	480 000.00	480 000.00	1 920 000.00
	长期待摊费用摊销	1 729 007.83	570 000.00	570 000.00	570 000.00	570 000.00	2 280 000.00
	开办费	0.00	—	—	—	—	0.00
	存货跌价准备	408 708.94	—	—	—	480 000.00	480 000.00
	住房公积金	2 078 549.00	906 353.97	362 541.59	543 812.38	604 235.98	2 416 943.93
	董事会费	0.00	—	—	—	—	0.00
	聘请中介机构费	968 771.94	300 000.00	800 000.00	—	100 000.00	1 200 000.00
	咨询费	190 875.00	60 000.00	60 000.00	60 000.00	60 000.00	240 000.00
	诉讼费	−707.53	—	—	—	—	0.00
	水电费	10 034 644.67	4 375 619.75	1 750 247.90	2 625 371.85	2 917 079.84	11 668 319.35
	其他	8 714 365.49	3 799 910.31	1 519 964.13	2 279 946.19	2 533 273.54	10 133 094.17
	财务费用	17 459 365.32	7 464 891.81	7 185 956.73	7 278 935.09	6 309 927.88	28 239 711.50
	商流借款利息	16 393 225.11	7 000 000.00	7 000 000.00	7 000 000.00	6 000 000.00	27 000 000.00
	基建借款利息	0.00	—	—	—	—	0.00
	汇兑损益	0.00	—	—	—	—	0.00
	银行手续费	1 066 140.21	464 891.81	185 956.73	278 935.09	309 927.88	1 239 711.50
	资产减值损失	32 834 652.32	—	—	—	—	0.00
四、	营业利润	36 930 419.51	24 513 728.57	4 896 428.21	1 083 540.40	34 418 654.90	70 962 352.07
	加：投资收益	43 730 403.38	300 000.00	900 000.00	800 000.00	1 000 000.00	3 000 000.00
	加：营业外收入	222 358.73	96 959.81	38 783.92	58 175.89	64 639.87	258 559.50
	减：营业外支出	4 359 053.71	—	—	—	5 040 000.00	5 040 000.00
五、	利润总额	76 524 127.89	24 910 688.39	5 835 212.13	1 941 716.28	30 443 294.77	69 180 911.57
	减：所得税费用	10 395 221.02	7 121 564.49	1 019 622.09	2 492 433.14	3 330 562.60	13 964 182.31
六、	净利润	66 128 906.87	17 789 123.90	4 815 590.04	−550 716.85	27 112 732.17	55 216 729.26

表7-29　XJRQ商贸企业20Y0年度预算资产负债表　　（单位：元）

资　产	20X9年实际	20Y0年度			
		1～3月	4～6月	7～9月	10～12月
流动资产：					
货币资金	26 563 297.63	140 077 819.88	52 154 691.74	140 267 994.14	65 318 921.59
交易性金融资产	30 000 000.00	—	14 628 637.24	10 956 367.96	7 566 928.53
应收票据	—	—	—	—	—
应收账款	30 286 474.82	30 897 015.54	30 432 109.66	29 744 785.01	25 366 785.28
预付款项	29 895 409.38	21 679 097.42	40 975 788.30	74 289 069.65	42 558 692.58
应收利息	—	—	—	—	—
应收股利	—	—	—	—	—
其他应收款	294 340 622.35	212 284 161.36	206 312 513.51	229 709 966.44	215 667 865.28
存货	12 156 380.32	12 356 380.32	12 176 380.32	12 156 580.32	12 126 380.32
一年内到期的非流动资产	—	—	—	—	—
其他流动资产	—	—	—	—	—
流动资产合计	423 242 184.50	417 294 474.52	356 680 120.77	497 124 763.52	368 605 573.58
非流动资产：					
可供出售金融资产	60 680 000.00	58 200 000.00	35 084 059.20	30 737 520.00	30 737 520.00
持有至到期投资	38 400.00	38 400.00	38 400.00	38 400.00	—
长期应收款	—	—	—	—	—
长期股权投资	328 490 838.23	378 490 838.23	378 490 838.23	383 590,838.23	383 590 838.23
投资性房地产	233 180 959.72	230 625 107.47	228 145 005.89	226 588 593.39	225 032 180.89
固定资产	332 054 887.08	366 345 814.89	368 157 517.16	361 856 432.94	365 331 452.18
在建工程	10 849 839.36	15 495 587.32	17 479 767.57	21 546 398.55	26 559 351.42
工程物资	—	—	—	—	—
固定资产清理	−470 650.00	−234 650.00	−232 650.00	−232 650.00	−232 650.00
生产性生物资产					
油气资产					
无形资产	48 050 850.35	47 670 352.25	47 306 510.15	46 995 263.93	46 684 016.78
开发支出					
商誉	788 681.04	788 681.04	788 681.04	788 681.04	788 681.04
长期待摊费用	4 367 976.24	4 429 613.67	4 300 865.11	4 332 481.72	4 312 851.96
递延所得税资产	19 904 290.63	19 904 290.63	19 904 290.63	19 904 290.63	18 021 542.58
其他非流动资产	—	—	—	—	—

(续)

资　产	20X9 年实际	20Y0 年度			
		1～3月	4～6月	7～9月	10～12月
非流动资产合计	1 037 936 072.65	1 121 754 035.50	1 099 463 284.98	1 096 146 250.43	1 100 825 785.08
资产总计	1 461 178 257.15	1 539 048 510.02	1 456 143 405.75	1 593 271 013.95	1 469 431 358.66
流动负债					
短期借款	239 500 000.00	299 500 000.00	189 500 000.00	278 500 000.00	252 320 000.00
交易性金融负债	—	—	—	—	—
应付票据	—	—	—	—	—
应付账款	82 836 295.16	130 085 252.13	103 478 977.74	109 530 758.16	87 583 652.19
预收款项	3 907 900.13	3 489 670.97	3 489 670.97	3 489 670.97	3 500 621.58
应付职工薪酬	45 863 567.30	52 355 604.12	50 296 941.52	46 027 772.14	43 228 196.25
应交税费	13 708 489.81	15 819 239.47	7,894 418.30	13 129 204.79	15 996 321.58
应付利息	—	—	—	—	—
应付股利	136 860.42	136,860.42	136 860.42	136 860.42	136 860.42
其他应付款	116 795 859.37	154 749 983.47	145 597 550.79	172 807 690.05	114 403 908.31
一年内到期的非流动负债	—	—	—	—	—
其他流动负债	—	—	—	—	—
流动负债合计	502 748 972.19	656 136 610.58	500 394 419.74	623 621 956.53	517 169 560.33
非流动负债：					
长期借款	66 000 000.00	41 000 000.00	131 000 000.00	131 000 000.00	91 000 000.00
应付债券	—	—	—	—	—
长期应付款	—	—	—	—	—
专项应付款	25 000 000.00	—	—	—	—
预计负债	101 545 447.27	72 861 057.67	68 544 252.47	64 557 143.76	61 588 392.95
递延所得税负债	8 044 409.54	7 594 409.54	4 205 018.42	8 044 409.54	6 632 514.38
其他非流动负债	—	—	—	—	—
非流动负债合计	200 589 856.81	121 455 467.21	203 749 270.89	203 601 553.30	159 220 907.33
负债合计	703 338 829.00	777 592 077.79	704 143 690.63	827 223 509.83	676 390 467.66
股东权益：					
股本	311 491 352.00	311 491 352.00	311 491 352.00	311 491 352.00	311 491 352.00
资本公积	450 930 669.28	448 900 669.28	429 174 119.60	420 988 189.28	420 988 189.28
减：库存股	—	—	—	—	—
盈余公积	—	—	—	—	—
未分配利润	-4 582 593.13	1 064 410.95	11 334 243.52	33 567 962.84	60 561 349.72
外币报表折算差额	—	—	—	—	—
归属于母公司股东权益合计	757 839 428.15	761 456 432.23	751 999 715.12	766 047 504.12	793 040 891.00

(续)

资　产	20X9 年实际	20Y0 年度			
		1~3月	4~6月	7~9月	10~12月
少数股东权益	—	—	—	—	—
股东权益合计	757 839 428.15	761 456 432.23	751 999 715.12	766 047 504.12	793 040 891.00
负债及股东权益总计	1 461 178 257.15	1 539 048 510.02	1 456 143 405.75	1 593 271 013.95	1 469 431 358.66

表 7-30　XJRQ 商贸企业 20Y0 年预算现金流量表

编制单位：×××有限公司　　　　　　　　　　　　　　　　　（单位：元）

项　目	1~3月	4~6月	7~9月	9~12月	1~12月
一、经营活动产生的现金流量：					
销售商品、提供劳务收到的现金	366 253 813.62	225 555 611.02	317 036 380.62	447 037 453.10	1 355 883 258.36
收到的税费返还	—	—	—	—	—
收到的其他与经营活动有关的现金	38 522 663.25	3 836 199.13	3 007 926.80	3 956 063.51	49 322 852.69
现金流入小计	404 776 476.87	229 391 810.15	320 044 307.42	450 993 516.61	1 405 206 111.05
购买商品、接受劳务支付的现金	297 346 443.57	190 796 765.85	250 138 422.82	369 280 145.13	1 107 561 777.37
支付给职工以及为职工支付的现金	15 860 534.12	14 830 733.71	15 597 654.12	11 864 752.17	58 153 674.12
支付的各项税费	13 613 895.98	18 251 218.89	22 924 953.14	8 798 858.14	63 588 926.15
支付的其他与经营活动有关的现金	9 899 655.31	23 626 165.80	5 470 631.08	3 506 857.99	42 503 310.18
现金流出小计	336 720 528.98	247 504 884.25	294 131 661.16	393 450 613.43	1 271 807 687.82
经营活动产生的现金流量净额	68 055 947.89	-18 113 074.10	25 912 646.26	57 542 903.18	133 398 423.23
二、投资活动产生的现金流量：					
收回投资所收到的现金	—	—	—	—	—
取得投资收益所收到的现金	940 969.46	901 695.26	2 410 237.93	-1 269 236.74	2 983 665.91
处置固定资产、无形资产和其他长期资产所收回的现金净额	3 000.00	15 400.00	—	-18 400.00	—
收到的其他与投资活动有关的现金					

(续)

项　目	1~3月	4~6月	7~9月	9~12月	1~12月
现金流入小计	943 969.46	917 095.26	2 410 237.93	-1 287 636.74	2 983 665.91
购建固定资产、无形资产和其他长期资产所支付的现金	10 352 385.65	23 668 449.45	16 935 385.54	2 713 031.21	53 669 251.85
投资所支付的现金	—	19 898 349.85	5 027 730.00	-3 326 718.70	21 599 361.15
支付的其他与投资活动有关的现金	—	—	—	—	—
现金流出小计	10 352 385.65	43 566 799.30	21 963 115.54	-613 687.49	75 268 613.00
投资活动产生的现金流量净额	-9 408 416.19	-42 649 704.04	-19 552 877.61	-673 949.25	-72 284 947.09
三、筹资活动产生的现金流量：	—	—	—	—	—
吸收投资所收到的现金	—	—	—	—	—
借款所收到的现金	140 000 000.00	27 000 000.00	176 500 000.00	42 120 000.00	385 620 000.00
收到的其他与筹资活动有关的现金	—	—	—	—	—
现金流入小计	140 000 000.00	27 000 000.00	176 500 000.00	42 120 000.00	385 620 000.00
偿还债务所支付的现金	80 096 700.00	47 000,000.00	87 564 600.00	171 958 700.00	386 620 000.00
分配股利、利润或偿付利息所支付的现金	5 036 309.45	7 160 350.00	7 181 866.25	1 979 326.48	21 357 852.18
支付的其他与筹资活动有关的现金	—	—	—	—	—
现金流出小计	85 133 009.45	54 160 350.00	94 746 466.25	173 938 026.48	407 977 852.18
筹资活动产生的现金流量净额	54 866 990.55	-27 160 350.00	81 753 533.75	-131 818 026.48	-22 357 852.18
四、汇率变动对现金的影响	—	—	—	—	—
五、现金及现金等价物净增加额	113 514 522.25	-87 923 128.14	88 113 302.40	-74 949 072.55	38 755 623.96

【案例 7-5】 零基预算的编制

XJRQ 企业集团现在正着手编制下年度的全面预算，其中销售和行政管理费用预算准备以零为基础进行编制。该企业下年度计划可用于销售和行政管理方面的资金总额为 20 000 元。编制方法如下：

1. 确定下年度所需发生的费用项目及支出数额

经销售部门和行政管理部门的干部和群众充分讨论,一致认为按照企业下年度的经营目标和销售、行政管理部门各自负担的具体任务,商品包装费、广告费等六项费用是必须开支的,具体见表7-31。

表7-31 有关费用开支明细表 （单位：元）

项目	金额
商品包装费	100 000
广告宣传费	60 000
驻外地推销机构租金	20 000
销售、管理人员培训费	50 000
差旅费	10 000
办公费	20 000
合计	260 000

2. 对酌量性固定成本项目进行成本效益分析

有关费用成本效益分析见表7-32。

表7-32 有关费用成本效益分析一览表

项目	每期平均费用发生额（元）	每期平均收益额（元）	收益与成本的比率（%）
商品包装费	120 000	1 920 000	16
广告宣传费	50 000	700 000	14
销售、管理人员的培训费	60 000	720 000	12

3. 安排费用项目的等级和顺序

约束性固定成本,必不可少,全额保证（见表7-33）;

选择性固定成本,按成本效益率由大到小排序。

若企业预算期可用于销售及管理费用的资金数额为200 000元,则分配落实预算资金为:

表7-33 全额满足约束性固定成本 （单位：元）

项目	金额
驻外地推销机构租金	20 000
差旅费	10 000
办公费	20 000
合计	50 000

剩余资金数额为:200 000 − 50 000=150 000（元）

4. 剩余资金在选择性固定成本中分配,分配标准按照成本效益分析来定

商品包装费预算金额=150 000×[16/(16+14+12)]=57 142.86（元）

广告宣传费预算金额=150 000×[14/(16+14+12)]=50 000（元）

销售、管理人员的培训费预算金额=150 000×[12/(16+14+12)]=42 857.14（元）

7.4.3 预算管理表单的设置

预算编制中要使用大量的预算基本表，这些表单从部门预算用表到财务预算汇总表都需在预算编制前提供给各部门及各分（子）公司的负责人。预算表单是根据企业管理需求来设置的，每个企业经营范围不同，预算表单的设置也会有差异。本书以企业通用的预算表单为例，进行列示。

企业预算通用管理表单请从本书前言中提供的网址下载。

7.5 预算管理编制流程图

7.5.1 预算 SOP：预算管理编制流程

企业预算流程是预算标准化管理的依据。企业在制定预算 SOP 流程时包括以下几个方面。

1．预算适用范围的界定

2．预算控制目标与关键绩效指标（KPI）

包括确定预算编制过程中的步骤和事项，明确预算编制的要求，并依据预算草案对集团企业发展战略或预算目标的影响进行控制。确定的关键绩效考核指标、预算执行差异率的分析要求等。

3．预算主要涉及部门及职责

主要包括对董事会、预算管理委员会、预算管理领导小组、预算管理办公室、基本预算单位等机构对预算职责和权限的要求。

董事会应根据企业发展战略和预算期经济形势的初步预测，在决策的基础上，提出下一年度企业预算目标；审议预算管理委员会呈交的集团年度总预算，并批准下达执行。

预算管理委员会应根据企业的预算目标确定预算编制的政策方针；审议预算管理领导小组提交的集团年度预算草案，并呈董事会审议批准；下达年度预算。

预算管理领导小组应根据确定的预算指标和政策方针，下达编制预算目标及预算编制指导意见；对预算管理办公室上报的预算草案进行审核，对于不符合企业发展战略或预算目标的事项，责成有关基本预算单位进一步修订和调整；将讨论通过的集团年度预算草案提交预算管理委员会审议；下达年度预算。

预算管理办公室应根据下达的预算目标，组织各基本预算单位编制预算草案；

对各基本预算单位编制的预算草案进行审核，对发现的问题提出初步调整意见，并反馈给各有关基本预算单位予以修正；在各基本预算单位修正调整的基础上，汇总编制出集团预算草案，并上报预算管理领导小组讨论；下达年度预算，并监督年度预算的执行。

基本预算单位应根据下达的预算目标结合自身特点及预测的执行条件，编制本单位的预算草案；根据预算管理办公室、预算管理领导小组提出的调整意见，对本单位的预算草案进行修订和调整；执行年度预算。

4．流程关键控制点（CPP）

主要包括预算目标的确定、预算目标的下达、预算的编制上报、预算的汇总平衡、预算的审议批准以及预算的下达执行。

5．流程责任人

包括控股公司财务部总经理以及预算责任人。

6．支持文件

包括全面预算管理制度、预算报表、预算考评等支持性文件。

7.5.2 预算 SOP 管理流程图制定

企业根据预算的管理需求制定的预算管理流程图应在预算编制前以预算手册的形式发放到每一个部门及下属公司，使全体员工都能通过流程的制定了解并熟知预算的管理。本书给出预算编制管理的通用流程，方便大家使用。

预算 SOP 管理流程图附在本书虚拟光盘中，请通过前言中提供的网址下载。

7.6 综合案例分享：某集团公司的预算管理实例

本案例将从战略制定到预算编制给出详尽的分析编制预算的经验，从中可以得到很多启示。

【案例 7-6】 某集团公司的预算管理

一、公司简介

该公司为 XJRQ 集团公司下属的物资生产供应分公司。公司定位于高标号特种水泥产品系列，以"技术领先、优质高效、客户至上"为服务宗旨，以满足市场对水泥及其附属产品不断升级的需求。

公司组织架构如图 7-5 所示。

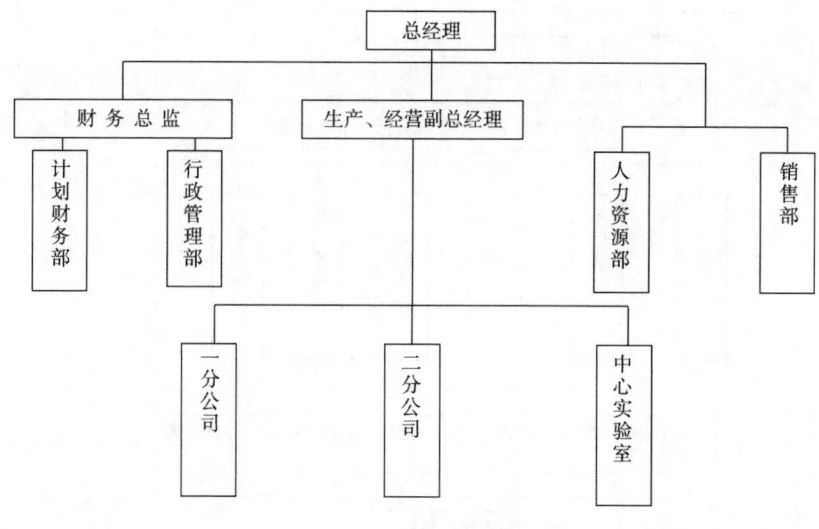

图 7-5　公司组织架构图

二、公司的预算管理

（一）预算编制方法

该公司使用的预算编制方法是增量预算、零基预算与弹性预算。

对增量预算的使用主要在费用变动相对较少的成本项目上，并且这种预算方法易于掌握，核算简单。

对与销量无关的管理性费用，根据各部门全年的工作目标，采用零基预算的方法予以确定。

弹性预算的使用主要集中在水泥销售和生产成本项目上，主要原因是水泥的销售受市场变动影响较大，当本地基本建设投资规模缩小时，产品的销售就会受到较大影响。

（二）预算编制流程

公司预算管理是依据公司总体战略目标而制定的，实行部门领导责任制，在预算编制执行过程中要求全员参与，以销售收入作为预算的编制起点，采用自上而下与自下而上相结合的预算编制方式。预算流程如图 7-6 所示。

1. 公司预算管理委员会根据公司发展战略和预算期经济形势的初步预测，在决策的基础上，于每年 10 月底以前提出下一年度公司预算方针，并确定财务预算编制的政策，由全面预算管理委员会下达各预算执行部门。

2. 各预算执行部门按照公司全面预算管理委员会下达的预算方针和政策，结合自身特点及预测的执行条件，提出详细预算方案，于 11 月底前上报计划财务部，财务预算部收集各部门预算，确定并编制下达执行经营预算、财务预算。

3. 计划财务部根据销售预算制定采购和生产预算、现金预算、产品成本预算和资本支出预算。

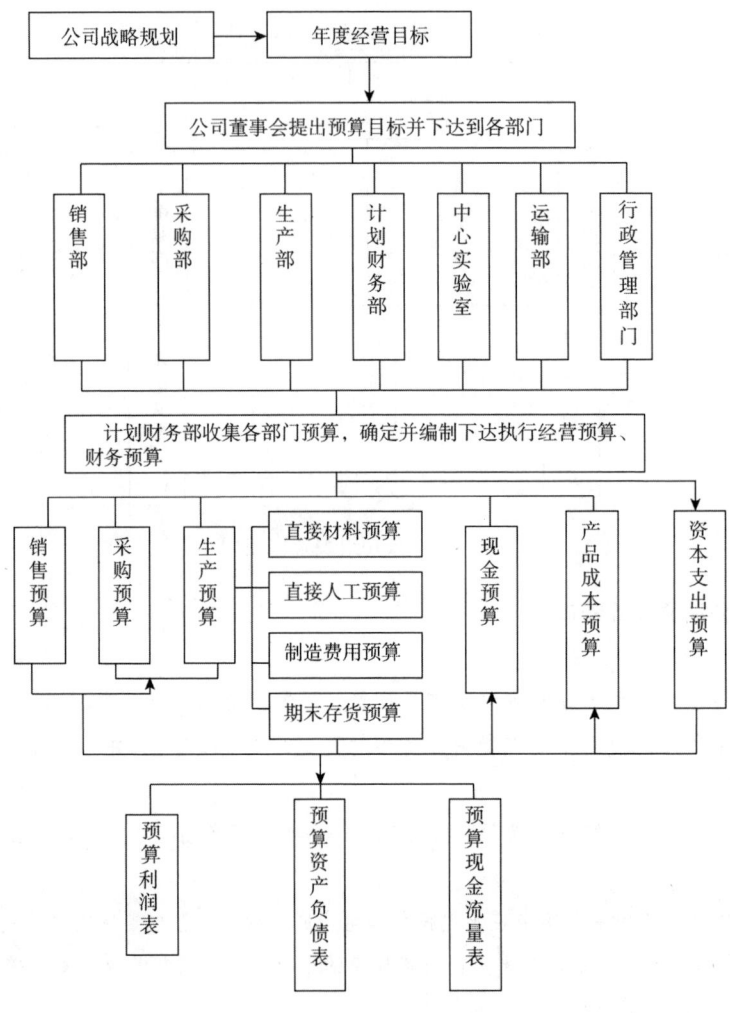

图 7-6 预算编制流程

4．计划财务部根据经营预算和财务预算编制预算利润表、预算资产负债表和预算现金流量表。

"上下结合"的预算是全员参与制定的，提高了预算的现实性、可靠性及其执行预算的自觉性；部门与部门之间、个人与企业之间、集团内部各子公司之间的信息得到充分交流，使企业集团的资源得到更好的配置。但由于企业集团管理层与下属部门之间、部门与部门之间不可避免地存在一些冲突，易产生预算松弛现象。

（三）预算的执行与监控

1．各部门在建立预算管理账后，按预算项目详细记录预算数、实际发生数、实际与预算的差异数等指标。

2．成本费用预算如果遇到特殊情况需要突破时，必须提出申请，说明原因，经总裁批准后纳入预算支出,金额巨大或根据公司章程需要公司董事会批准的项目,由全面预算管理委员会审核后报公司董事会讨论批准,纳入预算外支出。

3. 预算执行过程中,预算责任单位要及时检查、追踪预算的执行情况,按季度形成预算差异分析报告。于每季度5日后将上季度预算差异分析报告报财务部。最后由财务部汇总形成总预算差异分析报告,报全面预算管理委员会,为全面预算管理委员会对整个预算的执行情况进行动态控制提供依据。

(四)预算的考核评估

主要做法是通过与各部门签订目标责任书,部门负责人缴纳风险抵押金,与经济效益挂钩,通过奖励与惩罚的手段实现。具体考评指标如下:

1. 各项目部奖罚指标

根据完成利润的40%奖励,若未完成利润,项目部成员只发最低生活费800元,同时撤销项目部负责人职务。

2. 机关部室奖罚指标

平时只发最低生活费800元,年底根据公司整体完成任务情况进行奖励。

(五)组织预算管理存在的问题及改善的建议

公司在预算管理中存在的问题主要有以下几个方面:

1. 预算松弛倾向。

由于部门责任预算是对该部门进行业绩考核的主要依据,使得有些部门在编制预算时有意抬高费用标准,给自己留有余地。预算松弛的产生使预算管理最主要指标受阻,并影响业绩评价的客观性。

2. 尚未建立完善的全面预算管理网络和科学的管理程序。

从预算编制到实际执行和控制以至最终的预算考核,没有一套系统的、切实可行的方法和程序可循,预算执行过程中缺乏严格的相互监督牵制制度,执行的随意性很大,预算意识不强,"先花后算"情况较多,造成编制的预算与执行的结果偏差很大。从实际情况看,缺乏一个完整的财务预算控制网络,往往是生产预算控制较好,而资本预算、销售预算执行情况较差;成本预算控制较好,而费用预算、资金预算控制较差。

针对预算管理存在的问题,提出以下几点改善建议:

1. 建立完善的信息沟通机制。

控制预算松弛关键是在经营管理者与分部管理者之间建立完善的信息沟通机制,加强协商与沟通,使两者目标一致,各方面应适当掌握预算控制的度,使预算在某一方面具有一定的灵活性。

2. 加强全面预算管理的信息化建设,搭建预算信息平台。

预算管理信息系统的作用主要表现在两方面:一是强化了预算的刚性。有了高效的预算信息系统，通过计算机程序设计，将预算数据输入系统，实现自动控制。超过预算时，系统将自动拒付（特殊情况由总经理批准），没有讨价还价的余地，使预算的刚性得以强化。二是保证了预算的科学性。由于有信息系统支撑，各项收支预算能自动实现匹配，使预算编制更加合理、准确，数据收集更及时、广泛，预算执行趋势分析更加可靠；由于领导层能实时查询预算信息，加大了预算考核力度，保证了预算考核的公平、公正。

三、组织的财务管理的流程如何遵循组织的整体战略和运营计划

"公司战略下的财务将从后台走向前台，财务部门将承担更多的管理和战略决策、价值管理方面的作用，公司的各种决策将更多地依赖财务提供的支持，战略目标实现及绩效的评价有赖于财务。财务将通过把实际数据与横向、纵向及目标数据比较以便找出目标实现的差异，并对形成差异的动因进行分析并提出改进方案，为公司战略的实现提供客观的数据支持。"①

"财务是战略实施流程的设计和维护，公司战略的实施常常伴随着新的理念、新的技术、新的方法、新的流程，这些流程的出发点和终点通常是量化的财务目标，财务部门在组织进行全面预算管理活动中又会涉及整个公司的业务流程改进、组织架构调整等。"②

通过实际与理论相结合，笔者认为企业应该实行战略导向型财务管理，在制定预算时，将财务指标和非财务指标相结合、市场化评价和内部化评价相结合、结果评价和过程评价相结合。同时，根据水泥企业的现实情况，建议采用持续改善法来支持预算目标确定。持续改善法是指在战略目标确定中，提倡未来目标必须是对现实业绩的改善。

四、对比报表分析

（一）20X9 年度预算与实际结果的对比分析

1. 20X9 年总体经营情况概述。

从资产负债表来看，该公司 20X9 年总资产为 480 684 205.16 元，负债总额为 335 031 397.73 元，资产负债率为 69.37%，所有者权益为 145 652 807.43 元。

公司 20X9 年效益有所上升，实现收入 215 903 157.88 元，利润总额 5 340 923.14 元，净利润 4 210 555.88 元。

从现金流量情况看，现金净增加额为 −6 325 474.04 元，其中，经营活动产生的现金净流量为 −4 456 573.21 元，投资活动产生的现金净流量为 −4 739 032 元，筹资

---

① 资料来源：格里·约翰逊，凯万·斯科尔斯. 公司战略教程[M]. 金占明，贾秀梅，译. 3 版. 北京：华夏出版社，2007.

② 资料来源：彭岚. 资本财务管理——面向公司新价值目标[M]. 2 版. 北京：科学出版社，2004.

活动产生的现金净流量为 2 870 131.17 元。

综上所述，公司总体经营业务的盈利能力较低，资产的利用效率不高。

2. 20X9 年实际与预算利润表差异分析（见附件 7-1）。

(1) 主营业务收入。

20X9 年实际主营业务收入为 215 903 157.88 元，比预算减少 2 590 837.89 元，减幅为 1.19%。其中：

1) 20X9 年占主营业务收入的 52.9% 的复合 32.5 水泥，比预算增加了 14.43%，原因是该产品虽然 20X9 年实际销售价格比预算低，但水泥市场上对该产品的需求量较大，使得该产品实际销售量比预算销售量高，销售量变化对收入的影响大于价格变化带来的影响。由于该产品 20Y0 年的市场需求仍然较大，建议公司把生产重点放在该产品上，并在一定程度上加大该产品的库存，为即将到来的新一轮销售热潮做好准备。

2) 普通 42.5R 水泥占 20X9 年实际主营业务收入的比重为 35.85%，比预算提高了 18.09%，上升的主要原因与复合 32.5 水泥一样，都是销量大幅度增加带来的。

3) 复合 32.5R 水泥占 20X9 年实际主营业务收入的 2.72%，较预算下降了 9.35%，主要原因是受房地产产业调整的影响，X 省各大房地产公司投资开发项目减少或放缓，对水泥需求减少。通过调查我们可以看出，20X9 年乌昌区域内各厂家的水泥生产量是完全可以保证本地水泥和出口水泥需求的，因此，建议 20Y0 年进行行业联合自律，对各厂家继续限产，人为地控制供需平衡，避免在供大于求的情况下各公司之间恶性竞争，从而保证各生产公司有较大的利润空间。

4) 占 20X9 年实际主营业务收入 5.37% 的普通 42.5 水泥较预算下降了 3.37%，主要原因是水泥价格随着原料价格的上涨而上升，导致该产品销量出现了滑坡。建议公司对这种占总收入的比例较小、市场需求较少的水泥品种，可以多关注水泥供销合同，及时掌握客户对本公司这种水泥的需求量，从而更好地指导生产，以免生产过多而造成产品积压。

(2) 主营业务成本。

20X9 年公司实际主营业务成本占实际主营业务收入的比重为 86.82%，比预算节约了 1.37%。其中：

1) 原材料成本占主营业务收入的比重比预算下降了 4.63%，原因：① 原材料、燃料的消耗量，如熟料、动力电、粉煤灰、锂渣、钢球等消耗量的降低，使单位成本降低；② 生产水泥用到的熟料是由生料烧出来的，由于在 20X9 年生产生料的过程中加大了废渣（如废石）的利用，使生料和熟料的成本降低。建议：① 对市场行情做充分的预测，尽量减少库存成本；② 继续提高劳动生产率、原料的利用率和生产设备的利用效果，用以降低单位产品中的固定费用、劳动消耗、折旧费、修理费、工资支出，最终降低产品的单位成本；③ 对外利用各种方法降低单位成本，比如扩大原料供应渠道、增加供应商、尽量寻求原料价格较低者进行采购等。

2) 人员工资占主营业务收入的比重比预算上升了 4.16%，原因：产品销售量上升带动产量上升，为提高员工的工作积极性，增加了工资并开展劳动竞赛，实行多劳多得。建议公司继续加大对员工的激励，通过将员工报酬与绩效挂钩，充分调动员工的积极性，增加产品产销量。

(3) 营业费用。

20X9 年营业费用占总收入的 3.62%，比预算上升了 1.29%。其中：

1) 20X9 年实际工资占主营业务收入的比重比预算上升了 0.36%，因为销售部销售员相对较多，公司针对销售部不光开展了与产量挂钩的劳动竞赛，还将销售员工资与其追回所负责客户欠款的数量相挂钩，实行多劳多得，虽然此种做法导致工资上升，但加快了公司应收账款的回收，有利于公司资金的周转，因此，建议公司根据销售市场的具体情况（市场需求的大小和款项收回的难易程度）做好工资上涨计划，在此基础上，该办法在以后年度可以继续使用。

2) 业务招待费 20X9 年实际占主营业务收入比预算上升了 0.26%。原因：公司为开拓市场、发展更多客户而导致业务招待费上升。建议：根据上一年度业务招待费的使用情况来制定下一年的业务招待费总额，加强对销售部业务招待费的考核工作。

3) 售后服务费 20X9 年实际占主营业务收入比预算上升了 0.14%，是因为公司加强了对售出产品的售后服务。虽然售后服务费较预算上升了，但这项工作有助于扩大企业的销售市场、提升企业形象，益处在以后年度的产品销售中会日益显现出来，因此，建议公司继续保持此种对公司有利的手段。

(4) 管理费用。

20X9 年管理费用占总收入的 18.87%，较预算下降了 2.81%。其中：

1) 20X9 年实际工资占主营业务收入的比重比预算上升了 0.55%，是因为公司为了调动员工的工作积极性，开展了与产量挂钩的劳动竞赛，实行多劳多得，建议：20Y0 年做好工资计划并加强人员用工管理，减少临时用工人员以提高劳动效率。

2) 福利费 20X9 年实际占总收入的比重比预算上升了 0.04%。为丰富员工的业余生活，公司修建了员工活动室、篮球场等，增加了福利费支出。虽然花费了一定的金钱，但是有助于企业的精神文明建设，可以激发职工的工作和生活热情，对于降低产品成本、提高经济效益具有重大意义。因此，建议在这方面可以适当地多投入一些，增加员工对公司的忠诚感。

3) 业务招待费 20X9 年实际占总收入比预算下降了 1.8%；办公费 20X9 年实际占总收入比预算下降了 0.75%；汽车费 20X9 年实际占总收入比预算下降了 0.79%。

这三项费用的下降，是因为公司加强了对各部门费用的考核、控制，并在一定程度上取得了成效。

3. 20X9 年资产负债表实际与预算差异分析（见附件 7-2）。

(1) 偿债能力。

20X9 年公司的流动比率比预算升高了 1.73%，速动比率为 44%，比预算增加了 0.68%。主要是因为 20X9 年平均流动资产比预算增加了 5 516 047.86 元，其中货币资金比预算多了 1 065 814.01 元，应收账款比预算增加了 1 624 815.71 元，预付账款比预算增加了 424 983.89 元。

20X9 年资产负债率比预算上升了 0.14%，基本与预算持平，公司的资产负债率处于一个较高的水平，偿债风险比较大。建议公司继续利用财务杠杆的作用以提高企业股东的投资报酬率，但是对风险也要高度重视，尽量使公司的资产负债率保持在一个合理的水平。

(2) 资产管理能力分析。

1) 存货的周转天数分析。20X9 年存货的实际周转天数较预算上升了 12 天，平均存货余额却比预算增加了 3 341 137.23 元。建议公司应该"以销定产"，结合市场需求，对存货进行细分，并考虑其变现能力及价值，加强存货管理，进一步降低存货占用的资金，同时继续做强主营业务，积极推进技术升级，节能降耗，通过先进技术降低主营业务成本。

2) 应收账款周转天数分析。20X9 年应收账款周转天数比预算增加了 2 天，原因是 20X9 年应收账款比预算增加了 1 624 815.71 元，建议公司加强应收账款的管理，采用账龄分析法，分级考虑，随时追踪、评价及调整应收账款的变现能力及净值。

3) 应付账款周转天数分析。20X9 年应付账款周转天数比预算增加了 3 天，原因是平均应付账款余额比预算增加了 558 258.36 元。建议公司加强应付账款的管理，尽量延长付款期限。

(3) 获利能力分析。

1) 销售净利润率。20X9 年销售净利润率比预算降低了 0.11%，主要原因是主营业务收入比预算减少。建议公司迅速调整销售和服务战略，积极与市场接轨，赢得竞争主动权，从而增加主营业务收入。

2) 净资产收益率。20X9 年净资产收益率比预算降低了 0.21%，原因是销售净利下降。建议公司合理利用货币资金和财务杠杆，进行资本市场的运作，并积极进行资本扩张以提高净资产收益率，给公司股东以满意的回报。

4. 现金流量表差异分析（见附件 7-3）。

20X9 年公司现金净流量为 -6 325 471.04 元，比预算增加了 1 065 814 元。具体分析如下：

1）20X9 年经营活动产生的净现金流量为 -4 456 573.21 元，比预算减少了 8 476 072.75 元。主要是由于利润表中主营业务收入和资产负债表中其他应收款分别比预算减少了 2 590 837.89 元和 55 792.34 元，资产负债表中应收票据与预收账款分别比预算增加了 1 290 000 元和 179 694.72 元，使得销售商品收到的现金比预算减少 4 085 793.27 元；20X9 年利润表中主营业务成本比预算减少了 5 249 405.44 元，资产负债表中应付账款和预付账款分别比预算增加了 1 116 516.73 元和 424 983.89 元，而应付票据比预算减少了 603 634.68 元，使得为购买商品支付的现金实际较预算增加 2 480 957.51 元。

2）20X9 年投资活动产生的现金净流量比预算增加了 4 664 990.59 元，其最主要的原因是公司减少了固定资产的购进，资产负债表中 20X9 年实际固定资产净值比预算减少了 4 930 133.09 元，使得为购进固定资产支付的现金比预算减少了 4 664 990.59 元。

3）公司筹资活动的净现金流量比预算增加了 4 876 896.16 元，主要原因是分配股利、利润或偿付利息所支付的现金比预算增加了 10 523 103.84 元。

从现金流量表可以看出该公司投资、筹资费用过大，整体现金流量形势不容乐观。但是也可以看出现金流在逐渐好转。建议如下：

1）公司通过各种营销战略提高品牌效应，扩大市场占有率，增加收入，加强对应收应付账款管理，制定一些优惠政策，进一步调动销售员追款和客户还款的积极性，努力减少应收账款，使得公司经营性现金流入增加；同时，避免应付账款占用公司过多的资金，扩大供应商范围，对供应商提供的商品进行质量、价格的评比，从中选取相对来说质好价优的商品，降低公司的生产成本，使得经营性现金流出减少。

2）公司在制定次年投资预算和实施投资时，要考虑公司当前的经营状况，使公司的规模与经营相匹配，尽量做到投资风险最小、报酬最大。

3）公司在以后制定筹资活动现金流量的预算时要密切关注与本行业有关的各项政策的调整，减少公司筹资费用。

(二) 公司内、外部环境分析以及与竞争对手的对比数据分析

1. 波特五力分析。

五力分析模型是迈克尔·波特于 20 世纪 80 年代初提出的。他认为一个产业的结构是由五种竞争作用力共同决定的，这五种竞争作用力分别是进入威胁、替代威胁、客户价格谈判能力、供应商价格谈判能力和现有竞争对手之间的竞争。公司之间的竞争不能仅仅看作现有竞争对手之间的较量，而是由五种力量共同作用的一个系统。除现有竞争对手外，公司的客户、供应商、潜在进入者和替代品生产商都影响着竞争态势，这种由产业结构决定的竞争被波特称为拓展竞争。⊖

⊖ 资料来源：致信网，http://www.mie168.com

波特五力分析模型如图 7-7 所示。

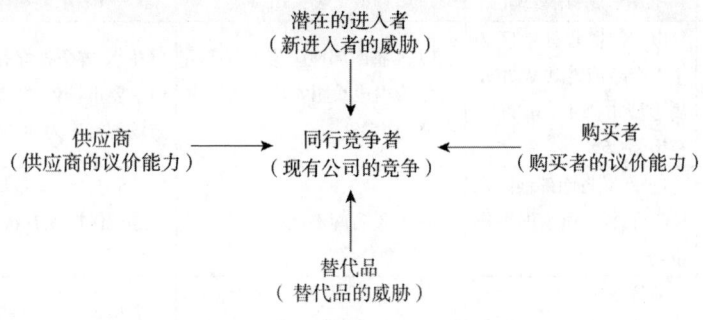

图 7-7　波特五力分析模型

（1）行业现有公司间的竞争（与主要竞争对手的比较分析）。

虽然近几年水泥市场形势大好，但是中国水泥行业仍未摆脱行业集中度低、经济效益差的状态。过度分散和无序竞争仍然是行业面临的主要问题，这些问题造成价格波动大，公司之间恶性竞争，经营粗放。虽说行业协会一再统一水泥销售价格，但是价格竞争一直未停止。以乌昌地区为例，地处 W 市的中泰化学水泥项目投产后，以矿渣为原料，成本远远低于一般的水泥企业生产成本。XJRQ 集团物资生产供应分公司的水泥产品要想在价格竞争中仍能获取利润，不得不降低原材料的采购成本。

与该公司相抗衡的水泥公司是 XX 水泥有限公司和 YY 水泥有限公司。该公司在 X 省南部地区以阿克苏为据点，XX 水泥有限公司在 X 省北部地区以乌昌为据点，YY 水泥有限公司以 W 市为据点。

该公司与主要竞争对手的数据对比分析如表 7-34 所示。

YY 水泥公司年生产、销售水泥在全国 600 家大中型公司中分别列第 27 位和第 25 位，在全省为同行第一位。YY 水泥公司的经营范围为水泥系列产品的开发、研制、销售及相关技术服务。YY 水泥公司设有 X 省本行业唯一国家级技术中心、博士后流动工作站，能够根据市场所需组织各品种的水泥生产，曾先后研制开发了 20 多个水泥品种，有 18 个产品填补了区内外空白，具备 30 多个品种的生产能力。与 YY 水泥公司相比较，该公司起步较晚，产品主要销售对象是 X 省南部地区，由于地域因素，销售额受到当地经济发展速度的影响。因此，该公司水泥的行业竞争形势严峻。

行业市场增长率：有关资料显示，20X9 年水泥市场平均增长率为 20%左右⊖，根据与主要竞争对手的对比分析，该公司水泥现有市场占有率为 15%，低于市场平均增长率。从市场增长率角度来看，公司的竞争程度激烈。

⊖ 资料来源：该公司市场调查分析报告。

表7-34 该公司与主要竞争对手的数据对比分析

公司	XX水泥有限公司	该公司	YY水泥有限公司
市场份额	以X省北部地区为主,产品销售以W市及周边城市为主,市场占有率为25%	以X省南部地区为主,产品对象为周边兵团农场,市场占有率为15%	在X省全省都有一定市场,但主要市场为X省北部地区,市场占有率为30%
市场细分	进军X省南部地区,抢占了本公司水泥销售市场	固守X省南部地区	继续保持现有状况
竞争战略	低价促销,占领市场,采用产品直销和经销商运营模式	制定了"巩固X省南部地区、进军X省北部地区"的战略,与天山水泥形成竞争	价格策略比较稳定,采用成本领先战略
产品销售	销售利润持续走高,产品销往周边国家	价格体系形成,销售利润走高,产品销往X省北部地区市场	销售增长率较高,产品销往X省各地,并准备向X省周边省份进军
熟料产能(万吨)	368	100	457
总资产(万元)	531 920	225 978	637 845
销售收入(万元)	105 974	94 995	166 510
利润总额(万元)	17 614	15 694	21 694
净利润率(%)	2.97	1.57	4.02

资料来源:该公司市场调查报告。

资金需求:水泥行业具有高固定成本、高沉没成本的特点,目前一条新型干法水泥生产线吨产品投资在300元左右,新建一条年产200万吨水泥生产线资金需求在6亿元左右。由于运输半径的限制,水泥市场具有很强的地域性,据测算,水泥生产厂家在其半径200公里范围内具有竞争力,水泥粉磨站的竞争优势则在100公里范围以内,若超过此范围,运输成本将大大上升,降低产品的竞争力。

产品的差异性:从产品生产能力来看,与主要竞争对手相比,该公司水泥处于较低水平,但是产品质量差异性不大。

客户的转换能力:由于公司的发展和X省水泥市场的具体情况,该公司水泥的客户转换能力较强。

退出障碍:水泥行业退出面临的最大障碍是固定资产高度专业化,清算价值较低,转换成本高,一旦进入水泥行业后,退出障碍和成本较大。总体来看,水泥行业的退出成本高，退出障碍较大，加大了行业的竞争程度。

从以上分析可以看出，主要竞争对手无论是生产能力、总资产、销售收入还是利润总额均高于该公司，水泥的市场竞争激烈。由于该公司是一家公司分厂，起步较晚，水泥消费群体主要针对X省的X省南部地区地区，但X省南部地区地区相对经济落后，房地产业及其他相关产业发展相对滞后，在一定程度上影响了该公司的销量，在未来的发展中，该公司应调整产品营销战略，积极应对竞争，开发X省北部地区及东疆市场，提高产品产能、质量，巩固该公司的差异化竞争优势。

(2) 新进入者的威胁。

近期中亚国家由于基建的需要，对水泥的需求量很大，估计未来3～5年将有5家规模与该公司相当的竞争者加入，其中，地处W市的中泰化学水泥项目（一期）及临近的S市天业水泥（二期）项目相继投产，无疑增加了市场不利因素。另外，博乐新建的日产2 000吨水泥项目已于20Y0年2月投产，博兰水泥厂新建的日产2 000吨项目将于20Y0年7月投产。这两个厂距离边境口岸较近，占据地理优势，将有可能削弱该公司水泥出口的能力，影响目前和未来市场占有率，并可能导致价格战。所以，水泥行业新进入者的威胁比较大。

(3) 供应商的讨价还价能力。

水泥行业所需要的原材料为石灰石、煤、石膏等基本产品，X省地产能源丰富，水泥生产所需原材料并不紧缺。另外，提供或承运原材料可以获得较高的利润，供应商数量较多，公司对供应商有很大选择余地，公司可以选择价格最低的供应商以达到降低成本的目的。因此，供应商的议价能力不强。

(4) 购买者的讨价还价能力。

公司生产的目的就是将产品销售出去，实现资金收入，所以要想办法说服客户购买公司的水泥产品。在X省北部地区，天山、中泰化学、天龙等品牌的产品都有一定的市场影响力，该公司品牌要想站稳X省北部地区市场，首要的就是要让客户接受该公司品牌并愿意购买该品牌的水泥。目前水泥行业前景很好，许多水泥厂相继投产，市场上水泥产品品种繁多，购买者有很大的选择余地，购买者的讨价还价能力强。

(5) 替代产品的威胁。

随着粉磨工艺的发展及混凝土预搅拌业的兴起，矿渣微粉作为水泥混合材料和混凝土掺合料得以广泛应用。用矿渣微粉作为混凝土掺合料不仅可等量取代水泥，而且可使混凝土的多项性能得到极大改善，并且矿渣成本低，销售价格肯定比水泥有优势。矿渣微粉作为水泥的部分替代品，可能改变现有水泥企业的战略方向，公司在生产水泥的同时应增加矿渣的生产，提高公司的市场竞争力。因此，替代产品对水泥行业威胁较大。

2. 总体评估——SWOT 分析。

SWOT 分析方法,是用来确定公司本身的竞争优势(Strength)、竞争劣势(Weakness)、机会(Opportunity)和威胁(Threat)的一种分析方法,从而将公司的战略与公司内部资源、外部环境有机结合。因此,清楚地确定公司的资源优势和缺陷,了解公司所面临的机会和挑战,对于制定公司未来的发展战略有着至关重要的意义。⊖

该公司的 SWOT 分析如表 7-35 所示。

表 7-35 该公司的 SWOT 分析

S——优势	W——劣势
1)生产设备先进	1)生产成本高
2)资金优势	2)受季节性影响较大
3)技术优势,以及在这一优势下的稳定的产品质量	3)人力资源劣势
4)人才及管理经验优势	4)所在区域市场价格偏低,利润空间较小
O——机会	T——威胁
1)政策支持	1)潜在进入者的威胁
2)市场机会	2)替代产品的威胁
3)淘汰落后产能为新型干法水泥带来广阔的市场空间	3)可利用的矿产资源越来越少
4)整合时机到来	

(1)优势。

1)生产设备先进。该公司水泥于 20X2 年开始进入 X 省北部地区市场,作为一个新公司,所引进的生产设备相比要先进,采用国内先进的半终流粉磨生产工艺,并配以先进的性能可靠的 DCS 集散控制系统,在设备的科技含量上占有明显的优势。

2)资金优势。其控股公司可以给予该公司一定的资金及技术方面的支持。

3)技术优势,以及在这一优势下的稳定的产品质量。因为生产工艺先进,又特别注重技术人员素质的培训,该公司水泥获得了全国优质产品的称号。

4)人才及管理经验优势。该公司在几年的发展过程中,积累了较丰富的水泥生产和项目管理的经验,培养了一批掌握现代水泥生产工艺技术的人才,为公司水泥主业的发展提供了有力保障。

(2)劣势。

1)生产成本高。由于近年来物价上涨速度较快,使得生产水泥所需的大众原燃材料的价格上涨,再加上人工工资也在上涨等众多因素的影响,水泥的单位成本较往年上涨了 10~20 元。

2)受季节性影响较大。该公司水泥主要销售市场在 X 省地区,而 X 省受地域性的影响,冬季持续时间较长,水泥的销售淡季相应的也会持续 4 个月左右,在一定程

⊖ 资料来源:中国管理会计网,http://www.cma-china.org。

度上影响了公司利润的实现。

3）人力资源劣势。公司虽然拥有一定的水泥生产及管理的技术人才，但企业内部缺乏有效的竞争机制和激励机制，职工的积极性和创造性没有充分调动起来。公司存在机构臃肿、冗员过多、人浮于事等现象。对于员工也没有明确的职业生涯规划，管理人才队伍尚不能有效建设，缺乏具有敏锐的市场辨别能力和很强的管理能力的高管人员，随着水泥市场竞争的加剧，公司若想开拓新的领域，公司的整体人力资源面临着很大的挑战。

4）所在区域市场价格偏低，利润空间较小。该公司水泥的市场区域大都是经济发展水平不高的地区，水泥需求相对较弱。由于受到运输距离限制，产品难以向远距离市场延伸。总体看来，该公司水泥所在区域水泥市场价格水平较低，利润空间较小，盈利受到一定影响。由于市场整体价格低，对企业的发展是一个非常不利的因素。

（3）机会。

1）政策支持。国家发展改革委等八部委联合制定了《关于加快水泥工业结构调整的若干意见》的产业政策，为了引导水泥工业持续健康发展，XX地区水泥工业结构需要调整，这给该公司对原有的70万吨水泥粉磨站进行技改提供了政策环境。

2）市场机会。该公司水泥产品的主要市场是X省南部地区，这一地区高标号水泥严重不足。"十三五"期间国家进一步加大基础建设投入，水泥市场面临很大的发展空间。

3）淘汰落后产能为新型干法水泥带来广阔的市场空间。目前，我国立窑水泥还占有相当大的比重，由于机立窑属于落后的生产工艺，各地都在制定相应政策，加紧淘汰落后机立窑生产工艺。立窑的淘汰将为新型干法水泥的发展腾出广阔的市场空间。机立窑等落后生产工艺的淘汰，将为水泥企业的发展带来极大的市场机遇。

4）整合时机到来。随着产业结构调整步伐的加快，各地的新型干法生产线如雨后春笋般涌现，而落后生产工艺未能及时从市场中退出，产能过剩现象不可避免。产能过剩导致市场竞争加剧，获利空间下降，企业效益下滑。加上国家宏观调控的影响，水泥行业步入低谷。目前，很多企业陷入困境，有的企业出现资金链问题，急于寻找出路。未来几年将是行业整合的大好时机，该公司可以凭借其优势，充分抓住机遇，进行市场整合，稳固现有市场并向其他机会市场发展。

（4）威胁。

1）潜在进入者的威胁。新型干法生产线项目单位建设投资的下降，为更多的投资者带来了机会。尤其是产业结构调整步伐的加快，许多民营资本也纷纷进入水泥行业。由于水泥行业可以消纳大量的煤矸石、粉煤灰等工业废弃物，一些煤矿和电力企业等也开始涉足水泥产业。由于中国水泥市场的巨大需求，许多外资企业也在伺机进入。潜在的进入者将给该公司的发展带来巨大的威胁。

2）替代产品的威胁。矿渣微粉作为水泥混合材料和混凝土掺合料，市场前景广阔，并且矿渣微粉在成本、环保等方面都比单纯的水泥产品具有一定的优势，相应的新的产品出现在市场并被购买者逐渐认同，这无疑给原有的产品带来了致命的威胁。

3）可利用的矿产资源越来越少。石灰石资源是一种不可再生的资源，也是水泥企业最重要的原料。随着时间的推移，石灰石资源越来越紧缺，没有充足资源储备的企业是不可能取得长远发展的，同时，对资源的控制也是形成垄断的重要因素。矿产资源的减少对水泥行业的威胁也越来越大。

将以上优势、劣势、威胁、机会因素填入矩阵后，可得出多项建议，从中可选出当前最重要的建议，即抓住当今出现的政策机会对原有的水泥生产线进行产能改扩建和技术改造。

五、基于以上分析，为 20Y0 年度编制预算

（一）公司的战略目标

公司的战略目标：加快推进公司布局和产品结构调整；管理创新，建立适应市场竞争的经营管理运行新机制，力争保持公司在 X 省水泥界的领先地位。

（二）财务目的及目标

从宏观经济走势看，20Y0 年房地产市场将有所回升，对水泥的需求量将有所增加，在普遍形势转好的情况下，该公司力争销售收入达到 22 672 万元，净利润不低于 423 万元。

（三）相关假定

1．关于产品的假定。

关于产品的假定如表 7-36 所示。

表 7-36 产品假定

产品名称	项目名称	第一季度	第二季度	第三季度	第四季度	合计
复合 32.5 水泥	销售量（吨）	79 833.84	143 171.53	119 693.80	61 358.58	404 057.74
	单价（元/吨）	308.14	295.88	288.55	287.11	294.80
	销售收入（元）	24 599 998.84	42 361 590.91	34 537 646.82	17 616 660.68	119 115 897.3
	采购（生产）成本占销售收入的比重（%）	91.01	87.92	90.22	88.52	89.31
	采购（生产）成本（元）	22 387 502.73	37 245 005.46	31 161 254.09	15 593 751.36	106 387 513.6
	应收账款占销售收入的比重（%）	4.09	3.02	4.24	5.19	
	应收账款（元）	1 006 472.35	1 280 964.81	1 463 959.79	914 974.87	
	应付账款占采购（生产）成本的比重（%）	51.02	45.08	40.18	45.60	
	应付账款（元）	11 421 612.1	16 789 315.04	12 519 324.33	7 110 556.45	

由于公司产品比较多，仅以公司主要产品之一的复合 32.5 水泥为分析对象。该产品 20X9 年收入占公司主营业务收入的比重为 52.9%，公司预测 20Y0 年该产品收入将继续增加。按照全年销售量 404 057.74 吨、单位平均售价 294.8 元计算，估计全年可实现销售收入 11 912 万元；该产品全年采购成本为 10 639 万元，采购成本占主营业务收入的比重为 89.31%；产品每季度应收账款占产品收入的比重分别为 4.09%、3.02%、4.24%、5.19%；产品每季度应付账款占采购成本的比重分别为 51.02%、45.08%、40.18%、45.6%。

综合考虑 20Y0 年通货膨胀情况和物价的变化因素来编制 20Y0 预算利润表。20Y0 年预算销售收入比上年增加 5.01%。

考虑到 20Y0 年 X 省经济逐渐复苏，X 省的建筑业市场对水泥的需求也将越来越大，根据对 20X9 年的报表分析，对个别项目做适当调整。

(1) 复合 32.5 水泥 20X9 年的销售收入和成本的预算数与实际数差距较大，公司从该产品 20Y0 年的市场状况和原材料价格的变化情况分析，复合 32.5 水泥 20Y0 年销售收入预测为 11 912 万元，占主营业务收入的比重为 52.54%。

(2) 普通 42.5R 水泥 20X9 年收入占实际主营业务收入的比重比预算提高了 18.09%，因此，公司认为 20Y0 年将维持这一良好发展态势，预测该品种的主营业务收入将达到 8 021 万元，占主营业务收入的比重为 35.38%。

(3) 复合 32.5R 水泥 20X9 年收入占主营业务收入的比重较预算下降 9.35%。考虑到市场对该产品的接受度和公司对产品的推广力度，预测 20Y0 年复合 32.5R 水泥收入为 715 万元，占主营业务收入的比重为 3.16%，比 20X9 年实际收入略有上升。

(4) 考虑到 20Y0 年主营业务收入将有较大的上升，因此，应收账款占主营业务收入的比重将上升，每季度比重预测分别为 0.8%、1%、1.17%、0.73%。

2. 关于成本费用的假定。

关于成本费用的假定如表 7-37 所示，费用指标由预算管理委员会报董事会审定。

(1) 考虑到通货膨胀、原料市场价格的变化以及公司的讨价还价能力，20Y0 年公司主营业务成本占主营业务收入的比例比 20X9 年下降 0.61%。其中：

1) 由于产品消耗的原料价格将不会有较大的上升，因此，按照最好的结果考虑，20Y0 年原材料成本预测占主营业务收入的比重比 20X9 年增长 1.63%。

2) 20X9 年人员工资占主营业务收入的比重比预算上升了 4.16%，20Y0 年按照最坏的结果预测，人员工资占主营业务收入的比重 28.48%，比 20X9 年下降 0.43%。

表 7-37 成本费用假定

项目	第一季度	第二季度	第三季度	第四季度	本年累计数
主营业务成本	40 824 790.50	68 701 093.01	58 648 319.75	27 292 773.25	195 466 976.51
其中：原材料	26 184 441.01	38 190 435.03	37 475 199.38	17 416 405.20	119 266 480.62
人员工资	12 167 718.20	26 938 449.86	17 481 000.86	7 981 212.11	64 568 381.02
其他费用	2 472 631.30	3 572 208.12	3 692 119.51	1 895 155.94	11 632 114.87
营业费用	1 667 847.29	2 792 694.57	2 299 770.93	1 216 923.64	7 977 236.43
工资	522 777.69	860 555.37	709 166.53	350 388.84	2 442 888.42
福利费	9 740.79	20 481.58	12 611.18	9 870.39	52 703.94
社会保险费	97 714.00	157 428.01	127 071.01	70 357.00	452 570.02
住房公积金	11 086.23	28 172.46	19 129.34	10 043.11	68 431.14
折旧费	3 993.96	6 987.93	4 990.94	2 996.98	18 969.81
办公费	25 146.03	40 292.06	35 719.05	18 573.02	119 730.16
差旅费	44 393.35	65 786.69	58 590.02	32 196.67	200 966.73
汽车费用	82 193.66	74 387.33	123 290.49	101 096.83	380 968.32
业务招待费	350 450.33	620 900.65	490 675.49	280 225.16	1 742 251.63
劳动保护费	18 718.61	45 437.23	33 077.92	16 359.31	113 593.07
展览、广告费	19 112.39	65 224.78	35 668.59	17 556.20	137 561.95
运输费	312 592.02	455 184.04	403 888.03	171 296.01	1 342 960.09
售后服务费	142 633.40	299 266.80	198 950.10	111 316.70	752 167.01
劳务费	5 771.66	9 543.31	7 657.48	3 885.83	26 858.28
散装基金	6 451.44	12 902.88	9 677.16	3 225.72	32 257.20
其他	15 071.73	30 143.46	29 607.59	17 535.86	92 358.65
管理费用	9 106 354.27	13 536 666.53	10 839 574.89	6 907 191.63	40 389 787.32
工资	752 303.19	1 395 833.32	1 030 478.67	610 789.01	3 789 404.19
福利费	81 007.65	150 544.23	125 056.83	58 601.98	415 210.69
折旧费	5 488 453.21	7 895 765.66	6 654 745.67	4 614 302.66	24 653 267.20
办公费	1 923 876.09	2 731 009.72	1 966 907.36	1 032 798.76	7 654 591.93
差旅费	124 214.48	168 676.71	136 540.79	74 175.67	503 607.65
租赁费	4 022.49	6 783.81	5 500.34	2 413.40	18 720.04
咨询费	164 777.32	200 442.50	180 348.32	120 433.63	666 001.77
汽车费用	77 761.05	106 873.04	83 076.22	35 635.41	303 345.72
业务招待费	262 643.04	470 438.33	328 956.90	206 403.57	1 268 441.84
工会经费	22 298.36	45 561.36	37 252.87	10 797.62	115 910.21
待业保险金	4 980.55	8 908.77	6 980.88	2 168.03	23 038.23
劳动保险费	9 722.41	15 396.79	13 034.34	7 600.71	45 754.25
公司电话费	4 944.91	8 487.88	6 655.68	4 667.01	24 755.48
交通费	5 869.04	7 999.99	5 767.67	2 389.72	22 026.42
电话费	4 213.33	8 393.19	6 498.97	3 431.73	22 537.22
资产减值损失	175 267.15	315 551.23	251 773.38	120 582.72	863 174.48
财务费用	468 075.39	808 150.79	643 113.08	313 037.69	2 711 816.35
利息收入	62 543.94	85 087.88	53 815.91	38 271.97	239 719.70
手续费	17 589.96	33 179.93	29 884.94	13 294.98	93 949.81
其他	7 589.96	9 179.93	8 884.94	5 294.98	30 949.81

(2) 20Y0 年随着房地产市场的复苏，公司将加大对主打产品的营销力度，公司营业费用采用增量预算方法，将随着销量的增加而增加，20Y0 年营业费用占主营业务收入比重为 3.52%，比 20X9 年预算水平略有增加。其中：

1) 公司将继续将员工的工资与产销量挂钩，20Y0 年营业费用中工资将继续上升，以最坏的结果预测，工资占主营业务收入的比例为 1.07%，比 20X9 年上升 0.05%。

2) 随着公司业务收入的增长，20Y0 年公司业务招待费也将增加，按照最坏的结果考虑，其所占主营业务收入的比重为 0.77%，比 20X9 年上升 0.04%。

(3) 20Y0 年管理费用采用固定预算方法，考虑通货紧缩因素，全年压缩非生产性支出，管理费用与 20X9 年相比略有减少，预测为 4 039 万元，占主营业务收入的 17.81%。其中：

1) 管理费用中的工资为 379 万元，比 20X9 年略有下降，占主营业务收入的 1.67%。

2) 业务招待费占主营业务收入比重为 0.56%，比 20X9 年下降了 0.01%。

在现有的财务条件限制下，公司 20Y0 年只有引进新的生产线，扩大销售渠道，才能增加产量，只有积极加强人员培训和生产管理控制，才能增加公司的经济效益。

(四) 预算报表

根据上述假定做出的 20Y0 年预算如下：

1. 20Y0 年预算利润表见附件 7-4。
2. 20Y0 年预算资产负债表见附件 7-5。
3. 20Y0 年预算现金流量表见附件 7-6。

六、资本投资预算项目

(一) 项目介绍以及该项目如何符合公司发展的总体战略

1. 项目名称：开流粉磨矿渣项目。
2. 项目背景。

《通用硅酸盐水泥》新标准强化了生产控制，该标准实施后减少了公司现有的水泥品种，造成公司的产品结构单一，将对水泥产品的销售产生较大的影响。公司迫切需要发展新的主营业务，因此，对开流粉磨矿渣项目进行投资。该项目建设期为 1 年，经营期为 10 年。

公司的发展战略是同心多元化的发展，因此，抓准时机投入该项目是公司战略发展的一大决策。

(二) 分析两种不同的投资方式的利弊

1. 采取购买的方式。

(1) 项目的投资成本及资金来源。

公司决定新购买 HFCG150-100 辊压机和 HVWF1000 型分级机，并配 Φ3.2×13m 球磨机开流粉磨矿渣，同时为了防止铁件和非磁性金属进入辊压机损坏辊面，在入稳流称重仓的皮带机上还要安装一台交叉皮带式除铁器和金属探测仪。

该项目估计投资总额为2 190万元，包括项目正常年营运资金、厂房投资等费用，其中，营运资金200万元，厂房投资费1 490万元，设备购买费500万元。所需资金全部为自筹资金。股东要求的回报率为9%。

该项目的总投资测算见表7-38。

表7-38 开流粉磨矿渣项目总投资测算表　　　　（单位：万元）

序号	名　称	建筑工程费用	设备购买费用	合　计	测算依据
一、	工程费用	1 490	500	1 990	
（一）	厂房	1 490			
1.	前期咨询费用	50			根据前期可行性研究等费用率测算
2.	工程勘察和设计费	20			根据厂房建安费用的1.45%测算
3.	厂房建安费用	1 380			建筑工程费用采用20X9年《建筑工程预算定额》及类似工程造价指标进行编制
4.	建筑各种税费	50			报建、验收、消防、监理、环保、项目管理等
（二）	设备购买费用		500		购置设备费参照类似工程价格水平进行估算
二、	营运资金			200	根据同类项目总投资中营运资本所占比例进行测算
	总投资			2 190	

（2）项目的投资回报（10年受益期）。

根据目前市场调查，项目营运期内产品销售收入、成本费用均采用平均预测价格，并考虑一定的通货膨胀因素。

1）对产品收入的测算。

产品收入预测见表7-39。

表7-39 产品收入测算表

年份	建设期	第1年	第2年	第3年	第4年	第5年	第6年	第7年	第8年	第9年	第10年
投资	2 190.00										
厂房	1 490.00										
设备	500.00										
销量（吨）		13.00	14.04	15.16	16.68	18.35	20.18	22.20	24.42	26.86	29.55
单价（元/吨）		200.00	204.00	208.08	212.24	216.49	220.82	225.23	229.74	234.33	239.02
收入（万元）		2 600.00	2 864.16	3 155.16	3 540.09	3 971.98	4 456.56	5 000.26	5 610.29	6 294.75	7 062.10
销售税金及附加		149.60	164.38	180.82	198.90	218.80	236.30	255.20	275.62	297.67	321.48

以现行市场价格为基础，对于本项目到生产期的市场价格预测，成品矿渣第 1 年为 200 元每吨，第 2～5 年预测单价按 2%的比例递增，第 6～10 年增速变为 2%。随着经济水平的提高，估计投产第 1 年将生产 13 万吨矿渣，第 2～3 年销量按 8%增加，第 4～10 年增速为 10%。预测第 1 年主营业务收入为 2 600 万元。增值税按 17%计取，并按应交增值税为基数集纳城建税 7%、教育费附加 3%，预测第 1 年主营业务税金及附加为 149.6 万元。

2）对产品成本的测算。

产品成本测算如表 7-40 所示。

表 7-40 产品成本测算表　　　　　　（单位：万元）

项目	建设期	经营期									
		第1年	第2年	第3年	第4年	第5年	第6年	第7年	第8年	第9年	第10年
主营业务成本		2 018.50	2 172.95	2 339.45	2 561.42	2 805.06	3 072.53	3 366.18	3 688.61	4 042.65	4 431.45
其中：直接材料		1 820.00	1 965.60	2 122.85	2 335.13	2 568.65	2 825.51	3 108.06	3 418.87	3 760.75	4 136.83
直接人工		54.00	55.62	57.29	59.01	60.78	62.60	64.48	66.41	68.41	70.46
制造费用		144.50	151.73	159.31	167.28	175.64	184.42	193.64	203.33	213.49	224.17
营业费用		151.60	156.15	160.83	164.05	167.33	170.68	174.09	177.57	181.12	184.75
管理费用		80.00	82.40	84.87	87.42	90.04	92.74	95.52	98.39	101.34	104.38
总成本		2 250.10	2 411.49	2 585.15	2 812.88	3 062.43	3 335.95	3 635.80	3 964.57	4 325.12	4 720.58
其中：固定成本		258.50	262.52	266.66	270.93	275.32	279.84	284.50	289.30	294.25	299.34
变动成本		1 991.60	2 148.97	2 318.49	2 541.96	2 787.12	3 056.11	3 351.30	3 675.27	4 030.87	4 421.24

本项目劳动定员的测算为总定员 30 人，其中：生产工人 27 人，非生产人员 3 人。

① 主营业务成本构成：直接材料、直接人工、制造费用。其中：生产过程中消耗的各种原材料、辅助材料、动力及其他材料等直接材料的价格均采用建设单位提供的实际价格计算，预测每单位矿渣的生产成本为 140 元/吨，第 1 年直接材料成本为

1 820万元。

人员工资及福利正式职工第 1 年按 18 000 元/人计取，则第 1 年人员工资为 54 万元。随着 X 省经济水平的提高，人员工资每年按照 3%的比例递增。

制造费用构成为辅助生产车间提供的产品成本和固定资产折旧。固定资产按直接投资金额计取，均无残值，厂房折旧年限为 20 年，设备折旧年限取 10 年，每年折旧金额为 124.5 万元。第 1 年制造费用为 144.5 万元。随着辅料成本价格的变化，制造费用每年按照 5%的比例增加。

② 营业费用由销售人员工资、福利费和广告费构成，第 1 年营业费用为 151.6 万元，第 2~3 年按 3%比例增长，第 4~10 年按 2%比例增长。

③ 管理费用成本构成为管理人员工资、福利费和新设备修理费，第 1 年管理费用为 80 万元。随着工资水平的提高，管理费用按 3%比例增长。

3）投资项目的预计现金流量测算。

实施该投资项目的预计 10 年具体的现金流入流出如表 7-41 所示。

表 7-41 现金流量预测表 （单位：万元）

年份	建设期	第1年	第2年	第3年	第4年	第5年	第6年	第7年	第8年	第9年	第10年
投资	2 190.00										
厂房	1 490.00										
设备	500.00										
营运资金回收											200.00
销量（万吨）		13.00	14.04	15.16	16.68	18.35	20.18	22.20	24.42	26.86	29.55
单价（元/吨）		200.00	204.00	208.08	212.24	216.49	220.82	225.23	229.74	234.33	239.02
收入（万元）		2 600.00	2 864.16	3 155.16	3 540.09	3 971.98	4 456.56	5 000.26	5 610.29	6 294.75	7 062.71
销售税金及附加		149.60	164.38	180.82	198.9	218.80	236.30	255.20	275.62	297.67	321.48
总成本		2 250.10	2 411.49	2 585.15	2 812.88	3 062.43	3 335.95	3 635.80	3 964.57	4 325.12	4 720.58
其中：											
变动成本		1 991.60	2 148.97	2 318.49	2 541.96	2 787.12	3 056.11	3 351.30	3 675.27	4 030.87	4 421.24
固定成本		258.50	262.52	266.66	270.93	275.32	279.84	284.50	289.30	294.25	299.34
利润		200.30	288.29	389.19	528.30	690.74	884.31	1 109.26	1 370.10	1 671.96	2 020.64
所得税费用		30.05	43.24	58.38	79.25	103.61	132.65	166.39	205.52	250.79	303.10
净利润		170.26	245.04	330.81	449.06	587.13	751.66	942.87	1 164.59	1 421.17	1 717.55
加：折旧		124.50	124.50	124.50	124.50	124.50	124.50	124.50	124.50	124.50	124.50

(续)

年份	建设期	第1年	第2年	第3年	第4年	第5年	第6年	第7年	第8年	第9年	第10年
净现金流量	−2 190.00	294.76	369.54	455.31	573.56	711.63	876.16	1 067.37	1 289.09	1 545.67	2 042.05
累计净现金流	−2 190.00	−1 895.25	−1 525.70	−1 070.39	−496.83	214.80	1 090.96	2 158.33	3 447.42	4 993.09	7 035.13

4）盈亏平衡点分析（量—本—利分析）。

以正常达产第1年的数据计算：

固定成本为258.5万元（包括工资福利费、折旧、摊销和管理费）

变动成本为1 991.6万元（包括直接材料、制造费用中辅料成本和营业费）

边际贡献率=（销售收入−变动成本）/销售收入=（2 600−1 991.6）/2 600=23.4%

保本点销售额=固定成本/边际贡献率=258.5/23.4%=1 104.7（万元）

保本点销售量=保本点销售额/平均单价=5.52（万吨）

其盈亏平衡点如图7-8所示。

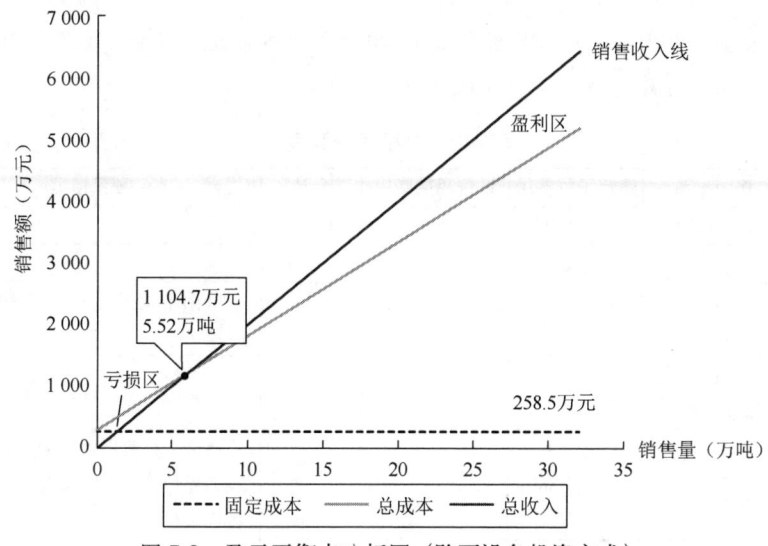

图7-8　盈亏平衡点分析图（购买设备投资方式）

通过计算，该项目保本销售量为5.52万吨，保本销售额为1 104.7万元，表明该项目的风险较小、抗风险能力较强。

5）资本投资项目的评估。

因为该项目投资均为公司自有资金投入，股东要求的回报为9%，项目资金成本为9%。考虑货币时间价值，折现率的选择考虑通货膨胀5.14%⊖和2.25%风险因素⊜。

⊖　数据来源：全国居民消费网，www.staps.gov.cn。

⊜　数据来源：http://trust.jrj.com.cn。

因此,该项目折现率=加权资本投资成本+通货膨胀率+行业风险报酬率=16.39%。考虑到折现率一定的浮动空间,该项目的折现率定为16%。

通过现金流量表计算,净现值=1 108.48万元;

投资回收期=4.7年;

内部收益率=25.62%。

说明盈利能力足以满足行业要求,财务净现值大于零,该项目是可行的。

2. 采取租赁的方式。

(1) 项目的投资成本及资金来源。

公司决定向租赁公司租赁HFCG150-100辊压机和HVWF1000型分级机各一台,并配Φ3.2×13m球磨机开流粉磨矿渣,同时为了防止铁件和非磁性金属进入辊压机损坏辊面,在入稳流称重仓的皮带机上还要安装一台交叉皮带式除铁器和金属探测仪。

该项目估计投资总额为1 730万元,包括项目正常年营运资金、厂房投资等费用,其中营运资金200万元,厂房投资费用1 490万元,租赁设备租金平均每年40万元。所需资金全部为自筹资金。该项目总投资测算如表7-42所示。

表7-42 总投资测算表 （单位:万元）

序号	名称	建筑工程费用	设备租赁费用	合计	测算依据
一、	工程费用	1 490	40	1 530	
(一)	厂房	1 490			
1.	前期咨询费用	50			根据前期可行性研究等费用率测算
2.	工程勘察和设计费	20			根据厂房建安费用的1.45%测算
3.	厂房建安费用	1 380			建筑工程费用采用20X9年《建筑工程预算定额》及类似工程造价指标进行编制
4.	建筑各种税费	50			报建、验收、消防、监理、环保、项目管理等
(二)	设备租金		40		根据同类设备的市场价格测算
二、	营运资金			200	根据同类项目总投资中营运资本所占比例进行测算
	总投资			1 730	

(2) 项目的投资回报 (10年受益期)。

根据目前市场调查,项目营运期内产品销售收入、成本费用均采用平均预测价格,并考虑一定的通货膨胀因素。

1) 对产品售价与收入的测算（与采取购买的方式相同）。
2) 对产品成本的测算。

对产品成本的测算如表 7-43 所示。

表 7-43　产品成本测算表　　　　　　　　（单位：万元）

项目	建设期	经营期									
		第1年	第2年	第3年	第4年	第5年	第6年	第7年	第8年	第9年	第10年
主营业务成本		1 968.50	2 120.45	2 284.32	2 503.54	2 744.29	3 008.72	3 299.18	3 618.25	3 968.78	4 353.89
其中：直接材料		1 820.00	1 965.60	2 122.85	2 335.13	2 568.65	2 825.51	3 108.06	3 418.87	3 760.75	4 136.83
直接人工		54.00	55.62	57.29	59.01	60.78	62.60	64.48	66.41	68.41	70.46
制造费用		94.50	99.23	104.19	109.40	114.87	120.61	126.64	132.97	139.62	146.60
营业费用		151.60	156.15	159.27	162.46	165.71	169.02	172.40	175.85	179.36	182.95
管理费用		80.00	82.40	84.87	87.42	90.04	92.74	95.52	98.39	101.34	104.38
设备租金		40.00	40.00	40.00	40.00	40.00	40.00	40.00	40.00	40.00	40.00
总成本		2 240.10	2 398.99	2 568.47	2 793.41	3 040.04	3 310.48	3 607.10	3 932.49	4 289.49	4 681.22
其中：固定成本		248.50	252.52	256.66	260.93	265.32	269.84	274.50	279.30	284.25	289.34
变动成本		1 991.60	2 146.47	2 311.81	2 532.48	2 774.72	3 040.64	3 332.60	3 653.19	4 005.24	4 391.88

本项目劳动定员的测算为总定员 30 人，其中：生产工人 27 人，非生产人员 3 人。

① 主营业务成本构成为直接材料、直接人工、制造费用。其中：生产过程中消耗的各种原材料、辅助材料、动力及其他材料等直接材料的价格均采用建设单位提供的实际价格计算，预测每单位矿渣的生产成本为 140 元/吨，第 1 年直接材料成本为 1 820 万元。

人员工资及福利，正式职工第 1 年按 18 000 元/人计取，则第 1 年人员工资为 54 万元。随着 X 省经济水平的提高，人员工资每年按照 3% 的比例递增。

制造费用构成为辅助生产车间提供的产品成本和固定资产折旧。固定资产按直接投资金额计取，均无残值，厂房折旧年限为 20 年，每年折旧金额为 74.5 万元。第 1 年制造费用为 94.5 万元。随着辅料成本价格的变化，制造费用每年按照 5% 的比例增加。

② 营业费用由销售人员工资、福利费和广告费构成，第 1 年营业费用为 151.6 万元，第 2~3 年按 3% 比例增长，第 4~10 年按 2% 比例增长。

③ 管理费用成本构成为管理人员工资、福利费和新设备修理费，第 1 年管理费

用为 80 万元。随着工资水平的提高，管理费用按 3%比例增长。

④ 设备租赁费用平均每年 40 万元。

3）投资项目的预计现金流量测算。

实施该投资项目的预计 10 年具体的现金流入流出如表 7-44 所示。

表 7-44　现金流量预测表　　　　　　　　　　（单位：万元）

年份	建设期	第1年	第2年	第3年	第4年	第5年	第6年	第7年	第8年	第9年	第10年
投资	1 730.00										
厂房	1 490.00										
设备租金	40.00										
营运资金回收											200.00
销量（万吨）		13.00	14.04	15.16	16.68	18.35	20.18	22.20	24.42	26.86	29.55
单价（元/吨）		200.00	204.00	208.08	212.24	216.49	220.82	225.23	229.74	234.33	239.02
收入（万元）		2 600.00	2 864.16	3 155.16	3 540.09	3 971.98	4 456.56	5 000.26	5 610.29	6 294.75	7 062.71
销售税金及附加		149.60	164.380	180.82	198.90	218.80	236.30	255.20	275.62	297.67	321.48
总成本		2 240.10	2 398.99	2 568.47	2 793.41	3 040.04	3 310.48	3 607.10	3 932.49	4 289.49	4 681.22
其中:变动成本		1 991.60	2 146.47	2 311.81	2 532.48	2 774.72	3 040.64	3 332.60	3 653.19	4 005.24	4 391.88
固定成本		248.50	252.52	256.66	260.93	265.32	269.84	274.50	279.30	284.25	289.34
利润		210.30	300.79	405.87	547.78	713.14	909.78	1 137.96	1 402.18	1 707.59	2 060.00
所得税费用		31.55	45.12	60.88	82.17	106.97	136.47	170.69	210.33	256.14	309.00
净利润		178.76	255.67	344.99	465.61	606.17	773.31	967.26	1 191.85	1 451.45	1 751.00
加：折旧		74.50	74.50	74.50	74.50	74.50	74.50	74.50	74.50	74.50	74.50
净现金流量	−1 730.00	253.26	330.17	419.49	540.11	680.67	847.81	1 041.76	1 266.35	1 525.95	2 025.50
累计净现金流	−1 730.00	−1 476.75	−1 146.58	−727.08	−186.97	493.70	1 341.51	2 383.27	3 649.63	5 175.58	7 201.09

4）盈亏平衡点分析（量—本—利分析）。

以正常生产第 1 年的数据计算：

固定成本为 248.5 万元（包括工资福利费、折旧、摊销和管理费及设备租金）

变动成本为 1 991.6 万元（包括直接材料、制造费用中辅料成本和营业费）

边际贡献率=（销售收入−变动成本）/销售收入=（2 600−1 991.6）/2 600 =23.4%

保本点销售额=固定成本/边际贡献率=248.5/23.4%=1 061.97（万元）

保本点销售量=保本点销售额/平均单价=5.31（万吨）

其盈亏平衡点如图 7-9 所示。

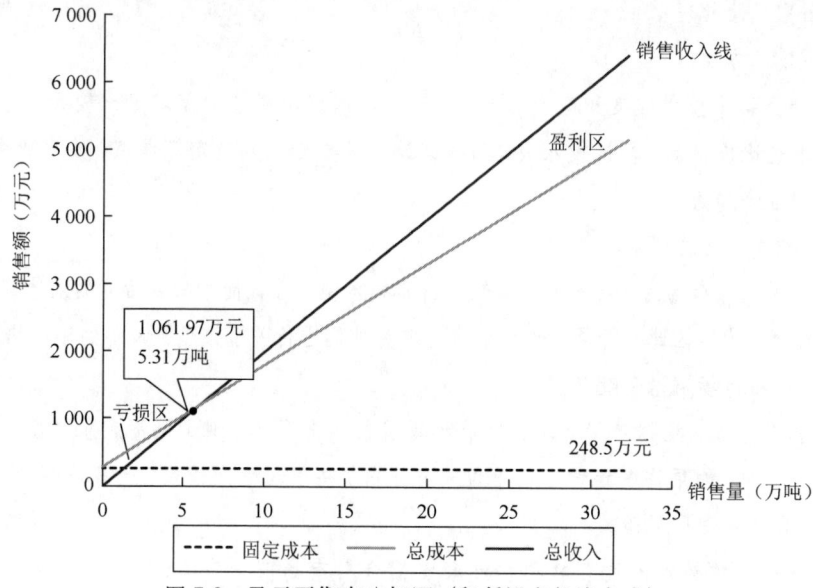

图 7-9　盈亏平衡点分析图（租赁设备投资方式）

通过计算，该项目保本销售量 5.31 万吨，保本销售额 1 061.97 万元，表明该项目的风险较小，抗风险能力较强。

5）资本投资项目的评估。

选择与购买方式相同的折现率。

通过现金流量表计算，净现值=1 369.03 万元；

投资回收期=4.27 年；

财务利润率=年平均利润/投资总额=46.16%。

说明盈利能力足以满足行业要求，财务净现值大于零，该项目是可行的。

3．财务结果比较。

两种投资方式的财务评价结果如表 7-45 所示。

表 7-45　两种投资方式的财务评价结果比较表

采取购买的方式	采取租赁的方式
回收期=4.7 年	回收期=4.27 年
净现值（NPV）=1 104.7 万元	净现值（NPV）=1 369.03 万元
内部收益率（IRR）=25.62%	财务利润率=46.16%
盈亏平衡点=（1 104.7 万元；5.52 万吨）	盈亏平衡点=（1 061.97 万元；5.31 万吨）

财务评价的结果表明，项目在生产经营期间盈利能力较强，资金投入项目后回收

较快，偿还建设投资能力强，并且有较强的实现自身盈亏平衡的能力，适应各种因素变化的能力也是比较强的。两种投资方式对比，该项目应该选取租赁方式进行投资。

(三) 风险管理

1. 技术方面。

本产品属于技术改良和高产的产品，因此对原材料矿渣的需求量比较大，对其质量的要求也比以前高。科技投入成本高，该设备需要专业人员定期调试，技术要求高，管理成本也会加大。

2. 技术人才方面。

从目前人才市场的情况来看，最缺的就是技术型人才，而本项目所需的人才都需要掌握一定的技术，因此在开展工作之前肯定要为他们进行关于该项目设备的上岗培训。

3. 产品市场需求变化。

从当前来看，根据市场要求，目前市场前景非常好，出现了供不应求现象，但最让人担心的是，如果许多经营生产单位一齐上阵，将出现生产过热、产品过剩的现象。

4. 客户接受度风险。

矿渣微粉作为水泥混合材料和混凝土掺合料市场前景广阔，并且矿渣微粉在成本、环保等方面都比单纯的水泥产品具有一定的优势，因此，客户在价格和性能上都可以接受。

七、组织财务管理状况的总体评价及改善建议

实行全面预算以来，通过对预算管理的有效监控和严格的绩效评估，公司的成本得到了有效的控制，公司的绩效考评体系逐渐合理，预算管理制度不断完善，总体来说，公司的财务管理状况比较良好。

该公司在20X9年通过不断强化内部管理和控制取得了较好的成绩，但是和其他上市公司比较，公司在财务管理方面还是存在不少问题：

首先，不注重日常现金流量的管理，营运资金波动大，缺少资金使用计划，缺乏现金流量管理观念。一旦公司外部环境发生变化，问题与危机就充分暴露出来。公司在扩大规模新增固定资产时，动用日常周转的流动资金，压缩了营运资金，使资金紧张问题愈加突出，造成经营资金周转不灵，从而导致公司无法正常运作。

其次，资金筹集和使用缺乏计划性。公司在运行过程中，筹资没有计划性，公司常常拆东墙补西墙，可能引发收支性筹资风险，出现债务纠纷不断。

针对上述问题，在今后财务管理上的改善建议如下：

公司要强化营运资金管理，提高资金利用效率；要加强内部控制措施，堵塞漏洞，防范经营风险。

具体措施可分为以下几方面：

一是加强现金和银行存款的日常管理。按期对现金和银行存款进行清查，保证资金的安全完整。

二是加强财产控制和存货管理。要建立健全财产物资管理的内部控制制度，在物资采购、领用、销售及样品管理上建立规范的操作程序，合理确定存货资金的最佳结构，压缩库存物资，避免资金呆滞，定期检查盘点财产物资，堵住漏洞，维护财产物资的安全。

三是加强应收账款管理。制定完善的收款管理办法，对赊销客户的信用等级进行调研评定，定期进行账龄分析，及时收回应收账款。

附件 7-1

20X9 年实际与预算利润表对比分析表

序号	项目	20X8 年度实际		20X9 年度实际		20X9 年度预算		差异	
		金额（元）	%	金额（元）	%	金额（元）	%	金额（元）	%
一、	主营业务收入	198 630 905.25	100	215 903 157.88	100	218 493 995.77	100	−2 590 837.89	0.00
	1.复合 32.5 水泥	76 417 281.87	38.47	114 206 293.42	52.90	84 059 010.05	38.47	30 147 283.37	14.43
	2.复合 32.5R 水泥	23 978 722.88	12.07	5 879 042.99	2.72	26 376 595.17	12.07	−20 497 552.18	−9.35
	3.普通 42.5 水泥	17 366 300.05	8.74	11 583 204.42	5.37	19 102 930.05	8.74	−7 519 725.63	−3.38
	4.普通 42.5R 水泥	35 274 862.46	17.76	77 394 805.01	35.85	38 802 348.71	17.76	38 592 456.30	18.09
	5.抗硫水泥	262 192.79	0.13	1 418 483.75	0.66	288 412.07	0.13	1 130 071.67	0.53
二、	主营业务成本	182 454 417.10	91.86	187 450 453.37	86.82	192 699 858.81	88.19	−5 249 405.44	−1.37
	原材料	110 449 982.26	55.61	110 054 328.54	50.97	121 494 980.48	55.61	−11 440 651.94	−4.63
	人员工资	58 412 978.06	29.41	64 579 323.98	29.91	56 254 275.87	25.75	8 325 048.11	4.16
	其他费用	13 591 456.78	6.84	12 816 800.85	5.94	14 950 602.46	6.84	−2 133 801.61	−0.91
	毛利	16 176 488.15	8.14	28 452 704.51	13.18	25 794 136.96	11.81	2 658 567.55	1.37
	主营业务税金及附加	1 520 118.25	0.77	1 652 302.45	0.77	1 672 130.08	0.77	−19 827.63	0.00
	主营业务利润	14 656 369.90	7.38	26 800 402.06	12.41	24 122 006.88	11.04	2 678 395.18	1.37
	加：其他业务利润	—	—	—	—	—	—	0.00	0.00
	公允价值变动损益	38 376 787.7	19.42	26 830 907.07	12.43	34 028 093.74	15.57	−7 197 186.67	−3.14
	投资收益	—	—	—	—	—	—	0.00	0.00

(续)

序号	项目	20X8 年度实际		20X9 年度实际		20X9 年度预算		差异	
		金额（元）	%	金额（元）	%	金额（元）	%	金额（元）	%
	减：营业费用	4 629 242.68	2.33	7 805 698.57	3.62	5 092 166.95	2.33	2 713 531.62	1.29
	工资	1 303 305.43	0.66	2 197 596.90	1.02	1 433 635.98	0.66	763 960.92	0.36
	福利费	29 599.13	0.01	49 909.22	0.02	32 559.04	0.01	17 350.18	0.01
	社会保险费	251 166.27	0.13	423 509.48	0.20	276 282.89	0.13	147 226.59	0.07
	住房公积金	41 692.07	0.02	70 300.00	0.03	45 861.28	0.02	24 438.72	0.01
	折旧费	10 280.74	0.01	17 335.10	0.01	11 308.82	0.01	6 026.28	0.00
	办公费	78 091.96	0.04	131 676.47	0.06	85 901.16	0.04	45 775.31	0.02
	差旅费	125 770.52	0.06	212 070.70	0.10	138 347.57	0.06	73 723.13	0.03
	汽车费用	217 547.81	0.11	366 822.98	0.17	239 302.59	0.11	127 520.39	0.06
	业务招待费	930 390.24	0.47	1 568 797.80	0.73	1 023 429.26	0.47	545 368.54	0.26
	劳动保护费	65 576.35	0.03	110 573.00	0.05	72 133.99	0.03	38 439.01	0.02
	展览、广告费	77 918.51	0.04	131 384.00	0.06	85 710.36	0.04	45 673.64	0.02
	运输费	838 313.96	0.42	1 413 541.37	0.65	922 145.35	0.42	491 396.02	0.23
	售后服务费	529 171.20	0.27	892 273.57	0.41	582 088.32	0.27	310 185.25	0.15
	劳务费	19 446.42	0.01	32 790.00	0.02	21 391.06	0.01	11 398.94	0.01
	散装基金	33 263.21	0.02	56 087.48	0.03	36 589.53	0.02	19 497.95	0.01
	其他	77 708.87	0.04	131 030.50	0.06	85 479.75	0.04	45 550.75	0.02
	减：管理费用	44 660 218.46	22.48	40 737 193.97	18.87	47 366 240.30	21.68	−6 629 046.33	−2.81
	工资	2 429 430.72	1.22	3 823 294.27	1.77	2 672 373.80	1.22	1 150 920.47	0.55
	福利费	278 354.58	0.14	391 689.76	0.18	306 190.04	0.14	85 499.72	0.04
	折旧费	23 562 703.48	11.86	25 611 634.22	11.86	25 918 973.83	11.86	−307 339.61	0.00
	办公费	8 254 627.04	4.16	7 146 333.73	3.31	8 880 089.74	4.06	−1 733 756.01	−0.75
	差旅费	562 351.39	0.28	491 686.29	0.23	618 586.53	0.28	−126 900.24	−0.05
	租赁费	16 784.54	0.01	18 244.07	0.01	18 463.00	0.01	−218.93	0.00
	咨询费	607 945.82	0.01	660 810.68	0.31	668 740.41	0.31	−7 929.73	−30.69
	汽车费用	1 985 442.98	1.00	310 264.11	0.14	2 023 987.28	0.93	−1 713 723.17	−0.79
	业务招待费	5 984 862.42	3.01	1 222 676.54	0.57	5 183 348.66	2.37	−3 960 672.12	−1.80
	工会经费	106 573.31	0.05	115 840.56	0.11	117 230.65	0.05	−1 390.09	0.06
	待业保险金	17 808.86	0.01	19 357.46	0.01	19 589.75	0.01	−232.29	0.00
	劳动保险费	43 555.57	0.02	42 995.18	0.02	47 911.13	0.02	−4 915.95	0.00
	公司电话费	23 580.12	0.01	23 456.66	0.01	25 938.14	0.01	−2 481.48	0.00
	交通费	17 024.32	0.01	18 504.70	0.01	18 726.75	0.01	−222.05	0.00
	电话费	15 275.51	0.01	20 951.65	0.01	16 803.07	0.01	4 148.58	0.00
	资产减值损失	753 897.77	0.38	819 454.10	0.38	829 287.55	0.38	−9 833.45	0.00

（续）

序号	项目	20X8年度实际		20X9年度实际		20X9年度预算		差 异	
		金额（元）	%	金额（元）	%	金额（元）	%	金额（元）	%
	减：财务费用	2 151 264.83	1.08	2 338 331.34	1.08	2 366 391.32	1.08	−28 059.98	0.00
	利息支出	2 201 264.83	0.87	2 398 331.33	1.11	2 426 391.31	0.87	−28 059.98	0.24
	利息收入	215 126.48	0.11	233 833.13	0.11	236 639.13	0.11	−2 806.00	0.00
	手续费	107 563.24	0.05	116 916.57	0.05	118 319.57	0.05	−1 403.00	0.00
	其他	57 563.24	0.05	56 916.57	0.05	58 319.57	0.05	−1 403.00	0.00
三、	营业利润	1 592 431.63	0.42	2 750 085.25	0.89	3 325 302.05	1.14	−575 216.80	−0.25
	补贴收入	2 198 647.96	1.11	2 590 837.89	1.20	2 403 433.95	1.10	187 403.94	0.10
	加：营业外收支净额	—	—	—	—	—	—	0.00	0.00
四、	利润总额	3 791 079.59	1.53	5 340 923.14	2.09	57 28736	2.24	−387 812.86	−0.15
	减：所得税费用	1 002 270.00	0.50	1 130 367.26	0.52	1 224 862.11	0.57	−94 494.85	−0.05
五、	净利润	2 788 809.59	1.02	4 210 555.88	1.57	4 503 873.89	1.68	−293 318.01	−0.11

附件 7-2

20X9 年实际与预算资产负债表对比分析表　　　（单位：元）

资　产	20X7年度实际	20X8年度实际	20X9年度实际	20X9年度预算	差　异
流动资产：					
货币资金	30 794 160.28	48 958 034.33	42 632 560.29	41 566 746.28	1 065 814.01
短期投资					
应收票据	2 380 000.00	3 060 000.00	2 450 000.00	1 160 000.00	1 290 000.00
应收股利	—	—	—	—	
应收利息	—	—	—	—	
应收账款	15 301 682.98	13 952 254.84	18 592 628.24	16 967 812.53	1 624 815.71
其他应收款	11 766 052.08	1 618 000.30	1 768 306.34	1 824 098.68	−55 792.34
预付账款	13 027 358.23	15 554 410.44	16 999 355.67	16 574 371.78	424 983.89
应收补贴款	—				
存货	102 420 966.56	100 721 245.01	114 840 978.15	108 158 703.70	6 682 274.45
待摊费用	74 561.59	50 758.34			
一年内到期的长期债权投资	—	—	—	—	
其他流动资产	—	—	—	—	
流动资产合计	175 764 781.72	183 914 703.26	197 283 828.69	186 251 732.97	11 032 095.72
长期投资：	5 000 000.00	120 000 000.00	110 000 000.00	110 000 000.00	0.00

(续)

资　产	20X7 年度实际	20X8 年度实际	20X9 年度实际	20X9 年度预算	差　异
长期股权投资	5 000 000.00	120 000 000.00	110 000 000.00	110 000 000.00	0.00
长期债权投资	—	—	—	—	—
长期投资合计	—	—	—	—	—
其中：合并价差	—	—	—	—	—
固定资产：					
固定资产原价	325 856 032.53	194 496 383.89	212 564 353.98	217 250 245.13	−4 685 891.15
减：累计折旧	53 929 271.27	45 539 255.09	49 769 677.69	49 525 435.75	244 241.94
固定资产净值	271 926 761.26	148 957 128.80	162 794 676.29	167 724 809.38	−4 930 133.09
减：固定资产减值准备		33 414.57	36 518.66	35 605.69	912.97
固定资产净额	271 926 761.26	148 923 714.23	162 758 157.63	167 689 203.69	−4 931 046.06
工程物资	—	—	—	—	—
在建工程	11 806 313.08	9 737 630.24	10 642 218.84	10 376 163.37	266 055.47
固定资产清理	—	—	—	—	—
固定资产合计	283 733 074.34	158 661 344.47	173 400 376.47	178 065 367.06	−4 664 990.59
无形资产及其他资产：					
无形资产	—	—	—	—	—
长期待摊费用	—	—	—	—	—
其他长期资产	—	—	—	—	—
无形资产及其他资产合计	—	—	—	—	—
递延税项：					
递延税款项	—	—	—	—	—
资产总计	464 497 856.06	462 576 047.73	480 684 205.16	474 317 100.03	6 367 105.13
负债和股东权益					
流动负债：					
短期借款	80 000 000.00	85 000 000.00	80 000 000.00	78 000 000.00	2 000 000.00
应付票据	44 090 084.09	47 106 970.71	55 854 612.80	56 458 247.48	−603 634.68
应付账款	43 351 032.55	40 864 512.25	44 660 669.13	43 544 152.40	1 116 516.73
预收账款	8 554 418.75	6 916 826.68	3 187 788.72	3 008 094.00	179 694.72
应付职工薪酬	633 974.59	729 070.78	428 223.13	417 517.55	10 705.58
应付福利费	—	—	—	—	—
应付股利	236 933.72	216 794.35	236 933.72	231 010.38	5 923.34
应交税费	−2 643 128.44	−869 624.94	−950 409.77	−926 649.53	−23 760.24

(续)

资　产	20X7 年度实际	20X8 年度实际	20X9 年度实际	20X9 年度预算	差　异
其他未交款	—	—	—	—	—
其他应付款	136 998 361.85	133 862 753.40	128 368 700.80	130 700 000.01	−2 331 299.21
预提费用	3 120 375.32	—	—	—	—
预计负债	—	—	—	—	—
一年内到期的长期负债	—	—	—	—	—
其他流动负债	—	—	—	—	—
流动负债合计	314 342 052.43	313 827 303.23	311 786 518.53	311 432 372.29	354 146.24
长期负债：					
长期借款	8 000 000.00	4 000 000.00	22 000 000.00	16 300 000.00	5 700 000.00
应付债券	—	—	—	—	—
长期应付款	—	—	—	—	—
专项应付款	1 613 580.00	1 476 425.70	1 244 879.20	1 573 240.50	−328 361.30
其他长期负债	—	—	—	—	—
长期负债合计	9 613 580.00	5 476 425.70	23 244 879.20	17 873 240.50	5 371 638.70
递延税项：					
递延税款贷项	—	—	—	—	—
负债合计	323 955 632.43	319 303 728.93	335 031 397.73	329 305 612.79	5 725 784.94
少数股东权益	—	—	—	—	—
股东权益：					
股本	120 000 000.00	120 000 000.00	120 000 000.00	120 000 000.00	0.00
减：已归还投资	—	—	—	—	—
股本净额	120 000 000.00	120 000 000.00	120 000 000.00	120 000 000.00	
资本公积	771 751.51	700 358.20	771 751.51	752 457.72	19 293.79
盈余公积	—	—	—	—	—
其中：法定公益金	—	—	—	—	—
未分配利润	19 770 472.12	22 571 960.60	24 881 055.92	24 259 029.52	622 026.40
外币报表折算差额	—	—	—	—	—

(续)

资　产	20X7 年度实际	20X8 年度实际	20X9 年度实际	20X9 年度预算	差　异
股东权益合计	140 542 223.63	143 272 318.80	145 652 807.43	145 011 487.24	641 320.19
负债及股东权益合计	464 497 856.06	462 576 047.73	480 684 205.16	474 317 100.03	6 367 105.13
指标分析：					
偿债能力比率：					
1．负债比率	69.74%	69.39%	69.37%	69.23%	0.14%
平均负债总额	323 955 632.43	321 629 680.68	327 167 563.33	324 304 670.86	2 862 892.47
平均资产总额	464 497 856.06	463 536 951.90	471 630 126.45	468 446 573.88	3 183 552.57
2．流动比率	104.73%	57.26%	60.93%	59.20%	1.73%
平均流动资产	175 764 781.72	179 839 742.49	190 599 265.98	185 083 218.12	5 516 047.86
平均流动负债	167 827 303.22	314 084 677.83	312 806 910.88	312 629 837.76	177 073.12
3．速动比率	23.33%	24.92%	26.48%	25.80%	0.68%
平均流动资产－平均存货	73 343 815.16	78 268 636.71	82 818 154.40	80 643 243.76	2 174 910.64
平均流动负债	314 342 052.43	314 084 677.83	312 806 910.88	312 629 837.76	177 073.12
4．产权比率	330.50%	326.65%	326.47%	324.99%	1.48%
平均资产总额	464 497 856.06	463 536 951.90	471 630 126.45	468 446 573.88	3 183 552.57
平均股东权益	140 542 223.63	141 907 271.22	144 462 563.12	144 141 903.02	320 660.09
资产管理能力比率：					
1．存货周转天数	—	203.19	209.87	197.82	12.05
平均存货余额	—	101 571 105.79	107 781 111.58	104 439 974.36	3 341 137.23
本年销售成本总额	—	182 454 417.10	187 450 453.37	192 699 858.81	－5 249 405.44
2．应收账款周转天数	—	26.88	27.51	25.83	1.68
平均应收账款余额	—	14 626 968.91	16 272 441.54	15 460 033.69	812 407.85
本年销售收入总额	—	198 630 905.25	215 903 157.88	218 493 995.77	－2 590 837.89
3．应付账款周转天数	—	84.24	83.27	79.94	3.33
平均应付账款余额	—	42 107 772.40	42 762 590.69	42 204 332.33	558 258.36

(续)

资　产	20X7年度实际	20X8年度实际	20X9年度实际	20X9年度预算	差　异
本年销售成本总额	—	182 454 417.10	187 450 453.37	192 699 858.81	−5 249 405.44
4．总资产周转率	—	42.85%	45.78%	46.64%	−0.86%
平均资产总额	—	463 536 951.90	471 630 126.45	468 446 573.88	3 183 552.57
本年销售收入总额	—	198 630 905.25	215 903 157.88	218 493 995.77	−2 590 837.89
获利能力比率：					
1．销售毛利率	—	8.14%	13.18%	11.81%	1.37%
本年销售毛利总额		16 176 488.15	28 452 704.51	25 794 136.96	2 658 567.55
本年销售收入总额		198 630 905.25	215 903 157.88	218 493 995.77	−2 590 837.89
2．销售利润率	—	7.38%	12.41%	11.04%	1.37%
本年营业利润总额		14 656 369.90	26 800 402.06	24 122 006.88	2 678 395.18
本年销售收入总额		198 630 905.25	215 903 157.88	218 493 995.77	−2 590 837.89
3．销售净利率	—	1.40%	1.95%	2.06%	−0.11%
本年净利润		2 788 809.59	4 210 555.88	4 503 873.89	−293 318.01
本年销售收入总额		198 630 905.25	215 903 157.88	218 493 995.77	−2 590 837.89
4．总资产报酬率		0.60%	0.89%	0.96%	−0.07%
本年净利润额		2 788 809.59	4 210 555.88	4 503 873.89	−293 318.01
平均资产总额		463 536 951.90	471 630 126.45	468 446 573.88	3 183 552.57
5．净资产收益率		1.97%	2.91%	3.12%	−0.21%
本年净利润额		2 788 809.59	4 210 555.88	4 503 873.89	−293 318.01
平均净资产	—	141 907 271.22	144 462 563.12	144 141 903.02	320 660.09

附件 7-3

20X9 年实际与预算现金流量表对比分析表　　　　　（单位：元）

项　目	20X8 年度实际	20X9 年度实际	20X9 年度预算	差　异
一、经营活动产生的现金流量：				
销售商品、提供劳务收到的现金	243 764 249.75	249 337 350.72	253 423 143.99	-4 085 793.27
收到的税费返还				
收到的其他与经营活动有关的现金	21 210 742.87	13 230 828.01	15 109 284.80	-1 878 456.79
现金流入小计	264 974 992.62	262 568 178.73	268 532 428.79	-5 964 250.06
购买商品、接受劳务支付的现金	182 462 428.78	192 871 687.40	190 390 729.90	2 480 957.51
支付给职工以及为职工支付的现金	33 312 963.47	36 304 450.16	34 598 141.00	1 706 309.16
支付的各项税费	24 229 316.24	26 405 096.16	25 164 056.64	1 241 039.52
支付的其他与经营活动有关的现金	8 665 372.32	11 443 518.22	14 360 001.72	-2 916 483.50
现金流出小计	248 670 080.81	267 024 751.94	264 512 929.26	2 511 822.69
经营活动产生的现金流量净额	16 304 911.82	-4 456 573.21	4 019 499.53	-8 476 072.75
二、投资活动产生的现金流量：				
收回投资所收到的现金	—	—	—	—
取得投资收益所收到的现金	—	—	—	—
处置固定资产、无形资产和其他长期资产所收回的现金净额	125 071 729.87			
收到的其他与投资活动有关的现金	—	10 000 000.00	10 000 000.00	0.00
现金流入小计	125 071 729.87	10 000 000.00	10 000 000.00	
购建固定资产、无形资产和其他长期资产所支付的现金	—	14 739 032.00	19 404 022.59	-4 664 990.59
投资所支付的现金	115 000 000.00	—		
支付的其他与投资活动有关的现金				
现金流出小计	115 000 000.00	14 739 032.00	19 404 022.59	-4 664 990.59
投资活动产生的现金流量净额	10 071 729.87	-4 739 032.00	-9 404 022.59	4 664 990.59
三、筹资活动产生的现金流量：				
吸收投资所收到的现金	—			
借款所收到的现金	1 000 000.00	13 000 000.00	5 300 000.00	7 700 000.00
收到的其他与筹资活动有关的现金	—			
现金流入小计	1 000 000.00	13 000 000.00	5 300 000.00	7 700 000.00
偿还债务所支付的现金	-1 000 000.00	-13 000 000.00	-5 300 000.00	-7 700 000.00
分配股利、利润或偿付利息所支付的现金	10 212 767.64	23 129 868.83	12 606 764.99	10 523 103.84
支付的其他与筹资活动有关的现金	—			
现金流出小计	9 212 767.64	10 129 868.83	7 306 764.99	2 823 103.84
筹资活动产生的现金流量净额	-8 212 767.64	2 870 131.17	-2 006 764.99	4 876 896.16
四、汇率变动对现金的影响	—	—	—	—
五、现金及现金等价物净增加额	18 163 874.05	-6 325 474.04	-7 391 288.05	1 065 814.00

附件 7-4

20Y0 年预算利润表 （单位：元）

项目	20X9 年实际	20Y0 年预算					
		第一季度	第二季度	第三季度	第四季度	本年累计数
主营业务收入	215 903 157.88	47 401 581.67	80 083 163.34	66 550 372.50	32 685 790.83	226 720 908.34
1．复合 32.5 水泥	114 206 293.42	24 599 998.84	42 361 590.91	34 537 646.82	17 616 660.68	119 115 897.25
2．复合 32.5R 水泥	5 879 042.99	816 729.25	2 981 496.17	1 812 166.64	1 543 749.90	7 154 141.97
3．普通 42.5 水泥	11 583 204.42	2 069 079.04	5 097 293.35	3 570 427.48	1 753 592.68	12 490 392.55
4．普通 42.5R 水泥	77 394 805.01	16 992 044.98	27 906 579.93	23 922 862.40	11 390 017.53	80 211 504.84
5．抗硫水泥	1 418 483.75	311 428.39	606 229.55	437 235.95	214 745.65	1 569 639.53
主营业务成本	187 450 453.37	40 824 790.50	68 701 093.01	58 648 319.75	27 292 773.25	195 466 976.51
1．复合 32.5 水泥	103 183 976.56	22 387 502.73	37 245 005.46	31 161 254.09	15 593 751.36	106 387 513.63
原材料	64 983 892.55	15 349 465.86	20 441 716.56	22 226 869.67	10 931 909.95	68 949 962.04
人员工资	35 548 174.32	6 545 214.92	15 972 051.83	8 310 568.56	4 203 676.73	35 031 512.04
其他费用	2 651 909.70	492 821.95	831 237.08	623 815.85	458 164.68	2 406 039.56
2．复合 32.5R 水泥	3 670 279.88	517 289.40	1 840 578.80	1 060 434.10	955 144.70	4 373 446.99
原材料	2 311 049.60	389 611.68	1 018 104.24	727 083.02	691 170.23	2 825 969.17
人员工资	1 264 214.73	101 988.53	769 534.68	295 552.26	238 370.29	1 405 445.76
其他费用	95 015.55	25 689.19	52 939.88	37 798.82	25 604.18	142 032.07
3．普通 42.5 水泥	8 727 693.11	1 499 243.85	3 642 487.69	2 328 865.77	1 418 621.92	8 889 219.23
原材料	5 496 770.50	877 757.43	2 258 269.87	1 572 576.73	783 339.13	5 491 943.16
人员工资	3 006 645.80	581 344.55	1 302 713.23	702 963.25	586 401.66	3 173 422.68
其他费用	224 276.81	40 141.87	81 504.58	53 325.80	48 881.14	223 853.39
4．普通 42.5R 水泥	64 736 014.07	14 341 631.48	22 383 262.97	19 197 447.23	8 965 815.74	64 888 157.42
原材料	40 769 756.52	9 791 167.70	14 079 540.08	12 180 453.95	5 843 240.96	41 894 402.69
人员工资	22 302 302.23	4 252 662.01	7 745 458.48	6 563 905.22	2 832 548.20	21 394 573.91
其他费用	1 663 955.32	297 801.77	558 264.41	453 088.06	290 026.58	1 599 180.82
5．抗硫水泥	1 175 314.34	256 249.98	508 499.95	360 374.96	164 124.99	1 289 249.88
原材料	740 476.63	168 813.99	365 718.24	254 901.48	101 640.08	891 073.79
人员工资	405 063.34	78 883.85	121 605.60	94 697.03	55 110.39	350 296.87
其他费用	29 774.36	8 552.15	21 176.11	10 776.44	7 374.51	47 879.22
毛利	28 452 704.51	6 576 791.17	11 382 070.33	7 902 052.75	5 393 017.58	31 253 931.83
主营业务税金及附加	1 652 302.45	315 259.31	630 518.61	472 888.76	257 629.65	1 676 296.53
主营业务利润	26 800 402.06	6 261 531.86	10 751 551.72	7 429 163.79	5 135 387.93	29 577 635.30
加：其他业务利润	—	88 656.43	197 312.86	102 984.64	94 328.21	483 282.14

(续)

项　　目	20X9年实际	20Y0年预算				
		第一季度	第二季度	第三季度	第四季度	本年累计数
公允价值变动损益	26 830 907.07	5 090 205.52	7 902 403.16	7 218 643.72	3 517 613.95	23 728 866.35
投资收益	—	—	—	—	—	—
减：营业费用	7 805 698.57	1 667 847.29	2 792 694.57	2 299 770.93	1 216 923.64	7 977 236.43
工资	2 197 596.90	522 777.69	860 555.37	709 166.53	350 388.84	2 442 888.42
福利费	49 909.22	9 740.79	20 481.58	12 611.18	9 870.39	52 703.94
社会保险费	423 509.48	97 714.00	157 428.01	127 071.01	70 357.00	452 570.02
住房公积金	70 300.00	11 086.23	28 172.46	19 129.34	10 043.11	68 431.14
折旧费	17 335.10	3 993.96	6 987.93	4 990.94	2 996.98	18 969.81
办公费	131 676.47	25 146.03	40 292.06	35 719.05	18 573.02	119 730.16
差旅费	212 070.70	44 393.35	65 786.69	58 590.02	32 196.67	200 966.73
汽车费用	366 822.98	82 193.66	74 387.33	123 290.49	101 096.83	380 968.32
业务招待费	1 568 797.80	350 450.33	620 900.65	490 675.49	280 225.16	1 742 251.63
劳动保护费	110 573.00	18 718.61	45 437.23	33 077.92	16 359.31	113 593.07
展览、广告费	131 384.00	19 112.39	65 224.78	35 668.59	17 556.20	137 561.95
运输费	1 413 541.37	312 592.02	455 184.04	403 888.03	171 296.01	1 342 960.09
售后服务费	892 273.57	142 633.40	299 266.80	198 950.10	111 316.70	752 167.01
劳务费	32 790.00	5 771.66	9 543.31	7 657.48	3 885.83	26 858.28
散装基金	56 087.48	6 451.44	12 902.88	9 677.16	3 225.72	32 257.20
其他	131 030.50	15 071.73	30 143.46	29 607.59	17 535.86	92 358.65
减：管理费用	40 737 193.97	9 106 354.27	13 536 666.53	10 839 574.89	6 907 191.63	40 389 787.32
工资	3 823 294.27	752 303.19	1 395 833.32	1 030 478.67	610 789.01	3 789 404.19
福利费	391 689.76	81 007.65	150 544.23	125 056.83	58 601.98	415 210.69
折旧费	25 611 634.22	5 488 453.21	7 895 765.66	6 654 745.67	4 614 302.66	24 653 267.20
办公费	7 146 333.73	1 923 876.09	2 731 009.72	1 966 907.36	1 032 798.76	7 654 591.93
差旅费	491 686.29	124 214.48	168 676.71	136 540.79	74 175.67	503 607.65
租赁费	18 244.07	4 022.49	6 783.81	5 500.34	2 413.40	18 720.04
咨询费	660 810.68	164 777.32	200 442.50	180 348.32	120 433.63	666 001.77
汽车费用	310 264.11	77 761.05	106 873.04	83 076.22	35 635.41	303 345.72
业务招待费	1 222 676.54	262 643.04	470 438.33	328 956.90	206 403.57	1 268 441.84
工会经费	115 840.56	22 298.36	45 561.36	37 252.87	10 797.62	115 910.21
待业保险金	19 357.46	4 980.55	8 908.77	6 980.88	2 168.03	23 038.23
劳动保险费	42 995.18	9 722.41	15 396.79	13 034.34	7 600.71	45 754.25

（续）

项　　目	20X9年实际	20Y0年预算				
		第一季度	第二季度	第三季度	第四季度	本年累计数
公司电话费	23 456.66	4 944.91	8 487.88	6 655.68	4 667.01	24 755.48
交通费	18 504.70	5 869.04	7 999.99	5 767.67	2 389.72	22 026.42
电话费	20 951.65	4 213.33	8 393.19	6 498.97	3 431.73	22 537.22
资产减值损失	819 454.10	175 267.15	315 551.23	251 773.38	120 582.72	863 174.48
减：财务费用	2 338 331.34	468 075.39	808 150.79	643 113.08	313 037.69	2 711 816.35
利息支出	2 398 331.33	505 439.41	850 878.81	658 159.11	332 719.70	2 347 197.03
利息收入	233 833.13	62 543.94	85 087.88	53 815.91	38 271.97	239 719.70
手续费	116 916.57	17 589.96	33 179.93	29 884.94	13 294.98	93 949.81
其他	56 916.57	7 589.96	9 179.93	8 884.94	5 294.98	30 949.81
营业利润	2 750 085.25	198 116.86	1 713 755.85	968 333.25	310 177.13	2 710 943.69
补贴收入	2 590 837.89	601 067.51	942 135.01	766 601.26	345 533.75	2 655 337.53
加：营业外收支净额	—	—	—	—	—	—
利润总额	5 340 923.14	799 184.37	2 655 890.86	1 734 934.51	655 710.88	5 366 281.22
减：所得税费用	1 130 367.26	168 627.90	560 392.97	366 071.18	138 355.00	1 132 285.34
净利润	4 210 555.88	630 556.47	2 095 497.89	1 368 863.33	517 355.88	4 233 995.88

附件 7-5

20Y0 年预算资产负债表　　　　　　　　　　（单位：元）

资　　产	20X9 年实际	20Y0 年预算 第一季度	第二季度	第三季度	第四季度
流动资产：					
货币资金	42 632 560.29	44 082 067.34	56 104 449.34	64 119 370.68	40 074 606.67
短期投资	—	—	—	—	—
应收票据	2 450 000.00	2 533 300.00	3 224 200.00	3 684 800.00	2 303 000.00
应收账款	1 768 306.34	1 828 428.76	2 327 091.14	2 659 532.74	1 662 207.96
减：坏账准备	—	—	—	—	—
应收账款净额	1 768 306.34	1 828 428.76	2 327 091.14	2 659 532.74	1 662 207.96
预付账款	16 999 355.67	17 577 333.76	22 371 152.06	25 567 030.93	15 979 394.33
其他应收款	18 592 628.24	19 224 777.60	24 467 898.76	27 963 312.87	17 477 070.55
存货	114 840 978.15	118 745 571.41	151 130 727.25	172 720 831.14	107 950 519.46
待摊费用	—	—	—	—	—
待处理流动资产净损失	—	—	—	—	—
一年内到期的长期债券投资					
其他流动资产	—	—	—	—	—
流动资产合计	197 283 828.69	203 991 478.87	259 625 518.56	296 714 878.35	185 446 798.97
长期投资：					
长期投资	110 000 000.00	113 740 000.00	144 760 000.00	165 440 000.00	103 400 000.00
固定资产：					
固定资产原价	212 564 353.98	219 791 542.02	279 734 689.84	319 696 788.39	199 810 492.74
减：累计折旧	49 769 677.69	51 461 846.73	65 496 895.84	74 853 595.25	46 783 497.03
减：固定资产减值准备	36 518.66	37 760.29	48 058.56	54 924.06	34 327.54
固定资产净值	162 758 157.63	168 291 934.99	214 189 735.44	244 788 269.08	152 992 668.17
在建工程	10 642 218.84	11 004 054.28	14 005 159.99	16 005 897.14	10 003 685.71
待处理固定资产净损失					
固定资产合计	173 400 376.47	179 295 989.27	228 194 895.43	260 794 166.21	162 996 353.88
无形及递延资产：					
无形资产	—	—	—	—	—
递延资产	—	—	—	—	—
无形及递延资产合计					
其他资产：					
其他长期资产	—	—	—	—	—
资产总计	480 684 205.16	497 027 468.14	632 580 413.99	722 949 044.56	451 843 152.85
负债及所有者权益					

(续)

资　产	20X9年实际	20Y0年预算			
		第一季度	第二季度	第三季度	第四季度
流动负债：					
短期借款	80 000 000.00	82 720 000.00	105 280 000.00	120 320 000.00	75 200 000.00
应付票据	55 854 612.80	57 753 669.64	73 504 670.44	104 005 337.65	47 983 336.03
应付账款	44 660 669.13	46 179 131.88	68 645 440.58	77 237 646.37	41 981 028.98
预收账款	3 187 788.72	3 296 173.54	14 195 129.96	24 794 434.23	2 996 521.40
其他应付款	128 368 700.80	133 561 236.63	168 933 210.25	193 066 526.00	117 666 578.75
应付职工薪酬	428 223.13	442 782.72	563 541.64	644 047.59	402 529.74
应交税费	−950 409.77	−982 723.70	−1 250 739.26	−1 429 416.29	−893 385.18
应付股利	236 933.72	244 989.47	311 804.78	356 348.31	222 717.70
预提费用	—	—	—	—	—
待扣税金	—	—	—	—	—
一年内到期的长期负债	—	—	—	—	—
其他流动负债	—	—	—	—	—
流动负债合计	311 786 518.53	323 215 260.16	430 183 058.39	518 994 923.87	285 559 327.42
长期负债：					
长期借款	22 000 000.00	26 000 000.00	47 000 000.00	43 500 000.00	21 000 000.00
应付债券	—	—	—	—	—
长期应付款	—	—	—	—	—
专项应付款	1 244 879.20	1 287 205.09	1 638 261.03	1 872 298.32	1 170 186.45
其他长期负债	—	—	—	—	—
长期负债合计	23 244 879.20	27 287 205.09	48 638 261.03	45 372 298.32	22 170 186.45
所有者权益：					
实收资本	120 000 000.00	120 000 000.00	120 000 000.00	120 000 000.00	120 000 000.00
资本公积	771 751.51	797 991.06	1 015 624.99	1 160 714.27	725 446.42
盈余公积	—	—	—	—	—
未分配利润	24 881 055.92	25 727 011.82	32 743 469.59	37 421 108.10	23 388 192.56
所有者权益合计	145 652 807.43	146 525 002.88	153 759 094.58	158 581 822.37	144 113 638.98
负债及所有者权益总计	480 684 205.16	497 027 468.14	632 580 413.99	722 949 044.56	451 843 152.85

附件 7-6

20Y0 年预算现金流量表

（单位：元）

项　目	第一季度	第二季度	第三季度	第四季度
一、经营活动产生的现金流量：				
销售商品、提供劳务收到的现金	55 424 812.95	103 371 657.54	97 344 554.94	38 304 206.33
收到的税费返还	—	—	—	—
收到的其他与经营活动有关的现金	12 962 108.96	17 943 163.43	31 924 217.91	32 569 286.61
现金流入小计	68 386 921.91	121 314 820.97	129 268 772.85	70 873 492.94
购买商品、接受劳务支付的现金	49 493 837.50	86 576 252.57	64 177 935.27	33 401 663.61
支付给职工以及为职工支付的现金	7 607 409.93	12 447 034.47	11 214 819.86	26 489 227.65
支付的各项税费	5 805 727.50	8 208 591.25	6 719 522.77	10 084 841.35
支付的其他与经营活动有关的现金	4 809 191.01	6 578 080.47	2 437 440.63	3 871 342.31
现金流出小计	67 716 165.94	113 809 958.77	84 549 718.53	73 847 074.92
经营活动产生的现金流量净额	670 755.98	7 504 862.20	44 719 054.32	−2 973 581.99
二、投资活动产生的现金流量：				
收回投资所收到的现金	—	—	—	—
取得投资收益所收到的现金				
处置固定资产、无形资产和其他长期资产而收回的现金净额				
收到的其他与投资活动有关的现金				
现金流入小计				
购建固定资产、无形资产和其他长期资产所支付的现金	5 895 612.80	54 794 518.96	87 393 789.74	−10 404 022.59
投资所支付的现金	3 740 000.00	34 760 000.00	55 440 000.00	−6 600 000.00
支付的其他与投资活动有关的现金				
现金流出小计	9 635 612.80	89 554 518.96	142 833 789.74	−17 004 022.59
投资活动产生的现金流量净额	−9 635 612.80	−89 554 518.96	−142 833 789.74	17 004 022.59
三、筹资活动产生的现金流量：				
吸收投资所收到的现金	—	—	—	—
取得借款所收到的现金	6 720 000.00	50 280 000.00	61 820 000.00	−5 800 000.00
收到的其他与筹资活动有关的现金	—			
现金流入小计	67 200 00.00	50 280 000.00	61 820 000.00	−5 800 000.00
偿还债务所支付的现金	−6 720 000.00	−50 280 000.00	−61 820 000.00	5 800 000.00
分配股利、利润和偿付利息所支付的现金	3 025 636.13	5 038 454.19	4 038 454.19	4 988 394.22
支付的其他与筹资活动有关的现金	—			
现金流出小计	−3 694 363.87	−45 241 545.81	−57 781 545.81	10 788 394.22
筹资活动产生的现金流量净额	10 414 363.87	95 521 545.81	119 601 545.81	−16 588 394.22
四、汇率变动对现金的影响				
五、现金及现金等价物净增加额	1 449 507.05	13 471 889.05	21 486 810.39	−2 557 953.62

第 8 章
预算调整与追加实务

精彩抢先读

预算的调整及追加应坚持预算刚性但不僵化、灵活而不失控的原则。任何的预算调整及追加都应有相应的权限配置，并根据企业权责的分配形成企业授权管理制度。在对待权限配置问题上，整体宗旨是由预算管理委员会担当预算调整及追加的审批者角色，并最终报经总经理批准执行。本章在进行分析阐述过程中配有相应的制度范例及一定的图例说明。

8.1 预算调整权限及审批表

8.1.1 预算调整概述

1．定义

预算调整是指当企业内外环境发生变化，预算出现较大偏差，原有预算不再适宜时，所进行的预算修改。

预算调整体现的是灵活管理思想。一方面，在预算执行过程中，由于主、客观因素的变化，尤其是当外部环境发生重大变化或企业战略决策发生重大调整的时候，预算调整是协调企业资源的使用与企业行动目标相一致的必不可少的环节。另一方面，预算调整又必须是一个规范的过程，需要建立严格规范的管理制度。事实上，外界环境随时都在发生变化，如果稍有变化便调整预算，则企业目标无从实现，预算也就失去了本身的意义。只有规范预算调整制度并严格执行，企业才能达到进行预算调整的真正目的。

2．预算调整的驱动因素

当企业内外部环境发生哪些变化，并且该变化对企业带来多大影响的时候，需要进行预算调整？这是各个企业在建立预算调整管理制度时必须考虑的问题。因此，企业必须对预算调整驱动因素进行清晰的区分和定义，并且对这些驱动因素对企业的影响大小进行界定，明确在哪些情况下可以考虑进行预算调整，以规范预算调整行为。对于不同行业、不同规模的企业，预算调整的条件是互不相同的。企业需要参考行业经验、企业历史情况，并结合赋予企业内部不同管理岗位相应的决策审批权限，予以确定。

具体而言，预算调整的驱动因素大致可以分为以下几种情况：

（1）国家政策和规定发生重大变化；

（2）企业组织变革；

（3）企业外部环境和市场需求环境发生重大变化；

（4）企业经营范围和业务种类发生重大变化；

（5）企业内部运营资源发生变化；

（6）资源临时增补或调整。

3．预算调整程序

预算调整必须具有一定的程序。一般情况下，预算调整需要经过申请、审议、批准三个主要程序。

（1）预算调整的申请

如果需要调整预算，首先应由预算执行人或编制人员提出申请，调整申请应说明调整的理由、调整的初步方案、调整前后的预算指标对比以及调整后预算的负责人与执行人等情况。

（2）预算调整的审议

通常由财务部门或预算工作组负责对调整申请进行审议，提出审议意见。审议意见应说明审议的参与人和审议过程，包括对申请同意、反对或补充修改的内容。

（3）预算调整的批准

经审议后的预算调整申请，即可报送有关部门批准。批准人应在审阅有关资料后，提出同意或不同意调整的书面意见，包括否定的原因或补充意见等，然后下发给申请人遵照执行。由于预算调整牵涉面较广，对企业内部各部门都有可能产生影响，通常将预算调整特别是将重大预算调整的审批权限集中于预算管理委员会，若没有专设预算管理委员会，则应由企业最高权力机构负责审批。

4．预算调整事项应当遵循的原则

（1）不能偏离企业发展战略和年度预算目标；

（2）调整方案应当在经济上能够实现最优化；

（3）调整重点应当放在预算执行中出现的重要的、非正常的、不符合常规的关键性差异方面。

8.1.2　预算调整控制

单位正式下达执行的预算，一般不予调整。但在预算执行过程中，由于主、客观条件的发展变化，要保证预算的科学性、严肃性与可操作性，对预算进行适当的调整是必要的，尤其是企业在刚开始做预算时，由于经验不足，调整的频率和幅度还可能会较大。这种调整同预算的制定一样，必须基于一定的规范。若稍有变化便调整预算，企业目标便无从实现，预算也就失去了本身的控制意义，为此必须建立严格、规范的调整控制。预算的调整控制可包括如下几个方面：调整遵循原则控制、调整范围控制、调整权限控制、调整程序控制以及日常控制。

对于预算执行单位提出的预算调整事项，企业进行决策时，应当遵循一定的原则，以保证调整事项符合企业发展战略、经济上最优以及属于关键性的差异等。具体包括以下三项原则：

（1）预算调整事项应当符合单位发展战略和年度生产经营目标；

（2）预算调整方案应当客观、可行，即在经济上能够实现最优化；

（3）预算调整重点应当放在预算执行中出现的重要的、非正常的、不符合常规的关键性差异方面。

对于不符合上述要求的预算调整报告和调整方案,单位预算管理部门和决策机构应当予以否决。

1. 调整范围的控制

为了保证预算管理的权威性,各企业应当结合自身的实际情况,严格界定预算的调整范围。只有当受到不可控因素影响,或单位预算管理部门和单位决策机构认可的其他原因,才允许调整预算。这样可避免许多企业在执行预算时经常出现的"下面天天打报告,上面天天调预算,预算跟着报告跑"的现象。

对于预算调整的范围,笔者认为可划分为两类:预算目标调整和预算内部调整。

对于前者,由于预算目标的调整会影响到企业的战略目标,因此,对于这种调整应规定严格的限制条件,比如在执行过程中由于市场环境、经营条件、国家法规政策等发生重大变化,或出现重大自然灾害、公共紧急事件等不可抗力致使预算的编制基础不成立,或者将导致预算执行结果产生重大差异的,经单位决策机构批准,可以调整预算。在此,应当注意的是,不同行业、不同规模的企业对于"重大"有不同的理解,所以各个企业还应当对"重大"进行量的界定。另外,还应规定调整的时间或次数,如除了突发的特殊事项需要进行特殊事项调整以外,一般每年只在7月调整一次。

对于后者,预算内部调整则属于企业内部资源的调整,并不影响企业的经营目标,因此,只要履行规定的超预算审批即可,同时鼓励预算执行单位及时采取有效的经营对策,保证目标的实现。其调整频率可考虑为每季度一次。

2. 调整权限的控制

由于预算调整属于非正常事项,并且牵涉面广,对相关部门也会产生影响,还可能会引起一系列变化,要从严把握,特别应对调整权限进行严格的控制,遵循调整权集中性的原则,以避免调整的无序和多头状态。同时,为了避免由总经理总揽一切权力所形成的"内部人控制"现象,保证预算管理的权威性,预算管理委员会或单位最高决策机构应作为预算管理的最高权力机构,所有预算调整的审批权限应归属预算管理委员会或单位最高决策机构,由其统一行使预算标准的制定、审核,预算调整的审批等权力。

3. 调整程序的控制

预算是企业在预算期间进行执行与控制的标准,保证其稳定性能够使企业的业务目标连续、一致,并且有利于员工的理解和执行。因此,预算调整必须经过规定的程序,不得随意更改,否则会前功尽弃。笔者认为,预算的确定程序是刚性的,调整程序也应是刚性的,只有这样才能保持预算控制的高度权威性。因此,预算项目调整的申请、上报、审批、下达等流程应与预算编制的流程相同。

在调整预算时,应当由预算执行单位逐级向预算管理委员会提出书面报告,阐述预算执行的具体情况。各预算执行单位的主管部门可根据预算中未规定的事项、超过预算限额的事项以及执行预算差异较大的事项和客观因素变化情况及其对预算执行造成的影响程度等,对提出的申请进行审议并提出预算的调整幅度。预算管理委员会应当对经过审议的预算执行单位提交的预算调整报告进行审核分析,集中编制单位年度预算调整方案,提交单位最高决策机构审议批准,然后下达执行。在审核调整方案时,应遵循预算调整的上述三项原则,值得注意的是,在预算调整批准之前,应当按原预算执行。

对于集团企业中分企业或子企业的预算调整,笔者认为,利润预算、现金流量预算的调整如不突破年度预算,可由各单位预算管理委员会审批;超过年度预算的利润预算、现金流量预算、资本性支出预算的调整以及资本性支出预算增减项目调整,由基层单位预算管理办公室提出申请,报集团企业预算管理委员会和企业决策机构审核后决定是否批准。

4. 预算调整的日常控制

在制定预算时,我们尽管预测了未来可能发生的情况,并制定出相应的应变措施,但一方面预算不可能面面俱到,另一方面情况也在不断变化,总有一些问题是不可能预见的,因此,加强对预算调整的日常管理特别重要。笔者认为,预算调整的日常控制,应着重从预算执行者和预算管理者两个方面进行:

(1) 预算执行者应当对预算进行日常的控制,应密切关注影响本部门预算项目的内外部环境,进行日常检查,以便及时采取必要的措施,必要时加以调整。

(2) 预算的日常管理部门应当及时和生产、销售、采购、供应等部门保持实时的信息沟通,对各部门完成预算情况进行动态跟踪监控,不断调整偏差,确保预算目标的实现。

只有对调整原则、调整范围、调整权限、调整程序以及日常控制等进行了严格规范,才能在出现难以预料的新情况时,使预算调整有序进行。这样,调整才不会削弱预算控制的力度,从而促使各执行单位认真、负责地执行预算。

8.1.3 预算调整流程

预算调整不改变年度企业预算总额,只是将月度预算额在不同月份之间或不同部门之间的增减。在预算执行过程中,由于经营管理的需要和其他因素的变化,可以调整部门预算,但必须保证在本预算年度内的其他月份和其他部门予以平衡和弥补完成。

预算调整程序:
(1) 由各责任预算单位提出调整预算的初步方案;
(2) 由预算考核办公室授权监察部门、审计部门进行调查;
(3) 由财务管理部门对预算调整方案进行审核;
(4) 预算编制办公室根据财务管理部门的审核意见和监察部门、审计部门的调查结论,提出预算调整方案报预算管理委员会;
(5) 预算管理委员会审查核准;
(6) 涉及资本性支出预算调整的,须报企业投资委员会核准后方可实施。

8.1.4 预算调整审批权限

全面预算管理委员会是实施全面预算管理的最高管理机构,以预算会议的形式审议各预算事项,委员会主任由集团总经理兼任,各分(子)企业经理、各部部长兼任委员,计划财务部为处理利润导向型全面预算管理日常事务的职能部门。

全面预算管理委员会的组成如图8-1所示。

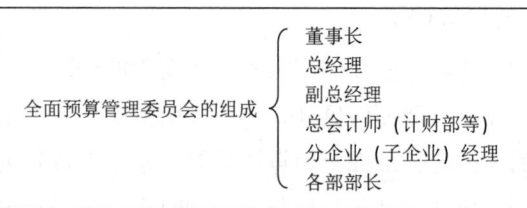

图 8-1 全面预算管理委员会的组成

在预算执行过程中,企业由于经营管理的需要和其他不可控因素的变化,可以调整部门预算,但必须保证在本预算年度内的以后月份予以弥补完成。

企业预算调整时应召开由企业总经理主持的预算调整会议,研究讨论调整的部门、时间、项目、额度。预算调整会议后,应形成书面决议,并编制新的调整后预算表,注明调整时间、第几次调整和具体执行时间并编写调整说明。新预算要另行编制,原始预算要另行保存,作为年终预算考核的依据。

(1) 消除不利因素的预算调整

结合企业为消除不利差异所做的调整,由预算部门对初始编制的后续月度预算进行调整,以保证在完成年度预算的目标下,月度预算能够及时反映经营活动的变化,以便于实施控制与考核。调整后的预算报预算管理层审批,涉及年度预算目标的项目,报董事会审批。

（2）后续月度/季度的经营预算调整

由内部可控因素引起的不利预算差异，应由对应的责任部门调整其经营活动，采取措施消除差异产生的原因，并尽可能在后续月度内消化已形成的预算差异，相应地，预算控制部门对上述责任部门的经营活动要加强预算控制力度。

已形成的差异将根据其成因的性质记入对应责任部门的业绩，同时，后续月度的考核指标也要随月度预算的调整进行相应的修正，以利于责任部门消除不利差异。

企业需要调整月度预算时，应由各预算单位负责人报企业财务部门核准，总经理审批。在 XJRQ 集团的预算制度中，预算调整规定为"下属企业（各分、子公司）的预算经财务负责人和总经理批准后，如需调整必须以'签呈'和'预算调整申请单'的形式向集团总会计师递交预算调整申请，详细说明要求调整的理由、项目、额度、时间和以后弥补预算的保障措施。调整额度在 5 万元以内的，由总会计师审批；超过 5 万元的由总会计师核准，报董事长审批；20 万元以上的，由总会计师核准，预算管理委员会批准。签呈一式三份，一份报总会计师，另两份由部门和财务留存。否则，一律不得调整已经批准执行的预算"。

预算指标调整审批表见表 8-1。

表 8-1 预算指标调整审批表

申请单位：						年 月 日
申请情况				审批情况		调整理由
项目名称	原预算指标值	申请调整额	调整后预算指标值	批准调整额	批准后预算指标值	
金额合计						
申请单位经办人	申请单位财务负责人签名	申请单位负责人签名	集团财务总监签名	集团预算管理委员会签章		

注：审批程序见预算管理实施细则。

8.1.5 案例分享：预算调整权限分配

【案例 8-1】 XJRQ 企业集团预算管理月度调整体系

XJRQ 企业集团预算管理月度调整体系主要由三个层次的预算调整组成。以下就将从这三种时点不同、调整对象不同的预算调整出发，介绍 XJRQ 企业集团预算管理月度调整体系。

1. 审批通过的日常超预算申请的预算调整——一般预算执行控制流程和工程项目预算执行控制流程

本流程中涉及的预算调整驱动因素一般属于生产经营或资本资源的临时增补及调整。相关审批权限请参见流程说明（见表8-2）。具体的预算调整工作将在审批后的20日起根据预算调整方案进行。

2. 月度经营分析会中认为有必要进行的特殊事项调整——预算执行评估流程转接预算调整流程

本流程中涉及的预算调整驱动因素为月度经营分析会中认为有必要进行调整的特殊事项，包括：

行业的国家管理政策和规定发生重大变化：如国家对收费标准、管网运行质量等的规定发生变化，将直接影响到年初销售和基建投资预算的执行情况。

企业组织变革：当企业战略发生重大变动，并需调整组织架构来支持实施战略行动时，各预算责任单位的权责都随之发生了重大变化，这时需要重新拆分和调整各部门或事业部的经营预算。

企业外部环境和市场需求环境发生重大变化：基于企业外部环境和市场需求的销售预测是编制销售预算的基础，在遇到外部环境发生重大变化的时候，应及时改变各产品和业务的营销策略，并调整相关经营收支预算。

经营范围和业务种类发生重大变化：新产品和新业务的推出会影响到收入预算及相关支出使用计划的变动，需要就新品种和业务对收入、支出预算的影响进行估算，调整预算。

企业内部运营资源发生变化：当企业内部的生产经营条件或资源发生重大变化，如不可抗力导致的管网设备出现重大故障或瘫痪时，也需要调整相应的生产经营预算，调整幅度取决于故障对预算执行产生影响的程度。

相关审批权限请参见流程说明（见表8-2）。具体的预算调整工作将在特殊事项预算调整审批后的20日起根据预算调整方案进行。

3. 每年7月总经理办公会审批通过的年中预算调整——预算调整流程

本流程回顾上半年企业和各部门预算执行情况，在每月的月度经营分析会对企业内外部情况进行评估的基础上，在年中对企业下半年预算的适用性进行评估与分析，确定是否需要进行预算调整，其中可能会涉及的预算调整驱动因素较多，包括国家管理政策和规定的重大变化、企业组织变革、企业外部环境和市场需求环境及企业内部运营资源的重大变化、生产经营或资本资源的临时增补及调整等。相关审批权限请参见流程说明（见表8-2）。具体的预算调整工作将在审批后的20日起根据预算调整方案进行。

4. 对于具体预算调整工作的建议

每月20日，财务部门经理组织部门内部收入、支出、资金岗位和相关预算部门的财务管理岗位召开预算沟通会议，根据上阶段已通过审批的预算调整方案，讨论确定各相关岗位的职责分工，包括各自的工作内容、完成的时间、岗位间的信息流转，协作进行统一的月度预算调整工作。对于日常的超预算申请调整，建议在两天内完成；对于特殊事项或半年度的预算调整，建议在月底前完成。

表 8-2 全面预算管理月度调整审批体系

调整对象	相关预算管理流程	预算调整驱动因素	申请频率	审批决策部门
审批通过的日常超预算申请的预算调整	一般预算执行控制流程	生产经营资源临时增补或资源调整	不定期	根据该流程中确定的审批权限，涉及相关部门经理、相关专业分管副总、财务部门经理、财务分管副总、总经理办公会
	工程项目预算执行控制流程	生产经营资源临时增补或调整	不定期	根据工程项目管理制度的有关规定，涉及固定资产投资部门、科研、设计会审、总经理办公会
月度经营分析会中认为有必要进行的特殊事项调整	预算执行评估流程、预算调整流程	国家政策发生重大变化、企业组织变革、企业外部环境发生重大变化、经营范围和业务种类发生重大变化、企业内部运营资源发生变化、生产经营资源临时增补或资源调整	最多每月一次	根据该流程中确定的决策权限，涉及经营分析会、财务部门经理、财务分管副总、总经理办公会
每年7月总经理办公会审批通过的年中预算调整	预算调整流程	国家政策发生重大变化、企业组织变革、企业外部环境发生重大变化、经营范围和业务种类发生重大变化、企业内部运营资源发生变化、生产经营资源临时增补或资源调整	半年一次	根据该流程中确定的决策权限，涉及相关部门经理、相关专业分管副总、财务部门经理、财务分管副总、总经理办公会

8.2 预算追加权限及审批表

8.2.1 预算追加简述

预算追加是预算总额度的增减。各企业根据经营管理发展的需要，可以追加销售、采购、利润、资本等重大项目的预算。企业除上述总体项目预算需要追加和追减外，各部门在预算执行过程中，由于新的经济业务的内容不在原预算之内或在预算之内但其实际金额超过了原预算金额，也需要申请追加补充和追减，主要是费用预算、资金预算等。

对重大项目预算的追加，必须召开由各企业总经理主持的预算调整会议，认真讨论项目的可行性研究报告、市场形势分析报告，确定追加项目的预算额度，并形成书面会议决议，由企业的预算管理办公室编制新的追加预算。

部门预算的追加，一般情况是各部门在执行预算过程中由于工作的需要，准备增加小额资产和经费等，应由部门负责人以签呈的形式向所属企业的财务部门提出，经总经理同意后上报，要详细说明追加的理由，同时填写"预算指标追加申请单"（见表 8-3）进行逐级审批。

表 8-3 预算调整（追加/变更）申请单

申请部门：				NO.	
申请项目：					
申请性质	变更：	变更金额	从……编码变至……编码		
	追加：	追加金额	原预算编码：		
			原预算金额：		
	新增：	新增金额	新增编码		
申请理由：					
申请人		部门负责人			
分管部门负责人意见（是或否）			分管部门负责人签字		
财务负责人意见（是或否）			财务负责人签字		
是否影响责任人考核（是或否）			企业总经理批准		

8.2.2 预算追加程序

预算追加是指改变企业年度预算总额，企业总预算发生了增减变化。企业由于政策原因或出现不可抗力因素时，可追加总预算。预算追加程序如下：

（1）由各责任预算单位提出追加预算的初步方案；

（2）由预算考核办公室授权监察部门、审计部门进行调查；

（3）由财务管理部门对预算追加方案进行审核；

（4）预算编制办公室根据财务管理部门的审核意见和监察部门、审计部门的调查结论，提出预算追加方案报预算管理委员会；

（5）经预算管理委员会审议后，报企业预算管理办公室；

（6）企业预算管理办公室提出初步审核意见；

（7）企业预算管理委员会审核批准。

(8) 预算管理办公室根据企业预算管理委员会审定的追加额,调整企业总预算;

(9) 涉及资本性支出预算追加的,须报企业投资委员会核准后方可实施。

8.2.3 预算追加审批程序

全面预算管理委员会是实施全面预算管理的最高管理机构,以预算会议的形式审议各预算事项,同样,预算追加也由预算管理委员会审批。

在 XJRQ 集团的预算制度中,有关预算追加的条款规定:"追加金额在 20 万元(含)以内的,由各企业财务负责人和总经理提出申请,报总会计师审核,由董事长批准;20 万元以上的预算追加,由各企业财务负责人和总经理提出申请,报总会计师审核,报预算管理委员会批准。"

企业与部门预算追加后,均应形成新的追加后预算表,注明追加时间、第几次追加、具体执行时间并编写追加说明。新预算另行编制,原预算另行保存,作为年终预算考核的参考资料。

预算的追加涉及企业总预算的变更时,预算管理办公室(财务部门)根据申请单金额在调整部门预算的同时,相应调整下属各分、子公司的总预算及企业集团总预算。

预算指标追加审批表如表 8-4 所示。

表 8-4 预算指标追加审批表

申请单位:　　　　　　　　　　　　　　　　　　　年　　月　　日

项目名称	申请情况			审批情况		追加理由
	原预算指标值	申请追加额	追加后预算指标值	批准追加额	批准后预算指标值	
金额合计						
申请单位经办人签名	申请单位财务负责人签名	申请单位负责人签名	集团财务总监签名		集团预算管理委员会签章	

注:审批程序见预算管理实施细则。

8.3 预算调整与追加审批流程图

预算管理是企业内部控制的一项重要控制方法,它为企业各级部门明确了未来的工作目标和任务,并通过这些目标与任务来监控战略目标的实施进度,控制企业的开支。预算控制方法的设立是为了规范预算过程,降低预算风险,进而提高预算的控制力度。当今世界上许多企业都接受和坚持运用预算管理方法,并将其作为一种重要的内部控制与管理手段。我国的企业已逐渐意识到了它在企业管理中的重要作用,也在实践中积累了许多宝贵的经验。我国针对内部控制方法的研究较少,特别是忽视对预算本身的控制问题,不能为预算的实施直接提供控制方法的指导。针对这些情况,应加强从内部控制的角度、针对预算的调整来探讨预算的具体控制方法和控制重点,以期为我国企业在发展预算管理、增强内部控制方面提供有价值的参考。

预算调整、追加审批流程如图 8-2 所示。

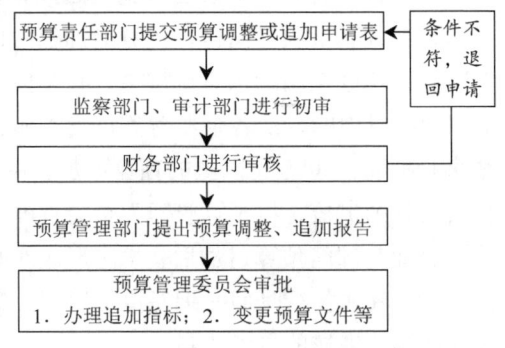

图 8-2　预算调整、追加审批流程图

8.4　案例分享:预算调整与追加管理办法制定

本书以 XJRQ 集团的预算调整追加管理办法为例,介绍相应的制度范本。

【案例 8-2】　XJRQ 企业集团预算调整与预算追加管理办法

预算调整与预算追加管理办法

1. 总则

1.1　为规范企业预算调整和预算追加程序,保证预算流程顺畅,提高预算的严谨性,制定本办法。

1.2　本办法适用于企业所属各单位。

2. 预算调整与预算追加的概念

2.1　预算调整的概念。

预算调整是指由于预算前提发生重大变化、企业业务体制划转、机构设置变化、核算方式改变等原因,使得某些预算指标需在预算项目间更新分配、归并或修正预算指标,从而使预算指标进行重新调整的过程。预算调整是在已有预算项目之间的调整,是预算内调整。

2.2　预算追加的概念。

预算追加是指由于企业经营规模扩大导致业务量增加或出现新的业务使年度预

算没有考虑全面，从而对已有预算项目的预算指标进行追加或新增预算项目和预算指标的过程。

3．预算调整与预算追加的前提条件

3.1 企业年度预算书一经批准下达，原则上不予调整。如遇执行环境发生重大变化和编制基础发生重大改变，造成执行中发生重大偏差时，企业酌情予以调整或追加。

3.2 凡具备下列条件之一者，预算予以调整或追加：

（1）组织机构调整；

（2）业务流程变化；

（3）预算管理委员会决定的其他事项。

4．预算调整与预算追加业务流程

调整额度在 5 万元以内的，由总会计师审批；超过 5 万元的由总会计师核准，报董事长审批；20 万元以上的，由总会计师核准，预算管理委员会批准。签呈一式三份，一份报总会计师，一份由部门和财务留存。否则，一律不得调整已经批准执行的预算。

追加金额在 20 万元（含）以内的，由各企业财务负责人和总经理提出申请，报总会计师审核，由董事长批准；20 万元以上的预算追加，由各企业财务负责人和总经理提出申请，报总会计师审核，报预算管理委员会批准。

预算调整与追加业务流程如图 8-3 所示。

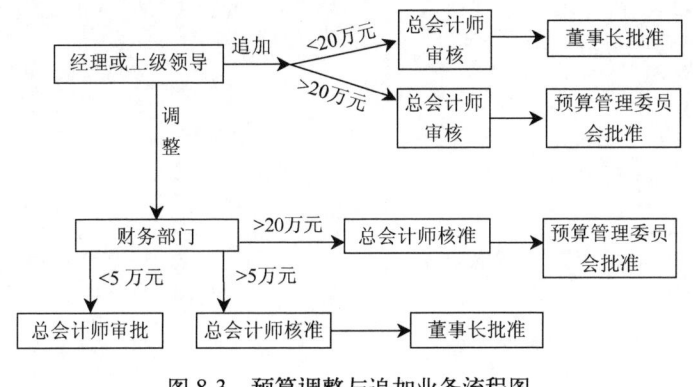

图 8-3　预算调整与追加业务流程图

第四篇
预算控制、考评与激励操作指南

第 9 章　预算管理责任网络的建立
第 10 章　预算反馈：预算分析报告实务
第 11 章　预算与绩效管理的协同

第 9 章
预算管理责任网络的建立

 **精彩抢先读**

为了强化预算控制、确保预算执行达到预期效果，必须明确内部各部门之间的权责关系，并不断协调其利益冲突，因此企业需要建立一套与其经营理念和组织架构相适应的预算管理责任网络。本章以案例的形式阐述了企业责任中心的划分以及责任预算的分解与落实，并以 XJRQ 企业集团预算责任分工及预算差异分析流程图的制定为读者提供了参考。

9.1 预算责任的分解落实

9.1.1 责任中心

在分权管理企业中,各种承担与其经营决策权相适应的经济责任的组织部门或区域称为责任中心。它有两方面的含义:第一,责任中心具有履行经济责任中各条款的行为能力;第二,责任中心一旦不能履行经济责任,能对其后果承担责任。责任中心按其控制区域和责任范围的大小划分,基本上有四种形式,即成本中心、收入中心、利润中心和投资中心。

1. 责任中心的基本特征

责任中心的基本特征是责、权、利相结合,具体如下:
(1) 拥有与企业总体管理目标相协调且与其管理职能相适应的经营决策权。
(2) 承担与其经营决策权相适应的经济责任。
(3) 建立与其责任相配套的利益机制。
(4) 各责任中心的目标与企业整体目标协调一致。

2. 责任中心的形式

(1) 成本中心是指只对成本或费用负责的责任中心。其特点:①只对生产经营过程中投入的成本或费用负责,无需对利润情况和投资效果承担责任;②只对可控成本承担责任;③只对责任成本进行评价和控制。

(2) 收入中心是指只对产品或劳务的销售收入负责的责任中心,通常是指企业的销售部门。

(3) 利润中心是指对利润负责的责任中心。由于利润等于收入减去成本和费用,所以利润中心实际上既要对收入负责,又要对成本费用负责。利润中心的类型包括自然利润中心和人为利润中心两种。

(4) 投资中心是指对投资负责的责任中心,它是一个就本身投资基础的盈利能力对最高管理者负责的企业单位。其特点是既要对成本、收入、利润负责,又要对利润与投资之间的比例关系、投资的效果、资本支出决策、存货储存量、顾客应收账款放账、坏账收回和材料采购负责。除考核利润指标外,投资中心主要考核能集中反映利润与投资额之间关系的指标,包括投资利润率和剩余收益。

在全面预算管理中划分责任中心,可以将企业的整体经营责任目标和具体的责任预算目标按照组织架构的层级关系逐级分解,使各责任中心明确各自的预算目标,通过各层责任中心预算目标及考核目标的实现保证公司整体目标的实现。同时,划分责任中心,便于制定预算编制的组织、执行及监督、考核等基本程序与操作规范。

由此,企业各种类型和层次的责任中心形成了一个"连锁责任"网络,这就促使每个责任中心为保证经营目标一致而协调运转,保证公司整体目标的全面实现。

3. 企业责任中心权责划分(见表9-1)

在实施全面预算管理的企业中,企业通常先根据责任中心的划分原则和责任关系,在企业各业务主体和部门之间划分责任中心,明确责任类型。然后,确定各责任中心的预算责任目标,明确各级责任中心信息归集和分解的逻辑路径,以便于对责任中心业绩数据的集中和管理。

表9-1 企业责任中心划分

预算责任单位	责任中心划分	预算责任人	预算责任目标	备注
企业总部	一级投资中心	总经理	投资收益率	
各事业部	二级投资中心	事业部经理	投资收益率	
事业部下属企业	利润中心	各企业经理	业务利润	
事业部下属企业销售部	收入中心	销售部经理	销售收入	
事业部下属企业职能部门	费用中心	各部门负责人	本部门费用	
事业部下属企业生产单位(含车间等)	成本中心	车间主任、工段长、班组长	可控的责任成本	

【案例9-1】 XJRQ企业集团责任中心分布及责任中心编码制定

在XJRQ企业集团的预算责任体系中,根据公司业务模块,按照公司组织架构的权责划分,分别设置了投资中心、利润中心、收入中心、费用中心,各责任中心负责人由相应的部门或单位的负责人担任。

企业划分和确定了两级投资中心。一级投资中心为企业总部,二级投资中心为各事业部或分公司。各投资中心负责人应同时对本单位发生的直接可控管理费用负责,并作为考核依据。企业利润中心为各事业部下属企业,各利润中心分别对各自的事业部负责,并作为年度或季度考核依据。收入中心为集团公司销售部以及各事业部下属各厂销售部门。各级收入中心同时对本单位发生的销售收入、销售费用和销售收入的账期账龄、坏账的发生等负责。企业费用中心按期间费用的性质分为财务费用中心和管理费用中心,其中,销售费用由收入中心具体负责,收入中心不作为费用中心重复体现;财务费用责任中心分为集团一级财务费用中心和事业部各下属公司二级财务费用中心。各财务部门同时对本部门可控的部分管理费用负责,不再作为管理费用中心重复体现;管理费用中心归集集团及事业部下属各公司的各职能部门发生的办公费、招待费、差旅费、物料消耗、运输费等费用,已作为其他类型责任中心管理的，不在管理费用中心单独体现，但相关的管理费用指标要进入各责任部门的综合考核项目。其他无法归集至责任部门的管理费用（如工资、五险一金、水电费、长期资产摊销等）作为代管费用直接进入归口费用中心，按可控或不可控等因素确定考核重点（如各费用中心均会发生工资费用，但是工资实际是人力资源部门统一规划制定的，于是为简化预算工作流程，可由人力资源部门代管工资及五险一金等费用预算）。

企业将成本中心分为生产成本中心和采购成本中心。其中，生产成本中心为事业部各公司下属车间，分为多级基层成本中心，并由各成本中心具体实行目标分解和考核管理，采购成本中心分为两级，一级采购成本中心为集团公司采购部，二级采购成本中心为各事业部采购部，各事业部采购部分别按采购范围进行分解和考核，并相应确定考核责任。

企业各责任中心权责见第324页中的表9-2。

9.1.2 责任预算

企业实施预算管理，不仅要编制企业的全面预算，还要编制各个部门的责任预算，使得企业预算管理责任化，形成行之有效的责任预算管理体系。

1. 基本概念

责任预算是指以责任中心为对象，以其可控的成本、收入、利润或投资为内容编制的预算。责任预算是责任中心的奋斗目标，也是对责任中心进行考核的依据。通过编制责任预算可以明确各责任中心的责任，并通过与企业总预算的一致性，以确保其实现。具体来说，有以下作用：

第一，责任预算要求各责任中心按统一、规范的格式编制预算，有助于统一预算数据和计划信息，提高计划效率。

第二，责任预算可按责任结构对预算期内的各项资源进行计划、组织、分配，达到对资源有效和动态的配置，以明确各单位责任目标，提供考核依据，提高经济效益。

第三，责任预算将公司的整体经营目标细化，有助于监控公司长远战略的发展。

全面预算与责任预算都是企业经济活动的预算，但是，前者是从经济活动的客体来反映的，后者是从经济活动的主体来反映的。责任预算为各个责任单位确定了奋斗的目标，这个目标能否达到，则取决于各个责任单位的实际执行情况。

责任预算的编制程序有两种：一种是以责任中心为主体，将企业总预算在各责任中心之间层层分解，从而形成各责任中心的责任预算的程序，即自上而下层层分解程序。另一种是各责任中心自行列示各自的预算指标，再层层汇总和调整形成企业总预算的程序，即自下而上层层汇总程序。

表 9-2　企业各责任中心权责表

预算责任单位	责任中心划分	预算责任人	预算责任目标	备注说明
集团公司	一级投资中心	总经理	集团公司投资报酬率	
第一事业部	二级投资中心	事业部负责人	投资报酬率	
第二事业部	二级投资中心	事业部负责人	投资报酬率	
第三事业部	二级投资中心	事业部负责人	投资报酬率	
第一事业部下属企业	利润中心	该企业经理	业务利润	
第二事业部下属企业	利润中心	该企业经理	业务利润	
第三事业部下属企业	利润中心	该企业经理	业务利润	
集团销售部	一级收入中心	集团销售部经理	销售收入	
第一事业部销售部	二级收入中心	销售部经理	销售收入	
第二事业部销售部	二级收入中心	销售部经理	销售收入	
集团财务部	一级财务费用中心	集团财务总监	集团财务费用及代管本级长期资产摊销等费用	
××公司财务部	二级财务费用中心	财务部长	公司财务费用及代管本级长期资产摊销等费用	
××公司财务部	二级财务费用中心	财务部长	公司财务费用及代管本级长期资产摊销等费用	
集团人力资源部	管理费用中心	集团人力资源部经理	代管集团公司及下属事业部薪酬管理费用，本部门管理费用	
集团企业管理部	管理费用中心	集团企业管理部经理	本部门管理费用	
集团监察审计部	管理费用中心	监察审计部经理	本部门管理费用	
集团办公室	管理费用中心	集团办公室主任	本部门管理费用	
××公司技术部	管理费用中心	技术部部长	技术研发等费用及本部门管理费用	
××公司企管部	管理费用中心	企管部部长	本部门管理费用	
第一事业部企业各车间	生产成本中心	车间主任	生产成本	
第二事业部企业各车间	生产成本中心	车间主任	生产成本	
第三事业部企业各车间	生产成本中心	车间主任	生产成本	
机修公司	生产成本中心	车间主任	维护检修等辅助生产成本	
集团公司采购部	一级采购成本中心	集团采购部部长	采购成本	
事业部采购部	二级采购成本中心	各事业部采购部部长	采购成本	
机修公司采购部	二级采购成本中心	机修公司采购部部长	机修公司采购成本	

2．责任预算指标的构成

在责任预算编制中会产生责任预算指标，即通过对总预算中所规定的有关指标加以分解，落实到企业内部各责任单位的经济责任指标。这些经济责任预算指标均是各责任单位在其责权范围内可加以控制的，因为各责任单位只对其可控的经济责任指标承担责任。企业的责任预算指标包括主要责任指标和辅助责任指标两部分,可作为企业总预算的补充和具体化。

(1)主要责任指标

主要责任指标是必须保证实现的指标,它是不同责任中心的具体考核指标,如责任成本、利润、投资报酬率等。它反映了各种不同类型责任中心的责任和权利的区别,体现了责任中心责、权、利分明的基本特征。主要责任指标通常是可以明确量化考核的财务指标。表9-3列示了各责任中心主要责任指标。

表9-3 各责任中心主要责任指标

单 位	主要责任指标
成本中心	成本利润率 产品单位成本 产品生产成本消耗定额
费用中心	费用率(费用/营业收入,费用/产品销售收入,资金费用率) 费用总额 单项费用定额
收入中心	销售额增长率 销售利润率 销售回款率 销售收现率
利润中心	ROE(净资产利润率) EBIT(息税前利润) 净资产增长率 资产现金回收率
投资中心	利润指标 投资利润率 剩余收益

(2)辅助责任指标

辅助责任指标也称为其他责任指标,是根据企业总的奋斗目标分解而得到的或为保证主要责任指标的完成而必须完成的责任指标,如责任中心的劳动生产率、设备完好率、出勤率、各种材料消耗的节约等指标。

3.责任预算的分解落实

责任预算的分解落实是在编制责任预算的基础上进行的。通常情况下,企业首先划分责任中心,明确各责任中心的责任关系。其次,明确责任目标,按照责任结构将企业的总体目标层层分解预算目标,形成预算目标体系,并将其具体落实到每一个责任中心,作为其开展经营活动、评价工作成果的基本标准和主要依据。再次,确定考核标准,建立预算跟踪系统,进行反馈控制。对每一个责任中心建立起预算执行情况的跟踪系统，定期将实际数与预算数对比，找出差异，分析原因，控制和调节经营活动。最后一环是预算考评反馈，企业分析评价预算执行差异，撰写差异分析报告，按照可控原则进行评价并考核预算业绩，建立奖罚制度。企业通过定期编制业绩报告，对各责任中心的工作成果进行分析和评价，以实际成果的好坏进行奖惩，从而最大限度调动各责任中心的积极性，促使其相互协调，提高生产经营效率。企业预算责任分解落实程序如图 9-1 所示。

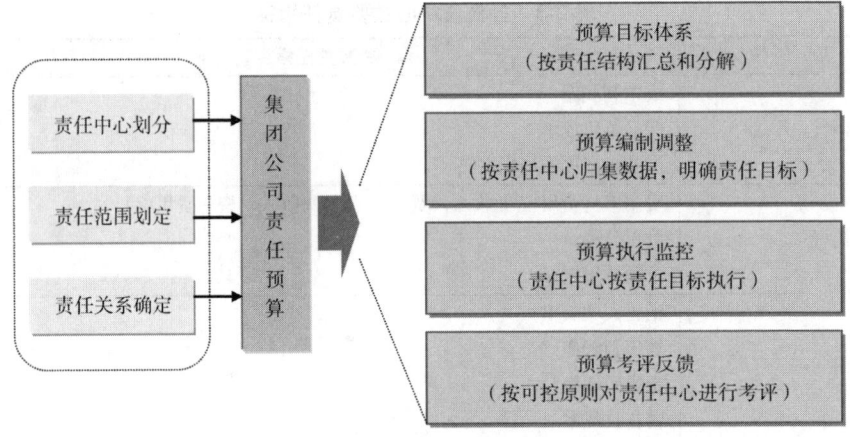

图 9-1　某集团公司预算责任分解结构图

9.1.3　案例分享：预算目标责任分解案例

笔者选取某公司全面预算目标体系及分解（见案例 9-2）相关的内容，可以帮助读者更好地掌握责任预算分解和落实的方法及精髓。

在此案例中，该公司首先明确企业的战略目标，分别提出了近期、中期和长期目标，为了达到这个战略目标，企业据此制定年度经营目标，由此进一步提出和架构全面预算的总目标体系。其次，以财务预算指标作为主要控制标准，按照责任会计划分的责任中心体系和不同预算执行主体的特点选择不同的财务指标进行总体目标分解，使公司全面预算指标分解落实到生产经营全过程的各个部门、环节、岗位，并逐级建立起各负其责、环环相扣的责任控制体系。

【案例 9-2】 HDJX 公司全面预算目标体系及分解

1. 全面预算总目标体系

HDJX 是一家电力设备检修公司，该公司于 20X8 年年底启动了预算准备工作，为实现预算目标，公司专门聘请了专业预算管理团队，帮助公司实施预算。在预算启动会议前，预算管理团队帮助公司梳理了战略目标，编制了《企业制度汇编》。在《企业文化建设白皮书》中明确提出了企业的战略目标：近期目标是提高经营效益，打造企业良好的知名度和美誉度；中期目标是增强企业竞争力，提升公司的资产质量和竞争能力；长期目标是勇于创新并不断创新，逐步发展成专业化、现代化的国内同行业一流企业。为实现上述战略目标以及据此制定的年度经营目标，HDJX公司提出了全面预算的总目标体系：一是基本指标（或核心指标），包括营业收入、营业利润、营业利润净现金率、资产报酬率等；二是辅助指标，包括成本费用收益率、存货周转率、应收款回收率；三是修正指标，包括检修工程优良品率、质量损失率、安全事故率三项非财务指标；四是否决指标，包括各种可能发生的、对公司的经营效益和竞争地位有重大影响的特别责任事项。

2．全面预算责任目标体系

全面预算管理系统涵盖企业预算责任网络构建、预算组织建立、预算编制体系设计、预算反馈与调控程序规范及预算考评组织和指标设计等环节。企业预算目标形成与分解体现了全面预算管理作为企业管理系统的重要方面，即确定企业战略目标和实现企业内部资源的合理分配。

企业为实现年度预算目标，通常以财务预算指标作为主要控制标准，与经济责任制、资产经营责任制、资金集中管理等日常管理有机结合，划分不同的预算控制主体，确定不同的管理手段。同时，还根据不同预算执行主体的特点选择不同的财务指标作为核心预算指标的分解及控制的具体形式，如图9-2所示。

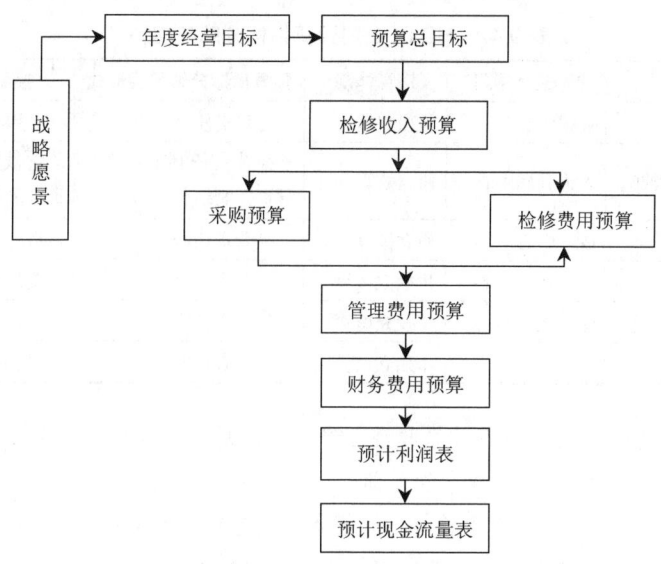

图9-2　预算目标分解落实

3. 预算目标的分解落实

(1) 目标利润

首先需要说明的是，目标利润的制定是下级与上级进行博弈后的结果，每年讨论下年度目标利润的时候都需要经过长时间讨价还价后才能确定，基本上是在上年度实现利润的基础上增加一定的百分比，因为存在着企业的信息不对称和上下博弈现象，目标利润预算指标一般都制定在各检修施工部经过努力能够完成的水平。

(2) 检修收入预算

检修收入预算是指检修合同收入预算。目标利润由公司下达后，便围绕目标利润来确定检修工程规模，具体落实到小修工程部、大修工程部及日常运营维护部。

(3) 采购预算

根据定下来的维修工程预算来制定采购预算，包括根据维修配件采购数量、采购价格制定采购成本预算。

(4) 检修费用预算

计算各维修工程部维修人员工时、用工人数、拆卸设备工时、恢复设备工时以及检修配件耗用成本、检修专用工具设备折旧等。

(5) 管理费用预算

管理费用预算包括人工成本、接待费用、办公费用、差旅费、培训费、车辆使用费等。

(6) 财务费用预算

财务费用预算主要是指借款利息及票据贴现利息预算。

HDJX 公司预算指标的分解与控制如表 9-4 所示。

表 9-4　HDJX 公司预算指标分解与控制

单　位	责任中心类别	核算体制	预算指标分解落实形式	控制重点指标
各职能部门	费用中心	非独立核算	经营责任制	费用定额
各生产要素管理部门	人为利润中心	独立核算	经营责任制与自产经营责任制结合	贡献毛益总额、投资报酬率
各工程项目	成本中心	独立核算	经营责任制	目标成本现金流量
各工程项目经理部	项目费用中心	非独立核算	经营责任制	费用总额
各工程分部分项工程	作业成本中心	非独立核算	经营责任制	目标成本
各工区	作业成本中心	非独立核算	经营责任制	目标成本

按照全面预算指标的分解体系和企业经济责任制的分解体系保持一致的原则，形成了"公司→职能部室、生产要素管理部门、项目部→分部分项工程部→工区→个人"的指标分解体系，使公司全面预算指标分解落实到生产经营全过程的各个部门、环节、岗位，并逐级建立起各负其责、环环相扣的责任控制体系。

9.1.4 责任预算的执行

预算目标确定后,需要分解到各部门进行预算编制,然后按照编制完成的预算进行企业的各项经营活动,并在企业运转中发现问题、解决问题,在执行过程中不断进行信息反馈,加强预算控制,从而使预算管理真正得以落实,符合企业战略,促进企业的发展。

1. 预算执行前的准备

预算执行前要经过几个准备步骤来保证预算有序执行,保证预算体系运转良好。

(1) 预算的审查通过

预算编制完成之后,需要经过专门的预算管理委员会或由单位授权的机构审查通过才能够正式执行。

(2) 预算分发分解下达

年度预算经过预算管理委员会批准后,为了在实际生产经营中执行得便捷顺利,需要把年度预算分解到更具体的时间段,这样企业才可以在日常的生产经营中随时将实际情况与预算对比,寻找差异,解决问题。预算经过分解后,要针对不同部门传达各自需要执行的预算。此外,预算的说明讲解也是十分必要的。预算分发下达以后,应该以部门、小团队为单位,举行一连串的预算说明会议,专门讲解企业总体计划,以及本部门、本团队的任务,使每个员工都能找到自己的位置。

2. 预算执行需要满足的相关条件

(1) 配套的企业内部会计制度

预算的执行、控制过程需要相应的会计制度记录数据,分清权责关系,一般企业都采用责任会计体系来完成这个任务。一个完整的责任会计制度通常包括划分责任中心、规定权责范围、确定责任目标、建立责任核算系统、建立企业内部转移价格和内部结算制度、编制责任报告、考评工作业绩。

(2) 健全的组织架构

企业的预算和计划必须在健全的组织架构基础上才有可能顺利实施。预算体系的基本结构和分类必须与整个企业的组织架构相配合,将预算内容在各单位之间加以划分,使各部分预算目标与内部各组织责任相配合。

(3) 顺畅的信息沟通

在预算执行的过程中,必须具有顺畅的信息沟通体系,这样才能够使整个企业凝聚成一个整体,使企业在瞬息万变的环境中生存和发展。良好的沟通可以使实际的生产经营情况顺利地上传下达,可以使实际生产经营结构与预算标准的差异得到及时的分析。

3. 责任预算的执行流程

企业或事业单位的责任预算一经批复下达，各部门就必须认真组织实施，将预算指标层层分解，从横向和纵向落实到各部门、各环节和各岗位，形成全方位的责任预算执行体系。责任预算执行流程如图 9-3 所示。

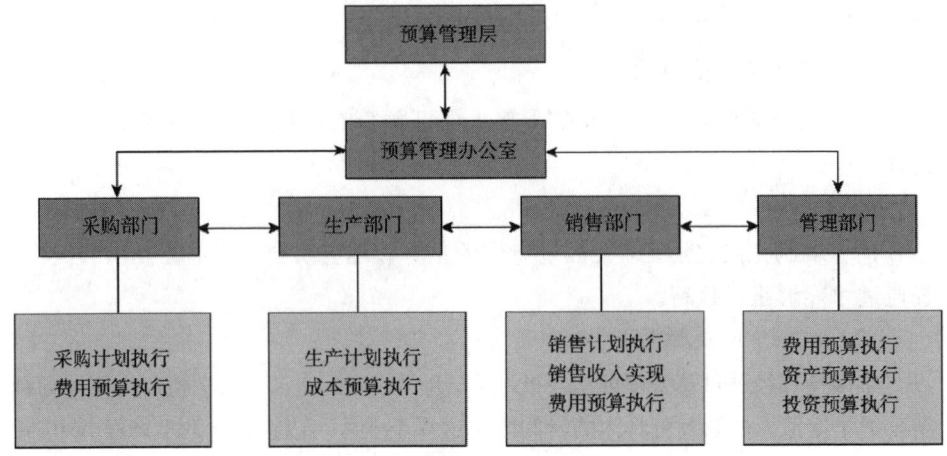

图 9-3　责任预算执行流程图

9.1.5　内部转移价格与责任预算执行

1. 内部转移价格的目标

如何定义内部转移价格？我们认为，内部转移价格是关联企业之间内部交易使用的价格。运用内部转移价格的目标通常是调节子公司利润，以达到期望水平或目标；合理节税，因下属企业属地税率不一和所有制税率不一而合理避税；支持子公司竞争，集中优势、财力，以低价占领市场等。其特点是只反映企业集团或公司内部各利润中心之间的经济联系，一般不直接与消费者发生联系。

2. 划分内部转移价格类型

通常，企业可以根据业务需要划分内部转移价格类型，如成本类价格，适用于原辅材料、燃动力、工器具、备品备件、低值易耗品等；内部转移类价格，适用于半成品、产成品结转定价；计划类价格，适用于维修、运输、后勤服务等费用中心提供劳务的结算。

内部转移价格的制定方法通常有：成本型价格（以实际成本、标准成本或计划成本为基础）；也可以市场价格、企业利润率、企业内部平均（成本）利润率为基础进行制定。一般企业每年制定（修订）一次内部价格，个别价格可半年或临时调整。

3. 成因及作用

从广义上说，组织扁平化和分权管理是现代企业管理发展的趋势，内部转移价格伴随着这种趋势应运而生。

从狭义上说，内部转移价格是责任会计制度下企业各责任中心加强独立核算，确保责任预算顺畅执行的一个重要条件。这是因为，责任会计制度的建立，要求企业划分成不同类型、不同层次的责任中心，并且各责任中心之间是相对独立的核算单位。为了明确划分企业各责任中心的经济责任，客观地评价其经营业绩，以调动企业内各部门的生产积极性和树立节约观念，并促使企业进一步制定出正确的经营决策，企业必须遵循价值规律，为其产品或劳务制定出科学、合理的内部转移价格。

图9-4展示了较为完整的责任预算体系。

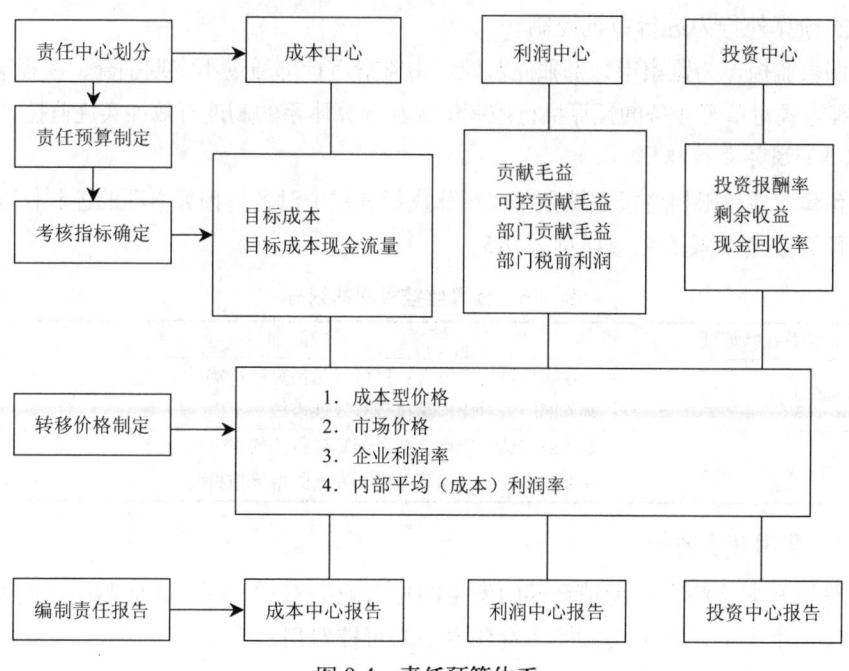

图 9-4　责任预算体系

9.1.6　预算执行与监控

1．预算执行与监控职责

（1）预算执行机构及职责

- 各责任中心和各单位/部门是预算的执行机构；
- 实际经营活动严格执行分解的预算各项标准；
- 预算执行的直接责任人是各责任中心的负责人和各单位/部门的负责人。

（2）预算监控机构及职责

预算监控包含预算执行监控和预算制度性监控两种。预算执行监控，是指对实际运营中各单位执行预算情况的监控；预算制度性监控是指对预算体制的合理性、运行有效性、效率性等进行整体制度性监控。

预算执行实行四级监控：

一级监控，为预算执行机构自控，由各责任中心的负责人和各单位/部门的负责人负责具体业务的预算标准执行督促和控制，根据本部门/本公司的责任预算控制资金及成本的支出，努力达成和超过责任预算的收入利润指标。

二级监控，为财务部门审核监控，由各级财务部门预算管理岗依据预算标准对预算执行部门的各种经济行为实施事中审核，确保预算执行机构在预算标准框架下运营。

三级监控，为高层审批监控，由总经理办公会、董事长办公会对各预算执行机构的预算外行为进行审批控制。

四级监控，为监察审计部独立监控，由监察审计部通过不定期抽查、流程穿行测试等方式对单笔业务的预算执行控制情况和预算体系的制度有效性实施监控。

（3）预算监控权限

预算监控权限指各级监控主体在预算执行过程中对各种预算事项的控制权限。预算监控权限的划分详见表 9-5。

表 9-5 预算监控权限的划分

预算执行事项	权限部门
预算内行为	预算执行机构责任人：经济行为预算执行实质审定 财务部门：对比预算执行有效性审核
预算外行为	集团公司总经理办公会：预算外行为的合理性审定 董事长办公会：预算外行为发生的最终审批

2．费用开支监控

费用开支监控主要指销售部门发生的办公业务费用，以及其他职能部门发生的管理费用支出，它主要监控各责任中心的可控费用。

（1）费用性质列表

根据各部门的各种费用可控性，将可控费用和不可控费用分别列示。表 9-6 概括了管理费用和销售费用项目中的可控和不可控费用。

表 9-6 费用性质列表

	销售费用项目	管理费用项目
不可控费用	职工工资	职工工资
	职工福利/社保费	职工福利/社保费
	固定资产折旧费	职工教育费
	集团销售费用分摊	工会经费
	其他	税金/外部行政费用
		集团管理费用分摊
		其他

(续)

销售费用项目		管理费用项目
可控费用	业务招待费	业务招待费
	运输费	修理费
	保险费	物料消耗
	广告费	办公费
	差旅费	水电费
	交通费	劳务费
	租赁费	差旅费
	物料消耗	交通费
	委托代销手续费	运输车辆费
	办公费	培训费
	修理费	诉讼费
	劳保费	咨询费
	销售佣金	劳保用品
	其他	公杂费
		外事费
		董事会会费
		审计费
		其他

（2）预算费用项目监控

企业各级财务部门预算管理员负责根据预算标准监控费用开支。各部门发生的预算内费用开支报销时，持有关原始凭证和"费用预算执行监控表"（见表9-7），按审批权限要求报签。各级财务部门预算管理员根据原始凭证及签字后的费用预算执行监控表付款。对于预算外费用，实行逐笔申请制，即每笔预算外费用均由经办人持经部门经理签字的申请单，由审批权限人审签。

表9-7 费用预算执行监控表

预算部门			开支项目		
本期预算额度（元）	累计已付款	尚可使用额度	本次付款	部门经理签字	超预算审批权限人签字

财务部预算管理岗： 填表人： 年 月 日

9.2 预算差异分析流程图的制定

9.2.1 预算控制

预算的价值在于它对改进协调和控制的贡献。当为组织的各个职能部门都制定了预算时，就为协调组织的活动提供了基础。同时，由于对预期结果的偏离将更容易被查明和评定，预算也为控制工作中的纠正措施的制定和实施奠定了基础。所以，预算可以导致出更好的计划和协调，并为控制提供基础，这正是编制预算的基本目的。如果要使一项预算对任何一级的主管人员真正具有指导和约束作用，预算就必须反映该组织的机构状况。只有充分按照各部门业务工作的需要来制定、协调并完善计划，才有可能编制一个足以作为控制手段的分部门的预算。

把各种计划缩略为一些确切的数字，以便使主管人员清楚地看到哪些资金由谁来使用，将在哪些单位使用，并涉及哪些费用开支计划、收入计划和实物表示的投入量和产出量计划。主管人员明确了这些情况，就有可能放心地授权给下属，以便使之在预算的限度内去实施计划。

1．预算控制的目的

预算控制最清楚地表明了计划与控制的紧密联系。预算是计划的数量表现。预算的编制是作为计划过程的一部分开始的，而预算本身又是计划过程的终点，是转化为控制标准的计划。

预算开始执行之后，必须以预算为标准进行严格的控制，支出性项目必须严格控制在预算之内，收入项目务必要完成预算，现金流动必须满足企业日常和长期发展的需要。这样，预算控制的目的可以描述如下：

（1）履行企业战略

在预算控制的过程中，需要连续不断进行大量的测试，以发现企业的战略是否可以实现，同时，预算控制也为在企业战略框架内计划和控制上的战术活动提供了丰富的信息。而且，通过预算控制，还能够发现新的机会或预算中的缺陷，为管理层的决策奠定基础。

（2）确定企业管理控制的关键环节

企业的管理活动和预算编制执行都要遵循重要性原则，根据重要性层次不同倾注相应不同的注意力，对最重要的环节或部门给予足够的重视。通过预算控制中对企业各部门的实际经营情况的关注，可以发现可能被忽略的重点。

（3）控制成本、费用支出

在预算中对成本、费用的支出已经作了规定，但是在执行过程中由于情况的变化，还可能出现超支、浪费等现象。预算控制可以杜绝这些不合理的现象，因而是预算体系中一个重要的组成部分。

（4）控制利润和损失

财务报表总结概括企业一定期间实际经营的最终财务成果。所有影响企业生产经营的问题都有可能会影响盈利性、流动性和资产部署，并最终影响利润表和资产负债表。由于在企业生产经营中存在很多不确定因素，所以，事先了解这些问题，明确其对最终财务成果的影响，可以降低企业的风险。预算控制通过经常不断地对比实际和预算情况的差异，可以提供对这些问题的预警，使企业可以及时反应，尽量减少损失，增加利润。

（5）控制现金流量

预算控制的目的之一就是及时了解现金流量，避免出现现金不足或大量多余。在控制现金流量的时候，对比现金预算和现金流动的实际情况，需要做到：持续关注现金流动比率和时间；为过度贸易引起的现金状况恶化提供预警；控制进出各预算中心的多余现金流量；利用金库功能对过多现金或更长期间的现金进行更有效的管理；控制境外筹资和现金流动，以及不同货币间的兑换。

2．预算的执行程序

预算的执行是在调动各级预算责任单位的积极性、创造性的基础上，强化责任意识并运用各项经济资源完成预算目标的过程，是全面预算管理的核心环节。

每月月初，财务部门根据预算和预算执行进度给各部门下达财务指标，指导业务部门制定本月业务计划。月份期间，财务部门根据下达的财务指标对各级业务部门的日常业务进行监督和审核，保障预算目标的实现。月末，财务部门根据考核依据对本月的预算实现情况进行评价调整，及时反馈给总经理或管理层，指导下一月度的预算计划。图9-5为我们清楚地展示了预算的执行程序。

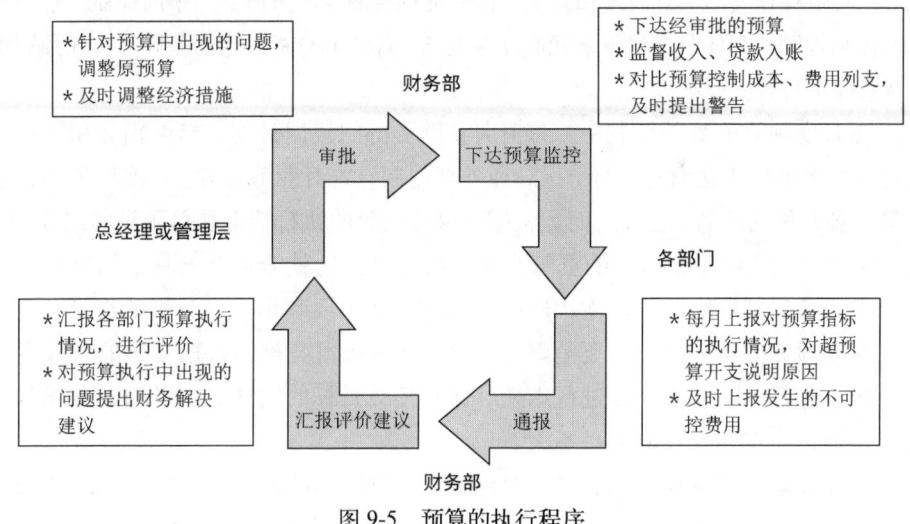

图9-5 预算的执行程序

9.2.2 预算差异分析

预算差异分析，即通过比较实际执行结果与预算目标，确定差异额及差异原因。如实际成果与预算标准的差异重大，企业管理层应审慎调查，并判定其发生原因，以便采取适当的矫正措施。

预算差异分析有利于及时发现预算管理中存在的问题，是其控制和评价职能作用赖以发挥的最重要的手段。

以下为 XJRQ 集团预算管理制度中与预算差异分析相关的条款：

第四十六条 预算的差异分析

预算执行过程中，预算责任单位要及时检查、追踪预算的执行情况，形成预算差异分析报表，最后由财务部形成总预算差异分析报告，交全面预算管理委员会，为全面预算管理委员会对整个预算的执行进行动态控制提供资料依据。

由此，我们可以看出，预算差异分析作为预算管理的重要组成部分，为全面预算的动态控制提供重要的资料和数据支持，保证预算的执行和控制按照既定的目标进行。

1．预算差异分析定位

明确预算差异分析在整个预算管理流程中处于哪个环节，有助于人们了解它的运行机制，然而对此却有不同的认识。例如，以年度预算为标准，有的人认为预算监控主要就是差异分析，有的人认为预算控制机制和分析机制是两个独立的部分，还有的人把预算执行就分为事中监督和执行结果的差异分析。虽然各种观点之间存在冲突，但也说明了一个问题：对差异分析的定位还是要以对预算管理流程的分析为基础。笔者认为预算管理可以分为三个大的部分：预算编制、预算控制和预算考核。对于年度预算的控制往往要落实到月度预算上，而月度预算的控制可以分为事前控制、事中控制和事后控制三个环节。接下来就通过对这三个环节的分析来指出差异分析在预算管理流程中的位置。

在月度预算的事前控制中，每月月初财务部门根据月度、年度预算和预算执行进度给各部门下达财务指标，指导业务部门制定本月业务计划。月度计划不是总预算在各月份间的简单分配，而是根据上月度预算的执行情况和总预算的进度，以及实际情况的变化重新做出的更符合实际的安排。这就涉及以上月度预算差异分析结果为基础制定的调整措施，所以在事前控制中要利用差异分析的结果。

月度预算的事中控制主要是财务审核，即各级财务部门根据下达的财务指标对各级业务部门的日常业务进行审核，保障预算目标的实现。这里的重点环节是支出审批，与差异分析的关系不大。

月度预算的事后控制是通过差异分析报告来反映预算执行进度、指标完成情况及分析建议。它要达到三个目的：提供决策信息，指导下月计划，提供考核依据。这当中，月度预算执行结果的差异分析起了主导作用。通过上面的阐述，我们可以看到差异分析处于月度预算的事后控制环节，但是它又在下月月初指导月度计划的制定。正是通过这种机制，它把每月的预算有机地联系了起来，有效保证了年度预算目标的实现。

2．原则

（1）重要性原则

通过预算差异分析，可以找出影响企业全面预算执行情况的许多原因。在这诸多因素中，有的是不利因素，有的是有利因素；有的是外部因素，有的是内部因素。在进行预算差异分析时，一定要抓住产生差异的主要矛盾，牢牢把握影响预算目标完成的关键问题和主要因素，并对其加以细致分析，对一些细枝末节的问题不必浪费过多的精力。

（2）定量分析与定性分析相结合

不要以为预算差异分析就是定量的东西，从而可以舍弃定性分析不管。定性分析是差异分析的基础和前提，没有定性分析就弄不清事情的本质、趋势以及与其他事物的联系。当然，定量分析也绝不可丢，它是预算差异分析的重要工具和手段，没有定量分析就很难搞明白数量界限、阶段性和特殊性。预算分析就是要透过数字看本质，没有数字是得不出结论的。

3．预算差异分析方法

（1）预算差异数量分析方法

数量分析应根据不同情况分别采用比例分析法、比较分析法、因素分析法、盈亏平衡分析法等方法，从定量上充分反映预算执行单位的现状、发展趋势及存在的问题和潜力，对产销量品种结构、价格、变动成本、边际收益、费用等诸因素进行分析。从盈亏的形成过程看，差异的形成可以归为两大方面：销售收入差异和成本差异。根据销售收入和成本的构成，销售收入差异和成本差异又不外乎包括价格差异和数量差异两大类。所谓价格差异，是指由于价格因素变动而导致的差异额；所谓数量差异，是指由于数量变动而导致的差异额。差异分析应该是一个循序渐进的过程，即从综合性的财务指标入手，逐步分解，最后落实到具体的生产技术指标上。

（2）预算差异原因分析方法

预算差异分析的主要目的是找到差异的原因，预算差异原因的主要分析方法：所涉及特定主管、领班及其他人员开会磋商；分析工作情况，包括工作流程、业务协调、监督效果，以及其他存在的环境因素；直接观察，由直接职员进行实地调查，由辅助者（明确指定其责任）进行调查；由内部稽核辅助进行稽核工作；特殊研究等。

在评估与调查差异发生的基本原因时，应当考虑的因素：①差异可能是微不足道的。②差异可能是由于报告上的错误所致——会计部门所提供的预算目标及实际资料，应当检查书写上有无错误。例如，因一笔会计分录误记到某部门，便可能使该部门发生不利差异，而造成另一部门的有利差异。③差异可能是由于特定的经营决策所致——为了改善效率，或为了应对某些紧急事故，管理层下达决策而导致差异的发生。例如，管理层可能决定加薪，以应对另一公司挖墙脚的挑战，或者进行以往没有规划的特殊广告项目等。这类差异须认真辨认，因为一旦认清，便没有进一步调查的必要，当该项决策实施时，就已认定差异必须发生。④许多差异可能是不可控制因素造成的，而这些因素又可加以辨认，例如洪涝损失等。⑤不知道真正原因的差异，应予格外关心，且应予以认真调查。也就是说，必须特别注意此类差异，这些差异一般均须采取矫正行动。

9.2.3 预算差异分析的程序及流程图的制定

1. 确定分析对象及分解标准

在编制年度预算的同时，由预算决策机构确定预算差异分析的对象与差异分解原则。

首先，确定差异分析的对象。适合进行差异分析的预算项目具有如下特点：对预算目标的实现有较重要的影响；成本动因数据可以准确获得，该费用与其动因之间有较为确定的对应关系，如线性关系。

其次，确定分解标准。预算决策机构结合企业实际，根据差异分解原则，制定主要成本、费用项目的差异分解标准，包括差异分解的程度、各项目差异分解所参照的数据来源及收集方式、差异的各细分部分对应的责任方。

2. 收集信息

在预算的执行过程中，由预算执行与控制部门根据差异分解标准的要求，进行信息收集工作，包括预算执行过程中的财务信息、重要的外部市场信息、企业内部的非财务信息等。

3. 差异计算与分解

月度预算执行结束后，由预算执行与控制部门根据收集的信息计算出各项目的预算差异，并依据差异分解标准对差异进行分解，确定差异的责任部门。根据不同的差异原因，预算执行与控制部门可以要求相应的责任中心做出差异原因解释。

4. 判断差异重要程度

预算管理委员会根据实际经验，制定差异重要性标准，由预算执行与控制部门按此标准衡量实际发生的预算差异，确定其中重要的、需由相关责任部门做出解释的差异。

差异重要性标准根据预算项目的不同性质可采取以下形式确定：设定差异率，将超过某一特定百分比的差异视为重要差异；设定差异金额，将超过某一设定金额的差异视为重要差异；差异变动趋势，将连续若干月持续增长的差异视为重要差异。

5. 对重要差异进行解释

确定重要差异后，由预算管理委员会要求各责任单位对差异产生的原因进行解释。预算差异产生的原因很多，通过差异分解只揭示并排除了其中一部分原因，对预算差异的全面解释，需要各责任部门在差异分解的基础上，对其经营活动进行深入的、定量的分析，并对其可控性及在后续月度可能产生的影响做出判断。

6. 差异原因报告与确认

各责任部门的分析结果汇总到预算管理委员会，并上报到公司执行层。公司执行层对差异原因分析进行审核，并予以确认。

由以上论述，可以得到预算差异分析流程，如图9-6所示。

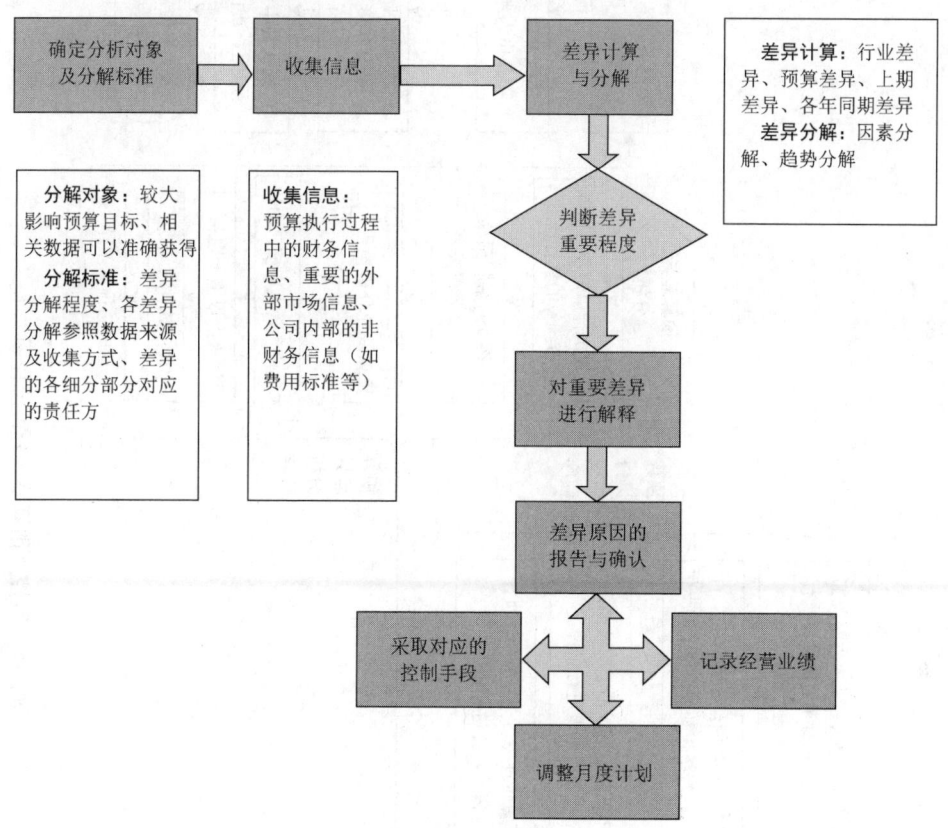

图9-6 预算差异分析流程图

9.2.4 案例分享：预算执行监控及差异分析流程

我们知道，全面预算管理编制流程包括预算目标编制政策确定程序、预算编制确定程序、预算执行监控程序、预算差异分析程序等步骤。本案例仅就全面预算管理的预算执行监控程序、预算差异分析程序两个步骤进行列示及说明。

【案例9-3】 XJRQ企业集团全面预算管理编制流程及责任分工

我们仍然以XJRQ企业集团为例，展示全面预算管理编制流程图及责任分工表格。

XJRQ企业集团的预算执行监控及预算差异分析流程如图9-7所示，预算编制内容及责任分工如表9-8所示。

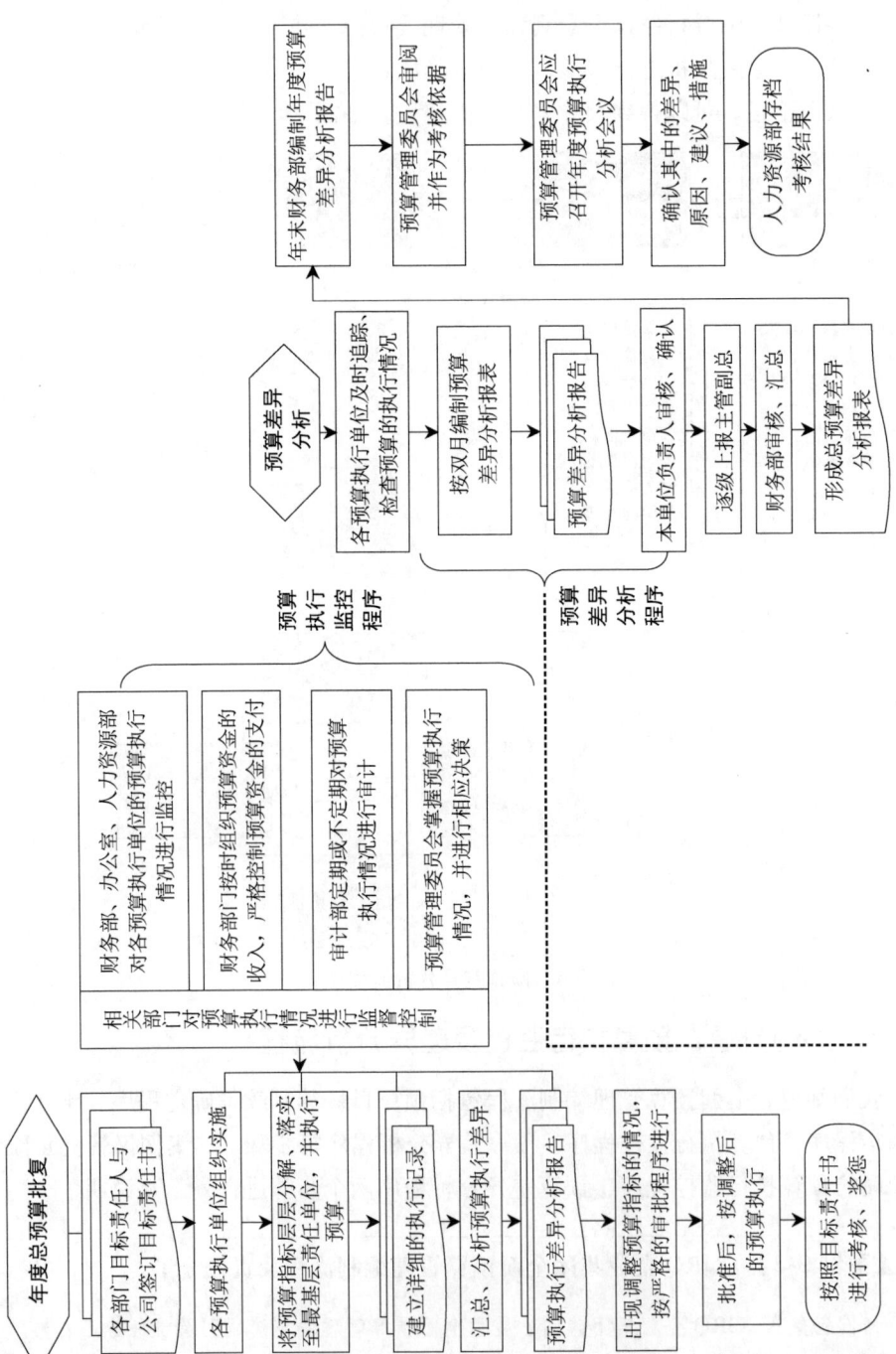

图 9-7 预算执行监控及预算差异分析流程图

表 9-8 预算编制内容及责任部门分工表

预算内容	预算责任部门	责任中心划分
1．业务预算		
（1）收入预算	大客户部、广告部、客服中心	利润中心
（2）成本预算	网管中心、运维中心、总工办、大客户部、客服中心、物资部、信息中心	成本中心
（3）采购预算	物资部	成本中心
（4）费用预算（主要项目）		
①薪资费用（含社保等）	人力资源部	费用中心
②办公费	办公室	费用中心
③差旅费	人力资源部、各成本中心	成本、费用中心
④业务招待费	办公室、各部门主管领导	费用中心
⑤车辆费及运维车辆费	办公室、运维中心	成本、费用中心
⑥诉讼费	办公室	费用中心
⑦广告宣传费	大客户部、办公室	成本、费用中心
⑧培训费	人力资源部	费用中心
⑨折旧费	财务部	成本中心
⑩无形资产摊销	财务部	成本中心
⑪职工教育经费、工会经费、长期待摊费用	财务部	成本、费用中心
⑫福利费	人力资源部、工会	成本、费用中心
⑬高管费用	办公室	费用中心
2．投资预算		
（1）生产性资本采购（设备投资）	总工办	成本中心
（2）非生产性资本采购（办公设备）	办公室	费用中心
3．筹资预算	财务部	费用中心
4．财务预算		
（1）现金预算	财务部	费用中心
（2）报表预算（资产负债表、利润表等）	财务部	费用中心

注：1. 各职能部门负责编报本部门费用预算。
2. 办公室负责审核办公费、车辆费、业务招待费、固定电话费用及高管费用。
3. 人力资源部负责审核工资、补贴（通信费补贴）、医疗费、福利费（探亲费、生日费）、培训费、社保费等。
4. 分公司预算参照以上模式分解预算。
5. 财务部负责各部门编制预算的汇总及上报。

9.3 预算差异分析表单的制定

9.3.1 预算差异分析表单概述

财务分析报告是对企业一段时间内整体运营及财务状况的分析评价报告。随着全面预算管理的逐渐推广，财务分析报告与预算管理的结合也愈加紧密。通过预算分析，不仅能及时掌握预算的执行情况，反映预算管理的效果，而且能进一步揭示预算管理中存在的种种不足，促使管理层采取措施及时调整，不断提高预算管理水平。实行预算管理的企业，管理层对于月度、季度、半年度、年度预算分析报告都应非常重视。作为企业财务分析人员，如何写出一份高质量、体现预算管理内容的预算分析报告显得尤为重要。

预算分析报告的基础是预算差异分析表单，本节将承案例 9-3 中 XJRQ 企业集团全面预算管理差异分析，详细讲述如何制定预算差异分析表单，为之后的预算分析报告的撰写做必不可少的准备工作。

9.3.2 预算差异分析表单的制定实务

预算差异分析表单是在预算执行过程中，预算责任单位为及时检查、追踪预算的执行情况，对主要项目的责任目标执行情况进行列示和分析。该表单最后将由财务部形成总预算差异分析报告，包括成本预算责任目标分解表、管理费用及营业费用预算责任目标分解表、收入预算责任目标分解表。

在对某项预算责任目标分解时，应采取多栏式，分别列示目标期间的预算值、实际值和差异额。

【案例 9-4】 XJRQ 企业集团全面预算管理责任目标分解（资料承案例 9-3）

该公司划分责任中心，将企业集团公司的整体经营责任目标和具体的责任预算目标按照组织架构的层级关系逐级分解，使各责任中心明确各自的预算目标，通过各层责任中心预算目标及考核目标的实现保证公司整体目标的实现。在预算执行过程中，各责任中心将实际值与目标值进行对比，进而为预算差异原因的分析提供重要依据。

该公司分别就收入、成本、期间费用制定预算差异分析表单。在表单中，分别列示从 1 月起的累计目标值、累计实际完成值以及累计差异值，直至 12 月止，即得到全年的目标值、实际完成值以及差异值。这样做的好处是，既可以得到全年的目标完成情况，又可以得知各月的情况，便于企业按月追踪，明确权责。企业可参考以下程序制定预算差异分析表单。

1. 制定收入预算责任目标分解表

（1）各部门收入预算责任目标分解表

1) 广告部收入预算责任目标分解表（见表 9-9）

2) 客服中心收入预算责任目标分解表（见表 9-10）

表 9-9 广告部收入预算责任目标分解表

指标名称	1~2月目标值	1~2月实际完成值	1~2月差异	1~4月目标值	1~4月实际完成值	1~4月差异	...	1~12月目标值	1~12月实际完成值	1~12月差异
销量										
广告业务量										
传输服务量										
其他收入										
……										
平均销售单价（元）										
广告业务收入										
传输服务收入										
其他收入										
……										
销售收入（万元）										
广告业务收入										
传输服务收入										
其他收入										
……										

表 9-10 客服中心收入预算责任目标分解表

指标名称	1~2月目标值	1~2月实际完成值	1~2月差异	1~4月目标值	1~4月实际完成值	1~4月差异	...	1~12月目标值	1~12月实际完成值	1~12月差异
销量										
有线电视入网户数										
有线数字电视收视户数										
专业订购户数										
互动订购户数										
平均销售单价（元）										
有线电视入网费										
有线数字电视收视费										
专业订购单价										
互动订购单价										
销售收入（万元）										
有线电视入网费										
有线数字电视收视费										
专业订购费										

(续)

指标名称	1~2月目标值	1~2月实际完成值	1~2月差异	1~4月目标值	1~4月实际完成值	1~4月差异	...	1~12月目标值	1~12月实际完成值	1~12月差异
互动订购费										
其他业务										
收入合计										
收回期初应收账款										
当期销售收回现金										
当期收到现金合计										

（2）收入预算汇总责任目标分解表（见表9-11）

表9-11 收入预算汇总责任目标分解表

指标名称	1~2月目标值	1~2月实际完成值	1~2月差异	1~4月目标值	1~4月实际完成值	1~4月差异	...	1~12月目标值	1~12月实际完成值	1~12月差异
1．广告及传输收入										
按权责发生制将一次性预收传输收入转预收账款										
20X8年预收应确认20X9年收入										
广告及传输收入小计										
2．客服部收入										
20X9年按10年按月应分摊收入（客服）										
摊销20X3~20X8年收入										
客服部收入小计										
3．大客户收入										
20X9年按10年按月应分摊收入（大客户）										
大客户收入小计										
4．信息中心										
信息中心小计										
合计										
含税收入										

(续)

指标名称	1~2月目标值	1~2月实际完成值	1~2月差异	1~4月目标值	1~4月实际完成值	1~4月差异	…	1~12月目标值	1~12月实际完成值	1~12月差异
增值税										
城建税										
教育费附加										

2．制定成本预算责任目标分解表

（1）各部门成本预算责任目标分解表

1）××分公司成本预算责任目标分解表（见表9-12）

表9-12 ××分公司成本预算责任目标分解表

指标名称	1~2月目标值	1~2月实际完成值	1~2月差异	1~4月目标值	1~4月实际完成值	1~4月差异	…	1~12月目标值	1~12月实际完成值	1~12月差异
一、直接成本										
有线电视入网工程直接材料费										
有线电视入网工程直接人工费										
有线电视改造直接材料费										
有线电视改造直接人工费										
有线数字电视直接材料成本										
有线数字电视入网劳务费										
数字电视节目费										
联网材料成本										
干线维护费										
维护材料费										
收视劳务费										
设备维修费										
有线播出费										
加密播出费										
折旧成本										
无形资产摊销										

(续)

指标名称	1~2月目标值	1~2月实际完成值	1~2月差异	1~4月目标值	1~4月实际完成值	1~4月差异	…	1~12月目标值	1~12月实际完成值	1~12月差异
长期待摊费用										
干线使用费										
有线数字电视智能卡成本										
其中：间接成本										
（一）不可控成本										
工资										
通信费										
医疗费										
工资										
职工福利费（商业补充医疗险）										
工会经费										
职工教育经费										
养老统筹金										
住房公积金										
（二）可控费用										
办公费										
通信费										
修理费										
低值易耗品摊销										
运杂费										
水电暖费										
保险费（车辆）										
车辆费										
租赁费										
保险费（人身）										
劳动保护费										
差旅费										
成本合计										

2）其他部门成本预算责任目标分解表（略）

(2) 成本预算汇总责任目标分解表（见表9-13）

表 9-13 成本预算汇总责任目标分解表

指标名称	1~2月目标值	1~2月实际完成值	1~2月差异	1~4月目标值	1~4月实际完成值	1~4月差异	…	1~12月目标值	1~12月实际完成值	1~12月差异
一、直接成本										
有线电视入网工程直接材料费										
有线电视入网工程直接人工费										
有线电视改造直接材料费										
有线电视改造直接人工费										
有线数字电视直接材料成本										
有线数字电视入网劳务费										
数字电视节目费										
联网材料成本										
干线维护费										
维护材料费										
收视劳务费										
设备维修费										
有线播出费										
加密播出费										
折旧成本										
干线使用费										
有线数字电视智能卡成本										
长期待摊费用 1：整转机顶盒										
长期待摊费用 2：分配网改造										
长期待摊费用 3：入网成本										
无形资产摊销										
其中：间接成本										
（一）不可控成本										

(续)

指标名称	1~2月目标值	1~2月实际完成值	1~2月差异	1~4月目标值	1~4月实际完成值	1~4月差异	…	1~12月目标值	1~12月实际完成值	1~12月差异
基本工资部分										
通信费										
医疗费										
职工福利费（商业补充医疗险）										
工会经费										
职工教育经费										
养老统筹金										
住房公积金										
（二）可控费用										
办公费										
通信费										
修理费										
低值易耗品摊销										
运杂费										
……										
合计										

3. 制定期间费用预算责任目标分解表

（1）各部门期间费用责任目标分解表

1）办公室期间费用预算责任目标分解表（见表9-14）

表9-14 办公室期间费用预算责任目标分解表

指标名称	1~2月目标值	1~2月实际完成值	1~2月差异	1~4月目标值	1~4月实际完成值	1~4月差异	…	1~12月目标值	1~12月实际完成值	1~12月差异
基本工资										
通信费										
医疗费										
职工福利费（商业补充医疗险）										
工会经费										
职工教育经费										
养老统筹金										

（续）

指标名称	1~2月目标值	1~2月实际完成值	1~2月差异	1~4月目标值	1~4月实际完成值	1~4月差异	…	1~12月目标值	1~12月实际完成值	1~12月差异
住房公积金										
折旧										
无形资产摊销										
不可控费用小计										
办公费										
通信费										
会议费										
修理费										
低值易耗品摊销										
物业费										
水电暖费										
税金（车辆）										
差旅费										
保险费（车辆）										
车辆费										
租赁费										
涉外费										
劳务费										
装修费										
坏账损失										
技术开发费										
存货盘亏										
保险费（人身）										
业务招待费										
诉讼费										
聘请中介机构费										
……										
可控费用小计										
合计										

注：考核分双月考核和年终考核，年终考核以累计值为准。

2）其他部门期间费用预算责任目标分解表（略）

（2）营业费用预算汇总责任目标分解表（见表9-15）

表 9-15 营业费用预算汇总责任目标分解表

指标名称	1~2月目标值	1~2月实际完成值	1~2月差异	1~4月目标值	1~4月实际完成值	1~4月差异	…	1~12月目标值	1~12月实际完成值	1~12月差异
基本工资										
职工福利费										
工会经费										
职工教育经费										
养老统筹金										
住房公积金										
折旧										
不可控费用小计										
办公费										
通信费										
会议费										
修理费										
低值易耗品摊销										
水电暖费										
差旅费										
保险费（车辆）										
业务招待费										
车辆费										
租赁费										
涉外费										
劳务费										
广告费										
运输费										
监测费										
……										
可控费用小计										
合计										

注：考核分双月考核和年终考核，年终考核以累计值为准。

(3) 管理费用预算汇总责任目标分解表（见表 9-16）

表 9-16 管理费用预算汇总责任目标分解表

指标名称	1~2月目标值	1~2月实际完成值	1~2月差异	1~4月目标值	1~4月实际完成值	1~4月差异	…	1~12月目标值	1~12月实际完成值	1~12月差异
基本工资										
通信费										
医疗费										
职工福利费（商业补充医疗险）										
工会经费										
职工教育经费										
养老统筹金										
住房公积金										
折旧										
税金										
无形资产摊销										
年金										
不可控费用小计										
办公费										
通信费										
会议费										
修理费										
低值易耗品摊销										
物业费										
水电暖费										
税金（车辆）										
差旅费										
保险费（车辆）										
技术开发费										
劳务费										
……										
可控费用小计										
合计										

第 10 章
预算反馈:预算分析报告实务

 **精彩抢先读**

预算反馈是全面预算管理的重要组成部分,其目的是考核预算的执行控制过程及结果是否符合预算最初的设定,是否有助于企业完成自己的预算目标。预算考核的重要工具和成果是预算分析报告。通过差异分析,剔除非可控因素的影响,找出与工作绩效相关的差异因素,从而使考核趋于公平。通过分析公司的历史费用数据,结合公司的综合经营计划和市场商品价格变化情况,由公司预算管理部门结合预算管理,制定完整的符合实际的预算指标考核体系,利用科学的分析方法确定年度和月度成本费用计划,并将各个单位和个人执行成本费用预算情况与奖金挂钩,严格按照考核体系进行成本预算考核,为企业兑现奖罚提供依据。读者在学习和掌握预算分析报告的相关知识时,应注意比较区分它与财务报告的异同。

10.1 预算分析会议与经营分析会议的融合

10.1.1 预算反馈

建立健全预算反馈机制对于预算控制系统发挥其应有的职能具有极其重要的作用，灵活有效的预算反馈机制应该与企业的具体组织架构和预算执行方式相适应。

为保证预算目标顺利实现，在预算执行过程中，各级预算单位应定期召开预算例会，对照预算指标及时总结预算执行情况、计算差异、分析原因、提出改进措施。预算例会按照召开的频度应当形成不同形式的预算反馈表。

首先，对于各责任中心。应每月召开预算例会，根据本部门预算执行情况，进行总结分析，确定下期工作重点。同时，将本部门预算反馈表连同预算工作总结送交财务部门。

其次，对于财务部门。财务部每月分部门编制预算执行表，比较实际与预算目标的差异，并作差异分析，作为财务部门检查和考评预算执行情况的依据，对预算管理制度提出制度改进建议和相关的规程修正建议。

最后，对于总裁办公会。每月召开预算检查工作会，预算检查工作会的主要内容：一是，听取财务部关于公司利润预算执行情况的分析报告、预算考核报告以及制度建议等；二是，沟通公司预算执行情况，确定工作重点，针对业务运行中存在的问题，及时进行协调，督促，帮助各部门积极完成预算。

10.1.2 预算分析会议

预算分析会议的重点是分析预算差异的原因及应采取的措施。预算管理层、办公室及财务管理部门对预算的执行情况按月度、季度进行分析，着重分析利润预算、资本性支出预算、现金流量预算的完成情况，对当期实际发生数与预算数之间存在的差异，不论是有利还是不利，都应认真分析其成因，并且针对成因制定相应的改进措施。

通常情况下，企业按月召开预算执行会议。为集中解决预算执行过程中的关键问题，包括重大问题或需要多部门、多工序共同解决的问题，公司实行月度预算执行会议制度。由集团公司总经理主持，主要领导、主要职能部门参加。由财务部对月度预算执行情况简单通报，提出预算执行过程中需要公司协调解决的问题，并通知相关单位做准备发言；各部门对会议中涉及本部门的问题提出意见和解决方案建议；公司领导在分析讨论基础上做出决定；财务部根据会议决定下发任务书，明确责任部门和完成时间，并对每项任务执行解决情况跟踪，在下次会议上通报。对与预算有较大差距的单位，会议安排作专门发言，重点是分析原因，并提出需公司职能部门解决的问题，公司也要做出决定，提出相关要求，进行落实。

比如，对利润预算执行情况的分析。由于利润等于收入减去费用，因此，对利润预算的实际执行情况以及执行情况与预算的差异，主要从三方面分析：实际销售收入与预算销售收入的差异、实际经营成本与预算经营成本的差异、实际经营费用与预算经营费用的差异。

首先，建立利润、收入、成本预算定期分析制度；其次，各收入、成本中心每月在确定的日期前将上月预算执行差异情况的分析交到财务部；再次，财务部按月编制各责任中心预算执行情况表，并对存在的偏差进行分析；最后，每月在确定的日期前上报预算管理委员会。

10.1.3 经营分析会议

经营分析会议，是由企业经营部门定期举行的，通过公司及各部门反映经营状况的各项业绩指标、市场与竞争者分析、财务报表分析、业务分析等，旨在揭示公司及各部门的经营成果、财务状况和现金流量，以及预算执行状况的会议。

公司经营分析报告体系内容关系如图10-1所示。

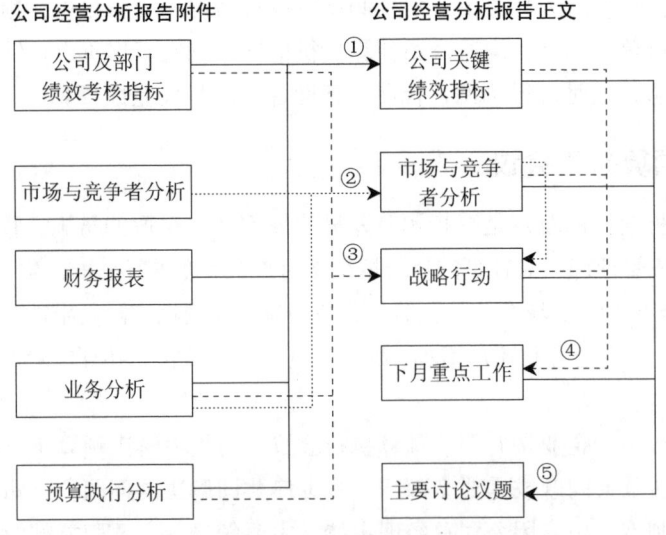

图10-1　公司经营分析报告体系内容关系图

1. 公司关键绩效指标执行情况

- 由经营分析职能部门填写该部分。
- 根据"公司及部门绩效考核指标"确定正文中"公司关键绩效指标"表格，该部分内容强调实际值与目标值的比较。其中"累计发生值"信息，对于时段性指标而言表示该指标从当年1月至上月的累计发生值；对于时点性指标而言则表示当年1月至上月的平均值。
- 针对产生重大执行偏差的指标，应结合"财务报表""业务分析""预算执行分析"报告中的支持数据进行分析，寻找本部门或单位内部管理运作上的原因，提出改进措施和涉及部门的方向性建议，连同对考核结果或导致考核结果发生重大偏差的说明一起，反映在"说明与分析"中，此部分可在编制"下月重点工作"时作为整合和细化公司和各部门下月工作的参考。
- 另外，"说明与分析"中还可反映出公司需要保持的方面或认为在经营分析会上需要强调的其他信息。

2. 市场与竞争者状况分析

- 由经营分析职能部门填写该部分。
- 根据"市场与竞争者分析"和"业务分析"中对于公司外部环境的分析，总结对公司外部环境的描述和分析。
- 若市场环境或竞争者行为发生重大变化时，需参考"市场与竞争者分析"和"业务分析"中的应对行动建议，提出应对措施和涉及部门的方向性建议，此部分可在编制"下月重点工作"时作为整合和细化各部门下月工作的参考。

3. 战略行动的执行描述

- 由经营分析职能部门填写该部分。
- 根据公司战略规划和年初确定的公司年度运作计划，用"行动计划描述"的方式体现上月展开行动的公司战略行动计划的名称以及详细内容，具体包括战略目标、战略行动内容、起始与结束时间、关键绩效指标等。
- 根据"公司及部门绩效考核指标""业务分析"和"预算执行分析"，选取与该战略行动执行情况有关的信息，反映在"实际执行情况"中，具体内容可包括：战略行动实际开始时间，是否能够按计划完成，若不能则估计预计完成的时间；实际进行到哪个阶段，完成哪些关键里程碑；支出的实际发生情况；使用既定关键绩效指标评估的完成质量如何；实施过程中遇到哪些阻碍、需要哪些部门及其他资源的支持等。
- 将原定行动计划与实际执行情况进行比较，并结合"市场与竞争者分析"中对公司外部环境的分析结果，从公司战略出发提出对下阶段特别是下月公司运作计划及主要涉及部门运作计划的方向性调整建议，反映在"对下阶段行动计划的调整建议"中，此部分将在编制"下月重点工作"时作为整合和细化部门下月工作的参考。

4. 下月重点工作计划安排

- 由经营分析职能部门填写该部分。
- 参考"公司关键绩效指标""市场与竞争者分析"和"战略行动"中对公司内部运营情况和公司外部环境的分析结果,及由此提出的方向性改进/应对/调整建议,整合、调整和细化下月公司运作计划,并将有关计划的调整分解到主要责任部门的运作计划调整中去,此部分将作为"主要讨论议题"之一,经营分析会将就该部分进行详细的讨论。

5. 主要讨论议题

- 由经营分析职能部门填写该部分,经总经理修改、确定后将在经营分析会上逐项讨论。
- 根据"公司关键绩效指标""市场与竞争者分析"和"战略行动"中对公司内部运营情况和公司外部环境的分析结果,将在此过程中发现的市场环境的重大变化或竞争者的市场行为、发生重大预算执行偏差的事件、上月工作的弱点或难点及"下月重点工作"作为经营分析会的主要议题,在该部分填写。

10.1.4 公司预算分析会议与经营分析会议之间的关系

公司全面经营分析工具作为整个评估管理体系中的另一部分,与公司预算管理工作同样存在着紧密的逻辑联系。一方面,预算管理工作的成果为公司全面经营分析提供了丰富的公司运营与财务数据,为公司管理人员对特定期间的特定或全面经营方面进行深入和快速的分析,提供了强有力的技术支持和衡量尺度。同时,全面预算管理工作本身所特有的严密性和周全性,将为公司经营分析过程进行高质量的提前思考准备,全面预算管理过程将有利于公司管理层建立更有效、更深入的经营分析思维和方法。另一方面,对特定期间进行的公司全面经营分析过程,将是公司管理人员对自身运营和管理情况的一种自我衡量和反思。在此过程中,任何可能造成偏离公司既定战略目标的行动方案、任何与公司内外部经营环境变化不适应的原有决策与方案都将得到及时的纠正和调整。

这种定期的"战略回归"所需要引发的公司运营和管理调整,将直接地反映为公司对其预算方案的调整。经营分析与预算管理两方面间的这种单向的联动性,体现了经营分析工具作为整个评估管理体系的另一部分,对预算管理工作所起到的引导意义。

10.1.5 公司预算分析会议与经营分析会议之间的融合

企业的预算通常是由预算管理委员会通过"自上而下"将企业总目标层层分解的方式编制而成的。这种编制方式有其优势，同时也有其弊端。比如，在编制预算时可能会忽略执行部门，也就是经营部门的实际执行能力，也不可能尽数估计所有可能出现的问题。与此同时，在经营分析会议上，面对出现的预算差异，一般情况下，经营部门总是站在经营者的角度谈问题，财务部门总是站在纯财务的角度谈数字，这样就会出现"两张皮"的现象，很难真正解决问题，因此，急需将预算会议和经营会议融合在一起，才能从根本上找到经营活动中存在问题的原因，使预算得以更好地执行。

10.1.6 案例分享：预算差异分析

在以下案例中，XJRQ 商贸公司 20X9 年的预算差异分析报告为我们提供了很好的分析范式和思路，将公司预算分析与经营分析恰当地融合在一起。在该分析报告的对比报表分析部分，报表编制者使用了预算差异分析报表，一方面为我们揭示了案例中公司的经营状况，另一方面在企业的主要财务报表，即利润表、资产负债表、现金流量表中，引入了对报表中主要项目的差异分析，使得预算执行情况的分析与经营状况的分析巧妙地结合在一起。

为了完善该案例的预算差异分析，也使读者能够更好地掌握其编制方法，我们不妨将几张对比报表为读者完整地呈现出来。

【案例 10-1】 XJRQ 商贸公司预算差异分析

本案例列举了 XJRQ 商贸公司的预算差异分析表，计算预算产生的差异额和差异率（见表 10-1 和表 10-2）。

表 10-1 主要成本效益指标差异

项目	本年累计	20X9 年预算	差异额	偏差率（%）
营业收入				
成本费用				
其中：营业成本				
税金及附加				
营业费用				
管理费用				
财务费用				
营业利润				
补贴收入				
营业外收入				
利润总额				

表 10-2　主要成本费用分析

项目名称	20X9 年预算	20X9 年实际	差异额	差异率（%）
基本工资				
通信费				
差旅费				
劳动保护费				
租赁费				
业务宣传费				
税费				
会议费				
环保费				
中介费				
诉讼费				
财务费用				
设备维修费				
有线播出费				
折旧成本				
干线使用费				

10.2　如何撰写预算差异分析报告

10.2.1　预算差异分析报告概述

1. 定义

在阐述预算差异报告之前，我们不妨回顾一下财务分析报告的相关内容。财务分析报告是企业依据会计报表、财务分析表及经营活动和财务活动所提供的丰富、重要的信息及其内在联系，运用一定的科学分析方法，对企业的经营特征，利润实现及其分配情况，资金增减变动和周转利用情况，税金缴纳情况，存货、固定资产等主要财产物资的盘盈、盘亏、毁损等变动情况及对本期或下期财务状况将发生重大影响的事项做出客观、全面、系统的分析和评价，并进行必要的科学预测而形成的书面报告。

对照以上定义，我们可以给出预算差异分析报告的基本定义。预算差异分析报告，即预算分析报告，是企业依据预算差异分析表单及经营活动和财务活动所提供的丰富、重要的信息及其内在联系，运用一定的科学分析方法，对企业的预算执行情况，做出客观、全面、系统的分析和评价，并针对这些差异明晰权责,提出科学合理的解决建议,以进一步加强企业预算控制的书面报告。

2. 编制时间

预算考核一般以月度、季度和年度为周期,考核的依据是预算差异分析的结果。在企业的预算反馈实践中,通常于月末由各责任中心编制月度报表,列明预算执行情况,而后由企业的财务部门进行汇总分析,为各级领导提供决策信息。

以下为某公司预算管理制度中与预算差异报告相关的条款。

第九章 预算报告与差异分析

第四十五条 预算报告

预算报告是通过编制各责任中心预算报告来完成的,其形式主要有报表数据和文字说明等。由于责任中心是逐级设置的,预算报告也应该自下而上逐级编制。

第四十六条 预算的差异分析

预算执行过程中,预算责任单位要及时检查、追踪预算的执行情况,形成预算差异分析报表,最后由财务部形成总预算差异分析报告,交全面预算管理委员会,为全面预算管理委员会对整个预算的执行进行动态控制提供资料依据。

第四十七条 预算差异分析报告应包括以下内容:

1. 本期预算额、本期实际发生额、本期差异额、累计预算额、累计实际发生额、累计差异额;

2. 对差异额进行的分析;

3. 产生不利差异的原因、责任归属、改进措施以及形成有利差异的原因和今后进行巩固、推广的建议。

10.2.2 预算差异分析报告的基本内容

预算差异分析报告通常包括进度分析、业绩分析以及分析建议。首先,进度分析是指累计计算并汇总各月完成预算情况,以收入预算完成进度为起点分析成本和费用进度,为调整计划和控制提供指导。其次,业绩分析是指根据各部门预算完成情况,通过差异分析的方法,评价部门业绩,为考核提供依据。最后,分析建议部分是为各级领导决策提供支持和建议。

预算分析报告的基本内容包括上期改进措施的执行状况分析、本期预算执行及总体运作分析、主要指标及完成情况分析、预算运行中突出问题专题分析及改进措施等内容。通过比较财务报告与本书中列示的几个预算分析报告案例,我们容易发现二者并不一致。事实上,预算管理属于内部管理的范畴,预算分析报告是企业内部单位为了评价预算执行和控制情况,根据企业自身的业务特点及特定需要进行编制的,无须对外公布。而企业的财务报告,尤其是上市公司的财务报告,按照相关法律规定,须定期对外公布,有其相对固定的格式和要求。这一点也是预算差异分析报告与财务报告的一个重要的区别。企业的预算分析报告编制人员应该深刻理会这一点。

1. 上期改进建议执行情况

该部分内容主要针对上期预算差异分析中存在问题的解决措施的执行情况进行总结,目的是防止企业内部某些预算责任部门总是寻找各种理由强调预算指标完不成的原因,而不去寻找解决的途径,或者找到原因又不去积极寻求补救措施的现象出现。这部分内容应由各部门负责人来撰写,通过改进建议的执行分析让预算决策机构能够掌握企业内部预算执行的状况,也让各部门预算责任人掌握本部门预算的实际执行情况。

2. 本期预算执行情况及总体分析

本期预算的执行情况主要分析收入预算、成本预算执行情况对预计利润表及预计资产负债表的影响。主要包括:

(1)主要项目(见表10-3)

表10-3 主要项目预算执行情况分析表　　　　　　　　(单位:元)

项　目	本期预算	本期实际	差　异　额	差　异　率
营业收入				
营业成本				
管理费用				
财务费用				
利润总额				

(文字说明部分:对各个项目的总体变动情况进行总的分析和相关性的说明。)

(2)资产负债表对比(见表10-4)

表10-4 资产负债表对比表　　　　　　　　(单位:元)

项　目	期　初　数			期　末　数		
	预算	实际	差异额	预算	实际	差异额
货币资金						
应收账款						
应收票据						
预付账款						
其他应收款						
存货						

(续)

项目	期初数			期末数		
	预算	实际	差异额	预算	实际	差异额
固定资产						
无形资产及其他资产						
资产总计						
短期借款						
应付票据						
应付账款						
预收账款						
应付职工薪酬						
应交税费						
其他应交款						
其他应付款						
预提费用						
长期应付款						
负债合计						
所有者权益合计						
负债和所有者权益总计						

3．主要指标完成情况及差异原因

本部分主要分析影响企业经营成果的关键性指标的预算执行情况，如销售收入、成本定额、应收账款、存货、预付账款等项目的预算执行情况，对预算与实际差异较大的项目（正负差异超过 5%）应单独分析，说明其原因。对定额管理情况应说明定额制定的情况，并分析成本差异产生的原因。

（1）应收账款分析（见表 10-5）

表 10-5 应收账款预算执行情况分析表 （单位：元）

客户	期初数	期末预算	期末实际数	差异额	差异率
大客户					
当年新客户					
两年以上陈欠客户					
合计					

（2）存货分析（见表10-6）

表10-6　存货预算执行情况分析表　　　　　　（单位：元）

类别	期初数	期末预算数	期末实际数	差异额	差异率
原材料：					
A材料					
B材料					
在产品1					
在产品2					
低值易耗品1					
低值易耗品2					
辅助材料					
包装物					
产成品					
其他					
合计					

（3）应付账款分析（见表10-7）

表10-7　应付账款预算执行情况分析表　　　　　（单位：元）

客户	期初数	期末预算数	期末实际数	差异额	差异率
A					
B					
C					
D					
E					
合计					

（4）预收账款分析（见表10-8）

表10-8　预收账款预算执行情况分析表　　　　　（单位：元）

客户	合同金额	期末预算数	期末实际数	差异额	差异率
A					
B					
C					
D					
E					
合计					

(5)营业收入分析(见表10-9)

表10-9 营业收入预算执行情况分析表 (单位:元)

项目类别	本期预算	本期实际	差异额	差异率	当期回款率	预算总回款率
×××产品收入						
×××产品收入						
×××产品收入						
×××产品收入						
其他业务收入						
其他业务收入						
合计						

(6)成本定额分析(见表10-10)

表10-10 成本定额预算执行情况分析表

明细科目	定额标准	实际单耗	差异
材料1			
材料2			
人工			
运费			
修理费			
……			
合计			

(7)期间费用分析(见表10-11)

表10-11 期间费用预算执行情况分析表

明细科目	本 期 数				累 计 数			
	预算(万元)	实际(万元)	差异额(万元)	差异率	预算(万元)	实际(万元)	差异额(万元)	差异率
管理费用:								
营业费用:								
财务费用:								
合计								

（8）资金支出分析（见表 10-12）

表 10-12 资金支出预算执行情况分析表

项　　目	本　期　数				累　计　数			
	预算（万元）	实际（万元）	差异额（万元）	差异率	预算（万元）	实际（万元）	差异额（万元）	差异率
现金支出								
其中：采购支出								
人工支出								
税费支出								
高管支出								
资本性支出								
……								

4．预算运行中突出问题专题分析及改进措施

（1）公司预算运行环境变化的问题（政策、价格、投资、竞争对手、设备等方面）。

（2）公司全面预算管理体系运行的问题。

（3）公司全面预算管理体系运行制度执行的问题。

（4）预算运行中的其他突出问题。

（5）改进措施（对前面提出的重要改进措施在此综合列示）。

10.2.3　编写预算差异分析报告时应注意的若干问题

从目前很多企业内部预算分析报告来看，应普遍注意以下几个问题：

第一，报告由大量数字堆砌而成，虽然引用很多财务数据，但大部分数据只是简单的分析，难以提供能够掌握预算的具体完成情况的有用信息。

第二，报告缺乏分析说明内容，或者虽然有一定的分析说明内容，但只是针对简单的财务数据进行分析，没有分析具体的预算控制、公司业务、市场环境及宏观政策等深层次方面。管理层难以从这样的分析中看出具体原因，也难以进一步做出判断。

第三，报告对预算完成情况分析得较多，但对于未来预测分析得较少。由于对未来的预测有很大的未知性，因此很多报告只是简单地预测一下全年预算指标的完成情况。这样的分析明显缺乏足够的依据，也无法作为管理层进行全年政策调整的参考。

第四，报告很大篇幅都是就数字论数字，对于管理层的建议很少，或者相关建议过于简单。管理层更希望从预算分析报告中获取更多有用的参考信息，而这样的信息需要经过财务分析人员认真地研究整理得出,不能泛泛地谈论几项常规措施作为建议。

第五,报告分析重点不突出,每个月的分析报告千篇一律,只是简单的数字更换。有的报告只有简单的数字和文字说明,缺少直观的图表分析。有的报告虽然有 Excel 图表分析,但过于简单,没有形成系统的分析资料。缺乏可读性的报告只会让管理层对预算分析报告的重视程度越来越低,也使预算分析报告失去本身应有的价值。

10.2.4 编写预算差异分析报告的基本方法

为避免以上问题的发生,写出一份科学合理和有建设性的预算分析报告,最重要的就是要做到最大限度地满足阅读者(主要是企业领导层)的需求,切实发挥预算分析报告的作用——反映成果、揭示问题、提出建议。笔者建议可以从以下几方面着手。

1. 构建清晰的预算分析框架,让管理层一目了然,易于抓住重点

预算分析报告的正文建议分为以下几部分:已完成预算情况总结、重点问题分析、未来预算完成情况预测、相关的建议措施。首先,对过去一段时期预算完成情况及预算差异的总结;其次,针对预算差异所反映出的重点问题进行分析,揭示原因,提出警示;然后,根据预算完成情况及发展趋势,对未来一段时期的预算执行情况进行预测分析;最后,提出合理解决各项问题的建议及措施。要注意的是,管理层的阅读习惯通常是重点关注文章的开头和结尾,因此在报告的开始部分可以先提炼出"内容摘要",让管理层对于整篇报告的重点内容有所了解,并对自己关心的问题进一步翻阅。在结尾部分可以以"总结分析",对于重点问题及相关建议措施进行回顾,引起管理层的重视。

2. 注意定性分析与定量分析的结合,深入分析原因,避免堆砌数字

管理层对预算分析报告的需求,不仅是简单的财务数据,更关注的是财务数据背后的深层原因。全面预算管理涉及每一个业务部门,因此预算分析报告一定要结合具体的业务情况分析。由于工作内容的限制,财务分析人员往往对于企业的业务状况并不熟悉,导致预算分析报告常常只是就财务数据来分析,难以得出有用的分析结论。其实财务数据并不只是数字的简单拼凑和加总,每一个财务数据背后都包含着非常丰富的业务变化情况。对于预算管理所要求的及时反馈预算管理情况,预算分析报告必须清楚明确地揭示财务数据所反映的业务预算完成情况及内外部原因,并进一步提炼综合,最终向管理层提交内容充实、对决策有参考价值的预算分析报告。这就要求财务分析人员在平时的工作当中，注意搜集和整理相关业务资料和文件，了解国家宏观经济形势，尤其是本行业市场发展情况及政策走向，这样才能在纷繁复杂的财务数据背后，揭示预算差异的真正原因，并结合企业内外部实际情况，预测出较为准确的效益走势，提出合理的建议。

3. 内容精炼，重点突出，避免千篇一律

由于预算分析报告的主要阅读者是管理层领导，因此行文要尽可能简明、精练、重点突出。虽然不同月份的预算分析报告整体框架基本保持不变，但其中内容分析要灵活多样，重点针对当前预算期内的突出问题展开具体分析。例如，企业涉及的具体业务开展情况不同，有的业务可能相对稳定，不需要太多的分析内容，则点到即止；而有的业务可能市场形势发生重大变化，则需要作为重点问题进行详细分析。要避免长篇大论和复杂无用的信息堆积，尽量做到让阅读者一目了然，掌握重点。

4. 灵活使用 Excel 图表分析，提高报告的可读性

在具体分析中可以采用多种财务分析方法，例如，比较分析法可以通过对比去年同期、本年预算数据与本年实际数据的差异，说明预算完成情况及差异原因；结构分析法通过分析各项成本费用占总成本费用的比例，显示某项成本费用的异常；比率分析法则可以直接反映某几项重点关注的财务指标完成情况。同时，可以把有关的数字指标用 Excel 图表的形式表现出来，直观简洁地表达预算分析的成果，清晰地显示各指标之间的差异及变动趋势，使财务分析更形象、更具体。值得一提的是，图表设计一定要结合文字说明，突出重点，例如，"趋势图"可以直观地反映企业经营效益走势，"比例图"可以直观地反映企业各项成本费用占总成本费用的比例，"差异图"则可以清楚地显示企业当前超出预算数的百分比。要注意的是，在使用各种分析方法时要剔除各种特殊因素影响，这样才能使分析结果有实际意义，起到更好的参考作用。

5. 针对预算中出现的偏差，提出科学的建议措施

编写预算分析报告的根本目的不仅仅是反映问题、揭示问题，而是要通过对问题的深入分析，提出合理可行的解决办法。财务分析人员应对企业政策，尤其是近期企业大的方针政策有一个准确的把握，通过观察近期经济管理情况或某指标发展的基本趋势，合理预测企业经营情况的走势。预测分析一定要有理有据，在分析中应尽可能地立足于基础的业务数据，根据业务部门的预测情况推断企业的收入、成本费用完成情况，尤其是注意市场环境、国家政策可能发生的变化及带来的影响。同时，与年初预算数据进行比较，分析可能出现的差异原因，并结合具体财务分析中发现的重点问题，提出切实可行的建议措施。例如，人民币汇

率机制调整,对企业外汇业务造成一定影响,直接影响到预算指标中的财务费用,分析报告中应当有针对性地提出解决办法,供管理层参考。提出的意见和改进的措施要切实可行,而不是泛泛而谈,应当直接体现企业预算管理体系存在的问题,促使企业管理层及时采取改进措施。

此外,还需强调的是,预算分析报告的基础是准确的财务数据,预算分析内容必须实事求是,不能弄虚作假,要准确客观地反映存在的问题,要对重点问题及其原因做出恰如其分的分析、判断和下结论,做到观点和资料的统一。与此同时,也不能因为相关业务资料的缺乏就主观臆断,仅仅依靠财务数据做出推测,事实上,财务数据常常由于账务处理的时间差异,在一定时期内难以真正体现业务发展情况。相关建议措施也要结合实际,不能凭空想象,要在实际数据的基础上提出建议措施,切勿直接凭经验下结论。

10.2.5 案例分享:预算分析报告完整案例

【案例 10-2】 XJRQ 企业集团经营状况与预算分析报告

本案例隐去了 XJRQ 企业集团真实的财务数据,笔者希望通过案例提供一个撰写预算分析报告的模式。

_____公司(部门)经营情况及预算偏差分析

本期,集团累计汇总收入_____万元,同比下降_____%;实现净利润_____万元,同比下降_____%。与历年经营情况比较,经营发展形势不容乐观。主要表现在天然气市场增长乏力,液化气需求下降,燃气工程市场开拓不力。其中,燃气新增工程量下降较快,影响本期工程收入,同时,未来燃气销售增长率预期下降。二期工程进度慢,影响天然气市场发展。液化气营销方式重大调整,影响销售。重点应关注:公用天然气销量(同比下降_____%);工程收入(同比下降_____%);液化气销量(同比下降_____%)。

受市场竞争结构影响,本期集团汇总毛利率_____%,比同期略有增长,产品盈利能力增强。母公司资产负债率_____%,长期偿债能力依然有保障。

本期,集团执行滚动预算后,经预算调整,主要汇总财务指标均在预算控制范围内,但工程事业部利润偏差率依然较大。集团汇总利润预算偏差率_____%。其中,天然气本部_____%;工程本部_____%,车用燃气公司_____%。

一、集团整体经营情况

集团汇总收入、成本、费用等主要财务预算指标呈现负偏差,同比下降。其中液化气、工程业务收入降幅较大。汇总利润总额同比降幅较大,达_____%,如表 10-13 所示。

1. 销量：天然气本期累计销量_____万方，预算偏差_____万方，同比增长_____%，完成全年预算指标的_____%；液化气本期累计销量_____吨，预算偏差_____吨，同比减少_____%，完成全年预算指标的_____%。

2. 收入：本期累计汇总收入_____万元，预算偏差率_____%，同比下降_____%，完成全年收入指标的_____%。

3. 成本：本期累计业务成本_____万元，预算偏差率_____%，同比下降_____%，占全年预算成本的_____%。

4. 毛利：本期累计毛利_____万元，偏差率_____%，同比下降_____%。毛利率_____%，同比增加_____%。

5. 期间费用：本期累计期间费用_____万元，较预算增加_____万元，差异率_____%，同比下降_____%，销售费用率同比增加_____%，累计费用执行进度_____%。

6. 利润：本期累计实现利润_____万元，较预算增加_____万元，偏差率_____%，同比下降_____%，完成全年利润指标的_____%。销售利润率同比增加_____%。

表 10-13 财务预算执行情况汇总

（单位：万元）

	实际	预算	偏差额	偏差率	上年同期	同比差额	同比增长	全年预算	执行进度
销量（万方）——天然气									
销量（吨）——液化气									
一、销售收入									
减：销售成本									
二、销售毛利									
减：税金及附加									
减：销售费用									
减：管理费用									
减：财务费用									
三、利润总额									
减：营业外支出									
加：营业外收入									
减：所得税费用									
四、净利润									
销售毛利率（%）									
销售费用率（%）									
销售利润率（%）									
销售净利率（%）									
期间费用									

二、集团母公司经营情况

截至20X9年4月30日,集团母公司资产总额_____万元,负债总额_____万元,所有者权益_____万元,资产负债率_____%。本期,集团母公司经营性现金净流量_____万元,剔除关联往来支出_____万元,实际经营活动现金净流量为_____万元。投资活动产生的现金净流量为_____万元,筹资活动产生的现金净流量为_____万元。

1. 集团母公司实现业务收入_____万元,同比下降_____%,其中,天然气事业本部实现收入_____万元,预算偏差为_____%,较同期减幅_____%,减少的原因在于液化气、工程的收入较同期降幅比较大。工程事业部收入为_____万元,预算偏差为_____%,同比下降_____%,减少的原因:(1) 市场萎缩;(2) 以前年度工程进度结转等因素。

2. 集团母公司实现利润总额_____万元,同比下降_____%,母公司利润减少的原因主要为液化气、燃气工程业务萎缩。其中,天然气实现利润_____万元,预算偏差_____%,同比增长_____%;工程事业本部实现利润_____万元,预算偏差_____%,同比下降_____%。

3. 销售费用_____万元,同比增幅_____%。其中,天然气累计销售费用_____万元,预算偏差_____%,同比减少_____%,减少的原因在于液化气业务萎缩、人员减少等所致。工程事业本部销售费用_____万元,预算偏差_____%,同比增长_____%,增加的原因主要是合并反映新燃建设公司资产。

4. 管理费用_____万元,预算偏差_____%,同比下降_____%,主要是变动费用较同期减少_____%。变动费用减少的原因是部分资金预算未发生。

5. 本期,集团母公司销售利润率_____%,同比降低_____%。毛利率为_____%,同比增加_____个百分点,本期液化气无分销业务,因此毛利率上升。

三、主要产品供销情况及预算偏差

1. 天然气价格稳定,但购进量偏差较大,销量增长呈下降趋势。

本月,集团购进天然气_____万方,累计_____万方,预算偏差_____%。

本月,集团母公司销售天然气_____万方,累计_____万方,预算偏差_____%,同比销量增长_____%,其中公用气销量_____万方,同比下降_____%。

本期,天然气购销价格稳定,本期购进均价_____元/方,销售均价_____元/方。

2. 液化气价格波动,购销量偏差大,销量大幅下降。

本月,集团购进液化气_____吨,累计_____吨,预算偏差_____%(剔除年初建账数_____吨,偏差率_____%);期末库存液化气_____吨,LNG_____吨。

本月,集团销售液化气_____吨,累计_____吨,预算偏差_____%,销量同比下降_____%。其中,零售市场销量_____吨,同比下降_____%;分销市场销量_____吨,同比下降_____。

本期,液化气购销均价均较同期降幅较大。其中,购进均价_____元/吨,较同期下降_____%;销售均价_____元/吨,较同期下降_____%。

输配事业部本期产品购进情况见表10-14,天然气本部本期天然气产品销售情况见表10-15。

表10-14 输配事业部本期产品购进情况

	20X9年4月			20X9年1~4月		
	本月	预算	偏差额	本期	预算	偏差率
一、购入量						
1. 天然气(万方)						
2. 液化气(吨)						
3. LNG(吨)						
二、出库量						
1. 天然气(万方)						
2. 液化气(吨)						
3. LNG(吨)						
三、库存量						
1. 天然气(万方)						
2. 液化气(吨)						
3. LNG(吨)						

表10-15 天然气本部本期天然气产品销售情况

	20X9年4月			20X9年1~4月			
	本月	预算	偏差额	本期	预算数	差异率	上年同期	增长率

	本月	预算	偏差额	本期	预算数	差异率	上年同期	增长率
一、天然气(万方)								
1. 民用气								
2. 公用气								
3. 车用气								
二、液化气(吨)								
1. 瓶装销气量								
2. 车用及配送量								

3. 车用燃气购销价格稳定，销量快速增长，预算偏差小。

本月，购进天然气_____万方，累计_____万方，预算偏差_____%；期末库存_____万方。

本月，销售天然气_____万方，累计_____万方，预算偏差_____%，同比增长_____%。

本期平均购气单价_____元/方，平均销气单价_____元/方。

表 10-16 车用燃气购销情况

	20X9 年 4 月			20X9 年 1~4 月				
	本月	预算	偏差额	本期	预算	偏差率	上年同期	同比增长
一、购气量								
天然气								
二、销气量								
天然气								
三、库存量								
天然气								
四、价格								
购进均价								
销售均价								

四、各业务单位（部门）财务预算执行情况

（一）天然气事业本部

1. 主营业务预算执行情况

（1）收入

天然气累计收入_____万元，较预算增加_____万元，预算偏差率_____%，同比增长_____%。其中，民用天然气较预算减少_____万元，公用天然气较预算增加_____万元，车用天然气较预算增加_____万元。

液化气累计收入_____万元，较预算增加_____万元，同比下降_____%。

（2）成本

天然气累计成本较预算减少_____万元，预算偏差率_____%，同比下降_____%。

（3）毛利率

综合毛利率_____%，预算偏差率_____%，同比增长_____%。其中：天然气综合毛利率_____%，预算偏差率_____%，同比增长_____%；液化气综合毛利率_____%，预算偏差率_____%，同比增长_____%。

(4) 利润

本期累计利润_____万元,较预算增加_____万元,预算偏差率_____%,同比增长_____%。

天然气事业部主营业务财务预算执行情况见表 10-17。

表 10-17　天然气事业部主营业务财务预算执行情况

(单位:万元)

	20X9 年 4 月			20X9 年 1~4 月				
	本月	预算	偏差额	本期	预算	偏差率	上年同期	增长幅度
一、主营业务收入								
1. 天然气								
民用								
公用								
车用								
2. 液化气								
瓶装气								
整车配送								
车用气								
二、主营业务成本								
1. 天然气								
民用								
公用								
车用								
2. 液化气								
瓶装气								
整车配送								
车用气								
三、毛利率								
1. 天然气								
民用								
公用								
车用								
2. 液化气								
瓶装气								
整车配送								
车用气								
四、税金及附加								
五、销售费用								
六、利润总额								

2．其他业务

本月，其他业务收入_____万元，较预算减少_____万元；本期累计_____万元，预算偏差_____%，同比下降_____%。

本月，其他业务成本_____万元；本期累计_____万元，预算偏差_____%，同比增长_____%。

本期其他业务毛利率_____%。

天然气事业部其他业务财务预算执行情况见表 10-18。

表 10-18　天然气事业部其他业务财务预算执行情况

（单位：万元）

	20X9 年 4 月			20X9 年 1~4 月				
	本月	预算	偏差额	本期	预算	偏差率	上年同期	增长幅度
一、其他业务收入								
1．建安（甩项、改线）								
2．劳务								
3．材料								
4．运费								
5．气款滞纳金								
6．送气费								
二、其他业务成本								
建安（甩项、改线）								
三、毛利率								
建安（甩项、改线）								

（二）工程事业本部（略）

（三）车用燃气公司（略）

五、预算差异的分析改进措施

对 20X9 年预算执行情况，各部门基本能够按照预算项目执行，但存在不足之处，需注意以下几点：

1．预算由部门负责人牵头实施，并作为预算管理的第一责任人，对预算编制、执行的效益性、全面性、真实性、准确性、及时性承担责任，否则会影响公司的现金总流量。

2．各部门需根据部门职责编制预算。

3．对没有预算和超预算事务严格执行预算外审批手续，严格控制预算内项目的调剂使用。

4．请严格按照《全面预算管理实施细则》中的预算责任执行，并主动与财务部对账。

5. 根据各类预算的特点,各类预算责任落实到具体部门后,请严格按照预算项目的责任划分及时编制预算及定期撰写预算执行差异分析报告(包括收入预算、采购预算及投资项目预算等),并进行总结分析,确定下期工作重点。

6. 各预算责任单位应查找问题原因,切实提出改进措施,对费用上升的具体项目提出控制目标,对收入预算不达标的责任单位要将任务分解到人,切实加强责任制的管理,防止预算目标的流失。

10.3 案例分享:内部责任报告撰写

10.3.1 责任报告概述

内部责任报告是指根据责任会计记录编制的反映责任预算实际执行情况,揭示责任预算与实际执行差异的内部会计报告。责任报告主要有报表、数据分析和文字说明等几种形式。将责任预算、实际执行结果及其差异用报表予以列示是责任报告的基本形式。通过编制责任报告,可完成责任中心的业绩评价和考核。

责任报告必须逐级编制,通常只采用自下而上的程序逐级编制。 最低层次的责任中心责任报告应当最详细,随着层次的提高,责任报告的内容应以更为概括的形式来表现。

10.3.2 内部责任报告撰写方法

责任报告是预算差异报告的延续,侧重于对预算执行进行总结,并提出弥补措施,继而通过相关指标的对比,对各责任区域的工作好坏做出相应的评价。

通过第 9 章的学习,我们知道,预算管理责任网络的基础是企业责任中心的划分,这里用图 10-2 帮助读者回顾责任中心的相关知识。

内部责任报告内容

责任会计制度要求企业根据内部管理的需要,在企业内部设置责任中心,按照其责权范围履行其责任目标。因此,责任中心的内部报告应该涵盖两方面的内容,一方面要对各个责任中心的经营业绩进行评价;另一方面也要对各个责任中心管理者职责的完成效果进行评价。反映第一方面信息的内部报告以责任中心为编制实体,以财务信息作为设计基础;反映第二方面信息的内部报告以责任中心管理者的业绩执行情况作为编制实体,以非财务指标作为设计基础。

(1)成本中心内部责任报告内容

下面结合该责任中心的具体目标,详细介绍成本中心内部责任报告主表的内容与构成,简要说明附表的基本内容和主要作用,以及需要在附注中说明的重要事项。

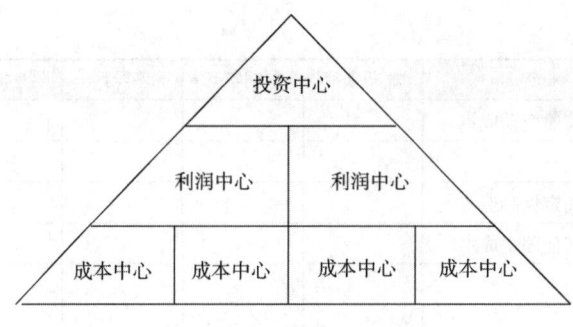

图 10-2　责任中心的划分

1）主表。

成本中心是一个集成本归集和控制于一体的责任中心，成本中心的建立对于管理计划和控制来说是最基本的，因为成本中心可以作为预算中心，通过提供预算成本和实际成本的比较，有利于成本控制。从责任会计角度看，成本中心的成本应当被划分为可控成本和不可控成本。成本中心的管理者不应对超过他们控制范围以外因素造成的成本负责。此外，对管理部门根据成本控制而进行的业绩评价应当以成本中可控因素为基础。

因此，成本中心内部责任报告的主表应该包括以下几部分内容：一是可控成本，主要指成本中心的管理者可以制约的成本；二是不可控成本，主要指成本中心的管理者不可制约的成本；三是总成本，即可控成本与不可控成本的合计；四是选取的关键财务指标，即成本费用利润率和产值成本率。其中，成本费用利润率反映的是成本中心为获得利润所付出的代价。产值成本率反映的是成本中心生产的单位价值产品所耗费的成本。

成本中心内部责任报告分为五个栏目（见表 10-19）：第一栏是本期的预算数，根据所界定的具体部门的预算目标数进行填列；第二栏是本期的实际数，根据本期实际经营业绩和财务数据填列；第三栏是本期实际数与本期预算数的差额；第四栏是本期实际数与本期预算数的比；第五栏以第三栏和第四栏为基础对该成本中心管理者经营业绩的执行情况进行分析评价。

表 10-19　成本中心内部责任报告

____成本中心　__年__月__日　实际产量：__　实际工时：__　预算工时：__　单位：万元

	项　　目	本期预算	本期实际	差异额	差异率	分析评价
可控成本	变动成本					
	其中：直接材料					
	直接人工					
	变动性制造费用					

(续)

项目		本期预算	本期实际	差异额	差异率	分析评价
可控成本	其他变动成本					
	固定成本					
	其中：固定性制造费用					
	其他固定成本					
可控成本合计						
不可控成本						
成本合计						
成本费用率						
产值成本率						

2）附表。

成本中心内部责任报告附表中包括成本可控性报告、直接材料成本报告、直接人工成本报告、制造费用报告、成本差异分析报告、废品情况报告。

● 成本可控性报告

由于成本的可控性是由成本中心管理者划分的，而且不是一成不变的，即会随着生产经营环境的变化而发生改变，因此，应该在附表中反映划分可控与不可控成本的依据以及当二者相互转换时所带来的影响。

● 直接材料成本报告

直接材料成本报告主要反映成本中心可控成本中材料成本的具体构成、增减变化和影响因素。它按照各个成本中心材料的实际用量，结合采购价格差异，反映耗用材料成本的变化以及相关责任。

● 直接人工成本报告

直接人工成本报告反映的是各个成本中心人工成本的构成、增减变化及影响因素，它按照各个成本中心工人的实际耗用工时，结合工资率的变化，反映人工成本的变化及相关责任。

● 制造费用报告

制造费用报告反映的是成本中心各项制造费用的明细数据，以及制造费用在各产品之间的分配标准、比例和金额。

● 成本差异分析报告

成本差异分析报告主要是对主表中实际数与预算数之间的差距进一步解释说明，应该着重找出导致差异产生的原因，以及所采取的对策，目的在于在今后的生产经营过程中予以规避，同时，差异的大小也成为评价部门管理者业绩执行情况的依据。

- 废品情况报告

该报告主要提供生产过程中废品的数量以及产生废品的原因等方面的信息，同时反映为可修复废品所发生的费用和不可修复废品给企业带来的损失。

3）附注。

成本中心内部责任报告的附注应该对成本计算制度、主要成本计算方法、制造费用分摊方法以及对产品成本产生重大影响的主要因素等问题做出详细说明。

- 成本计算制度

成本计算制度应该反映的主要内容：成本计算期的计算，如按月、按周、按日计算成本；计算时采用何种成本制度。

- 影响产品成本的其他因素

除了上述所提及的影响成本中心可控成本的因素之外，对于其他一些对成本有重大影响的事项，也应该在内部责任报告的附注中体现。

- 成本中心管理人员业绩评价

这个评价主要是指对成本中心管理人员的工作效果进行分析，从而保证奖惩制度的顺利实施。

（2）利润中心内部责任报告内容

下面结合该责任中心的具体目标，详细介绍利润中心内部责任报告主表的内容与构成，简要说明附表的基本内容和主要作用，以及需要在附注中说明的重要事项。

1）主表。

利润中心的管理者能自主决策生产何种产品、自主定价、自主选择供应商，既对成本负责，也对收入负责，其经营目的是实现利润最大化，业绩控制的重点在于合理计量利润。因此，利润中心内部责任报告的主表中包括以下内容：一是销售净额；二是可控成本，包括可控的变动成本和可控的固定成本；三是销售净额与可控成本的差，即可控利润，再扣除不可控成本的差就是该利润中心的营业利润。最后一项是选取的关键财务指标——销售净利润率，是指企业实现的净利润与销售收入的对比关系，用以衡量企业一定时期的销售收入获取利润的能力。

利润中心内部责任报告为五栏式（见表10-20）：第一栏是本期预算数；第二栏是本期实际数；第三栏是本期实际数与本期预算数之差；第四栏是本期实际数与本期预算数之比；第五栏对第三栏和第四栏的结果进行分析与评价。

表10-20 利润中心内部责任报告

_____利润中心　　　　　__年__月__日　　　　　单位：

项　目	本期预算	本期实际	差异额	差异率	分析评价
销售净额					
减：变动生产成本					
变动销售费用					
变动成本合计					
边际贡献					
减：可控固定成本					
利润中心可控利润					
减：不可控固定成本					
营业利润					
销售净利润率					

2）附表。

利润中心内部责任报告附表中的内容应该包括成本中心的内部责任报告、营业收入报告、商品销售价格报告、市场占有率报告、采购价格报告、销售费用报告、管理费用报告、财务费用报告、营业外收支报告等。

● 营业收入报告

营业收入报告主要向管理者提供有关销售渠道、销售对象、销售数量、销售单价和销售收入等方面的信息。

● 商品销售价格报告

商品销售价格报告是对价格的详细说明，它向管理者提供各类商品在不同客户和不同市场环境下销售时，价格变化的信息，该报告为下一会计期间销售计划和价格的调整奠定基础。

● 市场占有率报告

市场占有率报告主要是分析商品的实际市场占有率情况与预测市场占有率情况之间的差异，借以评价利润中心的市场开拓能力。

● 采购价格报告

采购价格是影响产品成本和销售利润的重要因素，因此，通过编制采购价格报告向管理者提供价格变化的信息及对生产决策和销售价格决策的影响。

● 销售费用报告

销售费用报告是对利润中心所发生的销售费用项目的详细说明。

● 管理费用报告

管理费用报告是对利润中心所发生的管理费用项目的详细说明。

- 财务费用报告

财务费用报告是对利润中心所发生的财务费用项目的详细说明。

- 营业外收支报告

营业外收支报告主要是对营业外的收支情况进行报告，说明收支的缘由与金额，同时计算报告期间的营业外收支净额及对利润总额的影响。

3）附注。

利润中心内部责任报告的附注中应该包括以下内容：

- 影响销售净利润率实现的重要因素

对于利润中心而言，其主要任务就是完成销售收入和营业利润计划，因此需要对影响利润率的重要因素进行深入分析。

- 市场和客户指标

这方面的主要指标有市场份额及其变动情况、销售额的增长情况、销售人员所联系的客户数量以及客户访问时间、客户订货量变化等。

- 利润中心管理人员业绩评价

这个评价主要是指对利润中心管理人员的工作效果进行分析，从而保证奖惩制度的顺利实施。

（3）投资中心内部责任报告内容

下面结合该责任中心的具体目标，详细介绍投资中心内部责任报告主表的内容与构成，简要说明附表的基本内容和主要作用，以及需要在附注中说明的重要事项。

1）主表。

投资中心是部门化管理的企业中管理决策、控制权责划分的最高阶段，其管理者不仅对成本和收入负责，还要对投资负责，同时也能做出与营运资本和资本投资有关的决策。投资中心往往拥有的自主权较大，所以投资中心一般要考核利润，也要考核为赚取利润而占用的资本。因此，投资中心内部责任报告主表中的项目包括：销售净额、边际利润、分部可控利润、分部营业利润、总资产周转率、销售利润率、投资报酬率、剩余收益率、经济附加值。其中，总资产周转率是用来分析企业全部资产的使用效率的指标。剩余收益是投资中心获得的利润扣除其投资额按预期最低投资报酬后计算的投资报酬后的余额。经济附加值，即 EVA，是对企业利润进行适当调整后的经济价值指标。

投资中心内部责任报告为五栏式（见表 10-21）：第一栏是本期预算数；第二栏是本期实际数；第三栏是本期实际数与本期预算数之差；第四栏是本期实际数与本期预算数之比；第五栏是对第三栏和第四栏的结果进行分析与评价。

表 10-21 投资中心内部责任报告

_____投资中心　　　　　　　　__年__月__日　　　　　　　　单位：

项　目	本期预算	本期实际	差异额	差异率	分析评价
销售净额					
减：变动生产成本					
变动销售费用					
边际贡献					
减：可控固定成本					
分部可控利润					
减：不可控固定成本					
分部营业利润					
资产平均占用额					
销售净利润率					
资产周转率					
销售利润率					
投资利润率					
剩余收益率					

2）附表。

投资中心内部责任报告的附表内容包括：成本中心内部责任报告、利润中心内部责任报告、资金成本报告、资本结构报告、所得税报告、EVA 报告、资产结构报告、资产利用程度报告、资产损失及不良资产报告、资产利用效果报告、对外投资报告等。

● 资金成本报告

该报告主要向管理者提供各类资金成本及其变动信息，特别是负债成本及变动的详细信息，同时提供总资产报酬率与负债利息率比较的信息。

● 资本结构报告

该报告主要向管理者提供企业资本结构、财务结构、负债结构、所有者权益结构等方面的信息，以及资本结构优化状况及优化标准等方面的信息，同时提供资本结构优化所产生的效果的信息。

● 所得税报告

所得税报告主要反映所得税缴纳、返还及所得税政策变化引起税收变化等信息。

● EVA 报告

EVA 报告是反映资本增值信息的报告，它是进行投资决策和评价经营业绩水平的重要依据。

- 资产结构报告

该报告反映投资中心占用资产的分布情况,有利于分析资产结构的合理性、调整结构、优化配置,加强优质资产投资,处置闲置资产和不良资产。

- 资产利用程度报告

该报告主要反映各类资产利用效果。

- 资产损失及不良资产报告

资产损失和不良资产报告主要提供资产损失及闲置情况的信息,这一报告应该详细报告各项资产损失的具体情况、补救措施、损失金额、损失原因、主要负责人及赔偿问题等,详细反映各项闲置资产的预定用途、闲置原因、变现价值、预期损失情况等。

- 资产利用效果报告

该报告主要反映的是资产周转速度及资产利用效率提高对收入和资金影响的信息。它可以按照具体的资产项目进行详细报告,如资产在运营过程中,总资产、流动资产、存货、应收账款等的周转速度、周转率及其变动情况和原因,以及周转速度变化对财务状况和经营业绩的影响等。

- 对外投资报告

对外投资报告主要反映对外投资结构与投资收益等的信息,应该详细编制关于各类型投资项目的投资规模、比重、预期收益率等方面的信息。

3)附注。

- 重大投资事项说明

重大投资事项说明主要是指一些无法在报表中呈报的对投资效率有重大影响的非货币化信息,如投资时限、市场偿还计划等。

- 投资中心管理人员业绩评价

这个评价主要是指对投资中心管理人员的工作效果进行分析,从而保证奖惩制度的顺利实施。

10.3.3 内部责任报告撰写案例

1. 预算责任分解

通常情况下,企业在预算分解下达的同时会将预算责任目标从总公司分解到基层的具体岗位,即形成"总公司→分公司(机关、子公司)→部门 →班组→岗位"的预算目标分解,对企业各项预算收入、预算费用形成责任预算分解和落实。同时,根据责任分解形成对人员的预算责任分解和落实,即形成"总公司领导→分公司（机关、子公司）领导→部门领导→班组长→员工"的责任落实体系，对企业的利润、产品、质量、安全生产等负责。

2. 责任中心考核表

（1）责任中心考核表——投资中心

投资中心考核表如表10-22所示。

表 10-22　投资中心考核表

指　标	上年实际	本年预算	本年实际	与上年差异	与预算差异
销售额					
利润额					
资金占用					
股东权益					
销售利润率					
资金周转次数					
权益乘数					
分析					
原因和改进措施					

（2）责任中心考核表——利润中心

利润中心考核表如表10-23所示。

表 10-23　利润中心考核表

指　标	××利润中心	××利润中心	××利润中心
销售收入			
变动成本			
边际利润			
可控固定成本			
可控利润			
不可控固定成本			
部门利润			
公司管理费用			
部门税前利润			
销售利润率			
资金成本			
剩余利润			
预算完成情况			
原因			
改进措施			

（3）责任中心考核表——成本费用中心

成本费用中心考核表如表 10-24 所示。

表 10-24 成本费用中心考核表

项　　目	本期预算	本期实际	差　异　额	完　成　率	说　　明
变动费用					按业务量调整
运杂费					
包装费					
佣金					
固定费用					
工资					
办公费					
差旅费					
合计					
分析					
原因和改进措施					

第 11 章
预算与绩效管理的协同

**精彩抢先读**

目标、绩效与预算是企业管理的核心三要素,目标的实现要靠预算的责任分解和考评来达到,绩效是落实预算的一个有力支撑。经营目标责任书是对预算责任的约束,预算的责任分解和落实最终要落实到经营目标的完成上来,而预算考评和激励也是对比经营目标责任的完成情况来进行的。本章本着科学性、重要性、可比性、可行性、动态完善的原则,提出了预算绩效考评指标体系设计及预算绩效考评的申诉管理办法。预算考评与激励是对预算执行者业绩评价的具体体现。同时,预算考评增强了预算执行者的成就感和组织归属感。应关注的问题是,预算考评与激励的首要目的就是使预算目标凸显,并全面确保预算目标的实现。预算考评与激励应跟企业现有的人力资源部制定的业绩考评制度相结合,切忌出现考评"两张皮"的现象。

11.1 目标、绩效与预算的关系

目标是实现企业战略的驱动过程，它提供总体的战略落地的具体思路和方法，指出如何完成企业的使命，以及实现长期愿景的手段和途径。企业在制定年度目标时应尽可能使用量化的指标，将目标具体化，如：当年实现税前利润 XX 万，目标客户达到 XX 等。

绩效是指组织、团队或个人，在一定的资源、条件和环境下，完成任务的出色程度，是对目标实现程度和达成效率的衡量与反馈。

年度目标的达成要靠预算责任的落实与分解，通过预算分解形成人人身上担责任的具体行动计划，并通过开展经营分析，将预算执行的好坏与业绩激励、薪酬激励挂钩起来，不断改善纠偏，从而达到监控目标达成与否的目的。企业只有用预算去管控企业，预算管理才能达到真正的功效，预算的作用和价值才能得到体现，企业的年度经营目标才能得到实现。也只有通过预算管理，企业各个部门才会真正重视预算，预算才能发挥作用。目标、绩效与预算三者之间的关系是：

（1）三者之间的关系可以表示为："目标→预算→绩效考核"，这不是简单的由前往后的先后顺序，而是三者之间真正形成闭环，是一个密不可分的有机整体。

（2）在此过程中，预算起到了承前启后的重要作用。预算是对资源（人、财、物）进行计划与配置的活动，它是目标和绩效考核的桥梁和纽带。

（3）对目标进行数据化处理的过程就是预算编制过程，预算编制过程就是绩效指标库对应过程，预算本身并不是最终目的，更多的是充当一种在目标与绩效之间联系的工具。

即：只有通过目标、预算、绩效的高效互动，企业才可能达成其既定的战略目标。

11.2 年度经营目标责任书的制定

11.2.1 制定经营目标责任书的意义

企业在完善经营管理机制的基础上，为强调经营管理者的责任以及充分调动公司经营管理人员的积极性，应将预算分解落实的结果体现在经营目标责任书的制定中，通过建立经营目标责任考核体系，推动公司经营管理工作逐步向理性、科学、精细和规范的方向发展。同时，借助推行目标责任体系，用科学的指标评价体系替代粗线条的考评，将有力地推动公司管理手段和经营风格的转变，增强企业管理层的抗风险意识和能力。

经营目标考核与预算责任目标考核是连为一体的，考核可以分为月考核、季度考核和年度考核，绩效的兑现也相应地可以分为月绩效工资、季度绩效工资等。

11.2.2 经营目标责任书制定范例

本书仍然以 XJRQ 企业集团为例，介绍经营目标考核办法的制定。

【案例 11-1】 XJRQ 企业集团经营目标考核办法

XJRQ（集团）有限公司经营目标考核办法

为保证集团公司经营管理目标顺利实现，充分体现奖优罚劣，现根据集团公司目前组织架构设置，结合实际情况，制定经营目标考核办法。

1. 考核范围及层次

(1) 集团副总裁（含副总裁）以上人员由总裁另行考核。

(2) 业务单位及集团职能部门负责人适用本考核办法。

(3) 业务单位及集团职能部门负责人以下人员由各单位（部门）参照本办法拟定本单位（部门）绩效考核办法，报集团人力资源部审核，经集团公司考核委员会批准后实施。

2. 考核机构及职责

集团公司成立考核委员会，并设立工作组。

(1) 考核委员会组成人员：冯某、许某、王某、吕某、刘某、李某1、姜某、李某2。考核委员会主任由冯某担任。考核委员会主要负责审批上报考核办法，经总裁批准后实施。

(2) 考核委员会工作组组成人员从集团办公室、法务部、人力资源部、财务部、安稽部、总工办、审计部、客服管理部抽调。工作组组长由李某1担任。各部门根据各自分管职责向考核委员会提出考核指标建议，并按期提供考核信息。

(3) 集团人力资源部：根据考核委员会工作组提交的考核信息，进行定期考核，包括季度和全年考核成绩的汇总，将考核汇总结果提交考核委员会。同时，负责业务单位、职能部门负责人的奖惩兑现，审核业务单位、职能部门员工绩效考核兑现情况。

- 经营目标考核工作流程如图 11-1 所示。
- 20X7 年业务单位（职能部门）考评表如表 11-1 所示。

第 11 章 预算与绩效管理的协同

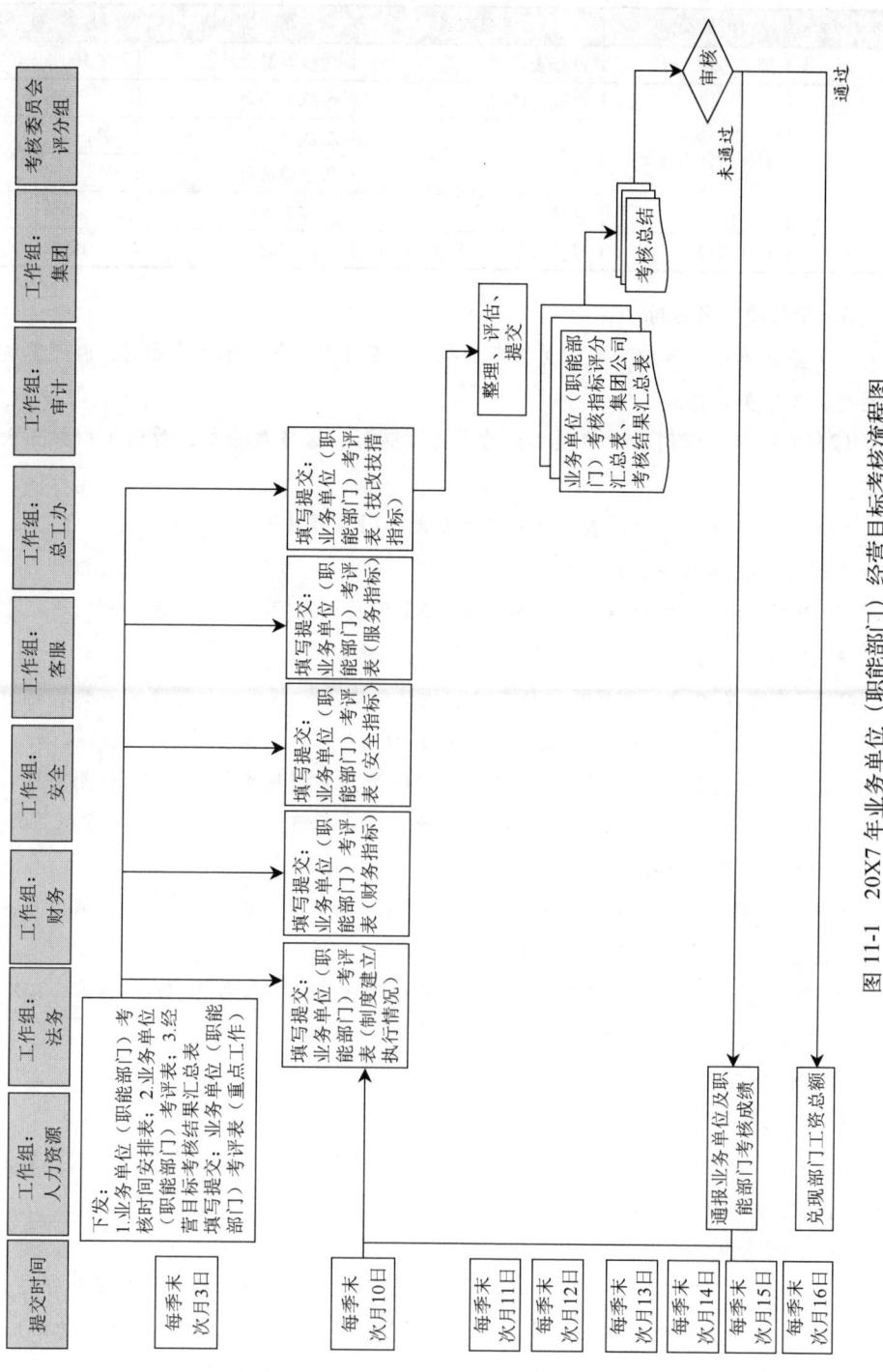

图 11-1 20X7 年业务单位（职能部门）经营目标考核流程图

表 11-1 20X7 年业务单位（职能部门）年度考核成绩构成情况一览表

序号	考核类别	考核内容	考评人	权重	
1	部门考核	目标责任书	考核委员会	100%	
2	目标责任人考核	目标责任书	考核委员会	50%	
		工作汇报	总裁	40%	40%
			考核委员会	60%	
		直接下属评价	直接下属	10%	
3	员工考核	按业务单位（职能部门）考核办法执行		100%	

3. 考核项目及指标

（1）业务单位的考核项目分为财务类指标、安全类指标、服务类指标、内部管理类指标、技术类指标五个方面。

（2）集团职能部门的考核项目分为财务类指标、服务类指标、管理类指标三个方面。

（3）具体指标项目根据各业务单位及职能部门情况的不同而设计。

● 经营目标考核指标汇总表

① 20X7 年业务单位指标汇总表；② 20X7 年职能部门指标汇总表。

● 20X7 年业务单位（职能部门）经营目标责任书

20X7 年业务单位经营目标责任书：①天然气事业本部；②工程事业本部；③液化气分公司；④洁威公司；⑤金源设计院；⑥检测公司；⑦鑫业公司；⑧采购部。

20X7 年集团职能部门经营目标责任书：①集团办（见附件 11-1）；②财务部；③审计部；④总工办；⑤安稽部；⑥客服管理部；⑦法务部；⑧人力资源部；⑨保卫部。

4. 经营目标考核细则

考核指标值确定后，原则上不予调整。如遇特殊情况，各单位（部门）可于当年 6 月初提出申请，报考核委员会批准后调整一次。

20X7 年业务单位（职能部门）考核指标值调整工作流程如图 11-2 所示。20X7 年业务单位（职能部门）考核指标值调整申请表如表 11-2 所示。

考核评分采取百分制。

5. 考核周期

考核分为季度考核和年度考核。季度考核兑现季度绩效工资，年度考核按照集团公司的奖惩办法进行兑现。

6. 奖惩兑现

（1）集团公司对各单位（部门）工资与奖金实行总额控制，根据经营目标完成情况进行季度和年度考核兑现（人员增加及预算外薪资调整原则上不追加工资总额）。集团公司核定的各单位年度工资总额中提取 10% 作为年度基本目标考核兑现部分，其余 90% 为基础工资和季度绩效工资。

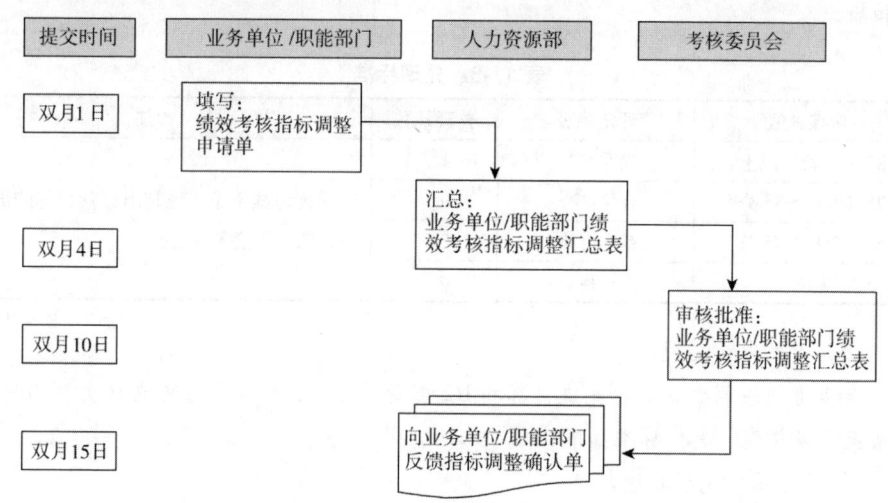

图 11-2　20X7 年业务单位（职能部门）考核指标值调整工作流程图

表 11-2　20X7 年业务单位（职能部门）考核指标值调整申请表

申请单位：　　　　　　　　　　　　　　　　　　　　　　　　　年　月　日

指标名称	第　季度		调整理由
	原目标	拟调整目标	
财务类指标			
安全类指标			
服务类指标			
内部管理类指标			
技术类指标			
业务单位目标责任人签字：			

经办人：

（2）业务单位在集团公司核定工资总额内，自行制定薪酬标准和考核办法。将原薪资结构调整为基本工资、绩效工资、工龄工资（原则 XX 元/年）及其他。同时，各单位绩效工资总额不得低于 20X6 年绩效总额的提取比例。业务单位目标责任人的绩效工资比例调整为 30%，其余员工的具体比例由各单位自行确定，报集团人力资源部审核并备案。

（3）职能部门在集团公司核定工资总额内，自行制定本部门考核办法，绩效工资提取比例沿用 20X6 年绩效提取比例。

（4）季度考核兑现。

季度考核成绩决定各业务单位及集团职能部门的绩效工资总额及其负责人的绩效

工资。未完成季度经营目标指标的，部门及目标责任人绩效工资部分在季度考核中予以扣除。

表 11-3 兑现标准

考核分值	评定等级	兑现系数	备注
85分（含）以上	优秀	1	季度考核不予兑现超出经营目标的部分，实行年度考核兑现
75（含）~85分	合格	0.7	
65（含）~75分	基本合格	0.5	
65分以下	不合格	0	

(5) 年度考核兑现。

年度考核按照经营目标完成情况和B2类费用（除工资以外的其他B类费用）控制情况予以兑现，具体标准如下：

1) 业务单位兑现办法；

2) 职能部门兑现办法；

3) 年度考核奖惩在次年兑现。

(6) 业务单位及集团职能部门在不突破集团公司确定的工资及奖金总额基础上，即本部门提取的工资及奖金总额基础上，按其制定的本单位（部门）员工考核办法兑现每个员工的绩效工资及奖金。

7. 考核流程及评分标准

(1) 每季度末次月为考核月。

(2) 考核委员会工作组根据自身归口管理业务，按照考核办法于考核月10日向集团人力资源部提交考核信息。

(3) 集团人力资源部将考核信息收集汇总后，于考核月13日上报考核委员会评分组。

(4) 考核委员会在考核月14日，根据考核细则对各业务单位及集团职能部门的考核成绩予以评价确认。

(5) 集团人力资源部于考核月15日汇总考评成绩，通报各业务单位及职能部门，并及时予以兑现。

(6) 各业务单位及集团职能部门如对考核结果存在异议，可在3日内向总裁提出。各业务单位及集团职能部门员工如对其考核结果有异议，可依照《集团公司员工绩效考核结果申诉处理办法》执行。

8. 20X7年绩效考核结果申诉处理办法

业务单位（职能部门）目标责任人绩效考核结果申诉表如表11-4所示。

业务单位（职能部门）员工绩效考核结果申诉表如表11-5所示。

表 11-4 业务单位（集团职能部门）目标责任人绩效考核结果申诉表

申诉人		单位（部门）	
职位		考核者	
考核成绩		考核者直接上级	
序号	申诉事项	申诉理由	事实依据
1			
2			
3			

争议调查情况：

考核委员会主任签字：
年 月 日

争议处理意见：

总裁签字：
年 月 日

被考核者签字确认处理结果	考核委员会主任签字确认处理结果
年 月 日	年 月 日

注：1. 申诉人必须在了解绩效考评结果后3个工作日内提出，否则无效。
　　2. 申诉人必须认真填写申诉表，并将填写过的申诉表交所属申诉处理者。
　　3. 本表适用于业务单位/集团职能部门目标责任人。

表 11-5　业务单位（集团职能部门）员工绩效考核结果申诉表

申诉人		单位（部门）	
职位		考核者	
考核成绩		考核者直接上级	
序号	申诉事项	申诉理由	事实依据
1			
2			
3			

争议调查情况：

考核人签字：
年　月　日

争议调查情况：

考核者的直接上级签字：
年　月　日

争议处理意见：

申诉人所在单位人力资源主管签字：
年　月　日

被考核者签字确认处理结果	考核者签字确认处理结果	考核者的直接上级签字确认处理结果
年　月　日	年　月　日	年　月　日

注：1. 申诉人必须在了解绩效考评结果后3个工作日内提出，否则无效。
　　2. 申诉人必须认真填写申诉表，并将填写过的申诉表交所属申诉处理者。
　　3. 本表适用于业务单位/集团职能部门目标责任人以外的人员。

9. 集团人力资源部按照考核成绩兑现绩效工资及奖金
10. 附则
(1) 本办法及部门内部考核办法经考核委员会批准通过后生效。
(2) 本办法由考核委员会负责解释。各单位（部门）内部考核办法由制定单位（部门）负责解释。

附件 11-1

20X7 年度集团办经营目标责任书

指标类别	指标名称	年度目标值	分　　值	考核部门
财务指标	B 类费用：B1（元）	XXX	15	财务部
	B 类费用：B2（元）	XXX		
服务指标	满意度调查（业务单位）	达标	15	客服管理部
	满意度调查（领导）	达标	10	
内部管理指标	重点工作完成情况	27 项	45	人力资源部
	制度建设/执行情况	17 项	15	法务部

考核委员会主任：

目标责任人：

签订时间：

11.3　预算考评制度与绩效评价的融合范例

现代化的管理方法要求重视全过程管理，重视企业内部协同管理。全面预算管理是一套行之有效的综合性企业管理方法，它将事前预测、事中控制和事后分析相结合，将企业的整体目标在部门之间有规划地进行分解，实现对企业业务全过程的管理，实现对企业各部门的协同管理，以提高企业的经济效益，实现企业的经营目标。预算考评制度是预算管理中重要的环节。现代企业组织管理一般包括三层控制：一是股东对经营者的控制，二是经营者对管理者的控制，三是管理者对员工的控制。预算考评在每一层次都对全面预算管理发挥着业绩评价以及约束和激励的重要作用。

11.3.1　预算绩效考评的基本要求

绩效考评制度是指考评者对照工作目标或绩效标准，采用一定的考评方法，评定员工的工作任务完成情况、员工的工作职责履行程度和员工的发展情况，并将上述评定结果反馈给员工的一种制度。绩效考评制度的目的一般包括两点：考评的最终目的是改善员工的工作表现，以达到企业的经营目标，并提高员工的满意程度和未来的成就感；考评的结果主要用于工作反馈、报酬管理、职务调整和工作改进。

建立科学合理的预算绩效考评制度，要研究确定绩效考评主体、层次、方法、工作程序、评价指标设置及标准选择以及考评结果应用等一系列的规范。

1．建立一套科学合理的考核指标体系

这套指标体系既要有定性指标，更主要的是还要有量化指标，量化指标要划分哪些是基本指标，哪些是修正指标，既要用绝对指标，还要用相对指标进行对比。

2．要明确考评主体

预算绩效考评由财务部门结合年度预算进行分析评价，在考核中还可以借助社会中介机构、审计部门等方面的力量。

3．要确定考核程序和考核方法

考评的效果在很大程度上取决于考评系统的设计、考评方法和实施过程的安排。因此，在建立预算绩效考评制度的过程中，一定要重视考核程序设计和考核方法的选择，做到科学合理、公开透明。

4．考核结果必须予以兑现，做到有奖有罚

考核结果若不加以运用，不与职员利益、领导升迁相结合，好坏都一样，就难以形成激励，再好的制度也会流于形式。因此，必须根据考核结果，对绩效突出的员工进行奖励或对领导进行提拔重用，对绩效不佳的单位（部门）采取下年削减经费预算等处罚措施。

11.3.2 案例分享：预算考评与经营目标考核实施办法及实施细则融合的范例

本案例给出 HDJX 企业集团的经营目标考核制度，本制度的特色是将预算管理指标融入经营目标责任考核中，更加注重对责任单位负责人全方位的业绩考评，使企业的各责任单位负责人明白预算责任就是其经营责任，避免出现以往经营目标考核中的指标单一化问题，也避免了以单纯的利润完成与否来考核部门负责人业绩的问题。

【案例 11-2】 HDJX 集团目标管理考核制度及实施细则

HDJX 集团目标管理考核制度

HDJX 集团经过近几年的快速扩张发展后，已形成了一定的规模优势。由于企业所处的环境日益复杂、多变，且组织规模也日益庞大，为在激烈的市场竞争中占据有利地位，加强内部管理和控制工作，集团公司决定实行经营目标管理与全面预算管理制度相结合的管理办法。巩固基础以保证集团今后更好地发展，实现公司的战略规划。

第一章 总 则

第一条 依照《HDJX 集团公司章程》，为了建立和完善 HDJX 集团责权利相统一的内部运行机制，充分调动员工的积极性和创造性，保证在规范管理、稳健经营、防范风险的前提下开展经营管理工作，制定本制度。

第二章 目标管理与考核

第二条 天然气公司、房产分公司、工业公司、新城建筑、物业公司、商贸公司、检修公司是 HDJX 集团公司的全资子公司，市政设备公司、酒业公司是 HDJX 集团的控股子公司，是独立核算、自负盈亏的具有法人资格的经济实体，每年应向 HDJX 集团上缴经营利润。

第三条 集团公司对下属分（子）公司实行经营目标管理与考核。每年初由集团公司与下属分（子）公司签订年度目标管理责任书，由各分（子）公司再向所属各部门签订目标管理责任书。

第四条 全面预算控制指标是集团公司经营目标管理与考核的重要内容，预算指标完成情况是考核各分（子）公司工作和员工报酬分配的决定性因素。

第五条 年终考核结果作为发放全年效益工资的重要依据。

第三章 报酬分配

第六条 基本工资部分按照 HDJX 集团公司《劳动人事制度》执行。

第七条 效益工资部分按照 HDJX 下属各分（子）公司全年实现超额利润的一定比例提取，提取比例由集团公司确定。

第八条 效益工资分配方案由各分（子）公司报 HDJX 集团公司批准后实施。

第九条 HDJX 集团公司效益工资额＝年度超额利润总额×提取的比例。

第十条 对贡献突出者，由 HDJX 集团各分（子）公司提名申请专项奖，报 HDJX 集团公司审核批准后发放。

第四章 附 则

第十一条 HDJX 集团公司责成下属各分（子）公司拟订年度考核实施细则，报 HDJX 集团公司总经理核准后组织实施。

第十二条 本制度自印发之日起执行。

HDJX 集团目标管理考核实施细则

第一章 总 则

第一条 根据《HDJX 集团经营目标管理考核制度》，制定本实施细则。

第二章 考核细则

第二条 经营目标管理考核实施细则分"三级考核指标"，主要包括经营业绩（以全面预算控制考核为标准）和管理水平两大部分（见附件 11-2 和附件 11-3）。该考核实施细则基础分为 100 分。

经营目标管理考核总分＝经营业绩考核分＋管理水平考核分

第三条 HDJX 集团公司采用定量考核和定性考核相结合的方法，各项指标按不同权重，加权平均得出总分，作为对集团公司及各分（子）公司工作的考核结果。

第四条 一级指标权重分配：经营业绩70%（70分），管理水平30%（30分）。

第五条 经营业绩根据全面预算控制考核指标得分进行反映和考核，其实际考核得分可超过70分。

第六条 管理水平由行政管理、财务管理两个二级指标组成，权重分别为70%、30%。行政管理有五个三级指标，财务管理有三个三级指标（见附件11-4）。

管理水平考核得分＝行政管理得分＋财务管理得分

第七条 行政管理考核，从规章制度执行情况、员工思想教育状况、安全意识及防范措施、领导班子团结协作、公司形象树立五个方面进行评定。本项权重70%。该项考核得分是上述五个三级指标得分之和（见附件11-5）。

1. 公司规章制度执行情况占40%权重，根据各分（子）公司或集团公司总部的检查，可评为执行很好、执行较好、基本执行、执行较差四个档次，并确定相应分数。

2. 员工思想教育状况占20%权重，主要考评员工遵纪守法情况和诚信敬业精神。

3. 安全意识及防范措施占20%权重，主要包括治安保卫、消防安全、规避风险、消除隐患等方面的考核内容，经检查评定分为意识强、措施得力、没有发生事故；意识较好、偶有小事故；意识差、措施不得力、有较大事故发生四个档次。

4. 领导班子团结协作占10%权重，根据各分（子）公司人力资源部的人事考评结果和公司领导班子的意见，考核评定为优、良、一般、较差，并确定相应分数。

5. 公司形象树立占10%权重，主要考核办公环境、员工衣着言行、对外宣传及有关部门对各分（子）公司的评价等方面的内容；根据日常检查结果可评定为优、良、一般、较差，并确定相应分数。

第八条 财务管理的权重为30%。从会计核算、财务管理和内外审计三个方面进行考评（见附件11-6），该项考核得分是上述三个三级指标得分之和。

1. 会计核算标准化占财务管理考核的权重为30%，考核内容是按HDJX集团公司财务会计部《财务管理考核细则》的有关规定和要求执行情况，HDJX集团公司财务会计部对各分（子）公司会计核算的评价是考核的主要依据。

2. 财务管理规范化占财务管理考核的权重为30%，考核的内容是HDJX集团公司《财务管理制度》和《财务管理考核细则》的执行情况。考核以财务检查为主要依据。

3. 内外审计查处的违规金额占财务管理考核的权重为40%，可根据查处的违规金额多少来确定考核分数。

第九条 HDJX集团公司对各分（子）公司管理水平考核实施安全因素一票否决制。发生小型责任事故造成安全隐患或经济损失的，或发生重大、大型责任事故造成损失的，除追究当事人及领导责任外，扣除当年经营目标考评考核分（见报酬分配相关规定）。

第十条 安全事故界定。

1．房产公司。

(1) 重大事故：造成经济损失 10 万元以上（含 10 万元）。

(2) 主要事故：造成经济损失 5 万～10 万元（含 5 万元）。

(3) 一般事故：造成经济损失 5 万元以下。

2．工业公司。

(1) 重大事故：重大安全事故、重大投资失误，给公司造成重大经济损失或声誉损失，造成经济损失 5 万元以上。

(2) 一般事故：一般性安全事故、一般性经营失误，造成经济损失 5 万元以下。

3．新城建筑。

按照 HDJX 新城建筑公司 OHS1800 程序文件规定，凡具备以下条件之一的为四级重大事故：死亡 2 人以下；重伤 3 人以上，19 人以下；直接经济损失 10 万元以上 30 万元以下。

4．物业公司。

(1) 重大事故：因物业公司服务不善，造成客户财产损失在 15 000 元以上的；物业公司管理人员及工作人员在生产过程中出现死亡或残疾（不可控因素除外）。

(2) 一般事故：小区住户自行车在车棚内丢失或在地下室被盗的。

5．商贸公司。

(1) 重大事故：经济损失 5 万元以上（含 5 万元）。

(2) 一般事故：经济损失 5 万元以下。

6．天然气公司。

(1) 重大事故：重大安全事故、重大投资失误，给公司造成重大经济损失或声誉损失，造成经济损失 5 万元以上。

(2) 一般事故：一般性安全事故、一般性经营失误，造成经济损失 5 万元以下。

7．市政设备公司。

(1) 重大事故：出现重大伤残、死亡事故，直接经济损失 10 万元以上（含 10 万元）。

(2) 较大事故：无死亡事故，直接经济损失 10 万元以下 3 万元以上（含 3 万元）。

(3) 一般事故：一般工伤、交通事故，直接经济损失 3 万元以下。

第三章 报酬分配

第十一条 报酬分配的原则遵照《HDJX 集团公司目标管理考核制度》执行。

第十二条 考核年度集团公司及各分（子）公司报酬分配细则。

1. 年度内管理者每月发放月工资总额的 60%，副职每月发放月工资总额的 70%，员工每月发放月工资总额的 90%，未发部分作为风险抵押金，年末根据预算完成情况决定是否补发。

2. 绩效兑现分配表（见表 11-6）。

表 11-6　绩效兑现分配表

总评分值	80 分以下	81～90 分	91～100 分	101～110 分	111～120 分	121～130 分	130 分以上
经理	不补发	补发工资总额 20%	补发工资总额 20%	按全年的超额利润___%提成	按全年的超额利润___%提成	按全年的超额利润___%提成	按全年的超额利润___%提成
副经理	不补发	补发工资总额 15%	补发工资总额 15%	按全年的超额利润___%提成	按全年的超额利润___%提成	按全年的超额利润___%提成	按全年的超额利润___%提成
员工	不补发	补发工资总额 5%	补发工资总额 5%	按全年的超额利润___%提成	按全年的超额利润___%提成	按全年的超额利润___%提成	按全年的超额利润___%提成

注：1. 管理者经营奖金分配占奖金总额的 60%，员工经营奖金分配占奖金总额的 40%。
　　2. 管理者奖金分配：经理占管理者奖金的 5%～60%，副经理占 40%～50%。
　　3. 员工奖金分配由各分、子公司经理掌握分配。
　　4. 评分出现 91～100 分不奖不罚，出现 90 分以下将按以上奖励比例同奖同罚。

3. 若出现重大事故，HDJX 集团有权扣减各分（子）公司总分值的 11～20 分，并处以 5 万～20 万元罚款；发生主要事故扣减 6～10 分，并处以 2 万～10 万元罚款；一般事故扣减 5 分，并处以 2 万元以下罚款。

4. HDJX 幼儿园、HDJX 绿园幼儿园、HDJX 物业、HDJX 商贸安全事故处罚具体见各单位经营目标考核规定，并报总经理批准执行。

5. 具体分配方案根据年度业务发展情况及盈利状况确定，报 HDJX 集团公司总经理核准后执行。

第四章　附　　则

第十三条　本细则经 HDJX 集团公司核准后实施。

附件：11-2　HDJX 集团公司全面预算控制考核指标评分表
　　　11-3　HDJX 集团公司经营目标管理考核评分汇总表
　　　11-4　HDJX 集团公司经营目标管理考核管理水平综合评分表
　　　11-5　HDJX 集团公司经营目标管理考核行政管理评分表
　　　11-6　HDJX 集团公司经营目标管理考核财务管理评分表

附件 11-2

HDJX 集团公司全面预算控制考核指标评分表

序号	考核指标	实际完成数	预算数	标准系数	权重（%）	得分
1	税前利润					
2	主营业务成本					
3	销售费用					
4	财务费用					
5	销售利润率					
6	产销比率					
7	存货周转率					
8	应收账款周转率					
9	预算资金使用额度					
10	管理费用指标					
	其中：(1) 业务招待费					
	(2) 通信费					
	(3) 差旅费					
	(4) 办公费					
	(5) 车辆费					
	(6) 人工费					
	(7) 其他费用					
11	企业人均产值					
12	资金回收率					
13	企业收现收入率					
14	业主满意度					
15	业主投诉率					
16	采购物资质量合格率					
17	幼儿入托率					
18	幼儿平均出勤率					
19	幼儿安全保障率					
20	顾客满意度					
	总分值					

附件 11-3

HDJX 集团公司经营目标管理考核评分汇总表

序号	指标	单项得分	权重（%）	得分	备注
1	经营业绩		70		预算控制指标考核打分
2	管理水平		30		行政、财务管理打分
	总分值				

附件 11-4

HDJX 集团公司经营目标管理考核管理水平综合评分表

序号	指标	权重（%）	评分值	得分
1	行政管理	70		
2	财务管理	30		
	指标合计			

附件 11-5

HDJX 集团公司经营目标管理考核行政管理评分表

序号	指标	权重（%）	100～85分	84～75分	74～61分	60分以下	得分
1	规章制度执行情况	40					
2	员工思想教育状况	20					
3	安全意识及防范措施	20					
4	企业领导班子团结协作	10					
5	公司形象树立	10					
	指标合计						

附件 11-6

HDJX 集团公司经营目标考核管理财务管理评分表

集团本部年度预算考评指标及标准（各指标权重合计为100%）

序号	指标	权重（%）	100～85分 优	84～75分 良	74～61分 中	60分以下 差	得分
1	会计核算标准	30					
2	财务管理规范化	30					
3	内外部审计查处的违规	40	0	小于2万元	小于5万元	大于10万元	
	指标合计						

附录 11-1 HDJX 集团本部年度预算考评指标及标准（其他下属房产公司、工业公司等年度预算考评指标及方法不再列示）

1. 考核指标

(1) 集团总公司净资产收益率_____（权重10%）。

(2) 集团总公司总资产收益率_____（权重10%）。

(3) 集团总公司资产负债率_____（权重10%）。

(4) 企业集团的利润总额_____万元（权重15%）。

(5) 集团公司总部内部贷款回收率_____（权重5%）。

(6) 管理费用控制指标如下：业务招待费_____万元（权重4%），邮电通信费_____万元（权重4%），差旅费_____万元(权重5%)，办公费_____万元（权重 5%），机动车使用费＿＿＿＿＿万元（权重占 5%），工资费用＿＿＿＿＿万元（权重 2%），咨询费＿＿＿＿＿万元（权重 2%），董事会经费＿＿＿＿＿万元（权重 2%），冬季取暖费＿＿＿＿＿万元（权重 2%），水电费＿＿＿＿＿万元（权重 2%），劳动保护费＿＿＿＿＿万元（权重 2%），其他费用＿＿＿＿＿万元（权重 2%）。

（7）财务费用＿＿＿＿＿万元（权重 7%）。

（8）销售费用＿＿＿＿＿万元（权重 6%）。

2．考评标准

（1）以上考核指标的确认以财务部的核算为准。

（2）以上考核的标准分为 100 分（以各指标权重为标准分计算）。

分数=∑[(各项收入、收益、产值类指标的实际完成数/预算数×权重)+

（各项成本、费用类指标的预算数/实际完成数）×权重]×100

注：分数不设上下限。

3．绩效兑现

（1）年度内每月只发工资 80%，另 20%为风险抵押金，年末根据预算完成情况决定是否补发。

（2）绩效兑现分配见《HDJX 集团经营目标管理考核实施细则》。

（3）若出现重大事故，HDJX 集团扣减总分值的 20 分，并处经营者以 3 万～10 万元的罚款。

11.3.3 案例分享：预算考评与绩效考评实施办法融合的范例

本案例给出 GDSP 公司的预算考核制度，本制度的特色是将预算管理指标融入企业绩效考核中，更加注重预算对责任单位负责人业绩考评的影响，使企业的绩效考评更注重预算执行的质量，避免了从单纯的人事管理角度考核部门负责人业绩的问题。

【案例 11-3】 GDSP 公司绩效管理考核办法及实施细则

GDSP 公司绩效管理考核办法（补充）

GDSP 公司为在激烈的市场竞争中占据有利地位，加强内部管理和控制工作，公司决定实行绩效管理与全面预算管理制度相结合的内部管理办法，巩固基础以保证公司今后更好地发展，实现公司的战略规划。

第一章 总 则

第一条 为了建立和完善公司内部责权利相统一的运行机制，充分调动员工的积极性和创造性，保证在规范管理、稳健经营、防范风险的前提下开展经营管理工作，在原有绩效考核办法的基础上制定本绩效考核补充办法。

第二章　绩效管理与考核

第二条　公司对各部门及下属分公司实行绩效管理与考核。每年年初由公司与各部门及下属分公司签订年度经营目标管理责任书，由各分公司再向所属各部门签订经营目标管理责任书。

第三条　全面预算控制指标是公司绩效管理与考核的重要内容，预算指标完成情况是考核各部门及下属分公司工作和员工报酬分配的决定性因素。

第四条　为加强公司预算管理工作，建议在原有经营目标责任书签署部门中增加公司各职能部门经营目标责任书的签订。

第五条　考核对象。

1. 公司各部门。
2. 各分公司。

第六条　考核机构及职责。

公司绩效考评机构的设置及职责详见《绩效管理制度（试行）》。

第七条　考核项目及指标。

考核指标分 KPI 和 CPI 指标，其中 KPI 指标中建议增加《GDSP 有限公司全面预算管理考评实施细则》中增加的预算控制指标，CPI 指标详见《CPI 考核指导标准》。

第八条　考核周期。

考核分为单月考核、双月考核和年度考核。具体考核周期见公司的考核规定。

第九条　奖惩兑现。

绩效考核的奖惩兑现依据公司《绩效管理制度》及《薪酬绩效管理制度实施细则》中的相关规定执行。

第十条　考核流程及申诉办法。

1. 绩效考核流程参照公司《绩效管理制度》执行。
2. 各部门如对考核结果存在异议，可依照公司《绩效管理制度》中的申诉办法执行。

第三章　绩效工资分配

第十一条　绩效工资分配依照原有制度执行，详见公司《薪酬管理制度》《薪酬绩效管理制度实施细则》。

第四章　附　　则

第十二条　本办法自印发之日起执行。

GDSP 有限公司全面绩效管理考评实施细则

第一章　总　　则

第一条　为保证预算管理制度的顺利实施，加强预算执行控制，依照《GDSP 公司预算管理制度》，根据公司制定的《年度经营目标考核办法》《年度经营管理目标责任书》，为了建立和完善本公司责权利相统一的内部运行机制，充分调动各部门及分公司的积极性，保证在规范管理、稳健经营、防范风险的前提下开展经营管理工作，制定绩效指标考核细则。

第二条 本细则所称绩效指标是指公司《年度经营管理考核办法》中所列示的由人力资源部负责考核的各项指标。

第三条 本细则遵循以下原则：与 GDSP 公司总体经营目标一致的原则。要有利于促进公司提高经济效益和市场竞争力，实现收益最大化，确保公司财务指标考核工作顺利进行。

第四条 本细则适用于纳入 GDSP 公司预算编制范围的所有部门及分公司。

第二章 年度绩效考评指标及标准

第五条 绩效的考评是原有人力资源部绩效考评指标与绩效考评的融合和补充。它是一种动态的考评过程，有利于最高管理者对整个绩效执行进行适时控制、整体控制，也有利于最高管理者对公司的整体效益进行评价。

第六条 绩效考评的层次。在绩效考评过程中，各个层次的责任中心应向上一级的责任中心报送责任报告。首先，最低层次的责任中心在对其工作成果进行自我分析评价的基础上形成责任报告，报送直属的上级责任中心。然后，由上级责任中心根据所属各责任中心的责任报告，对各责任中心的工作成果进行分析、检查，明确其成绩，并指出其不足，该上级责任中心也要编制本责任中心的责任报告，对本身的工作成果进行自我分析评价，并向更上一级责任中心报送。通过这样层层汇总、分析与评价，直至企业最高领导层，全面反映企业各层次责任中心的责任绩效执行结果。

1. 公司各成本中心、利润中心每双月末的次月10号前应编制预算差异分析报表，分析预算差异产生原因，上报公司预算管理常设机构——财务部。

2. 综合管理办公室负责收集整理分公司预算差异报表，形成预算责任报告，上报财务部。

3. 财务部根据各部门预算差异分析报表在每季度末形成预算差异报告，上报预算管理委员会。在双月末根据考核要求，财务部应提交预算执行情况差异汇总表至公司人力资源部，实施经营目标责任考核。

第七条 在绩效考评的内容方面，不同的责任中心应有不同的侧重点。其中，成本中心以评价责任成本预算执行结果为主，利润中心以评价责任预算执行结果为主，投资中心则以评价资本所创造的效益为主（本公司暂未设置）。为了全面反映各责任中心的责任预算执行结果，除了评价主要责任预算之外，也应分析、评价其他一些相关责任预算的执行。

第三章 年度绩效指标考核细则

第八条 绩效指标考核期分双月考核、半年考核、年终考核。绩效考核指标数据以累计值为准。如，按公司目前的双月考核制度，4月月末的绩效指标数据以1～4

月累计值为准。

第九条 绩效指标分值依据各部门及各分公司业务特点设定权重，具体指标及分值权重划分详见预算差异分析表。

第十条 绩效指标考核细则表内容：财务指标名称、分值、年度目标值、年度目标值双月分解（双月/累计）、检查对象、检查方式、评分办法。

第十一条 检查对象：财务报表（以公司财务部审核确认的财务报表数据为准）。

第十二条 检查方式：定期（双月、季度、半年、全年）采集财务报表数据。

第十三条 财务部是预算绩效指标考核的责任部门，主要负责拟定、汇总预算绩效指标，制定预算绩效指标考核细则，定期进行考核（双月、半年、全年），并将考核结果按时提交公司考核工作组。

第十四条 绩效指标中的主营业务收入、成本、销售单价均为含税价。

第十五条 其他说明。

1. 涉及应收账款回收率的，不分以前年度和当年产生的，应收账款回收率=1+应收账款及其他应收账款净减少数/年初数。

2. 为保证取数口径一致，各部门绩效目标值及实际数分别以财务部绩效编制及财务核算确认的数据为准。

3. 绩效考核实际得分套用现有业绩考核评分公式计算得出。

第四章 附 则

第十六条 本细则解释权归公司财务部。

第十七条 本细则自批准下发日起执行。

附录11-2 关键绩效考评指标分解表

关键绩效考评指标分解表

关键绩效指标	指标定义	考评标准	被考评部门	数据来源（考评部门）
当期销售收入计划完成率	(当期实际销售收入/当期计划销售收入)×100%	每减1%扣1分，每增1%加2分，增减分幅度30分	分公司、区域市场部	财务部
当期销售回款实现率	(当期实际回款额/当期计划回款额)×100%	每减1%扣1分，每增1%加2分，增减分幅度30分	分公司、区域市场部	财务部
应收账款回收率	(当期应收账款回收额/去年应收账款总额)×100%	当期以月计算，要求标准每月下降10%，每增1%，增2分，每减1%，扣1分。增减分幅度为10分	分公司、区域市场部	财务部

(续)

关键绩效指标	指标定义	考评标准	被考评部门	数据来源（考评部门）
当期新增经销商个数	指当期已签经销协议，已开始销售公司产品并有销售回款的经销商个数	按公司规定要求，以当期需要发展的经销商个数为标准，少一个经销商扣2分，多一个经销商加3分	分公司、区域市场部	营销服务部
当期新增客户公司个数	指当期已签合作协议，已开始与公司建立业务关系，并有销售回款的公司个数	按公司规定要求，有效大客户加3分，否则不加分	分公司	营销服务部
当期费用预算控制率	（当期费用发生总额/当期费用预算总额）×100%	每增1%扣1分，每减1%加1分，增减幅度为5分	分公司、区域市场	财务部
当期解决投诉率	（当期解决的投诉数/当期投诉总数）	标准为95%，每增1%加1分，每减1%扣1分，增减分幅度为5分	营销服务部	客户投诉记录及客户反馈情况
当期客户投诉回复不及时次数	指未按规定在24小时内给客户回复，或有处理意见后未及时告之客户的次数	每发现一次回复不及时扣3~10分，扣分幅度为20分	营销服务部	客户投诉记录及客户反馈情况
客户投诉内部协调不及时次数	指未按规定及时与相关解决客户投诉部门协调沟通、监督、催办的次数	每发现一次内部协调不及时扣3~10分，扣分幅度为20分	营销服务部	解决客户投诉部门
周工作计划未完项数	指每周工作计划中规定的工作内容未完成的任务数	每发现一次扣2~5分，扣分幅度为20分	职能部门	直接上级和行政监督
文字数据出错次数	指向上级（同级）传递报告、请示等文字数据的出错次数	每发现一次扣0.5~3分，扣分幅度为10分	职能部门	直接上级和相关部门
内部服务满意度	指部门之间、员工之间相互协调、支持服务的程度	每发现一次工作协调、支持不及时、推诿、拒绝，扣0.5~3分，扣分幅度为10分	职能部门	直接上级、部门及员工的反映
信息披露的及时性	指部门发现的问题、违规违纪现象、员工重大表现、工作失误等重要信息传递的及时性	未将发现的重要信息在1天之内进行披露，每次扣0.5~5分，扣分幅度10分	职能部门	直接上级、周会、员工的反映
数据提供的及时性和准确性	指按公司要求，需提供相关数据的及时性和准确性，详见"职能部门数据提供分解表"	未按规定时间提供数据每一次扣1~4分，提供的数据不准确，每项扣0.5~3分，扣分幅度15分	职能部门	直接上级、数据使用部门

(续)

关键绩效指标	指标定义	考评标准	被考评部门	数据来源（考评部门）
印章使用准确性	指用章类型、流程、批准程序的正确性，借章的手续齐备	乱用、乱借印章每次 3~10 分，扣分幅度 15 分	行政服务部	直接上级
绩效考评及时性	指按规定时间实施绩效考评，不得无故拖延时间	每发现一次未按时实施绩效考评者，对其负责人扣 1~5 分，扣分幅度为 10 分	职能部门	人力资源部、公司领导
文件传递效率	指各部门文件传递的及时性和准确性	接到文件未在 1 小时之内传递，每次扣 0.5~2 分，扣分幅度 5 分	职能部门	直接上级、接收文件部门

11.3.4 绩效考评的申诉管理办法及申诉流程

本节仍然以 XJRQ 企业集团的绩效考核结果申诉处理办法为例，介绍绩效考核结果申诉流程及申诉办法，供读者参考。

【案例 11-4】 XJRQ 企业集团绩效考核结果申诉处理办法

绩效考核结果申诉处理办法

为确保公司绩效考核的公平、公正和客观，保障员工的合法权益，培养积极向上的公司氛围，同时为确保考核质量，对有偏差的员工绩效考核及时纠正并追究相关人员责任，特制定本办法。

1. 适用范围

在被考核部门对绩效考核结果有异议的情况下，被考核部门可进行申诉。各部门及分公司如对考核结果存在异议，可在三日内向人力资源部门提出，人力资源部门在两日内上报董事会。

2. 申诉层级

(1) 各部门及分公司如对考核结果存在异议，可在三日内向人力资源部门提出（填写绩效考核结果申诉表，见表 11-7 和表 11-8），人力资源部门作为第三方分别向被考核部门、考核者了解情况，以确保所了解的信息真实客观，并根据调查情况出具处理意见，上报董事会，董事会签署意见后，经被考核部门、考核者签字确认处理结果。如考核结果确实有误，将纠正误差，误差所对应绩效工资在下个双月补/减，申诉处理结果将在公司内部通报。

(2) 申诉处理完毕，绩效考核主管部门根据做出的最终处理结果更新该部门的绩效考评结果，同时将申诉信息存档备查。

3．申诉处理时限

绩效考核结果申诉处理应于收到申诉部门提交的申诉申请表后10个工作日内对被考核者提出的绩效考核申诉做出处理或解释意见。

4．申诉流程

各部门目标责任人绩效考核结果申诉流程图见图11-3。

表11-7　部门目标责任人绩效考核结果申诉表

填写日期：

申诉部门		单位（部门）		
考核成绩		考核者		
序号	申诉事项	申诉理由		事实依据
1				
2				
3				

争议调查情况：

考核委员会主任签字：
　　　年　月　日

争议处理意见：

总裁签字：
　　　年　月　日

被考核部门签字确认处理结果	考核委员会主任签字确认处理结果
    年　月　日	 年　月　日

注：1．申诉部门必须在了解绩效考评结果后3个工作日内提出，否则无效。
　　2．申诉部门必须认真填写申诉表，并将填写过的申诉表交人力资源部。
　　3．本表适用于业务单位/职能部门目标责任人。

表11-8 员工绩效考核结果申诉表

填写日期：

申诉人		单位（部门）		
职　位		考核者		
考核成绩		考核者直接上级		
序号	申诉事项	申诉理由		事实依据
1				
2				
3				

争议调查情况：

考核人签字：
年　月　日

争议调查情况：

考核者的直接上级签字：
年　月　日

争议处理意见：

申诉人所在单位人力资源部签字：
年　月　日

被考核者签字确认处理结果	考核者签字确认处理结果	考核者的直接上级签字确认处理结果
年　月　日	年　月　日	年　月　日

注：1. 申诉人必须在了解绩效考评结果后3个工作日内提出，否则无效。
　　2. 申诉人必须认真填写申诉表，并将填写过的申诉表交所属申诉处理者。
　　3. 本表适用于各部门目标责任人以外的人员。

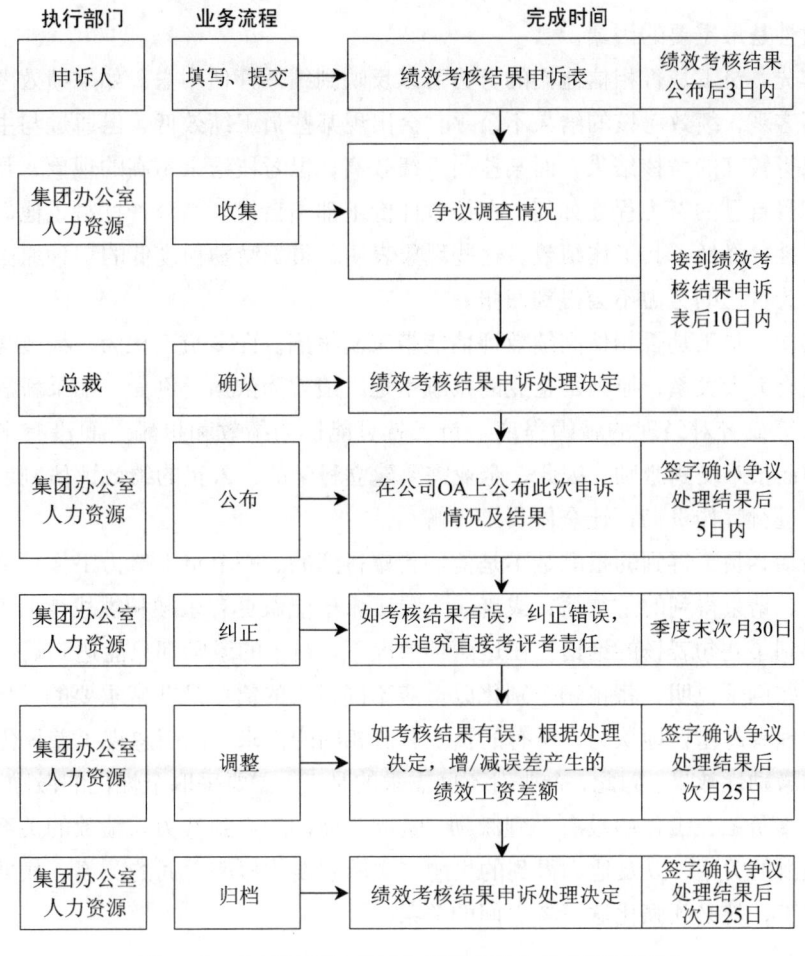

图 11-3　各部门目标责任人绩效考核结果申诉流程图

11.4　预算激励的方法

预算管理有激励功能和控制功能，这两个功能都起着重要的作用。预算激励机制能不能很好地促进企业战略和预算目标的一致将影响到实现公司资源的最优配置的问题。所以，制定科学合理的预算管理激励机制是保证企业预算管理长期有效运行的前提。

11.4.1　员工的激励方法

1．影响激励的因素

一个员工的绩效如何，是由许多复杂因素综合作用的结果，但其中激励机制的有效性是最重要的因素。

首先,员工是否相信他们的努力可以反映到绩效评估中去。如果绩效考核的标准不客观,绩效考核的结果不公平,会出现某些员工绩效低,但通过与主管的关系取得较高的考核结果,而某些员工绩效高,但考核结果不高的现象,员工会觉得不管自己的努力程度如何,在绩效评价上都不会得到高分,打击了他们工作的积极性,降低了其工作绩效。这些现象表明,员工激励程度低的一种原因就是员工认为自己的努力不会得到回报。

其次,员工是否相信高绩效评估能带来高报酬。许多员工认为,绩效与报酬之间没有太大关系,原因是企业的报酬不是以绩效为依据。例如,如果薪酬是按资历计算或者对经理的献媚程度,员工就可能认为绩效和报酬之间没有多大关系,因而很难受到激励。因此,企业需要建立科学的、公正的绩效评估制度和体系,并进行宣传贯彻,让全体员工了解。

最后,员工得到的报酬是不是他们希望得到的。一个员工努力工作,希望得到晋升,结果得到的是加薪;或者一个员工希望能做更有乐趣和挑战性的工作,却只得到了几句表扬的话语。在这两种情况下,员工的激励都只能达到局部最优化。这些例子说明,将报酬个别化以适应不同员工的需要是非常重要的。但是,很多管理者却错误地认为,所有的员工有着相同的需求,因而忽视了差异化报酬手段的激励性效果。因此,企业对不同需求的员工,需要采取个性化的激励手段。

很多员工在工作中没有受到激励,是因为他们看不到努力与绩效的关系、绩效与报酬的关系,以及他们得到的报酬与实际想要的报酬之间的关系。如果想要激励员工,就必须强化这三者之间的关系。

2. 激励方式

(1) 物质激励

物质激励是指通过物质刺激的手段,鼓励员工工作。它的主要表现形式有正激励,如发放工资、奖金、津贴、福利等;负激励,如罚款等。物质需要是人类的第一需要,是人们从事一切社会活动的基本动因。所以,物质激励是激励的主要模式,也是目前我国企业内部使用得非常普遍的一种激励模式。

(2) 精神激励

精神激励是指那些能带来积极态度、满意和激励作用的因素,能满足个人自我实现需要的因素,包括成就、赏识、挑战性的工作、增加的工作责任,以及成长和发展的机会等。如果这些因素具备了,就能对人们产生更大的激励。

(3) 物质激励与精神激励相结合

有些企业经营者也一味地认为只有奖金发足了才能调动员工的积极性,但实践预期的目的往往并未达到。企业单用物质激励不一定能起作用，必须把物质激励和精神激励结合起来才能真正地调动广大员工的积极性。

3．激励体系的建立

（1）制定精确、公平的激励机制

激励制度首先要体现公平的原则，要在广泛征求员工意见的基础上出台一套大多数人认可的制度，并且把这个制度公布出来，在激励中严格按制度执行并长期坚持；其次要和考核制度结合起来，这样能激发员工的竞争意识，使这种外部的推动力量转化成一种自我努力工作的动力，充分发挥人的潜能；最后是在制定制度时要体现科学性，也就是做到工作细化，企业必须系统地分析、搜集与激励有关的信息，全面了解员工的需求和工作质量的好坏，不断地根据情况的改变制定出相应的政策。

（2）建立合理公平的薪酬体系

美国哈佛大学教授威廉·詹姆斯研究发现，科学有效的激励机制能够让员工把另外 70%~80%的潜能也发挥出来。所以企业能否建立起完善的激励机制，将直接影响到其生存与发展。如果能够真正发挥好企业薪酬对员工的激励作用，就可以达到企业与员工"双赢"的目的。事实上，薪酬不仅是对员工过去工作努力的肯定和补偿，也是他们以未来努力工作得到报酬的预期。在员工心目中，薪酬不仅仅是自己的劳动所得，它在一定程度上代表着员工自身的价值、代表企业对员工工作的认同，甚至还代表了员工个人能力、品行和发展前景。所以，薪酬激励不单单是金钱激励，实质上已成为企业激励机制中一种复杂的激励方式，隐含着成就激励、地位激励等。

因此，薪酬体系设计上应达到三个目的：第一，提供具有市场竞争力的薪酬，以吸引有才能的人；第二，确定组织内部的公平，合理确定企业内部各岗位的相对价值；第三，薪酬必须与工作绩效挂钩，激励员工的工作动机，奖励优秀的工作业绩，利用金钱奖赏达到激励员工的目的。企业薪酬设计应遵循"公平与公正"原则，特别是对内公平，不同部门之间或同一个部门不同人之间，薪酬水平必须反映岗位责任和能力的大小，也就是薪酬差别必须合理。

企业采用何种薪酬体系和怎样的薪酬结构必然存在差异，只有根据自身特点建立合理的薪酬结构，才能较好地发挥薪酬的激励作用。薪酬结构设计的目标是要让员工所获得薪酬额与其贡献成正比，较好发挥薪酬的激励作用。

（3）多种激励机制的综合运用

企业可以根据本企业的特点而采用不同的激励机制。例如，可以运用工作激励，尽量把员工放在适合的位置上，并在可能的条件下轮换一下工作以增加员工的新奇感，从而赋予工作以更大的挑战性，培养员工对工作的热情和积极性；其次可以运用参与激励，通过"职代会"的方式参与，形成员工对企业的归属感、认同感，可以进一步满足自尊和自我实现的需要。此外，荣誉激励也是一种比较有效的方法。例如，美国 IBM 公司有一个"百分之百俱乐部"，当公司员工完成他的年度任务，他就被批准为"百分之百俱乐部"成员，他和他的家人被邀请参加隆重的集会。结果，公司的雇员都将获得"百分之百俱乐部"会员资格作为第一目标，以获得那份光荣。这一激励措施有效地利用了员工的荣誉需求，取得了良好的激励效果。另外，负面激励，奖惩并用，引入末位淘汰机制，同样能够起到很好的效果。可以想象，人们在降低收入、失去工作等威胁面前，定会发奋工作。

事实上，激励的方式多种多样，主要是采用适合本企业背景和特色的方式，并且制定出相应的制度，创建合理的企业文化，这样综合运用不同种类的激励方式，就一定可以激发出员工的积极性和创造性，使企业得到进一步的发展。

（4）充分考虑员工的个体差异，实行差别激励的原则

企业要根据不同的类型和特点制定激励制度，而且在制定激励机制时一定要考虑到个体差异。例如，在文化方面，有较高学历的人一般更注重自我价值的实现，在追求物质利益的同时，他们更看重的是精神方面的满足；在职务方面，管理人员和一般员工之间的需求也有不同。因此，企业在制定激励机制时一定要考虑到企业的特点和员工的个体差异，这样才能收到最大的激励效力。

11.4.2 有效激励的方法和技巧

1. 有效激励的方法——团队激励

为了应对外部环境的加速变化，团队的协同作用得到广泛认同，因此，企业在预算激励中，应改变传统的个人基础报酬制度和激励的方法，相应地建立团队基础报酬制度和激励机制，即在团队激励中，对整体团队取得的诸如工艺革新、流程改善、产品提升等成绩给予一定的利润分成或精神激励。

（1）利润分享或收获分享激励

利润分享是指企业获得盈利时，团队分享利润，一般是以现金方式。收获分享与利润分享不同，这里的收获是利润之外的成绩，如质量改进、生产率提高等，只要企业获得这些成绩，团队就可以获得一定的奖励。采用利润分享或是收获分享的激励方式，都要求对团队成员进行业绩计量，都存在如何在团队内部各成员之间分配利润或收获的问题，如果团队成员之间的相互依赖性很强，一般采用平均分配的方法，否则，在可以对团队成员业绩分别计量的情况下也可以采用差别分配的方法。

（2）团队目标基础激励

事先为团队确定一个目标及根据该目标的奖励办法，如果团队完成了目标，

则给予奖励。这种奖励一般以经济性的奖励为主。

（3）团队任意奖金

这种情况与目标基础奖励不同，团队没有事先确定的目标及奖励办法，由管理者根据团队的表现来决定是否给予团队奖励及奖励的金额。

（4）团队技能激励

根据团队或团队成员是否获得某种技能来决定是否给予奖励及奖励的金额。

（5）团队成员目标基础激励

根据团队成员的个人目标完成情况来决定奖励。

2．有效激励的技巧

（1）设定激励的幅度

通常可选择固定数值激励法、自行目标确定激励和团队目标激励等方式进行激励。固定数值激励方法是无论团队业绩超额多少完成，都以固定的比例或金额对成员进行激励。自行目标确定激励是团队成员在预算目标确定的初始阶段就采取的自定目标方式，在预算完成时对照自定目标的完成度给予一定的精神或金钱的激励，也可以采用以职务升迁来激励的做法。团队目标激励的方法是在确定预算目标时，允许团队负责人根据自身团队的能力事先提出基础目标、完成目标及挑战目标，在预算考评期由考评部门对照基础目标、完成目标及挑战目标的完成情况给予不同的激励幅度，但是这种激励一定要在评价各方能充分掌握该团队的真实业务能力的基础上进行评价和激励，否则团队很有可能利用目标值的设定套取企业激励。

（2）采用适度和适时的激励

适时激励技巧。行为和肯定性激励的适时性表现为"赏不逾时"的及时性，这样做至少有两个好处：一是当事人的行为受到肯定后，有利于他继续重复所希望出现的行为；二是使其他人看到，只要按制度要求去做，就可以立刻受奖励，这说明制度和领导是可信赖的，因而大家就会争相努力，以获得肯定性的奖赏。

适度激励技巧。激励标准有个适度性问题，保持了这个度，就能使激励对象乐此不疲地努力。反之，如果激励对象的行为太容易达到被奖励和被处罚的界限，那么，这套激励方法就会使激励对象失去兴趣，达不到激励的目的。"赏罚不中则众不威"就是这个道理。

参 考 文 献

[1] 杨雄胜，等．中国企业预算管理现状的判断及其评价 [J]．会计研究，2001 (4)：57-60．
[2] 吴志勇．上市公司全面预算管理体系的设计及实现 [J]．经营管理者，2012 (9)：65．
[3] 温兆文．全面预算管理：让企业全员奔跑 [M]．北京：机械工业出版社，2015：44．
[4] 陈峙淼．基于战略导向的全面预算管理体系构建探析 [J]．财政监督，2013 (14)：18-20．
[5] 谭中阳，陈爱屋，刘嫔．新编绩效考核量化管理全案 [M]．北京：清华大学出版社，2013．
[6] 董玉坤，于瑞华，王炜．利用 Excel 开发可自动更新的全面预算控制系统 [J]．黑龙江八一农垦大学学报，2001 (9)：91-94．
[7] 曾垂壁，李慧敏．集成化 ERP 管理模式 [J]．科研管理，1999 (3)：82-84．
[8] Nils Rasmussen, Christopher J Eichron. Budgeting：technology, trends, software selection, and implementation [M]．NewYork：Wiley, 2000：102-104．
[9] 李波，翟云萱，党小松．基于战略导向的全面预算管理体系构建 [J]．商业会计，2012 (9)：75-76．
[10] R Alan Webb. The impact of reputation and variance investigations on the creation of budget slack [J]．Accounting, Organization and Society, 2002, 11 (37)：361-378．
[11] 于增彪，梁文涛．现代公司预算编制起点问题的探讨——兼论公司财务报告的改进 [J]．会计研究，2002 (3)：30-35．
[12] 汤谷良，王斌，杜菲，付阳．多元化企业集团管理控制体系的整合观 [J]．会计研究，2009 (2)：53-60．
[13] 王化成，佟岩，李勇．全面预算管理 [M]．北京：中国人民大学出版社，2004：11-13．
[14] Daniel E Leary. Knowledge management across the enterprise resource planning system life cycle [J]．International Journal of Accounting Information Systems, 2002, 12 (3)：99-11．
[15] 杨有红．战略导向预算下的指标设计 [J]．财务与会计 (理财版)，2013 (12)：1.20-23
[16] 王丽薇．YF 公司全面预算管理优化研究 [D]．北京：北京交通大学，2018．
[17] Robin Poston, Severin Grabski. Financial impacts of enterprise resource planning

implementations [J]. International Journal of Accounting Information Systems, 2001, 11 (2): 71-94.

[18] Dan Melamed. Models of translational equivalence among words [J]. Computational Linguistics, 2004, 16 (2): 221-249.

[19] 罗扬. 关于我国企业选择 ERP 系统的思考 [J]. 商业研究, 2001 (6): 43-46.

[20] 王旗林. ERP 实施中应注意的几个问题 [J]. 计算机应用系统, 1999, 8 (10): 7-9.

[21] Charles T. Horngren, Gary L Sundem. Introduction to Management Accounting [M]. Prentice Hall, 1999: 126.

[22] 冯巧根, 王艳丽. 管理会计应用与发展典型案例研究 [M]. 北京: 经济科学出版社, 2002: 89-93.

[23] 潘爱香, 高晨. 全面预算管理 [M]. 杭州: 浙江人民出版社, 2001: 77-79.

[24] 徐振华, 孟历辉. 构建我国超越预算理念下的激励机制 [J]. 财经界 (学术版), 2010 (7): 82-83.

[25] 张展铭. 国有资本经营预算绩效评价研究——基于国企分类改革 [J]. 商, 2016 (21): 33-35.

财务知识轻松学

书号	定价	书名	作者	特点
45115	39	IPO财务透视：方法、重点和案例	叶金福	大华会计师事务所合伙人经验作品，书中最大的特点就是干货多
58925	49	从报表看舞弊：财务报表分析与风险识别	叶金福	从财务舞弊和盈余管理的角度，融合工作实务中的体会、总结和思考，提供全新的报表分析思维和方法，黄世忠、夏草、梁春、苗润生、徐珊推荐阅读
62368	79	一本书看透股权架构	李利威	126张股权结构图，9种可套用架构模型；挖出38个节税的点，避开95个法律的坑；蚂蚁金服、小米、华谊兄弟等30个真实案例
70557	89	一本书看透股权节税	李利威	零基础50个案例搞定股权税收
52074	39	财报粉饰面对面	夏草	夏草作品，带你识别财报风险
62606	79	财务诡计（原书第4版）	（美）施利特 等	畅销25年，告诉你如何通过财务报告发现会计造假和欺诈
58202	35	上市公司财务报表解读：从入门到精通（第3版）	景小勇	以万科公司财报为例，详细介绍分析财报必须了解的各项基本财务知识
67215	89	财务报表分析与股票估值（第2版）	郭永清	源自上海国家会计学院内部讲义，估值方法经过资本市场验证
58302	49	财务报表解读：教你快速学会分析一家公司	续芹	26家国内外上市公司财报分析案例，17家相关竞争对手、同行业分析，遍及教育、房地产等20个行业；通俗易懂，有趣有用
67559	79	500强企业财务分析实务（第2版）	李燕翔	作者将其在外企工作期间积攒下的财务分析方法倾囊而授，被业界称为最实用的管理会计书
67063	89	财务报表阅读与信贷分析实务（第2版）	崔宏	重点介绍商业银行授信风险管理工作中如何使用和分析财务信息
58308	69	一本书看透信贷：信贷业务全流程深度剖析	何华平	作者长期从事信贷管理与风险模型开发，大量一手从业经验，结合法规、理论和实操融会贯通讲解
55845	68	内部审计工作法	谭丽丽 等	8家知名企业内部审计部长联手分享，从思维到方法，一手经验，全面展现
62193	49	财务分析：挖掘数字背后的商业价值	吴坚	著名外企财务总监的工作日志和思考笔记；财务分析视角侧重于为管理决策提供支持；提供财务管理和分析决策工具
66825	69	利润的12个定律	史永翔	15个行业冠军企业，亲身分享利润创造过程；带你重新理解客户、产品和销售方式
60011	79	一本书看透IPO	沈春晖	全面解析A股上市的操作和流程；大量方法、步骤和案例
65858	79	投行十讲	沈春晖	20年的投行老兵，带你透彻了解"投行是什么"和"怎么干投行"；权威讲解注册制、新证券法对投行的影响
68421	59	商学院学不到的66个财务真相	田茂永	萃取100多位财务总监经验
68080	79	中小企业融资：案例与实务指引	吴瑕	畅销10年，帮助了众多企业；有效融资的思路、方略和技巧；从实务层面，帮助中小企业解决融资难、融资贵问题
68640	79	规则：用规则的确定性应对结果的不确定性	龙波	华为21位前高管一手经验首次集中分享；从文化到组织，从流程到战略；让不确定变得可确定
69051	79	华为财经密码	杨爱国 等	揭示华为财经管理的核心思想和商业逻辑
68916	99	企业内部控制从懂到用	冯萌 等	完备的理论框架及丰富的现实案例，展示企业实操经验教训，提出切实解决方案
70094	129	李若山谈独立董事：对外懂事，对内独立	李若山	作者获评2010年度上市公司优秀独立董事；9个案例深度复盘独董工作要领；既有怎样发挥独董价值的系统思考，还有独董如何自我保护的实践经验
70738	79	财务智慧：如何理解数字的真正含义（原书第2版）	（美）伯曼 等	畅销15年，经典名著；4个维度，带你学会用财务术语交流，对财务数据提问，将财务信息用于工作